ゆまに書房

書誌書目シリーズ⑪⓪

フランク・ホーレー旧蔵

# 「宝玲文庫」資料集成

第1巻

[編著・解題] 横山　學

# 序

横山學

琉球研究の途に就いたばかりの筆者は、国内外の琉球関係資料を見て回っていました。日本の中で「琉球」はどのように記録されてきたのかを、知りたかったのです。そして二十代の半ばに、ハワイ大学の宝玲文庫に出会いました。書架の中には約二千冊の琉球関係の資料がありました。琉球・沖縄に関わるあらゆる種類のものです。数々の貴重書を見出しましたが、まず圧倒されたのは「質の良い書物」でした。筆文字の綺麗さ、版本の刷りの良さ、装幀の入念さ、保存の良さ。見るものに迫る迫力がありました。次に驚いたのは、資料の広範さでした。表題から内容を推測できるものばかりでなく、琉球に寄航した探検隊の記録、沖縄特集を含む雑誌、グラビア誌、古地図、国絵図、紅型織りの見本、金石文の拓本、日本語、英語、フランス語、ドイツ語のものまで揃っていました。貴重書から無価値とされるものまで、「琉球」という関心範囲のすべてのものが集められていたのです。次に浮かんできたのが、「このような集め方をしたのは、どんな人物か」という疑問でした。「どのようにしてこの蔵書群は出来上がったのか」「何に魅かれてここまで集めたのか」。その答えを求めて、筆者はフランク・ホーレーに導かれるように研究を続けてきました。

フランク・ホーレーが何を基準に琉球に関する資料を集めたのか、言葉としては残されていません。しかし、ホーレーの琉球に取り組む姿勢が、形となって現れたのが、宝玲文庫（琉球コレクション・ハワイ大学サカマキ・ホーレーコレクション）です。貴重な写本が重複を厭わず集められている一方で、宿場の人足帳があります。美術品級の登城行列図と粗末な一枚刷りや瓦版が並んでいます。多様な琉球の世界がそこにあるのです。新しい書物を蔵書に加えるとき、自分の研究のどこに役立つのか、ホーレー自身もはっきりしていなかったかも知れません。書物に対する広範な知識と経験による「直感」が選び取ったものです。その時に言葉にならなくとも、「直感」は熟成してゆきます。思いもしなかった一冊から次々と構想が広がってゆくこともあります。それが書物との出会いであります。

昭和三十六年一月、偶然にホーレーの死去を知ったハワイ大学の坂巻駿三は、直ぐにホーレー家と交渉し、琉球関係の図書（約二千冊）を二万五千ドルで購入しました。「完全に」「ホーレーの名のもとに」「分散されることなく」が譲渡の条件でした。その後、文庫を基に各地から研究者を招き、沖縄県人会の関心を集め、ハワイ大学を琉球研究の拠点となしました。「良質な琉球・沖縄に関する可能な限りの文献がそろっている」。坂巻がそこに注目したからこそ、ハワイ大学宝玲文庫があるのです。当時、誰もそのことの意味までは理解しませんでした。現物を見て交渉に関わった仲原善忠でさえ、散逸は惜しいとしながらも「一万五千ドルと五〜六年の期間」を与えられれば同等の物を集めてみせると述べ、文庫の価値には気が付きませんでした。今日に至っても、宝玲文庫を訪れる研究者の多くは、貴重書・希覯本に目を奪われ、隣に配架されている「雑本」類の存在の意味、同じ書名の書物が複数あること、手入れの良い本帙の姿を気に留めません。

ひとりの人間が生涯をかけて蒐集した蔵書には不思議な力が秘められています。その人と書物との出会いの積み重ねが、果たせなかった思いが、余熱を保って見るものに語りかけてくるからです。図書館の貴重書やブックコレクターの稀覯本と、個人の蔵書とが大きく異なるところはそこです。

こうして集められた蔵書の目録には、それぞれに役割があります。作成された時期とその目的があります。例えば、ある篤志家が生涯をかけて集めた蔵書。家族がこれを他に移すことを考えた時、せめて書名を留めておきたいと、作成することがあります。また、弟子が師匠の蔵書の散逸を憂えて、目録を作ります。新しい所蔵者のために値が付されて作成されることもあります。そして、所蔵者が去った後に、その人の蔵書世界を知るためにも作られます。また、図書館などでは、書物を管理するために書誌情報を駆使して作成されます。いずれの場合も、目録は「いつの時代に、何のために」作られたかが大切なのです。ここに収めた「目録・資料」は、フランク・ホーレーの蔵書について、その時々に必要とされた役割を担って作成されたものです。それぞれに、編纂された意図があります。

フランク・ホーレーは一九〇六年に英国イングランド北部のノートンに生まれ、リバプール大学を卒業した後、パリ大学・ベルリン大学・ケンブリッジ大学に留学し、ロンドン大学で満州語の講師をし、外国人英語教師として来日しました。昭和六年のことです。東京外国語学校と東京文理科大学の教師を兼ね、第三高等学校を経て、日本語辞書を執筆し、昭和十五年に英国文化研究所の所長となりました。日米開戦と同時にスパイ容疑で逮捕され、拘留。翌年六月に交換船で英国に帰国しました。英国に戻ったホーレーは、語学力（日本語）を生かした部署（ロンドン大学戦時日本語学校・BBC・外務省）に関わり、終戦と同時に、没収・売却された蔵書を取り返すために再来日を願いました。ホーレーは持てる人脈を駆使し、可能な限りの手を尽くし、ザ・タイムス紙の東京特派員に採用されました。記者としての訓練を終え、終戦の一年後の昭和二十一年七月に再来日しました。二十七年まで占領下で特派員の仕事をする傍ら、日本研究を進めました。その後京都山科に居を移し、関西アジア協会の中心となり、三十六年一月に没しました。

来日当初から文献学に基づいた日本文化への関心が幅広く、言語能力に卓越したホーレーは、来日三年目には日本語で研究論文（「欧羅巴人の研究したる日本文学」「日本語の起源について」「竹取物語を読みて」）を発表しました。また、「本居宣長研究」「雨月物語」「渡辺崋山」を英訳しました。外国人教師としての高給と妻俊子の実家（美野田家）に支えられて、ふんだんに書物を購入しました。岳父美野田琢磨は、土木学が専門で成功した実業家でしたが、満蒙関係の蔵書家（美野田琢磨文庫）でもありました。来日の十年間に集めた蔵書は一万七千冊を越え、その分野は「大部分が東洋関係書からなっており、（略）古医術、紙漉き、日本言語、本草学、動植物学、日本における初期キリスト教、日本文化史、琉球諸島に関する特殊文献、日本宗教学文献、書誌学的文献、能楽、蒙古及び満州国に関する特殊文献」（スイス公使館宛俊子書簡）でした。基本的には研究対象と研究を進めるための補助のものでしたが、ホーレーが手に入れたいと思った特別の書物も加わっています。文字・図版・刷りが綺麗、挿絵が見事、装幀が素晴らしい、そして主題に惹かれるものがある。潤沢な予算を持った本好きに共通するところです。大きく異なっているのは、ホーレーは多言語に通じて広い学問世界を知っていたこと、師事した学者や友人たちから多くを学んだことです。ホーレーは研究の範囲や領域を限定せず、関心の赴くまま自由に買い集めたのです。あらゆる研究に立ち向かう心を持ち、基本的な学問から始める。そのために、基本書から専門書、古典籍や希覯本までをまず手元に置き、そして学び始める。完全主義者でした。引退後の晩年は、必要な書物を手に入れるために、蔵書を手放してゆきました。伝来の明らかな、いわゆる「筋のよい」書物には信頼性があります。良い書物を扱っている書籍商には、良い本が集まり易い。結果として「貴重書」「文化財」に属するものも多くありますが、蔵書の価値を高めようと集めたものではありません。購入した書物は、信頼した職人に依頼して必要な修理を加え、桐箱や本帙を誂えて保管したのです。「書物を汚す」と考え、当初は蔵書印（宝玲文庫）を押すことも躊躇ったほどなのです。このようにして、「宝玲文庫」は出来上がりました。

日米開戦直後の十二月二十二日、敵産管理法は公布されました。この法律は全文十一ケ条からなるもので、政府が必要に応じて敵国又は敵国人の資産や株券などの財産を接収し、管理人を選任して管理あるいは処分することを認めるものです。日本人の在外財産も、同様に敵国に接収されました。翌十七年六月五日の官報（大蔵省告示）には「敵国対象」が公示され、英国文化研究所の名もその中にありました。ホーレーの蔵書も英国文化研究所図書と共に接収されました。

巣鴨拘置所に収監されたホーレーは、強制帰国によって蔵書と離れることを懸念しました。急いで家人を通じて蔵書目録を作成させました。せめて蔵書の目録だけでも身近に置きたいと考えたのです。予測通り、これらの蔵書は接収され、日本政府の国有資産とするために財産管理人によって慶応義塾図書館に総額六万円で売却されました。不完全ではありましたが、戦後に返還されます。「宝玲文庫」と「慶応義塾図書館印」の二つが並んで押された宝玲文庫本には、これらの物語が含まれています。

この第1回配本の資料集に収めたのは、フランク・ホーレーが開戦によって帰国を余儀なくされた時から、蔵書を取り戻すことのできた昭和二十四年までに作成された目録資料です。

当時、ホーレーの青山南町の自宅には、洋書約一四七〇件（約二六三〇冊）と和書約三二六一件（約一五〇〇〇冊）が集められていました。部屋と押入ればかりでなく、廊下や階段下の戸棚にまで書架が置かれ、廊下にはカーテンが引かれ、壁と襖は見えないほど蔵書が積まれ、床の上にも未整理のものが無造作に積み重ねられていました。書架配置を記した当時の図面があります。それによると、八畳・八畳裏六畳・十畳・十畳裏六畳・裏四畳・廊下の六部屋に、書架二十四本を置いていたようです。書架は「幅四尺四寸・高七尺五寸」とあります。単純に計算すると現在の図書館書架四十四本分を占めることになります。

目録作りを依頼されたのは、英国文化研究所の助手の照山越子と高田美穂子でした。手元にあった間に合わせの大学ノートに、配置された各部屋の書架ごとに書名、著者名、冊数、出版社、刊行年を、書式も不統一に書き留めています。時間が迫っていたことで、筆記の書跡も乱れ、記述の項目が省かれた個所もあります。照山は、記入の仕方に窮すると拘置所に葉書を書いて問い合わせた、といいます。

急遽作成された目録は、帳面サイズも不統一で、ただ配置された各部屋の書架ごとに書名と著者と冊数がペン書きで列記されたものです。

その時のノートが［資料1］です。一冊のなかに約三百件弱の記載がありますから、当時の蔵書数が四千七百件余であるとすると、実際には十冊以上のノートが作られたはずです。作成中に書名が確定できないものについては、帰国直前に一時帰宅を許されたホーレーから直接に教わったと、照山は語っています。十年かけて集めた蔵書を、そのまま残して帰国するのは辛いことでした。ホーレーは「暇さえあれば蔵書目録を見ている」と、交換船の中継地であるアフリカのロレンコ・マルケス（現マプート）から照山に書き送っています。

［資料2～5］は、慶応義塾から返還されてきた書物を基に作られた書目のようです。それぞれの書誌情報を書き抜き、伝来の分かるものはその都度その旨を書き入れています。書名配列の原則は推測できません。恐らく返還される度に作成され、副本も作成されたようで、そのため重複する書名もあります。

［資料6～11］は、蔵書全体の目録を作成するために、前述の資料に記した書名を邦文と英文でタイプ打ちし、書名ごとに切り離して順にノートに張り付けたものです。分類しやすいように、書名の冒頭には数字と「読みカナ」の一部が記されています。英文の物には「分類コード」が付されています。紙面には赤・青の色鉛筆で印が付され、照合確認の跡が見られます。

［資料12］は、「一九四七年三月二十六日」付けのホーレーの署名のある書目です。表紙には「紛失もしくは不完全（紛失に違いない）三百六十四件の目録。慶應の求めによって届けた。この目録は、慶應から未返還の図書の10パーセントに満たない」とあります。組み本のどの箇所が欠けているかを「缺及未還」として表記しています。

［資料13］はフランク・ホーレーと日本政府との返還に関する合意書と添付の目録「JAPANESE AND CHINESE LANGUAGES（日文と漢文）」です。「一九四九年七月一日の段階で返還された書籍の受領合意書」と表記されています。備考欄に「未還」「不完全」「（冊数の訂正）」「大破」「一冊缺」（朱書）とあります。

［資料14］は慶應義塾の用箋に書名と著者名、冊数が記されたもので、慶應義塾図書館が作成して提出した返還目録です。複数の人の筆跡があり、人手を動員して急ぎ作成したことがわかります。［資料13］はこれに基づいて、注記したものです。

［資料15］と［資料14］は内容的には同じものです。［資

料16］は［資料15］をタイプ打ちしたものです。未返還の書目と考えられます。

［資料17・18］ともに未返還の目録です。

［資料19］は［資料13］と対をなすもので、「EUROPEAN LANGUAGES（西欧文）」とあります。「Not returned」「Incomplete」（朱書）の記載があります。

［資料20］は［資料14］と同様に、慶應義塾用箋に筆記体で記入されています。

［資料19］はこれに基づいています。

［資料21］は「A LIST OF BOOKS TO BE RETURNED BY KEIO UNIVERSITY」とあり、未返還目録です。

［資料22］も同様に未返還目録です。冒頭の番号は基になる目録番号。アルファベットの記号は分類。行末の金額は、賠償を求めた時の記述と考えられます。

［資料23］はホーレー自身の手による目録です。

［資料6］以後のものは、慶應義塾の管理となった蔵書に関わる部分です。蔵書を完全な形で取り返すには、「返還したと主張する目録」（慶應義塾）と手元の「控え目録」との照合、さらに組み合わせ本の完本状態を確認する作業が必要になります。受け入れた慶應義塾図書館では、配架は分散・疎開され、返還を求められた時にはそれらを寄せ集めることから始めたということですから、当然、整理分類されてはいません。また、一括して返還できていませんから、雑然とした一万冊以上の本の山ができたのです。ホーレーは仕事場（東京特派員倶楽部と朝日新聞社内のザ・タイムズ東京支局）の近くに室を確保して、そこに返還された蔵書を集めて確認作業を進めました。手書きの目録を、目視し易いように邦文・英文タイプに打ち変えて分類整理して目録化、これを現物と照合しました。その時の確認の印が書き込まれています。そして、返還完了の合意書の段階で、さらに未返還の「注記」が必要になったのです。返還されなかったものには賠償が発生しますから、賠償金額とその根拠を示す必要がありました。古書店（巌松堂）からの請求目録も取り寄せました。これらの作業がどのように進んだのか、この資料集成から推測することが可能です。

第七巻以降の資料集には、目録作りの発端となった敵国財産管理関連書類、ハワイ大学坂巻駿三の作成した目録、ホーレーが文庫の価値を主張した書類、ホーレーに助言を与えたC・R・ボクサーの書簡、そして古書籍商（反町茂雄・村口四郎・吉田久兵衛）や製本職人池上幸二郎などからの注文書や書簡などの関連資料を収めます。どの本がどの本と共に蔵書に加えられ、修理されたかが知れます。

参照：拙著『書物に魅せられた英国人：フランク・ホーレーと日本文化』吉川弘文館

# 凡　例

一、本書は、「宝玲文庫」に関するフランク・ホーレー旧蔵資料を影印復刻したものであります。原資料の大半は編著者が保持しています。

二、第一回配本（全四巻）には、日本政府から蔵書が「敵国財産」に指定・没収されることを予期したホーレーが、昭和十六年（一九四一）に急いで作成した蔵書目録と、戦後になってGHQから返還された際に書類に添付されていた目録、慶應義塾図書館の返還目録、さらに、返還本の確認作業に用いたホーレー自身のノート類を収録しました。

三、各資料の「書入れ」「記号」「削除」「加筆」等は、大部分がホーレー自身の手によるもので、整理の段階で加えられています。「資料23」の本文（手書）は、ホーレーの筆跡です。

四、復刻にあたっては「原資料に対して無修正」を原則として、書き込み等もそのままとしました。但し、実際のインク・鉛筆色が赤・青・黒などとなっていますが、製版の都合で判別が難しいかもしれません。ノート類の無記述頁は割愛しました。

五、欧文（横書き）の資料はページ順に従い、右開きとして製本しました。

六、原資料の寸法は様々ですが、Ａ５判に収めるために縮尺率を調整しました。

七、底本の記録状態や経年劣化等により、読み難い箇所がありますが、御了解をお願い致します。

八、各資料には便宜的に番号を付しました。（　）内は「原資料の形態と表紙の記述・資料の冒頭の記述」です。

九、各資料の解題・解説は、第五巻に掲載します。

十、第一回配本（全四巻）の内容は以下の通りです。

第一巻　資料01（ノート・辞源）
資料02（ノート・標注令義解）
資料03（ノート・金剛謹之助）
資料04（ノート・十一月五日）
資料05（ノート・欧文　帰国後）
資料06（貼付ノート・宗因）
資料07（貼付ノート・六部成語）
資料08（貼付ノート・雲遊帖）
第二巻　資料09（貼付ノート・Acker,W.）
資料10（貼付ノート・Ashbee: Library Catalogue）
資料11（貼付ノート・Transaction of the Asiatic Society of Japan）
資料12（目録・List of 364 missing or imperfect books）
第三巻　資料13（書類添付・File No.05264 Enclosure No.4 [Separate book No.1]）
資料14（慶應義塾用箋・十六世紀地図）
資料15（手書目録・アイヌ語を通じて観たるアイヌの族性他）
資料16（タイプ目録・アイヌ語を通じて観たるアイヌの族性他）
資料17（目録・嵯峨志　嵯峨自治会）
資料18（目録・愛書趣味）
資料19（書類添付・File No.05264 Enclosure No.5 [Separate book No.2]）
資料20（慶應義塾用箋・Japan and China）
資料21（タイプ目録・A LIST OF BOOKS TO BE RETURNED BY KEIO UNIVERSITY）
第四巻　資料22（タイプ目録・Merryweather, F.S.Biliomania）
資料23（HW自筆手書目録・Poppe,N.N.）

以上

# 第一巻　目次

# 資料01（ノート・辞源）

資料 01（ノート・辞源）

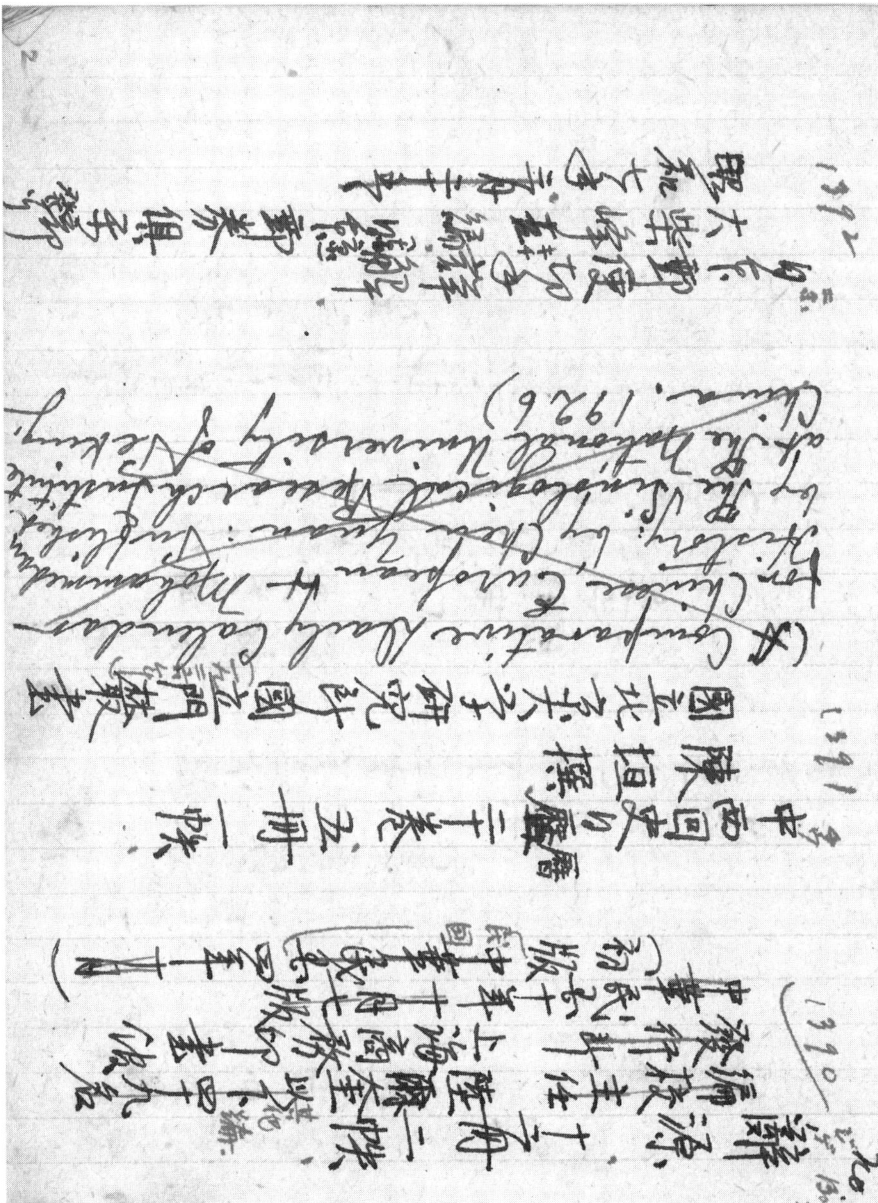
No. 12
ビゲ Bookcase #12
1390 辭源、十二册 二帙、
編校主任 陸爾奎 以下四十九名 其他編
發行所 上海商務印書館
中華民国十年十月七版
（初版 中華民国四年十月）
1391 中西回史日暦 二十巻 五册 一帙、
陳垣撰
國立北京大学研究所國学門叢書
(Comparative Daily Calendar for Chinese, European and Mohammedan History by Chen Yuan: Sinological Research Institute of the National University of Peking, China, 1926)
1392 日本郵便切手辭[illegible]
大柴峰吉編
昭和七年二月二十五日 郵券倶楽部發行

1393 二ホ
日本郵便切手史論、
樋畑雪湖、東京日本郵券倶楽部、
昭和五年五月廿日

1394 メイ
明史纂修考、
李晉華著、
哈佛燕京学社出版（北平）
民国二十二年十二月（一千九百三十三年）一九三三、

1395 チウ
中國明器、
鄭徳坤、沈維鈞合著、
北平、哈佛燕京社出版
民国二十二年一月（一千九百三十三年）一九三三年

1396 カセ
嘉靖禦倭江浙主客軍考
黎光明著、
北平、哈佛燕京学社、出版
民国二十二年十二月（一九三三年）

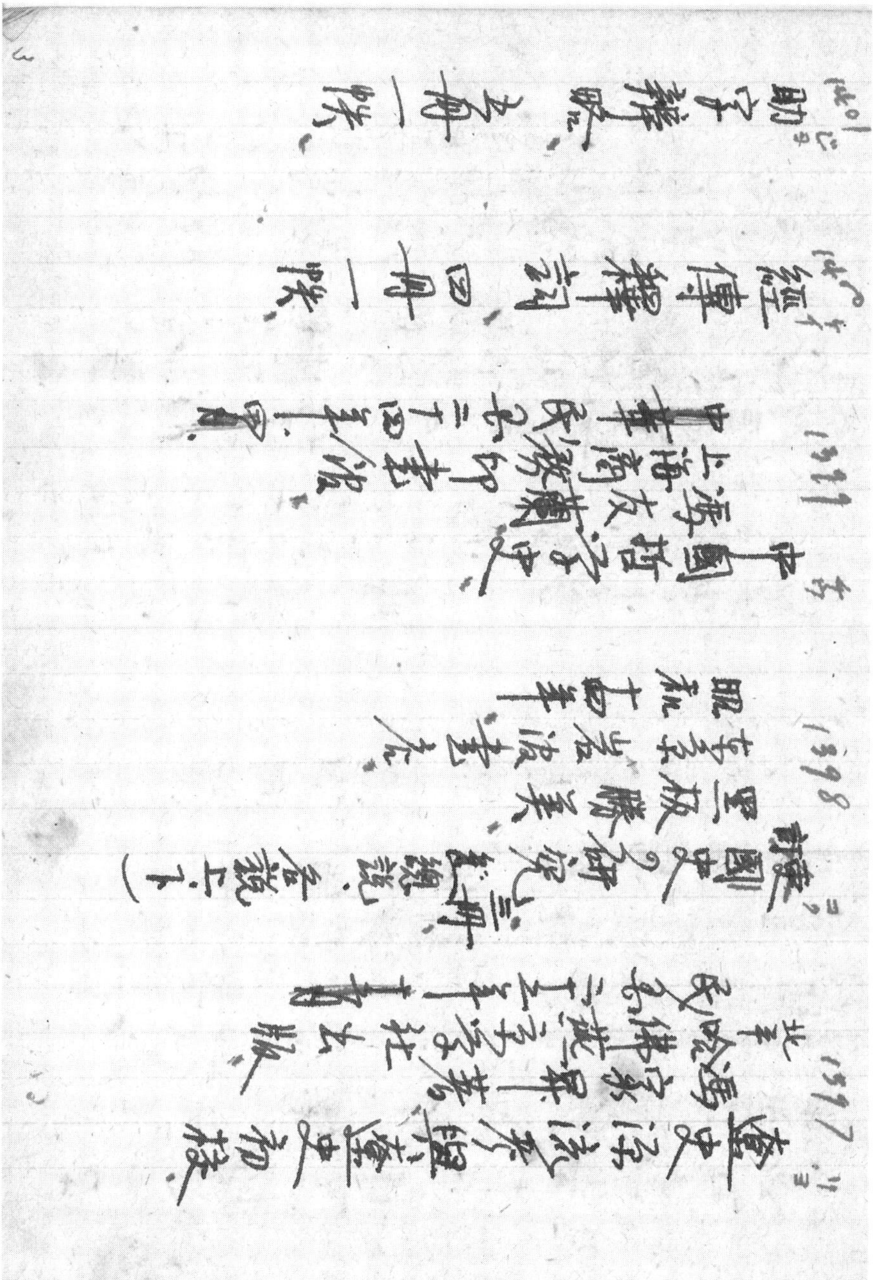

1397 リョ
遼史源流考與遼史初校
北平 馮家昇著
哈佛燕京学社出版
民国二十二年十一月

1398 コウ
更訂國史の研究 三冊（総説、各説上・下）
黒板勝美
東京 岩波書店
昭和十四年

1399
中國哲学史
馮友蘭
上海商務印書館
中華民国二十四年四月

1400 ケイ
經傳釋詞 四冊一帙

1401 ジョ
助字辨略 五冊一帙

1402 コシ

古史辨 五冊、北平、景山書社發行 (顧頡剛及羅根澤、民国十五乃至二十四年)

・第一冊 顧頡剛 中華民國十五年六月(初版)

第二冊 〃 〃 中華民國十九年九月初版

第三冊 〃 〃 中華民國二十年十一月初版、二十四年五月(三版)

第四冊 羅根澤 中華民國二十二年三月初版

第五冊 顧頡剛 中華民國二十四年一月初版

1403 コシ

英文 顧頡剛 古史辨自序 A.W.ハンメル (古史辨)

~~The Autobiography of a Chinese Historian~~

1404 ニホ

日本年號大觀、森本角藏

目黒書店(東京)發行

昭和八年十二月

1405 シナ

支那の北導、中野江漢(吉三郎)

支那北京 支那風物研究會 發行

大正十三年四月十日

1406 シナ

支那の豫言、中野江漢(吉三郎)

支那北京、支那風物研究會

大正十四年、十月三十日

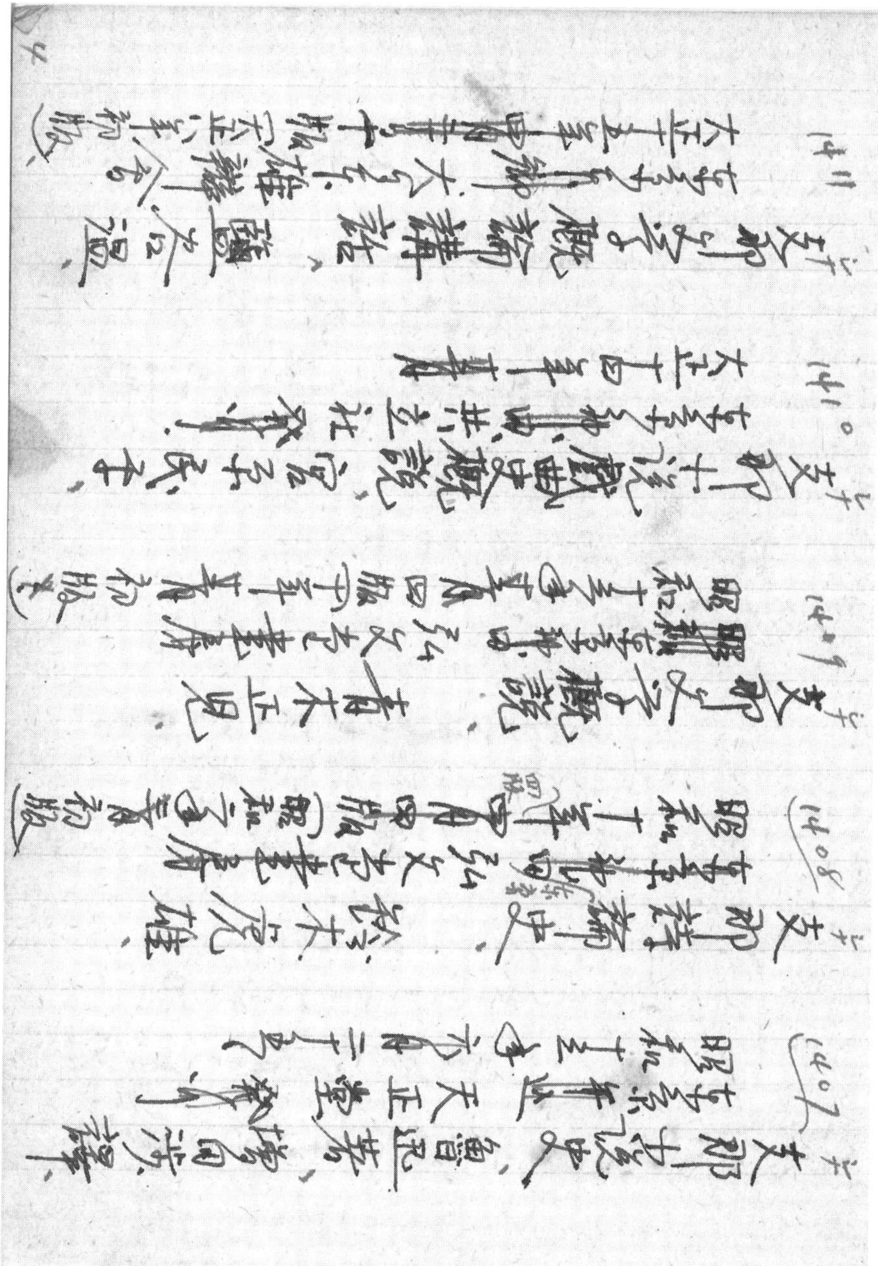
1407 シナ
支那小説史、魯迅著、増田渉訳、
東京牛込 天正堂発行
昭和十三年六月二十五日

1408 シナ
支那詩論史、鈴木虎雄、
東京神田 弘文堂書房
昭和十年四月四版（昭和二年[illegible]初版）

1409 シナ
支那文学概説、青木正児、
東京神田 弘文堂書房
昭和十三年五月四版（十年十二月初版）

1410 シナ
支那小説戯曲史概説、宮原民平、
東京神田、共立社発行
大正十四年十二月

1411 シナ
支那文学概論講話、塩谷温、
東京本郷、大日本雄辯会
大正十五年四月二十五日十版（大正八年初版）

4

1412 ニト 新渡戸博士追憶集 一冊 編者 前田多門 高木八尺 其他編

1413 ニト 新渡戸博士文集 一冊 右同人編
昭和十一年十月二十五日
故新渡戸博士記念事業実行委員 発行

1414 シナ 支那学術文芸史、長澤規矩也
東京 三省堂発行（東京）
昭和十三年十月二十日

1415 サ 作詩法講話、故 森槐南（泰次郎）
東京 新文会堂書店
明治四十四年十月二十日

1416 モ 物語支那史大系 於武 八冊、
編輯兼発行者 早稲田大学出版部、
昭和四年三月乃至五年一月迄

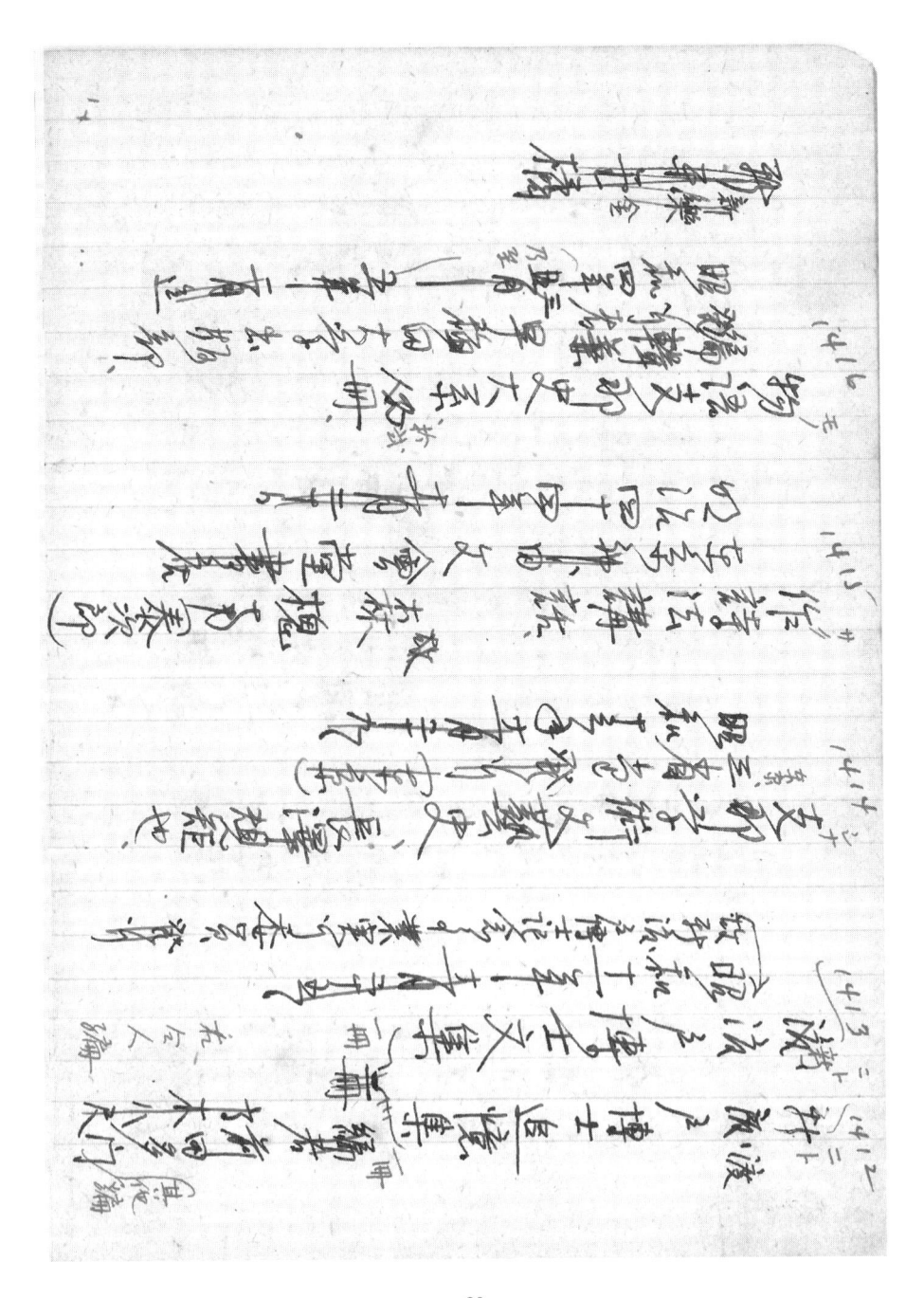

新楽金橘

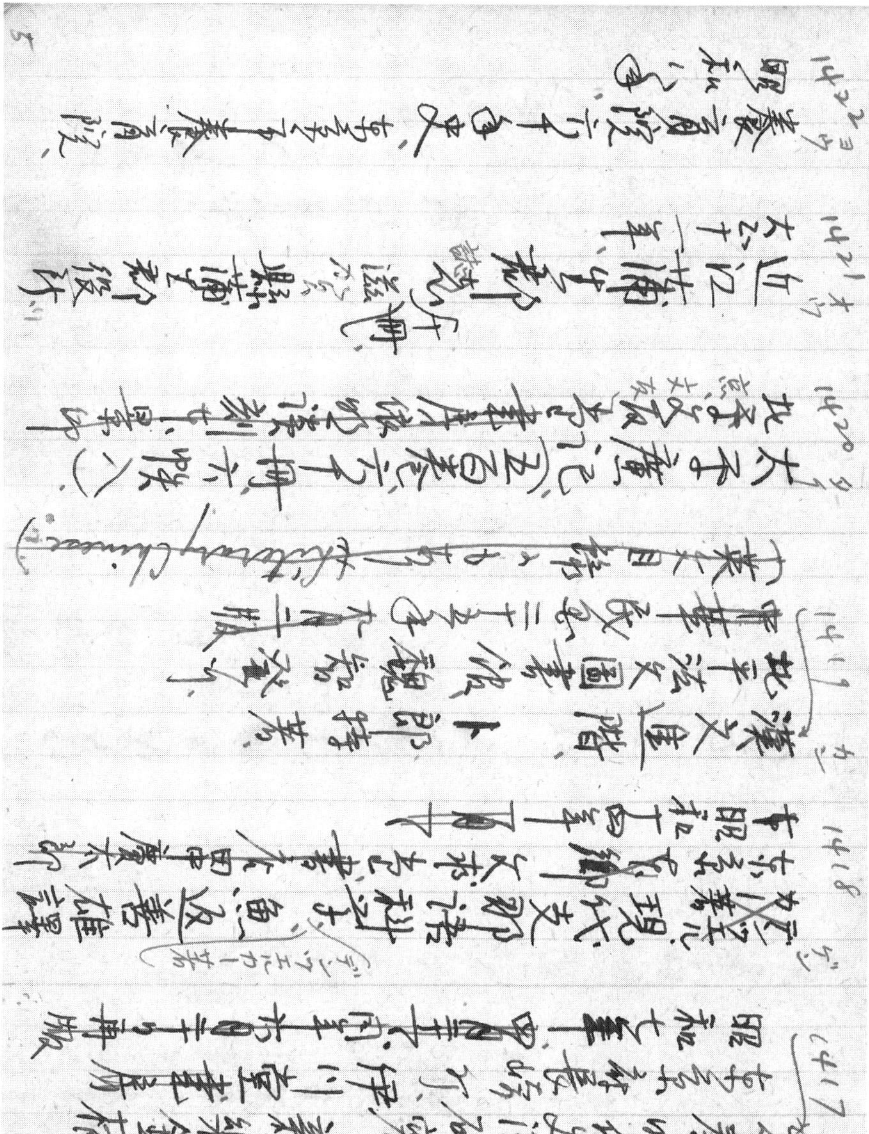

1423 シン
明治維新神佛分離史料、三冊（上中下） 村上專精他之人
東京、東方書院、大正十五年―昭和二年

1424 シン
明治維新神佛分離史料續篇二冊（上下） 村上專精外二
東方書院、昭和三年―四年、

1425 カモ
賀茂眞淵全集十二冊、賀茂百樹
東京吉川弘文館
昭和三年―七年、

1426 サン
三農記、十冊一帙、陶朱公之著、
桂林堂、

1427 ホン
圖注本草原始、
雍邱李中立正宇纂輯、
光緒年月新鐫
善成堂、

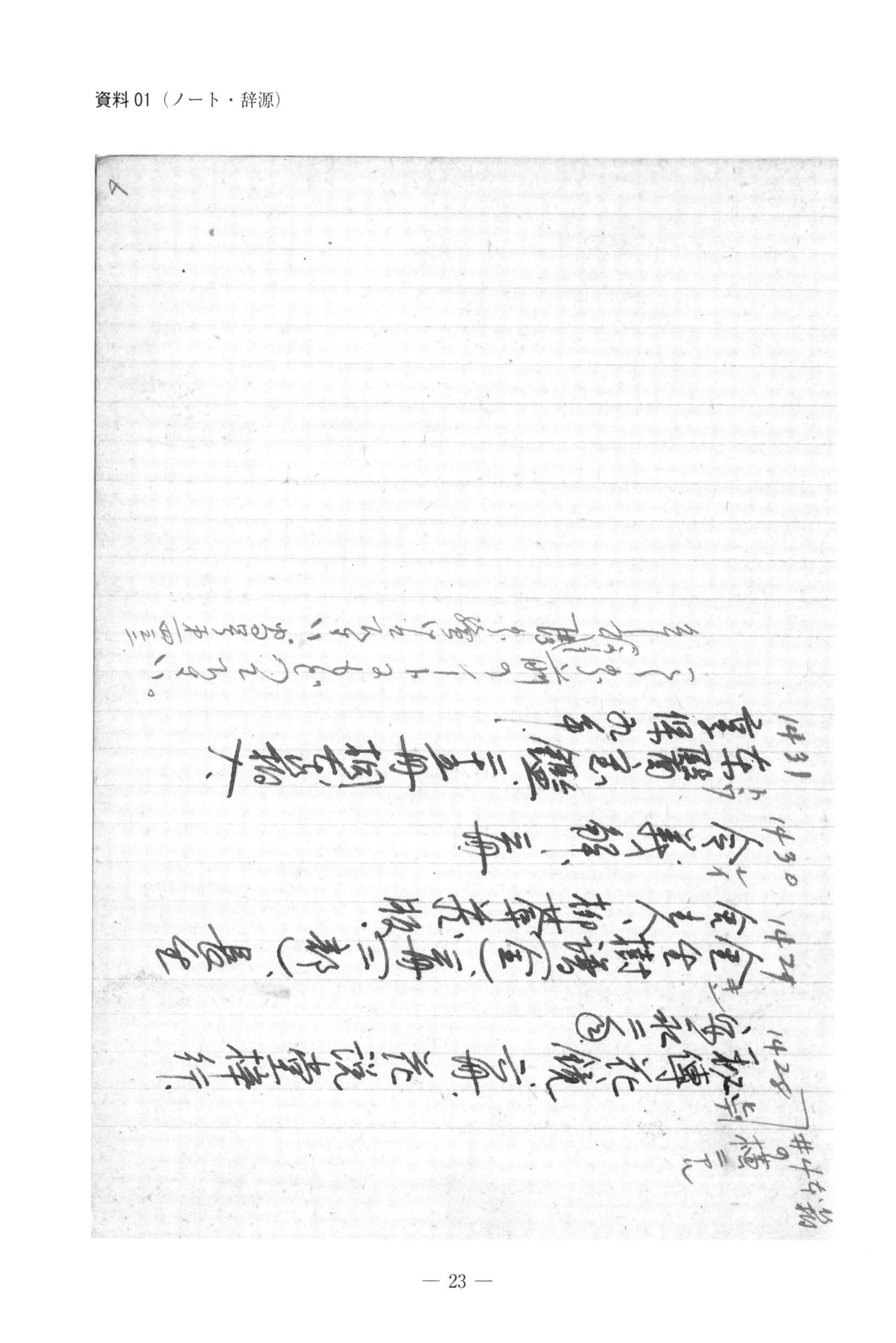

資料01（ノート・辞源）

[illegible]

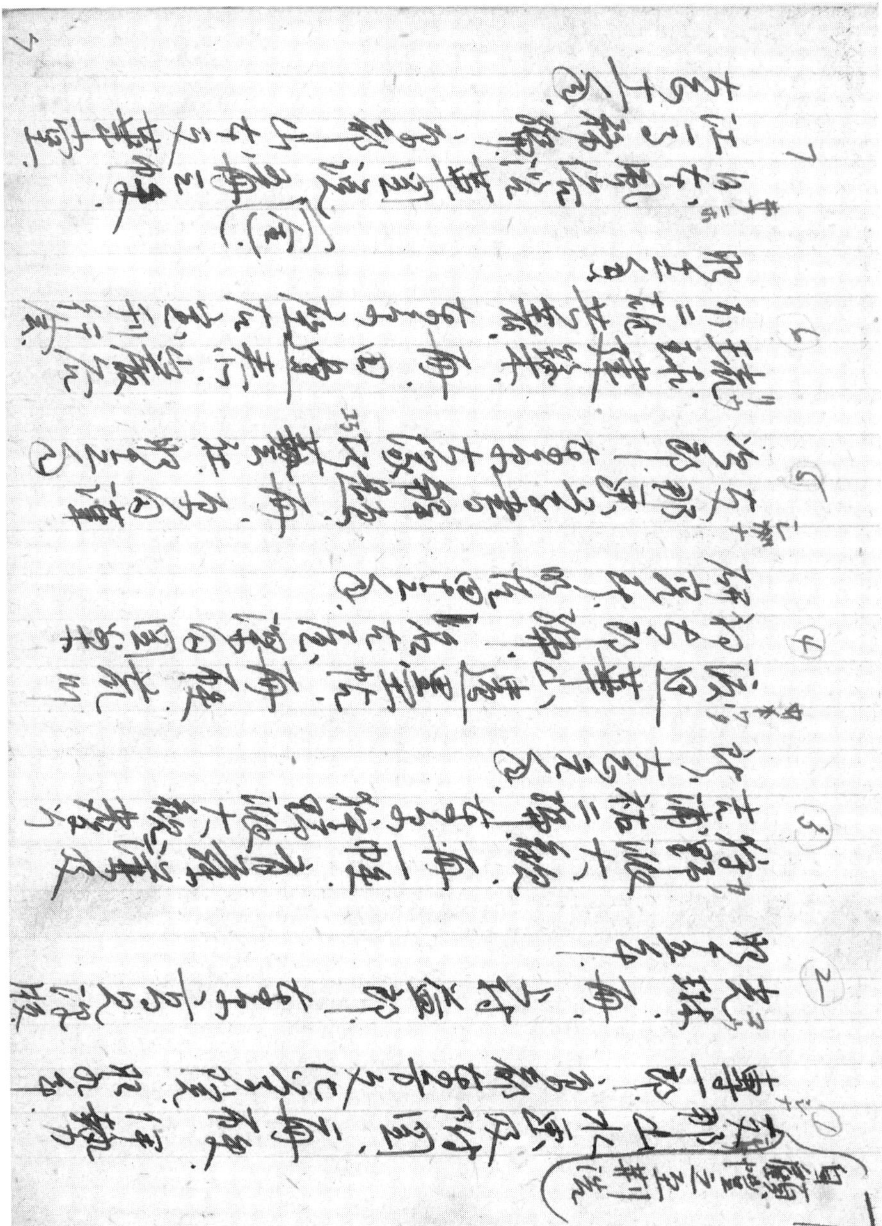

8 顧氏画譜、一帙四冊、上海良友復興
図書印刷公司、民国三十年

9 有竹斎蔵古画譜

10 日本書画骨董大辞典、一冊、[illegible]
成光館編纂部編、
東京成光館書店、昭十二年

11 古今画藝図彙、三冊、吉竹日
乾遺編、東京明文社出版部、
昭十三年

12 仏教大辞典、七冊、望月信亨、
東京仏教大辞典発行所、昭十一—十二年

13 曼荼羅の研究、一冊、栂尾祥雲、
和歌山[illegible]高野山大学出版部、
昭七年

14 南東遺芳、一冊一帙、佐々木信綱、
撥東遺芳、東京佐佐木信綱、
昭二年

15 日本国現報善悪霊異記、一帙、佐伯良謙、京都便利堂、昭九年

16 本経疏證、十冊。

17 歐米蒐儲支那古銅精華、七冊七帙、梅原末治編、大阪山中商会、昭八年及十年

18 寧楽古経選、一帙、大屋徳城、京都便利堂、大正十五年

19 石山写経選、一帙、大屋徳城、京都便利堂、大正十五年

20 施福寺文化史文献聚影、十…

21 本邦古書美術展覧会報告書、一冊、東京大学文化振興会、昭十三年

22 小林堂書画文房図録、一帙十冊。

23 山水入門、一冊、家麟胡錫銓、上海商務印書館、民国十九年

24 表装備考（ヒョウ）、一冊、硬、岡村辰雄編、
東京 [illegible]辰雄、昭十一年。

25 漢画独稽古（カン）、一冊、双翁堂。

26 芥子園人物画譜（カイ）、一冊、森田但山、
東京 漢画研究会、大正六年。

27 芥子園山水画譜（カイ）、一冊、森田但山、
東京 漢画研究会、大正七年。

28 日本画論大観（ニホンガ）、三冊、坂崎坦、東京
アルス、昭二年及四年。

29 芥子園画傳初集（カイ）、五帖二十三冊。

30 東蒙古（ヒガシモウコ）、一冊、関東都督府陸軍部
編、東京 兵林館、大正四年。

31 日本建築史図録（ニホン）、一冊、天沼
俊一、京都 星野書店、昭八年―
十三年。

32 殷墟出土白色土器の研究（イン）、一冊、京都
東方文化学院、昭七年。

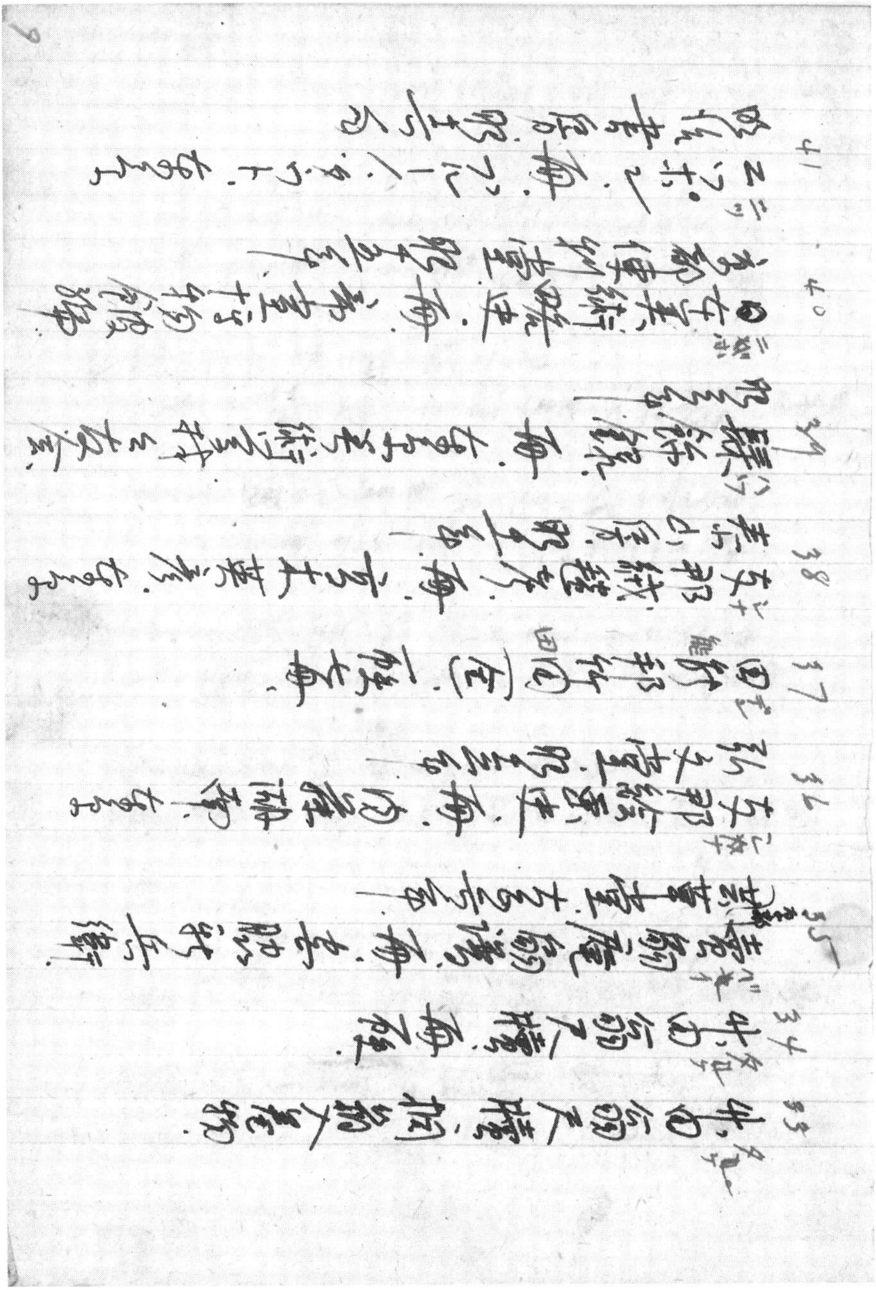

42 天工開物、三帙十二冊、山崎金兵衛、大坂、柏原屋佐兵衛、明八年。

43 唐大和上東征傳一帖（一冊一帙）、奈良、叢書 圖書影本刊行会 編及撰カ、昭十年。

44 蠖園文存、二冊、紫江朱氏、中央営造学社、民国二十五年。

45 日本農民建築、十二冊、石原憲治、東京、聚楽社、昭九年－十五年。

46 大同石仏寺、一冊、木下杢太郎、東京、座右宝刊行会、昭十三年。

47 かミの粧、一冊、三好富之助編、京都、精版印刷社、昭二年。

48 支那書画人名辞書、四冊一帙、大西林五郎、東京、松山堂書店、大正八年。

49 画工便覧、七冊二帙、筑後守源君美撰。

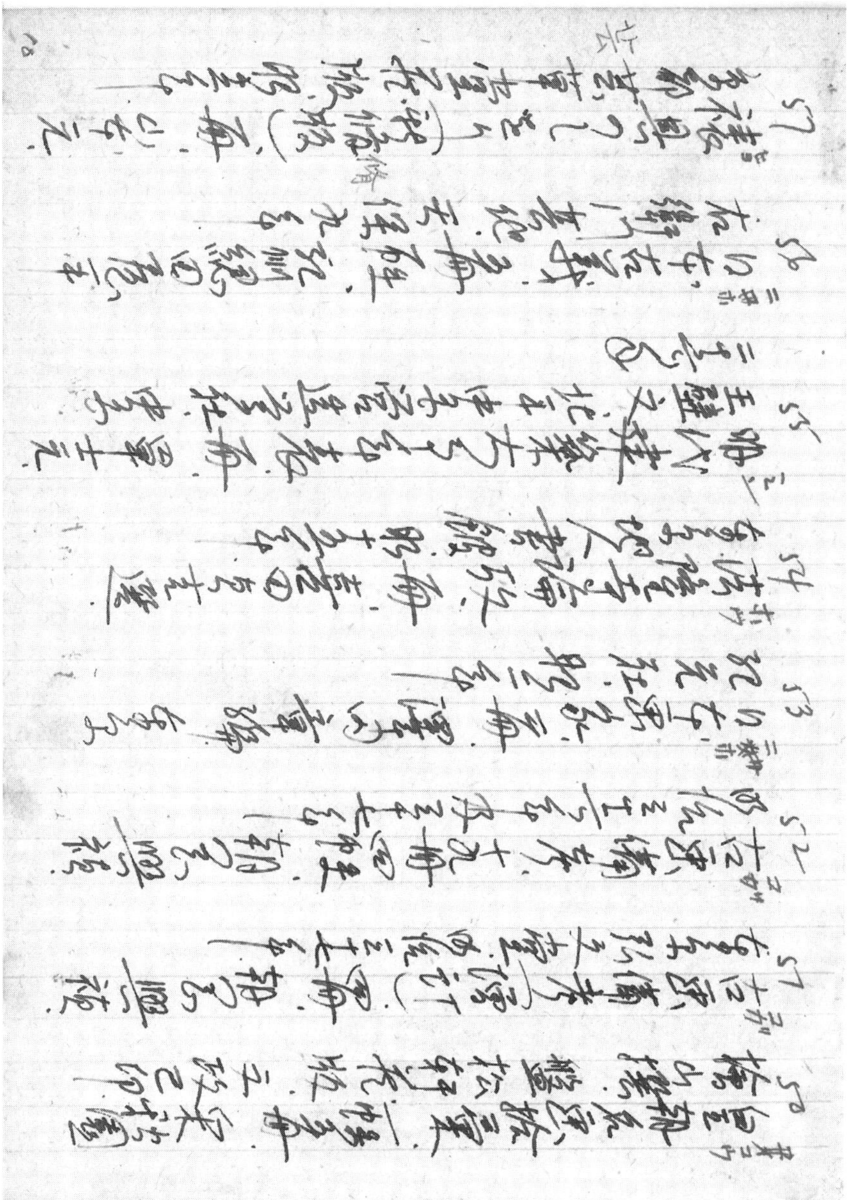

清国北京紫禁城殿門の建築
韓国建物ニ

58 ケン 東京帝国大学工科大学第四及六號 清国北京紫禁城殿門ノ建築（二冊）及韓国建物調査報告 東京帝国大学工科大学紀要及報告 明治三十六年及三十七年

59 ニホン 日本の民家 一冊 今和次郎 東京 更生閣書店 昭和二年

60 ホウ 法隆寺国宝保存工事報告書 一冊 法隆寺国宝保存事業部編及発行 昭和十年乃至十五年

61 シナ 支那書画名家詳傳 十二冊 三帙 近藤元粋編 大阪 青木嵩山堂 明治四十二年

62 コツ 骨董集 四冊 岩瀬醒 東京 松雲堂書店

63 シン 神職宝鑑 一冊 半井真澄編 京都 半井真澄 明治三十二年

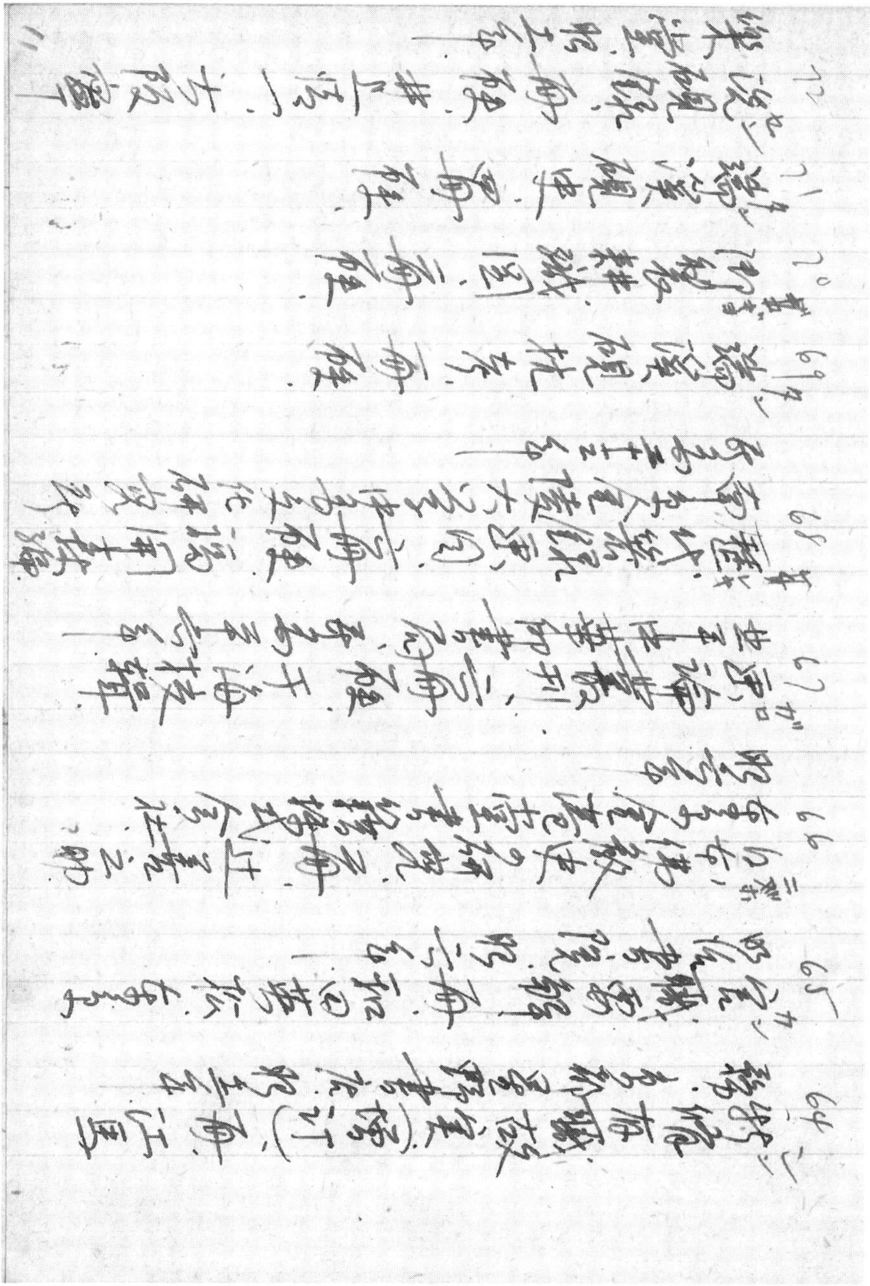

73 古硯美の鑑賞、冊、井上源太、東京博文書院、昭十三年

74 文房至宝、冊、後藤朝太郎、東京雄山閣、昭十三年

75 米庵墨談、六冊、（江都）須原屋伊八、文化九年

76 米家書訣、冊、米庵河先生、京都菱屋孫兵衛、享和元年

77 硯墨新語、冊、飯島茂、東京雄山閣、昭十年

78 硯箋墨経、冊、高似孫、晁説之、江戸和泉屋□□□□□□、文政六年

79 蛮雲軒論画叢書、冊、元粹纂及叢刻、安永五年（六冊 古義 近藤）

80 落款と箱書の栞、冊、荒木矩、京都芸艸堂、昭四年

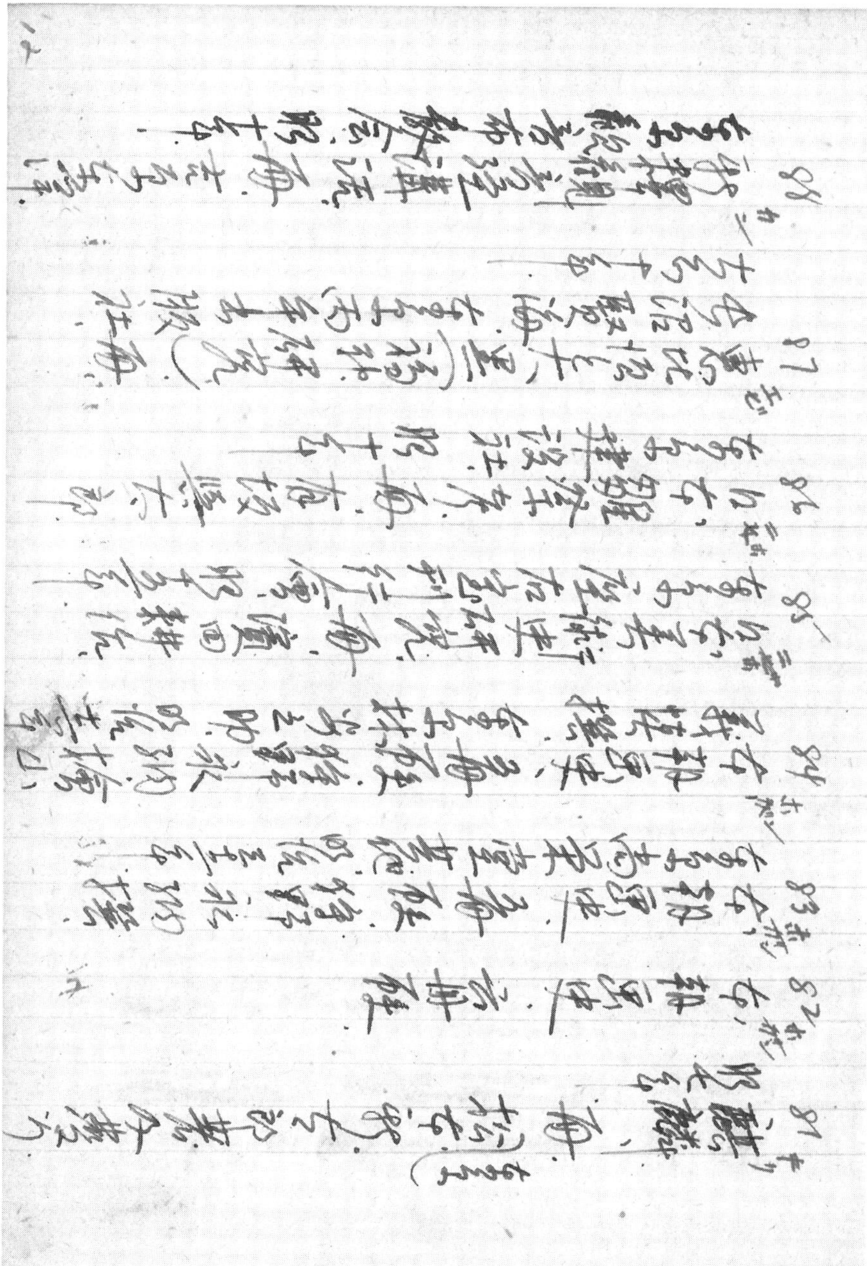

89 カン
閑窓従遷記（續補）、海保、
閑靖齋、京都佐竹苞堂 明九年

90 ユウ
有職故実辞典（改版）、海、関根正直
加藤貞治郎、東京林平書店
明十五年

91 ブソン
蕪村印譜、海保、京都博物館蔵
花嶺

92 ゲイ
藝苑叢書、五十九冊五帙、国書刊行会及図書刊行会

帙一 下 10冊

本朝野人傳補遺、海、野叢文
後素談叢、冊、前田香雪
裝劍奇賞、一冊、稲葉新右衛門
天明元年
浮世絵年表、一冊、林縫之助
閑[redacted]、大正九年
石亭画談、一冊、竹本大治郎
[redacted]、大正七年

鑽

中学二年

浪花擷芳譜、一冊。
高久靄厓画冊、一冊。
梧蒼堂画帖、一帖。
大雅堂画譜、一冊、
土刀法詳説、一冊、椿山、二部公忠、
芥子園翎毛花果譜、三冊。
鑽工廿八宿象、一冊、北尾紅翠斎画。

中学三年

江戸諸家人名録、二、一冊、扇面亭編。
圖画刊行会、吉川弘文館、
写山楼描法、一冊、谷文晁筆。
口嗜小史、一冊、西田春耕、明治二十年
浪華人物誌、四冊、岡本撫山、
寒檠璅綴、三冊、浅野長祚。

璅

未四. 中差. 12冊.

良山堂茶話(全)、阿部良山、文化八年.
同書刊行会吉川弘文館.
松蔭快談(全)、一冊、長野豊山、同書
刊行会. 文化八年
長崎古今学藝書画博覧(全).
一冊、西琴石. 文政八年
学墨(全)一冊、大江資衡、文政八年
雲烟略伝(全)一冊、清宮秀堅.
文政八年
茶席墨宝詳伝考(全)一冊、藤井
以正. 文政八年
扶桑名公画譜(全)一冊、浅井不旧.
画乗要略(全)一冊、白井華陽.
慊庵清玩録.
胸中山 文化十三年 (龍章名画譜)
朝陽閣鑑賞錦繍帖、二冊、

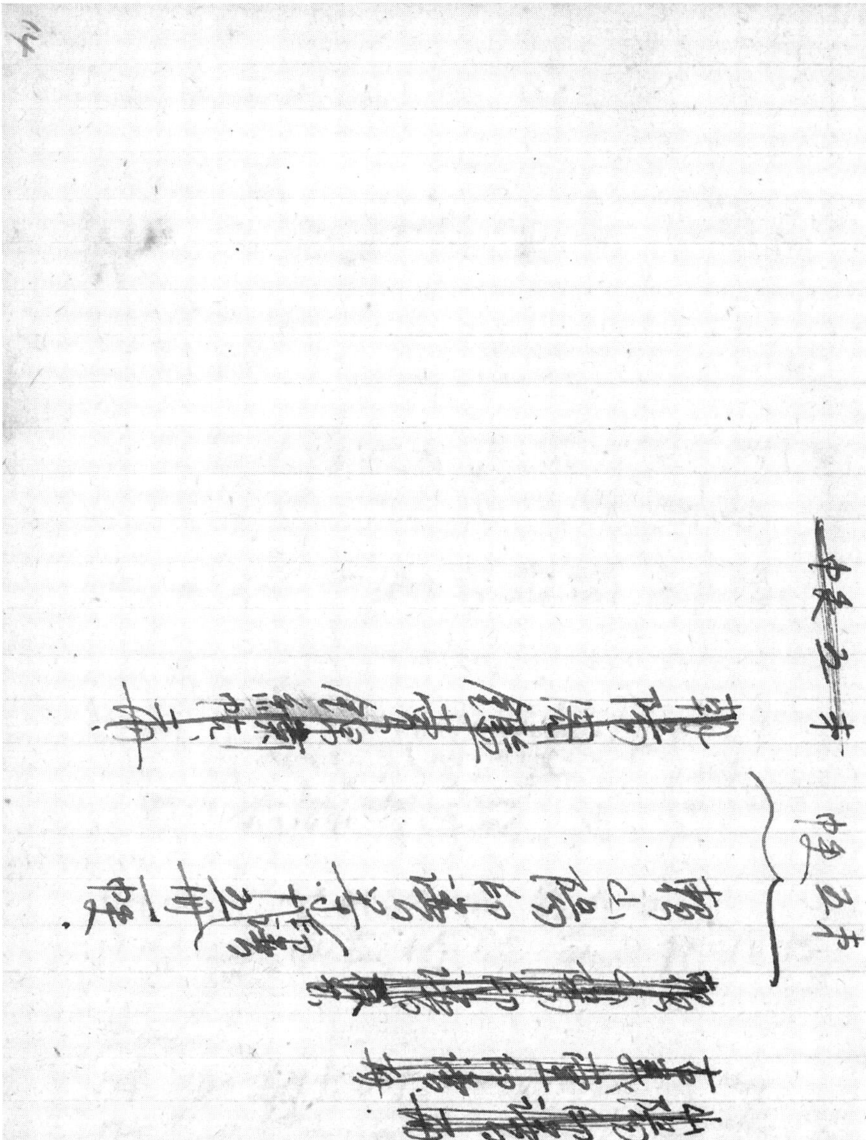

93 ブ 支那ニ於ケル佛教ト儒教道教、一冊、常盤大定、東京東洋文庫、昭五年。

94 ブ 大和上代寺院志、一冊、保井芳太郎、奈良大和史学会、昭七年。

95 ブ 大明三蔵聖教目録 (A Catalogue of the Buddhist Tripitaka) 一冊、南條文雄、東京南條博士記念刊行会、昭四年。

96 ブ 別当記及別当記解題、四冊揃。

97 ブ 密教辞典、三冊、松永昇道編、密教辞典編纂会、昭六年乃至八年。

#2

98 ブ 遍急集、十冊揃、和歌山松本日進堂、昭七年。

99 ニヨ 新撰洋学年表、一冊、大槻如電、東京大槻茂雄、昭二年。

100 ニセ 日暹交通史考、一冊、三木栄。

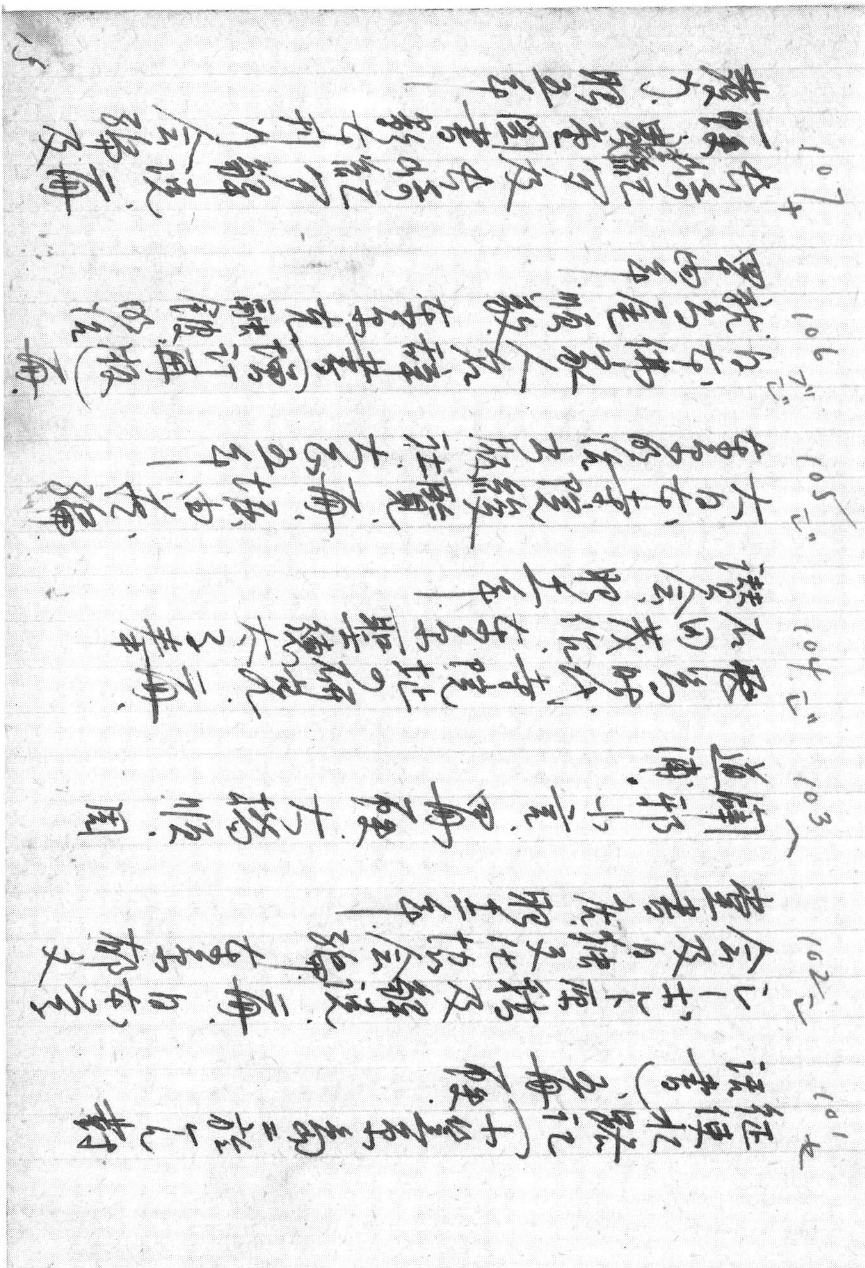

108 チャ バジル・ホール・チエンバレン先生追悼記念録 一冊 東京 国際文化振興会 編及発行 昭十年

109 サ 薩道先生景仰録（吉利支丹研究史回顧）一冊 新村出 東京 ぐろりあ・そさえて 昭四年

110 ポ ポルトガルを訪ねる 一冊 岡本良知 東京 葡協会 昭五年

111 シ シーボルト関係書翰集 一冊 日独文化協会及日本学会 編 東京 郁文堂書店 昭十六年

112 シ シーボルト先生其生涯及功業（増補第二版）一冊 呉秀三 東京 吐鳳堂書店 大正十五年

113 ブ 佛書解題 一冊 古林西崖其他 東京 荒経[?]書院 大正十三年

114 ホ 本朝高僧傳 三十二[?]冊 四帙 濃州 盛徳沙門師蠻撰

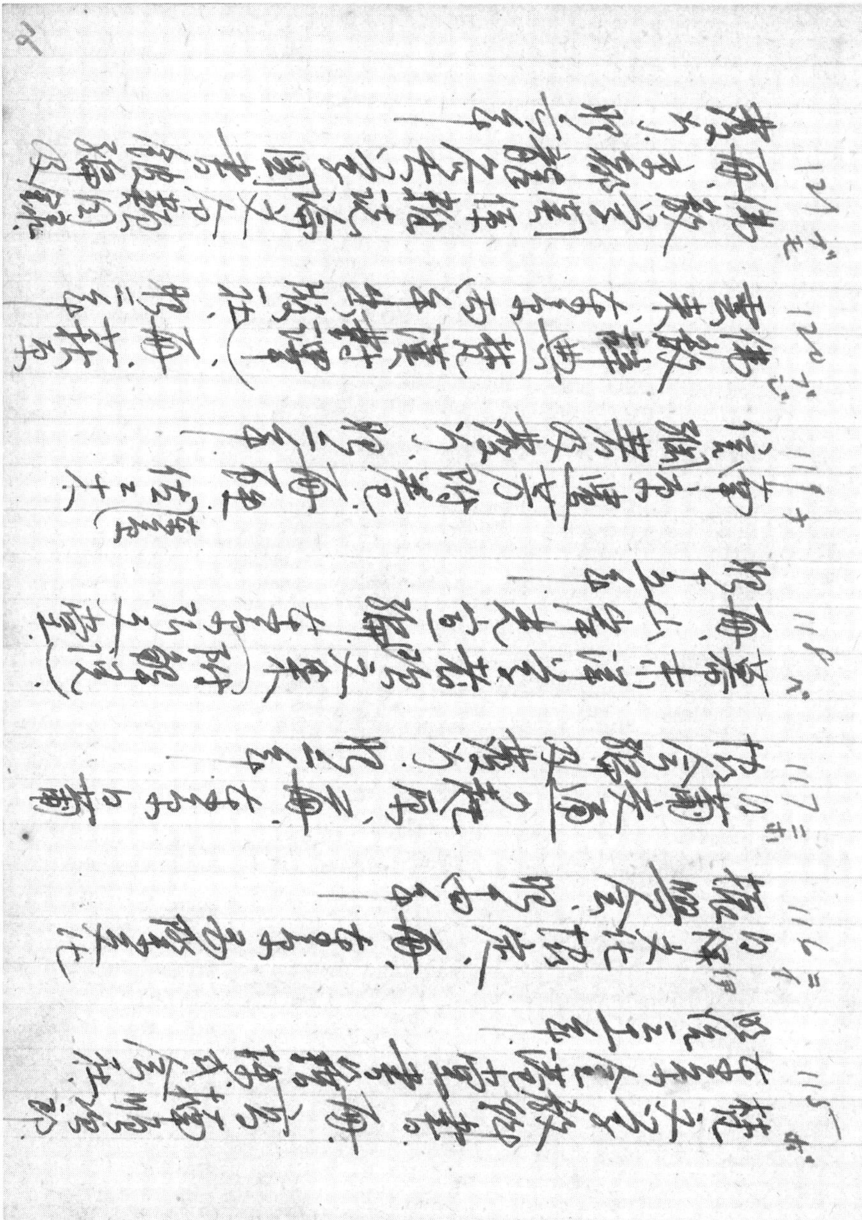

122 ホ ブ
仏化聖典大辞林、一冊、静岡、師子
王文庫編及発行、大正九年、

123 ト ガ
東洋画論集成、一冊、石倉千次編
東京読画書院、大正七年、

124 ミ
民芸とは何か、一冊、柳宗悦、東京
昭和書房、昭和十六年、

125 ト キ
東洋の道基督、一冊陸、那須宮和
阿伽惟摩、東京持棲会、昭和十年、

126 ブ
文明源流叢書、三冊、早川純三郎
東京国書刊行会、大正二年及三年

127 ア
鴉片の略、一冊、清水孝幸、北平国
書館、昭和二十年、

128 サ
鎖玉論附尾、一帙、

129 ニ ド
日独文化（創刊號）、一冊、東京日独
文化協会、昭和十五年、

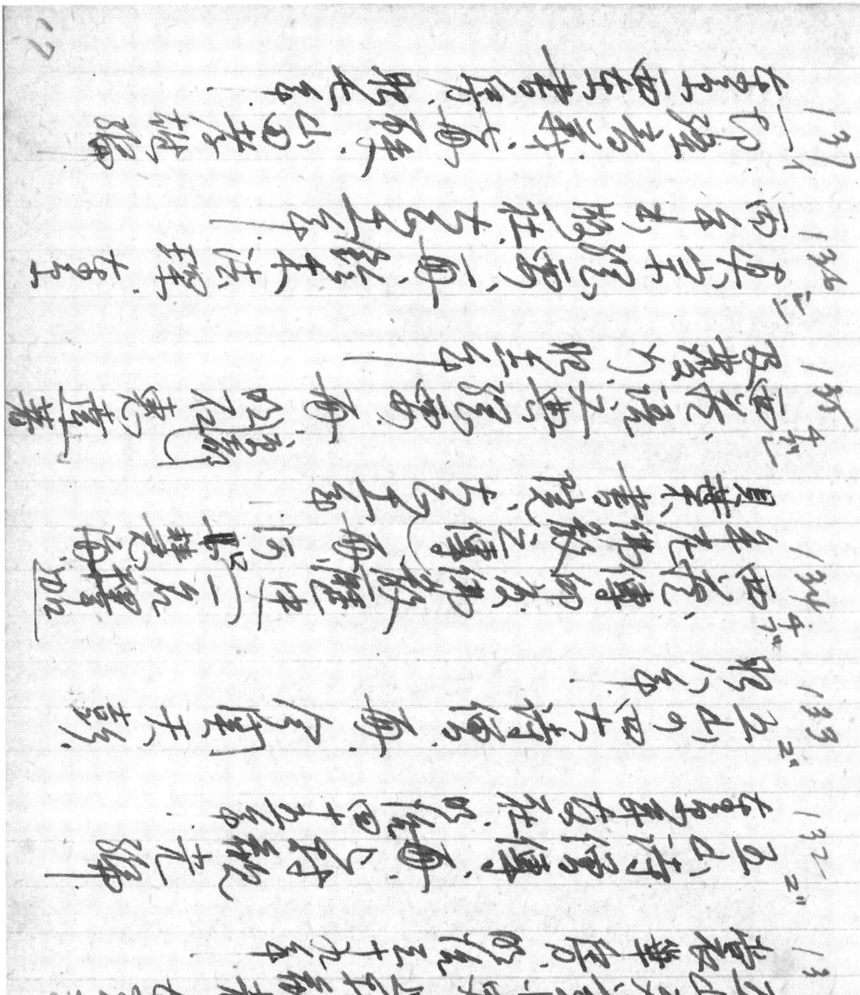

138 一切経音義索引（全）、一冊、山田孝雄編、東京西東書房、大正十四年。

139 新編漢和辞典、二冊、既。

140 漢蔵合璧分解名義大集、四冊、既、青海省蔵文研究社編、青海省政府、民国三十二年。

141 東西交渉史の研究、一冊、藤田豊八、東京岡書院、昭和七年及八年。

142 東西交渉史論、一冊、史学会編、東京冨山房、（増訂）昭和十四年。

143 故宮叢書、四十二冊、故宮叢書編輯部編、東京[illegible]弘文館書店。

標注令義解校本、一冊、近藤芳樹、昭和六年。

索引、一冊、昭和八年。

輿車図、輿車図考、一冊、昭和三年。

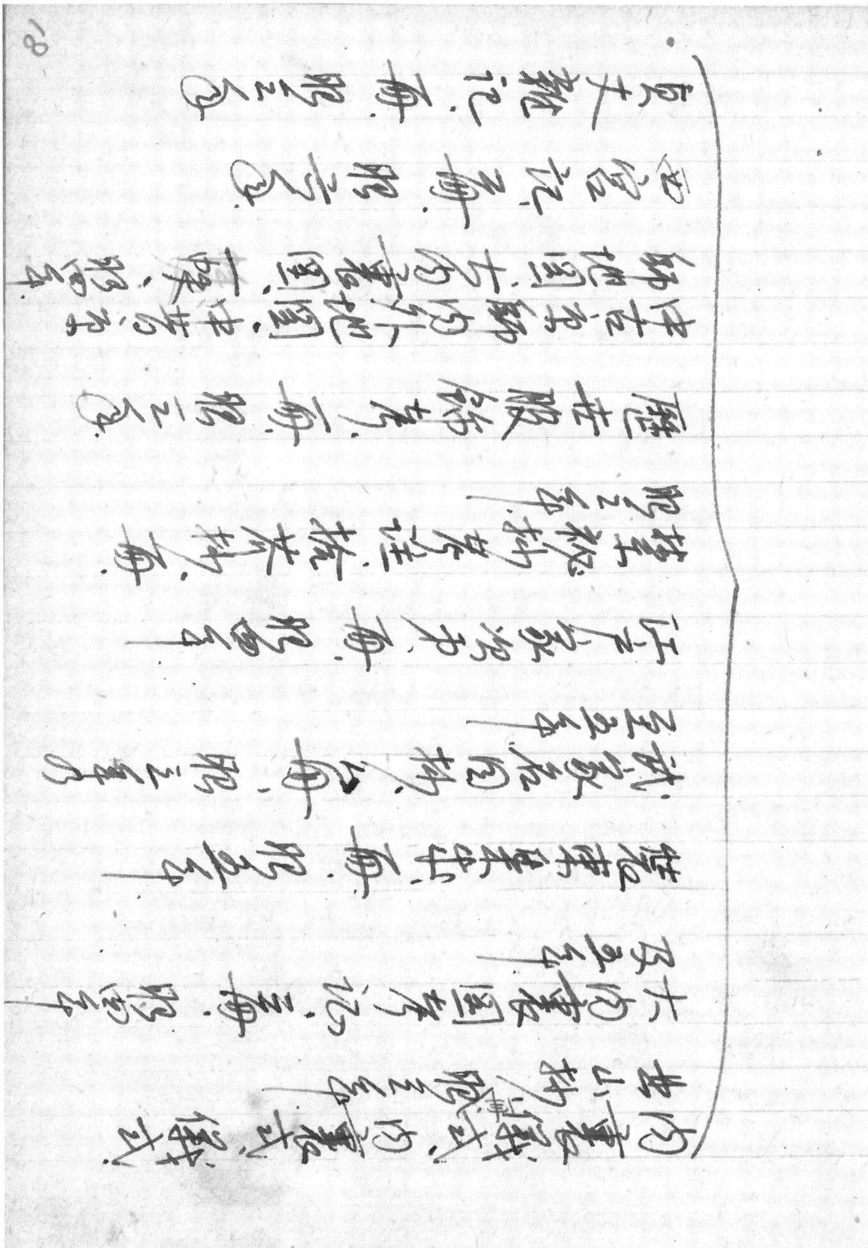

内裏儀式、内裏式、儀式、
北山抄、明三年
大内裏図考証、册、明四年
及五年
装束集成、册、明五年
武家名目抄、册、明三年乃
至五年
江家次第、册、明四年
禁秘抄考註、拾芥抄、册、
明三年
歴世服飾考、册、明三年
中古京師内外地図、中昔京師地図、古今要覧、一帙、明四年
西宮記、册、明六年
貞丈雑記、册、明三年

建武年中行事略解、公事根源
愚考、嘉永年中行事、古代
歌抄、日中行事略解、嘉永
年中行事考証、一冊、昭三年、
鳳闕見聞図説、安政御造営
記、宮殿調度図説、葉、調度図会、
室内殿屋形私考、家屋雑考、
服飾管見、一冊、昭三年、
筆の御霊、一冊、昭五年、
安斎随筆、一冊、昭四年、
武器考証、一冊、昭五年
舞楽図（舞楽図説）、一冊、昭五年、
禁中名目抄校註、續有職問
答、有職袖抄、光台一覧、
故実拾要、宮殿彩要、一冊、
昭四年、
装束織文図会、一冊、昭四年、

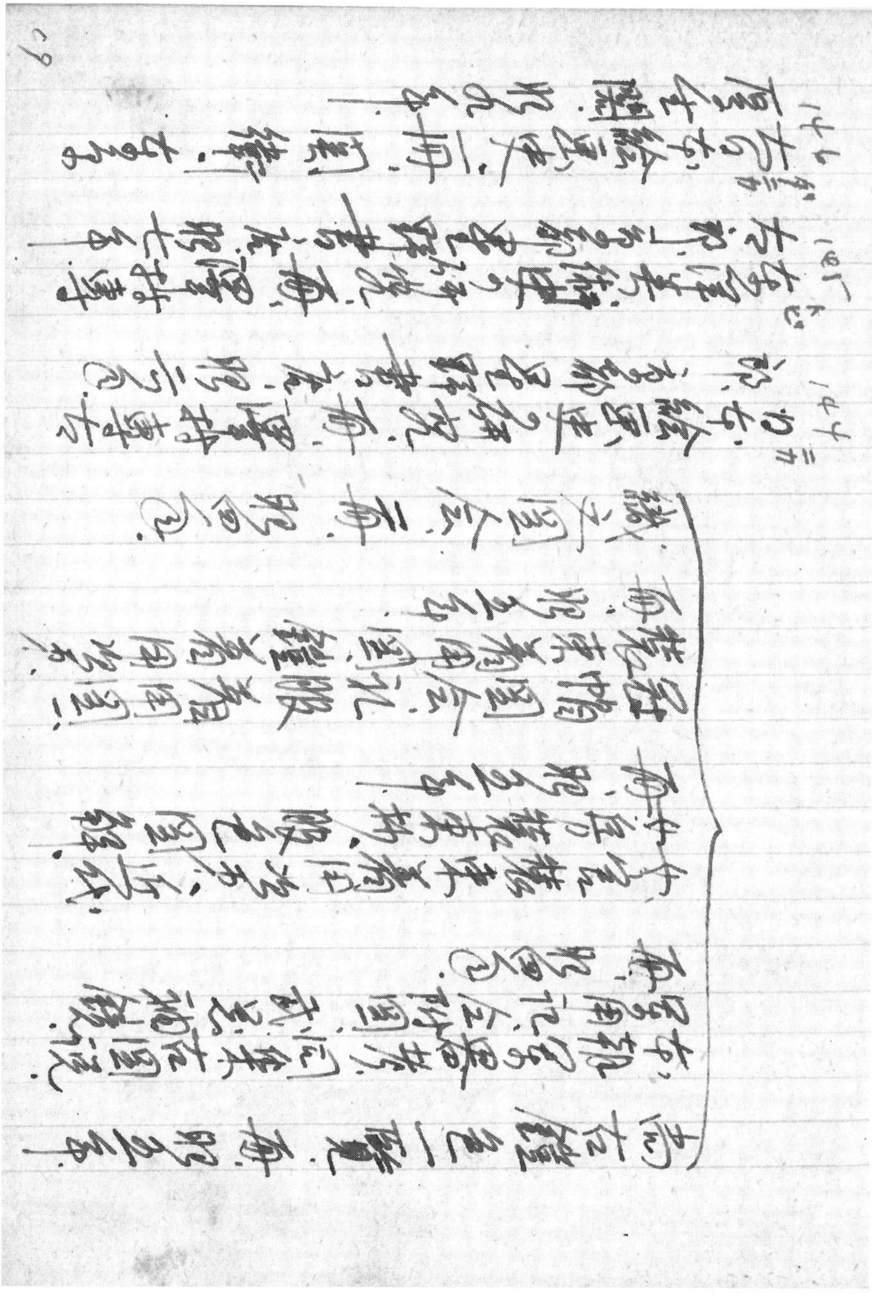

147 ニヒ 日本美術史年表、一冊、源豊宗編、京都星野書店、昭十五年。

148 ク 君台観左右帳記研究、一冊、松本宗衛、東京中央美術社、昭二年。

149 ニシ 日支交渉史話、一冊、秋山謙蔵、東京内外書籍株式会社、昭十年。

150 ニシ 日支交通史、二冊、木宮泰彦、東京金刺芳流堂、昭二・昭三年。

151 ジ 十六世紀日欧交通史の研究、一冊、岡本良知、東京弘文荘、昭十一年。

152 ニシド 初期日独交通史、一冊、丸山国雄、東京日独文化協会、昭六年。

153 シ シーボルトの最後の日本紀行、一冊、小沢敏夫訳、東京駿南社、昭六年。

154 ニシコ 日支交通の研究、一冊、藤田元春、東京冨山房、昭十三年。

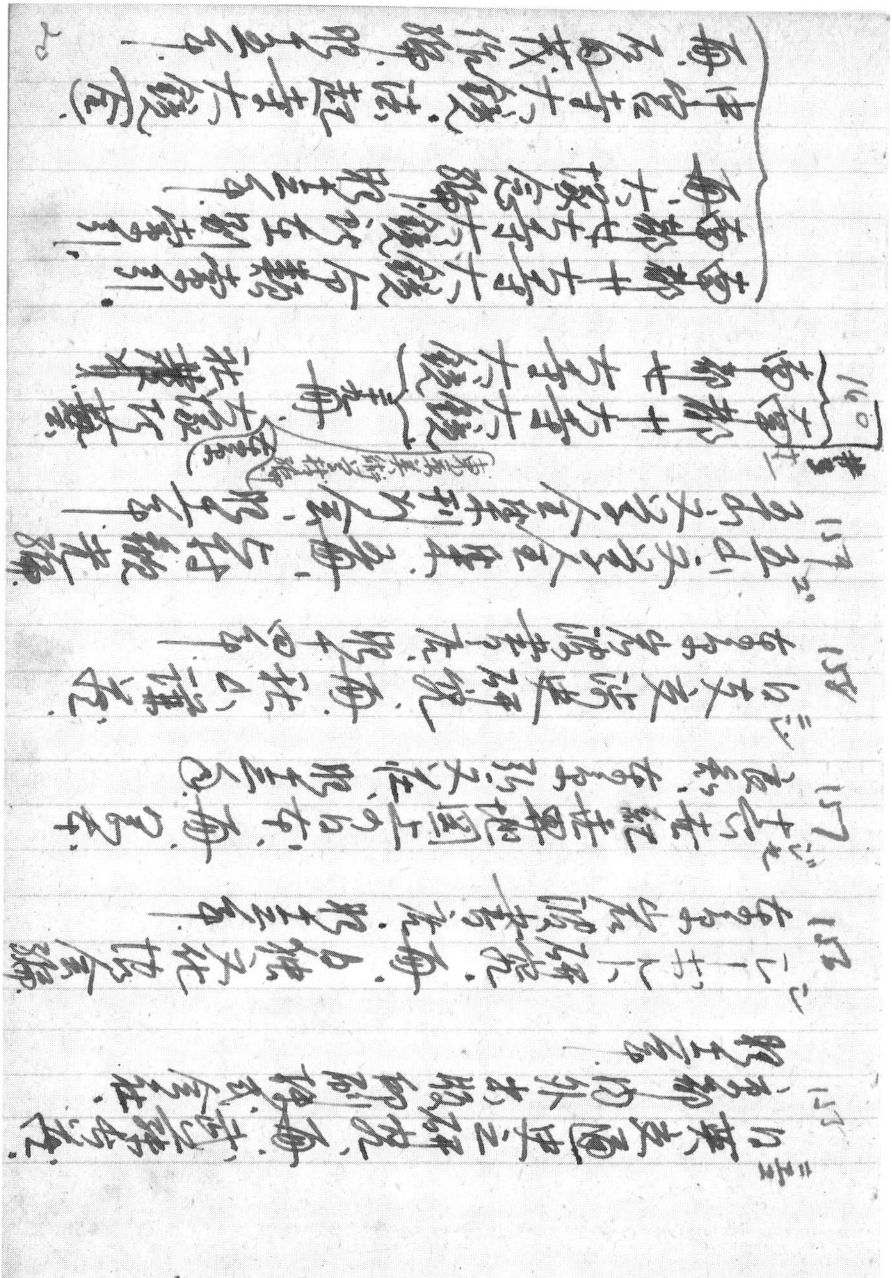

観世音寺大鏡（全）、冊、
~~東京美術学校~~編、昭九年、
當麻寺大鏡（全）、冊、昭十年、
西大寺大鏡、冊、昭八年乃至九年、
唐招提寺大鏡、冊、昭七年
乃至九年、
大安寺大鏡、新薬師寺大
鏡（全）、冊、昭九年、
法華寺大鏡（全）、冊、昭九年、
東大寺大鏡、冊、昭七年乃至
九年、
興福寺大鏡、冊、昭七年乃至
薬師寺大鏡（全）、冊、昭八年、
法隆寺大鏡、十二冊、昭七年
乃至九年、

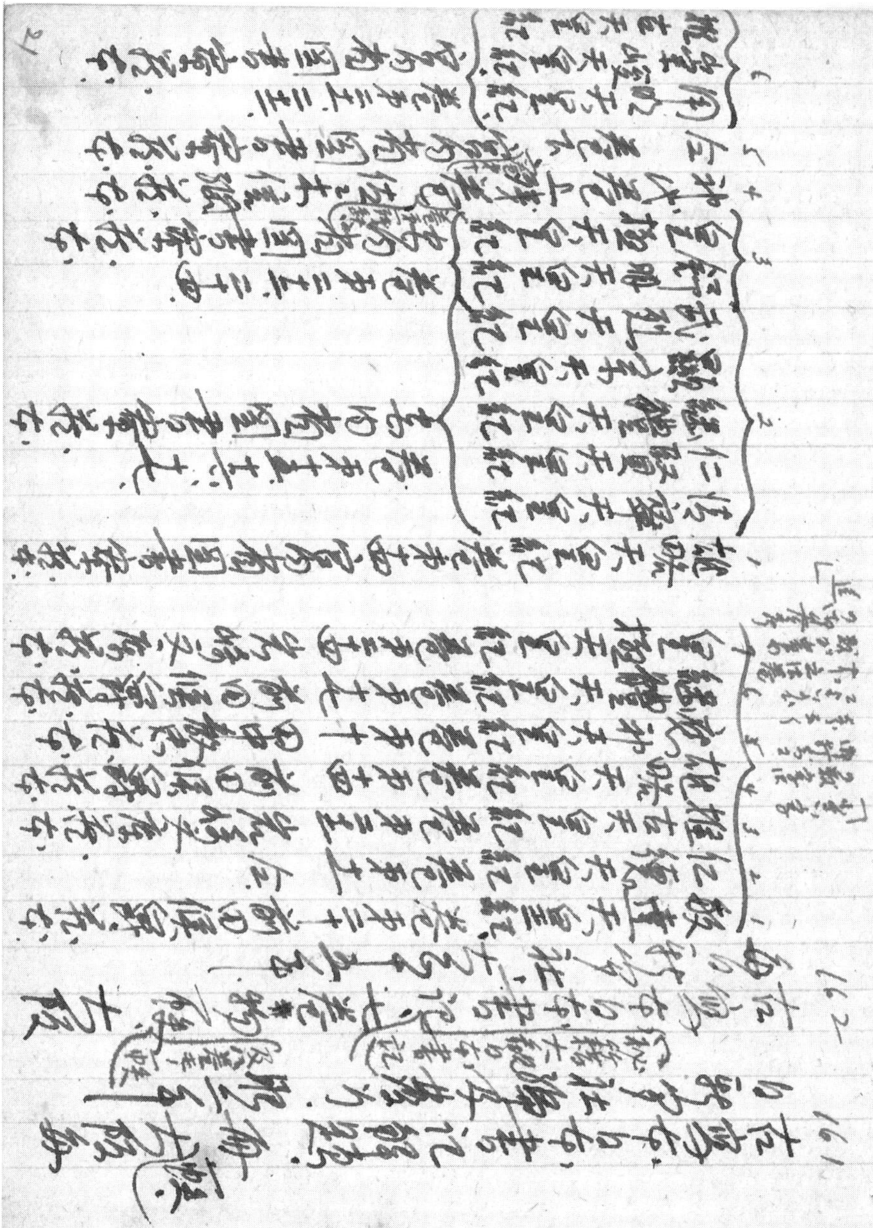

7. 神代巻下、巻第二、宮内省図書寮蔵本、

8 履中天皇紀
反正天皇紀
允恭天皇紀
安康天皇紀 巻第十二、十三
宮内省図書寮蔵本、

163 ユウ 有史墨宝集影（皇紀二千六百年記念）
一冊、大阪府立図書館編、京都 小林
写真製版印刷部、昭和十五年、

164 コイ 皇漢医籍書目、一冊、長水荘主人
輯、長水書屋、昭和七年、

165 ホンゾウ 本草述、十二冊一帙、潛江劉若金著。
嘉慶十五年

166 ホンゾウ 本草述、二十冊四帙、

167 タイ 大観証類本草、二十三冊五帙、仲理
名重翻刻、宝文書院 安永四年、

168 ワカ 和漢医籍十種、一冊、佐藤恒二編、
東京医海時報社、大正二年、

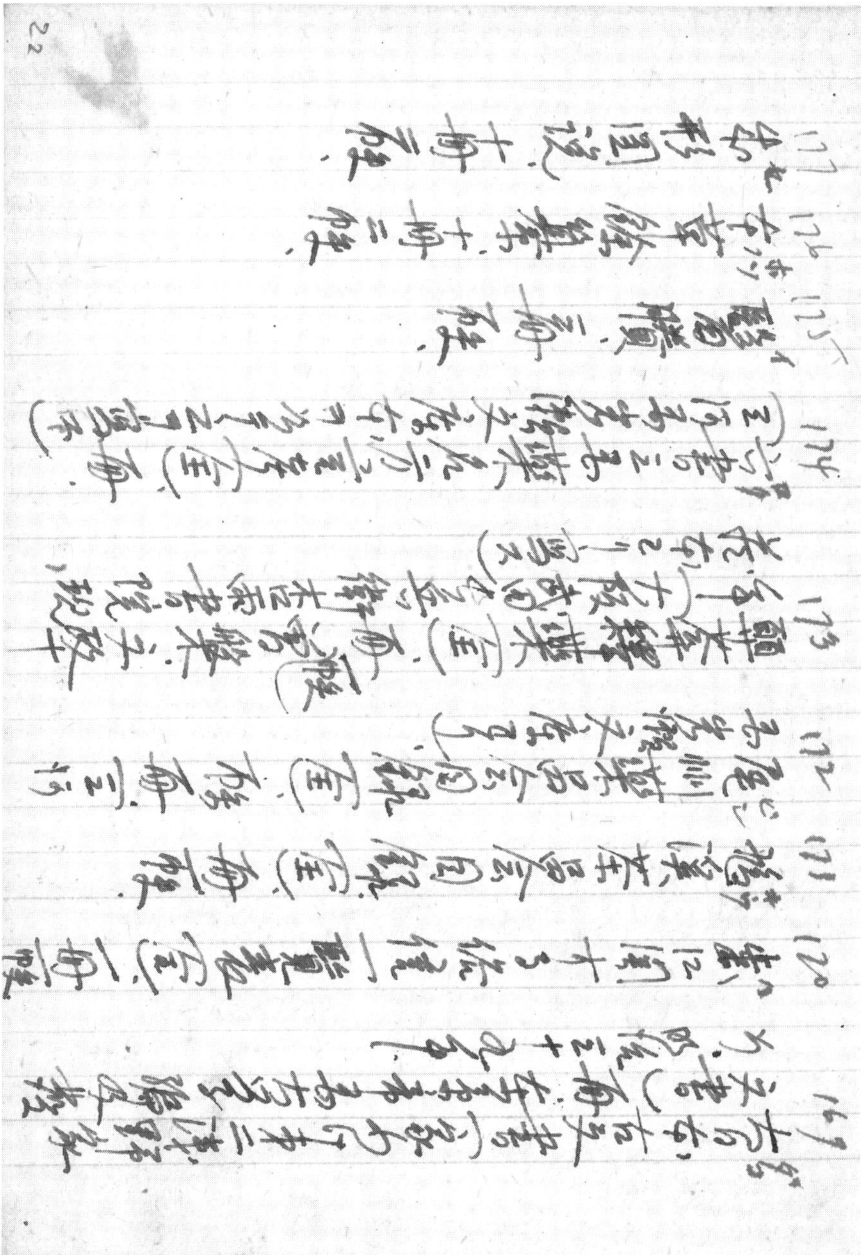

178 ラン 蘭山醫書叢名考(全) 一冊 蘭山小野 口授、
179 ホン 本草彙考、一冊、曽槃。
180 ケン 蒹葭堂雜録、五冊、前暁晴翁撰、松川半山画、五書房合梓。
181 ゾウ 増廣本草綱目、二十四冊四帙
182 シナ 支那歴史地理研究、一冊、小川琢治。東京弘文堂書房、昭和十年。
183 ヒラ 平賀源内全集、一冊、入田整三。東京萩原星文館、昭和十年。
184 ヒラ 平賀源内集(全)、一冊、塚本哲三編。東京有朋堂書店、昭和九年。
185 オウ 欧米人ノ極東研究(全)、一冊、古賀[illegible] 文明協会講演叢書、大正元年。
186 ブモ 物品目録、一冊二帙、後藤光生梨春撰、鶴本平蔵梓行、宝暦二年。

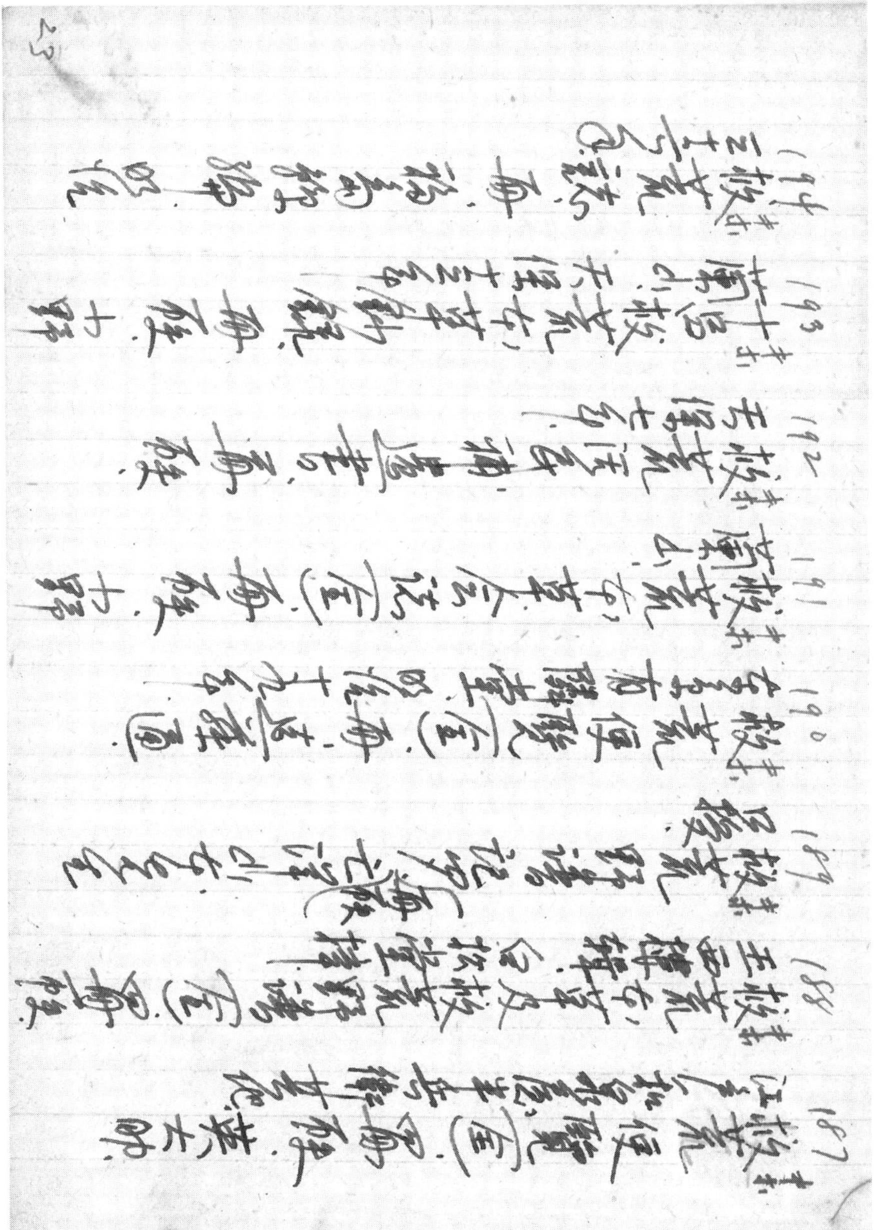

195 救荒本草(全)、一冊、硬、岩澄元.
196 救荒野譜紀要、一冊、寛政元年.
197 救荒図譜(全)、一冊、嘉永四年.
198 救荒本草抜萃、一冊.
199 荒年救飢要略(全)、一冊、大鐙
穂翁編、天保癸巳、
200 救荒野菜図説(全)、一冊、嘉永
四年、
201 救荒本草記聞(全)、一冊硬.
山本亡羊口授、
202 福州府志物産便覧、一冊.
203 日本医学歴史資料目録、一冊、
(第六回極東熱帯医学会附帯
展覧会)、

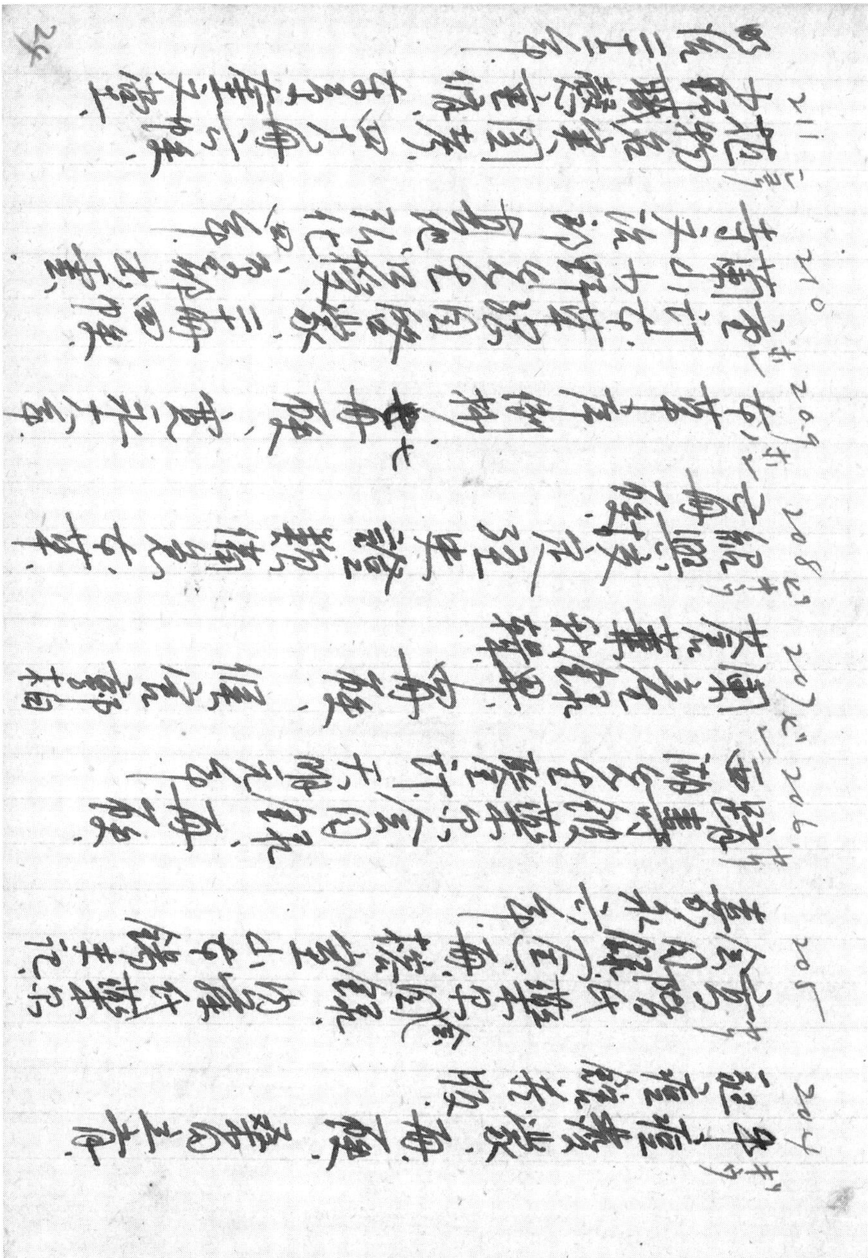

212 イケ 遺響録、冊、破、山本復一編、明治己卯。

213 二十千二 支那古玉秘術、冊、後藤朝太郎、東京富士書房、昭和四年。

214 タイ 太平御覧目録、冊、破、上海商務印書館、民国二十三年。

215 タイ 太平御覧、[illegible]録、一三二冊、上帙、上海商務印書館、民国二十三年。

216 ワイ 淮南舊注校理、冊、破、歙呉承仕。

217 ホン 本草(全疏)([illegible])五冊、東京春陽堂、昭和七年乃至九年。

218 二八 日本博物学年表、冊、白井光太郎、東京大岡山書店。

219 ユソ 台典草木雑考、冊、四不山册、東京大岡山書店、昭和十年。

資料01（ノート・辞源）

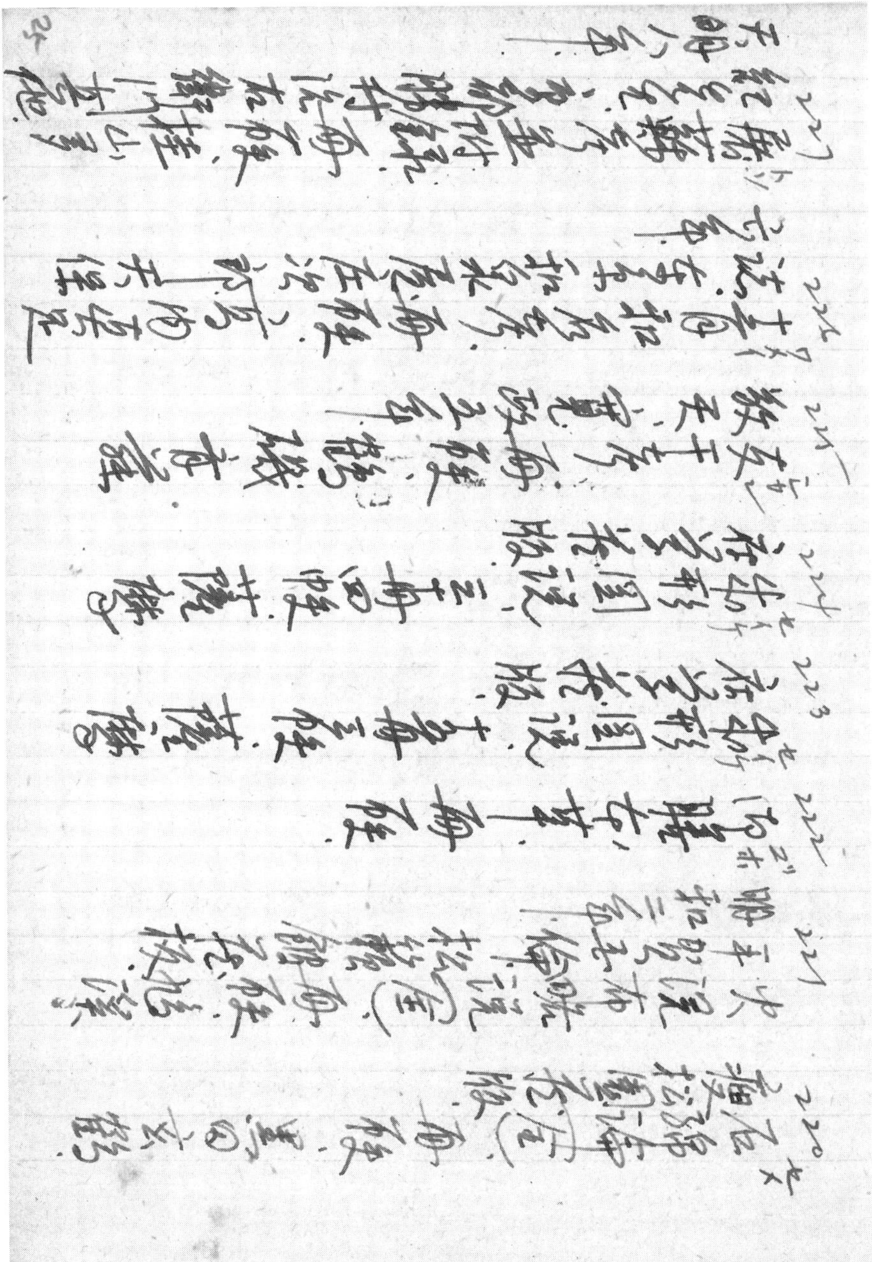

228 屠蘇考、再版、十川汶庵述、
文政八年、

229 酒古名考、再版、荒木田久守、

230 草木の秘事、再版、嘉永五年、

231 萬病回春名物考、再版、宮隆
経宣撰、寛政十年

232 花洛王名酒鑑、再版、明和七年、

233 異名草木会目録（全）、再、賀島
保近、

234 病名彙解、七再版、

235 漢洋病名對照録、落合泰蔵
鄰孝芳、明治十七年

236 食物新本草大成（全）、再版、
享保八年、

237 傷寒論集義、十再版、山田正珍
宗俊父、

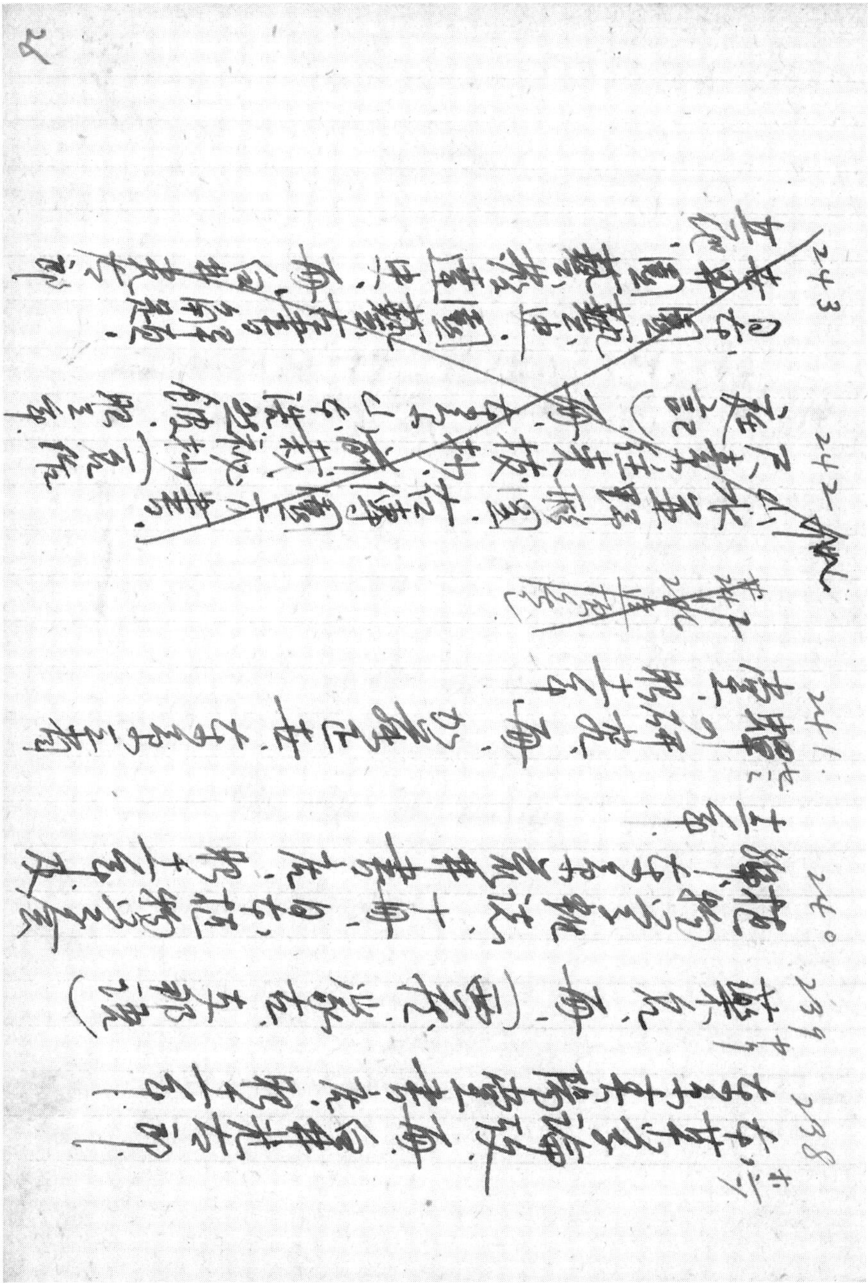

242 山水并野形図、古傳圖方書、尺書往来抜抄、前栽秘抄（名作庭記） 一冊、東京 山本法然館 明三八。

243 日本園藝史、園藝古書解題、世界園藝發達史、 一冊、白井光太郎 著述。

~~法隆寺建築論 日光廟建築論 一冊~~

244 法隆寺建築論 日光廟建築論 一冊、東京帝國大學（東京帝國大學紀要工科第一冊第二号）、明治三十六年

245 書名ナシ、一冊、破、四冬（英佛米蘭）通商ニ関ニ丁、西暦一八五八年

破 石雅、一冊。

~~石雅（地質學雑誌第十一號）一冊。~~ 章

**資料01（ノート・辞源）**

㊫
フールス5
48
正味四十枚
（定價拾參錢）
©

# 資料02（ノート・標注令義解）

資料 02（ノート・標注令義解）

一、標注令義解校本　六冊（初版六冊）
附　解説
二冊一帙
三、大和流弓道傳書
全
五冊一帙
大正十五年四月

一　大和流弓道傳書　免許之部　全　五冊一帙
京都　村河清　編
大正十五年四月　大和流弓道傳書頒布会

二　授決圓多羅義集唐決（異本）附解説　二冊一帙
金沢文庫同好会　編・発行
昭和十一年二月

三　救荒本草啓蒙　五冊
小野蕙畝　著
江戸　山城屋佐兵衛
天保十三年

四　令義解　前田家舊本　五冊

五　標注令義解　校本　（初帙六冊）　六冊
浪花　田中宋栄堂

六　禮記　古活字本　五冊一帙

日置流　流　極秘　（[illegible]）　六冊一帙

方丈記　柳亭種彦自筆校合本　古写本　一冊一帙

長明方丈記　光悦本　一冊一箱

牽牛花百首　一柳春門　文政七年　多巨金蔵　一冊

泰西七金譯説　馬場貞由　訳述　星山閣活版　嘉永七年　（三百部限）　上冊一帙

本草家旅日記　圖入　一冊一帙

いろは引　好色本春画附吉原の郎部す目録　文久元年　一冊

蝦夷花木圖　寛政十一年　全　一冊

南島探験　琉球漫遊記　笹森儀助　明治二十六年　一冊

✓琉球状　屋代弘賢　寛政九年　一冊

✓古今琉歌集　上巻　小那覇朝親　編　一冊
沖縄印刷所　明治二十八年　発行

✓夷匪犯境聞見録　明倫堂蔵梓　安政四年　六冊一帙

和蘭書目一覧　全　南條新右衛門尉　一冊

✓花鏡　（写本）　川瀬一馬　編　一冊
わんや　昭和十九年

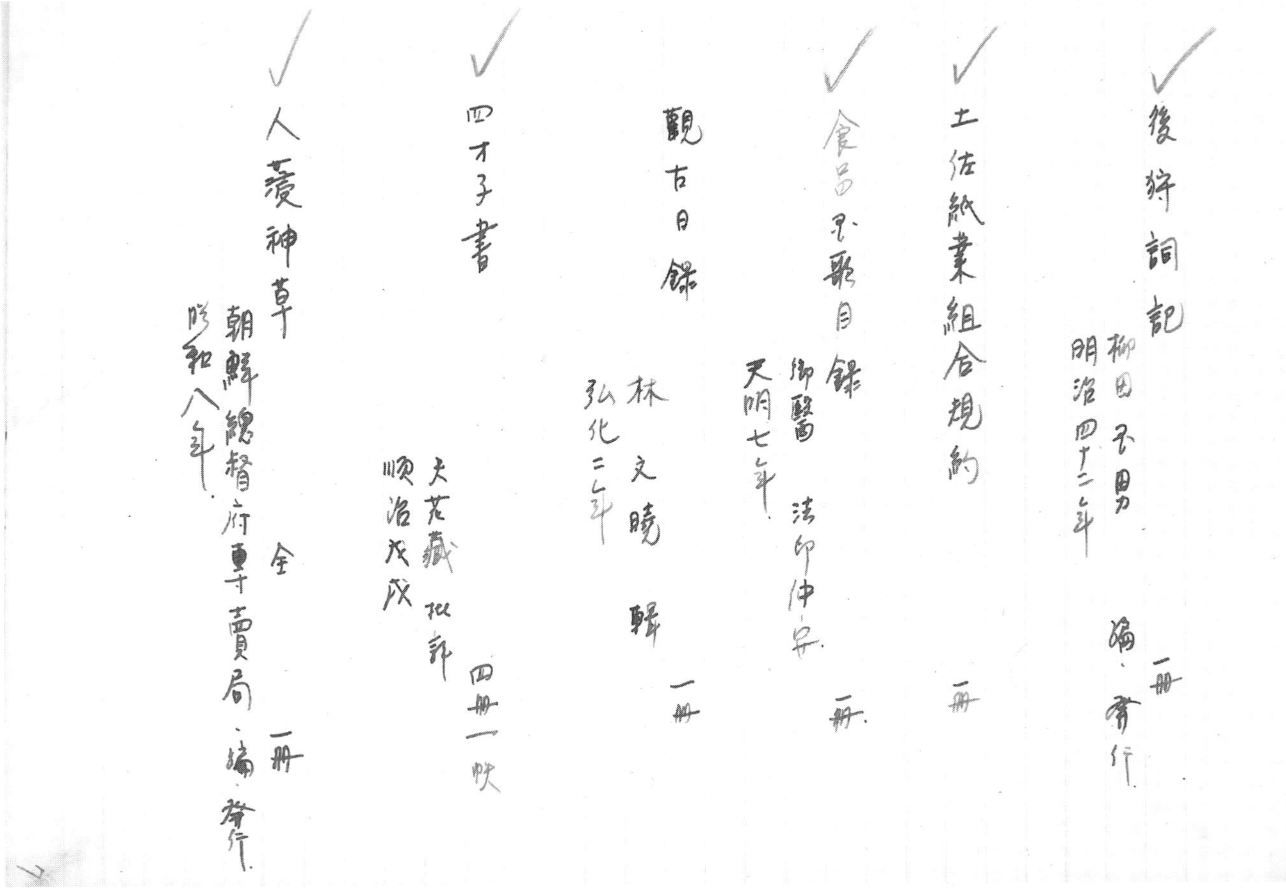

後狩詞記
柳田国男　編・発行
明治四十二年　一冊

土佐紙業組合規約　一冊

食品国歌目録
御醫　法印仲安
天明七年　一冊

觀古日録
林　文曉　輯
弘化二年　一冊

四才子書
大茫藏板
順治戊戌　四冊一帙

人蔘神草
朝鮮總督府專賣局　編・発行
昭和八年　全一冊

8

考古説略　シーボルト・　呉・秀作　一冊
明治十二年

泰西本草名疏　伊藤錦窠　上・下　二冊
花綾書屋蔵板　梓
文政十二年

泰西本草名疏附録　全　一冊
伊藤錦窠　編
文政

来目路乃橋　真澄遊覧記　二冊
柳田国男
東京　三元社
昭和四年

断際全機継後蹤（鎮州臨済慧照禅師語録）出山版　一冊
住大名府興化嗣法小師　存奨　校勘
永享九年
法性寺東福院

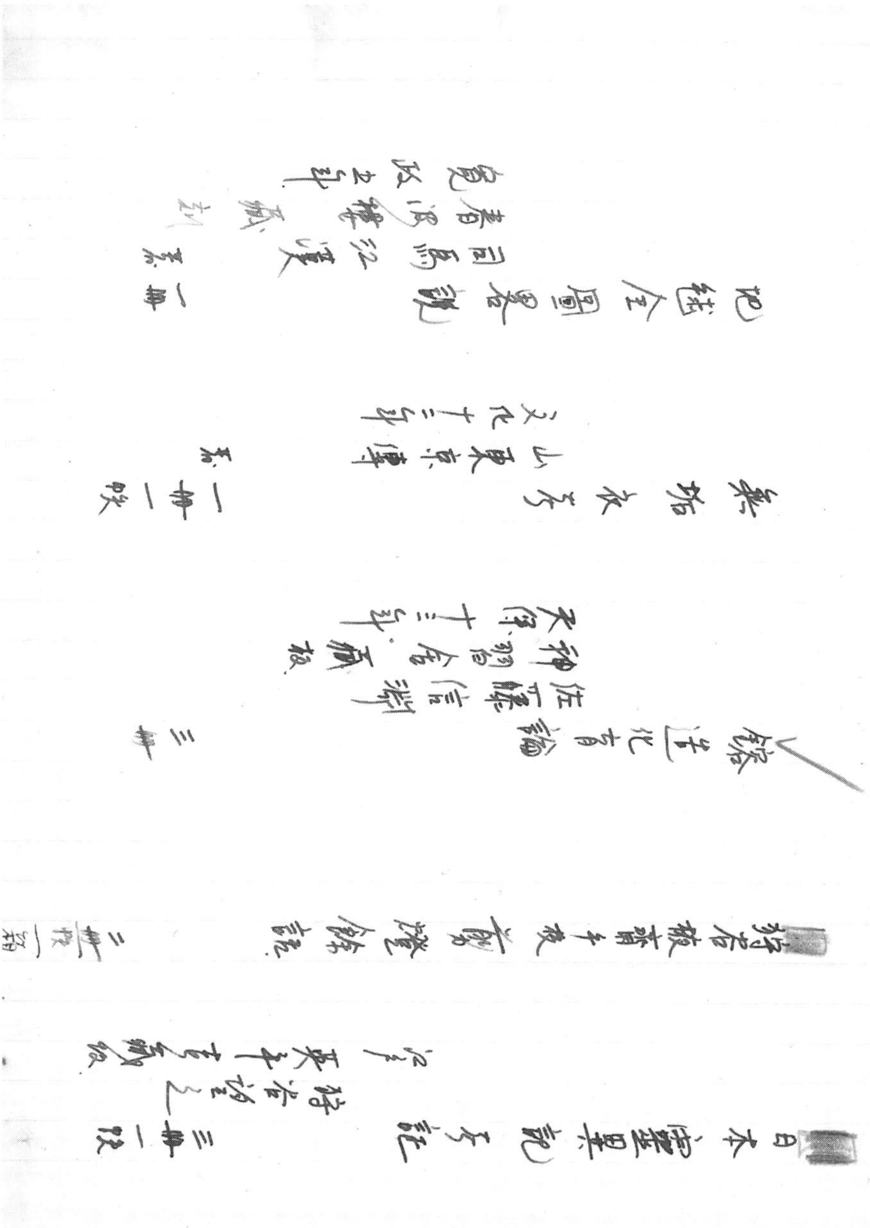
日本霊異記考証 三冊一帙
江戸 狩谷望之 英平吉蔵板
狩谷棭斎手校 箋燈餘話 二冊一帙 一箱
鎔造化育論 三冊
佐藤信淵
神羽舎蔵板
天保十三年
無垢衣考 一冊一帙
山東京傳 写
文化十二年
地球全圖略説 一冊
司馬江漢 写
春波樓蔵刻
寛政五年

靈鷲山圖説　全　一冊
司馬江漢著
三縁山藏版
文化五年

橘品類考後編　全　一冊
百川堂　瀧河
寛政十年

橘品類考　一冊
桂菴　木村俊篤　撰
寛政九年

切支丹来朝記　一冊

孔雀楼筆記　四冊
清絢
明和五年

寸錦雑綴　一冊一帙
凡来亭主人

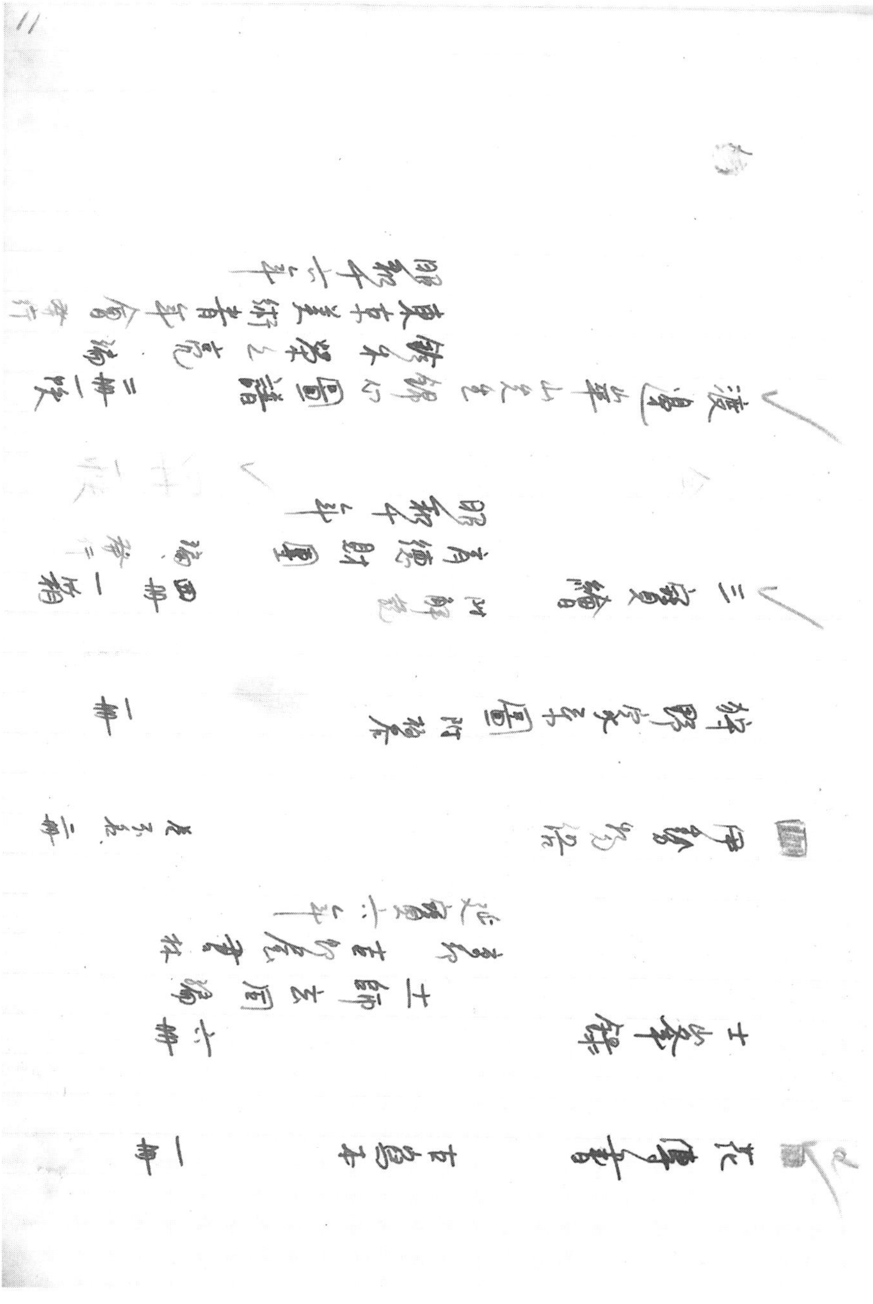

花傳書　古島本　一冊

士峯録　士師玄同編　京都　吉野屋書林　延寶六年　六冊

伊勢物語　充不足　二冊

狩野家系圖　附稿本　一冊

三寶繪　附解説　育德財團　昭和十年　編・發行　四冊一箱

渡邊崋山先生錦心圖譜　鈴木榮之亮　編　東京美術青年會　發行　昭和十六年　二冊一帙

狂言記　五冊一帙

群書治要校本　森立之手写　狩谷棭斎編　文政元年　二冊

外物流秘草　全
（岸師賢　村上義章識）
安永三年　一冊

日本産物志　伊藤圭介著　明治五十二年　十一冊

武蔵川越松山巡覧図誌　全　一冊
（東京帝国大学史料編纂掛所蔵本ヨリ写ス）
大正十四年

和玉篇　慶長十五年刊　三冊一帙

12

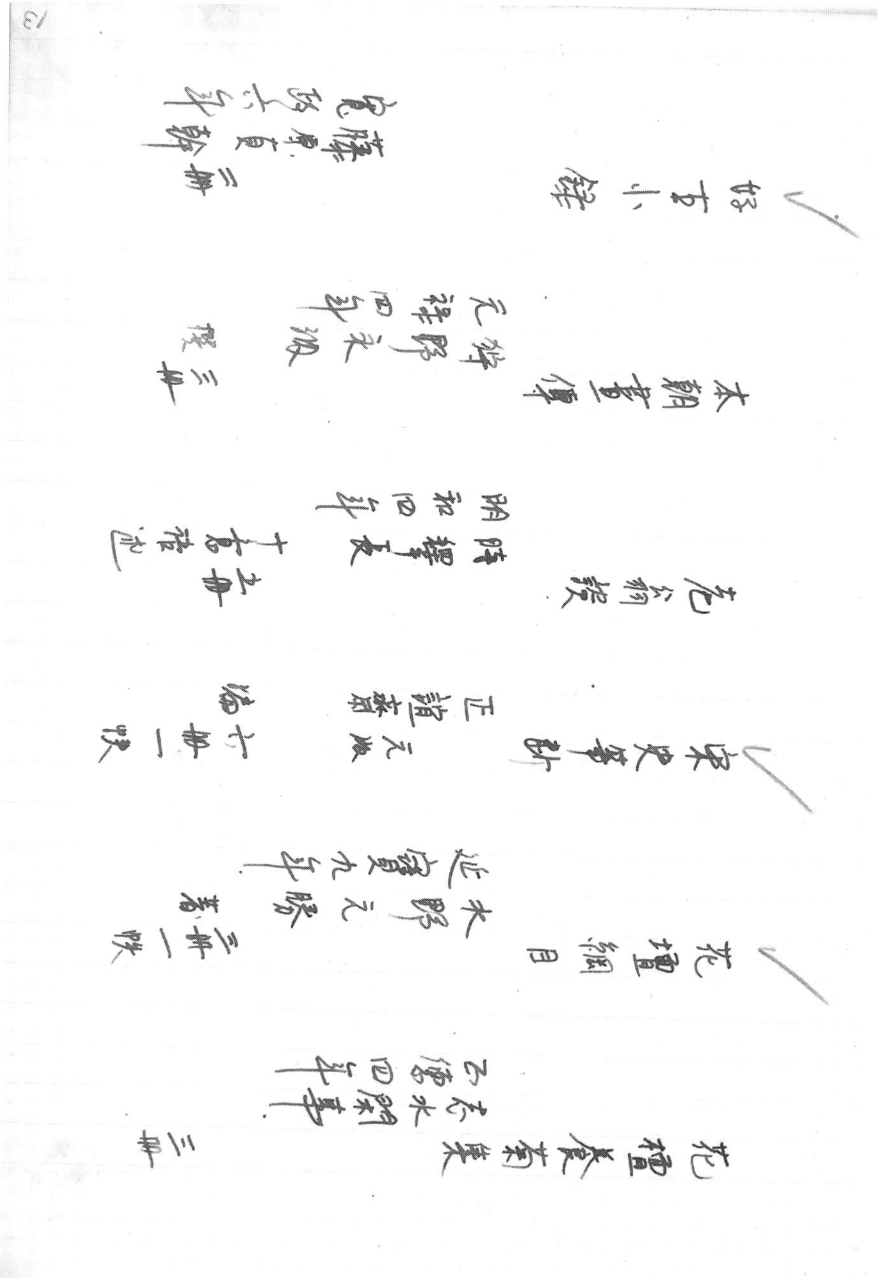

好古日録　藤原貞幹　寛政九年　二冊

桂林漫録　源忠道　寛政十二年　二冊

法隆寺壁画の研究　内藤藤一郎　東洋美術研究会　昭和七年　一冊

和式手漉法　中島今吉　丸善出版株式会社　昭和二十一年　一冊　（二部）

真草千字文（見本）　古筆了仲　山田孝雄解説　京都印書館　昭和二十二年　冊一箱

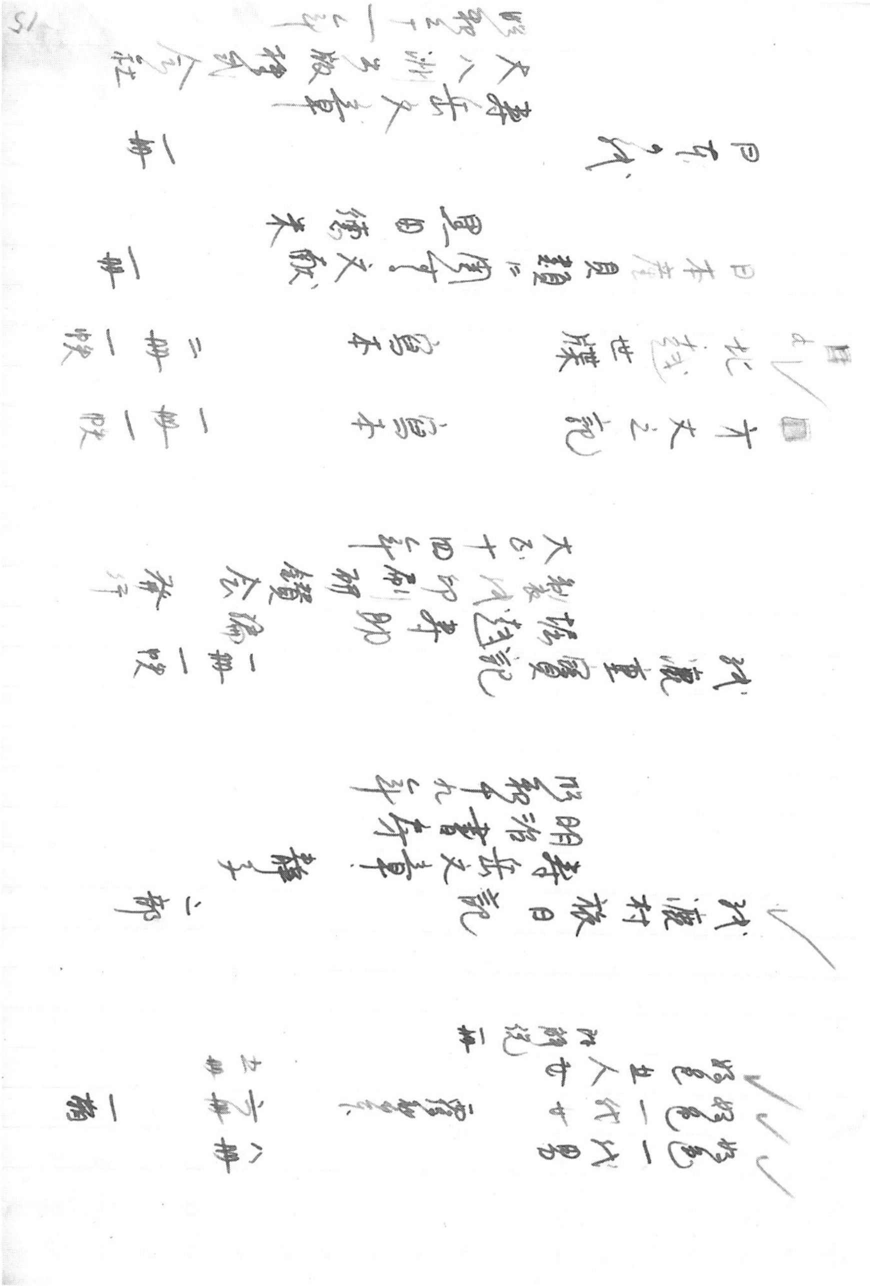
好色一代男　八冊
好色一代女　六冊　一箱
好色五人女　五冊
附解説　一冊
武蔵村旅日記
寿岳文章・静子　二部
明治書房
昭和十九年
武蔵重寶記　一冊一帙
堀越寿助編
製成印刷研鑽会発行
大正十四年
方丈之記　写本　一冊一帙
北越世牒　写本　二冊一帙
日本産貝類に関する文献
黒田徳米　一冊
日本の紙
寿岳文章　一冊
大八洲出版株式会社
昭和二十一年

✓ 法隆寺出土古瓦の研究　奈良県　大正五年　一冊

✓ 蟲の跡　梅龍道人撰　宝暦十二年　三冊

✓ 一角纂考　遜斎著　天明六年　一冊

✓ 論語秘本影譜　三澤安一編　斯文会　昭和十年　一冊

✓ 中世モルッカ諸島の香料　岡本良知　東洋堂　昭和十九年　一冊

91

御製避暑山荘詩　二冊一帙
康熙五十年

五・音抄　一冊一帙
不詳　寛文刊

古染紙之譜　一冊
上村六郎
黄鐘庵
昭和十六年

中右記　附解説
宮内省圖書寮善本叢刊第二　一巻一箱
株式会社美術書院刊

和紙研究　二冊一帙
和紙研究会　第一・二
昭和十四年　編・著

和紙研究　九冊
和紙研究会　三―十・十二
昭和十四年―十七年、二〇年　論・著

18

✓日蘭交通　日蘭協会 編　第二輯　東洋堂　昭和十八年　一冊

✓沖縄結縄考　田代安定　養徳社　昭和二〇年　一冊

✓甘藷之記　呂實夫元文 撰　延享二年　一冊

✓浦上切支丹史　浦川和三郎　全国書房　昭和二〇年　一冊

✓切支丹典籍叢考　海老澤有道　拓文堂　昭和十八年　一冊

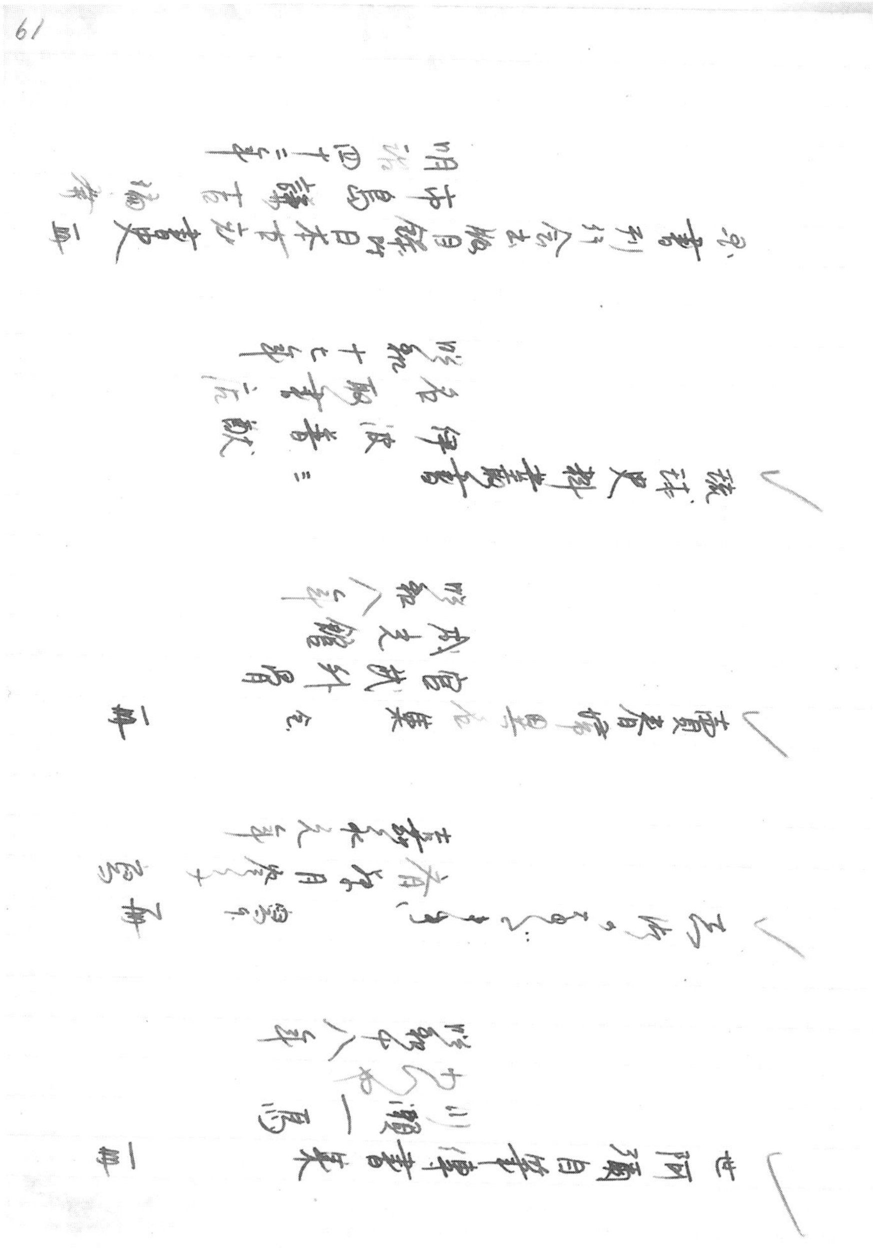
61
世阿彌自筆傳書集 一冊
川瀬一馬
わんや
昭和十八年
賣春婦異名集 一冊
宮武外骨
成光館
昭和八年
琉球史料叢書 三
伊波普猷
名取書店
昭和十七年
市島謙吉編纂
明治四十二年

陰名考　春園 調　一冊

絵入 好色一代女　西鶴　貞享三年　六冊

千齢紙碑　明治十八年　一冊

琉球漫録　渡辺重綱 編　明治十二年　丸屋善七　一冊

楮の記と栽培法　遠藤忠雄　佐藤忠太郎　昭和廿年　他　一冊

紳障子　尊岳文章　増文社　昭和十八年　一冊

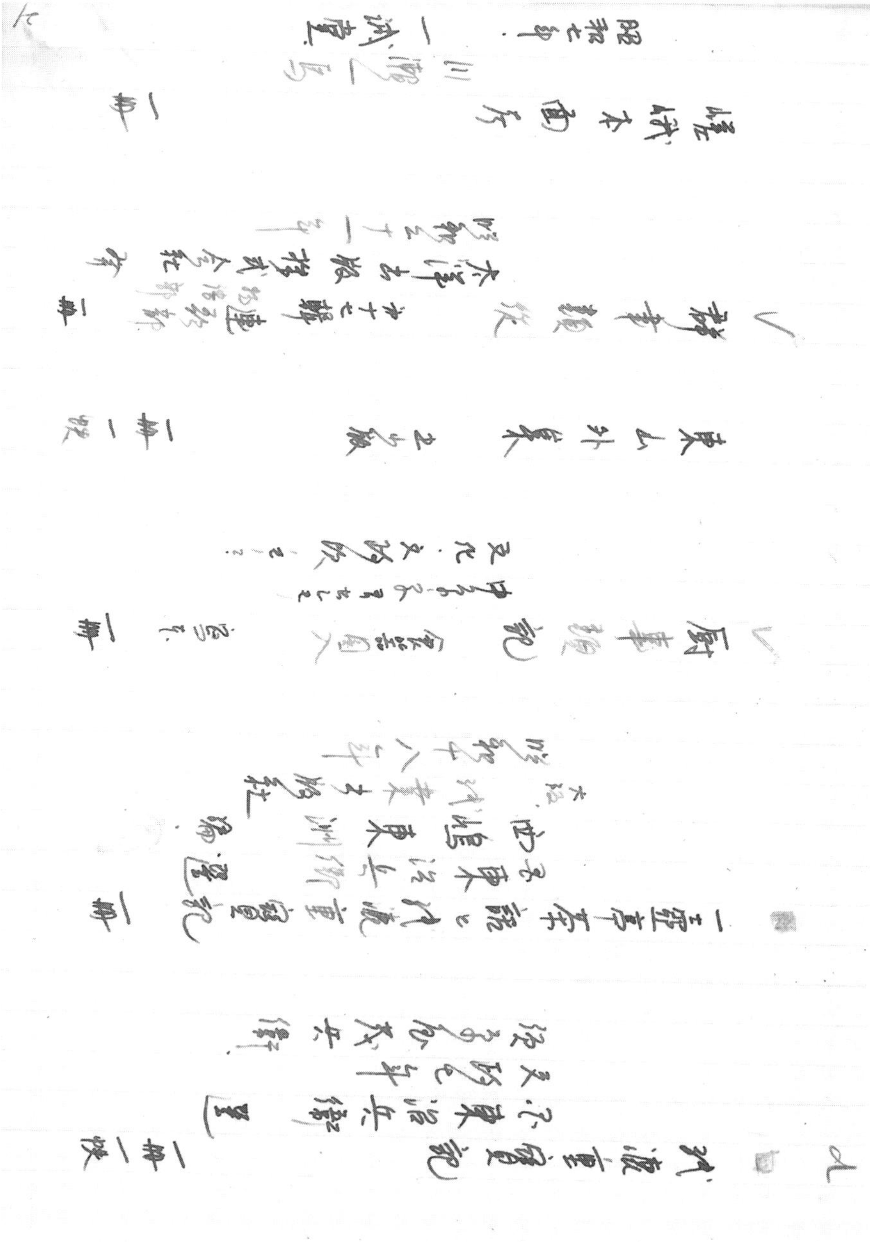

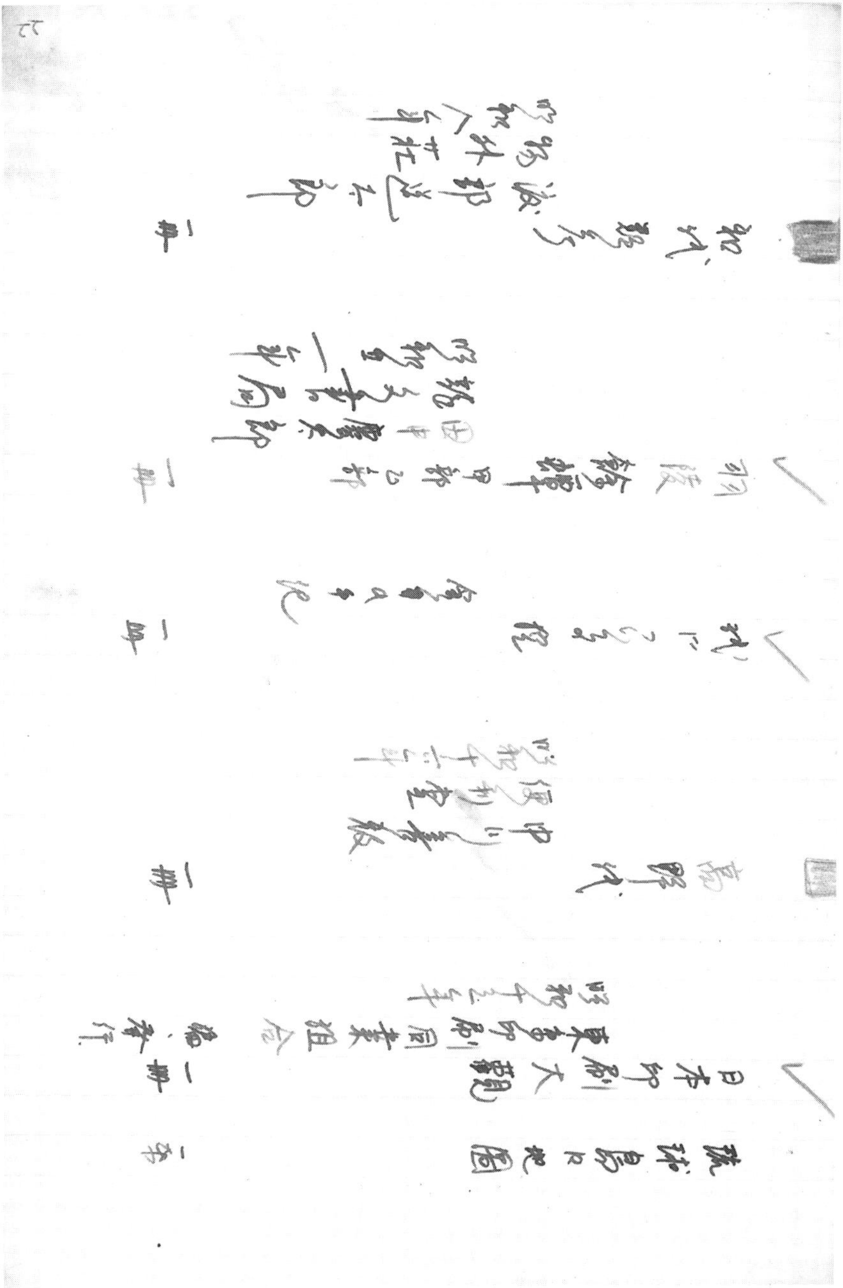

琉球島々地図　一帖

日本印刷大観　一冊
東京印刷同業組合　編、発行
昭和十三年

高野紙　一冊
中川善教
便利堂
昭和十六年

紙にこゝろの程　一冊
金田の千化

羽陵餘蟫　一冊
甲部乙部
田中慶太郎
龍文書局
昭和五一年

和紙襍考　一冊
渡部道太郎
物外荘
昭和八年

江戸東京 紙漉史考 関義城 冨山房 昭和十八年 一冊

[illegible] 源達武集 十二号 [illegible] 相馬氏源周郎商店 一冊

印文丹家門山路帳 寛延四年 [illegible] 写本 一冊

梅宵江傳 文久元年 一冊

印文丹東朝元根物語 写本 一冊

嫁陽茶話・印錦拾集 全 一冊

花信書 宝暦古写本 一冊一帖

23

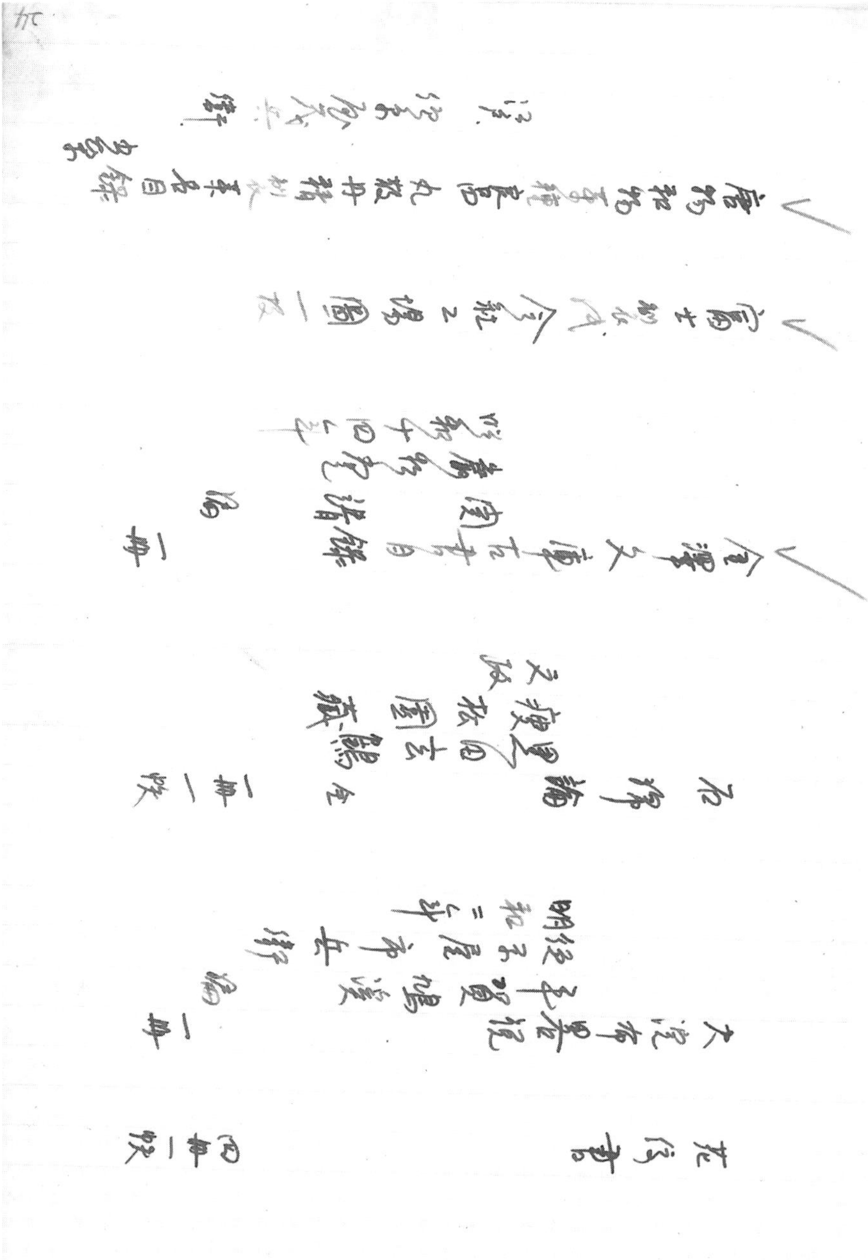
花信書 四冊一帙
火浣布略説 平賀鳩渓 編 一冊
須原屋市兵衛
明和二年
石譜論 全 一冊一帙
黒田玄鶴
痩松園蔵
文政
金澤文庫古書目録 一冊
関靖 編
巌松堂
昭和十四年
富士[illegible]令社之場圖 一枚
唐物和物草種良品 丸散丹精[illegible]薬名目録
江戸 須原屋茂兵衛

竹林之栞　一冊

手漉製紙法に関する調査　副業参考資料　農林省農務局　昭和三年　一冊一帙

楮祖神社之記　一冊一帙

美濃紙抄製図説　一冊一帙

造紙説　二冊一帙

節用集　二冊一帙

東韃紀行　満鉄　大連図書館　昭和十二年　一冊一箱

名残譜　屋代弘賢輯　林[illegible]二　編・刊　昭和十四年　一冊

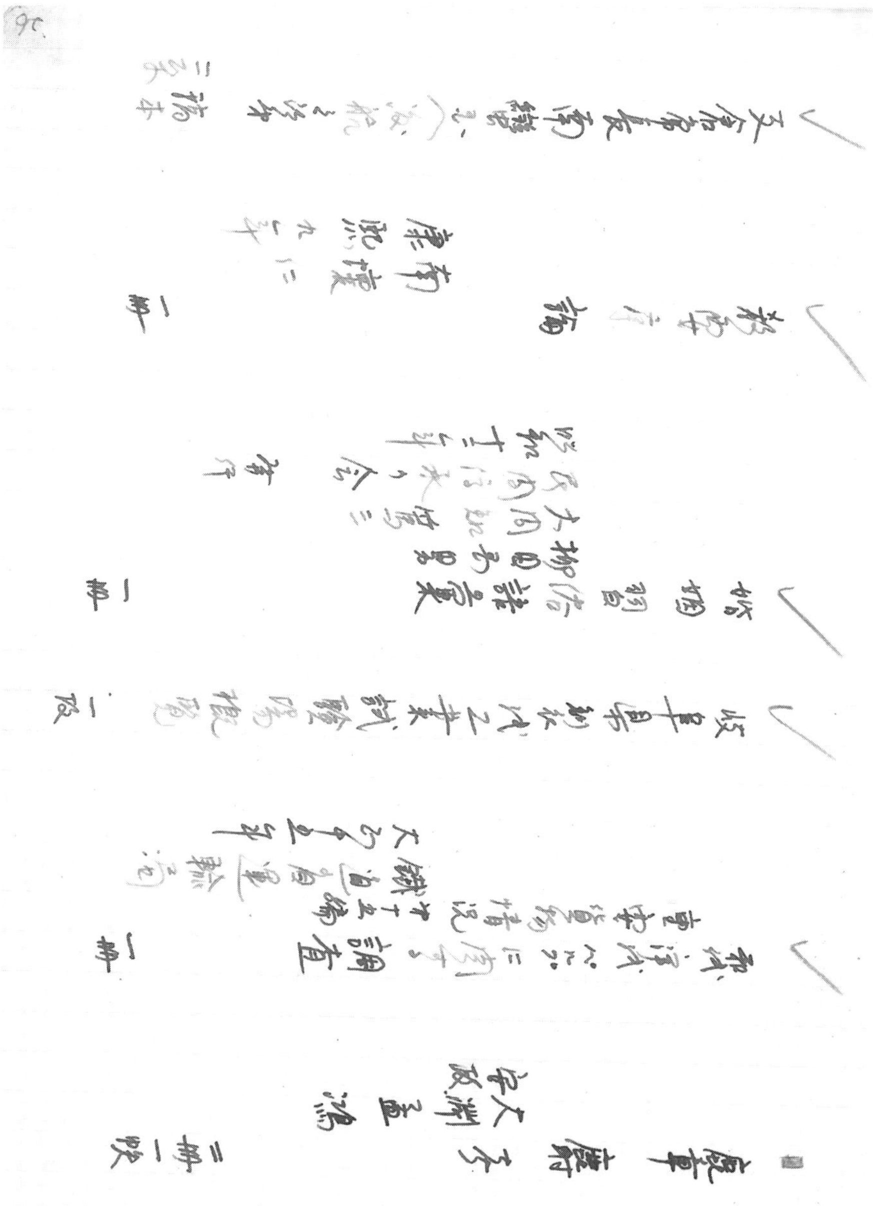
慶軍蘭考 大淵孟鴻 安政 二冊一帙
和式・洋式ベルンに関する調査 重要貨物情況 第十五編 鐵道省運輸局 大正十五年 一冊
岐阜県製紙工業試験場概覧 一段
婚姻習俗語彙 柳田国男 大間知篤三 民間伝承の会 昭和十二年 寄贈 一冊
教要序論 南懐仁 康熙九年 一冊
支倉常長南蛮記（欧航之記）稿本 二冊本

内閣文庫蔵書 九冊

内閣文庫新訂目録 十一冊

独 三

英 三

仏 五

琉球共産村落之研究 田村浩 岡書院 昭和二年 一冊

室町ごころ 二三冊 二帙

禮記 古活字本 五冊一帙

春秋左傳 慶長木活字版 十五冊二帙

日本西教史 太政官飜譯係 明治十一年 上下 二冊

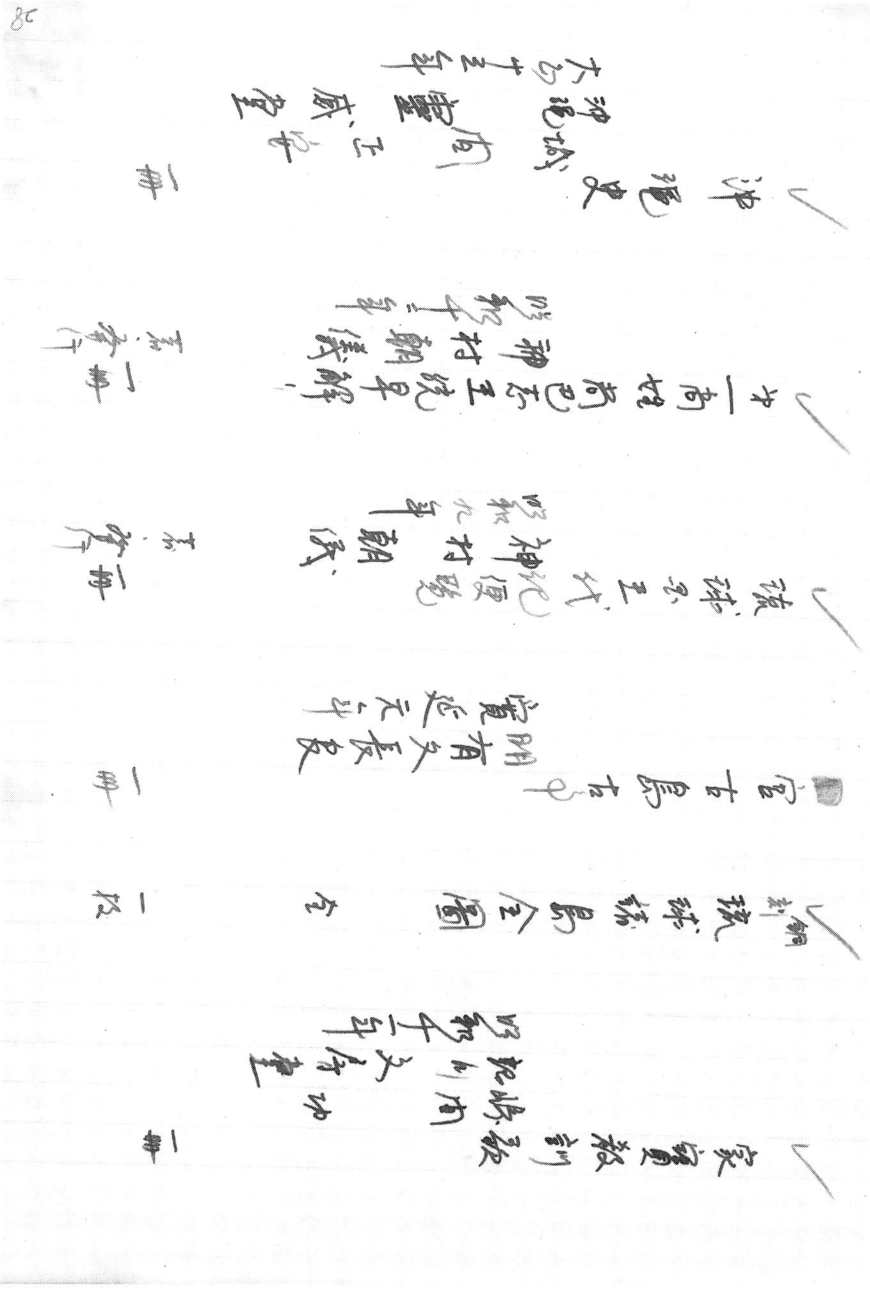

85

家寶教訓歌　臨川　記田文斎　功　昭和十一年　一冊

銅刻 琉球諸島全圖　全　一枚

宮古島古中　明有文長良　寛延元年　一冊

琉球王代記便覧　神村朝儀　昭和九年　著・発行　一冊

中一尚姓尚巴志王統早解、神村朝儀　昭和十二年　著・発行　一冊

沖縄史　沖縄城間正安　霊感堂　大正十三年　一冊

✓ 琉球三省并三十六嶋之圖　一舖

✓ 郡書類従　三百九[illegible]　撿挍保己一集　一冊

✓ 琉球諸島圖　一袋

✓ 山辺諸公奉寫　天平廿年六月二十五日　一枚　ガラスのケース入

✓ 弘文荘待賈古書目　第二号（八年）一冊　第十五号（十三年）一冊　反町茂雄 發行

✓ 和漢本草圖書展覽會目録　大阪府立圖書館 編　一冊　昭和三年

✓ 最新支那語大辞典　石山福治 編　一冊　第一書房　昭和十三年

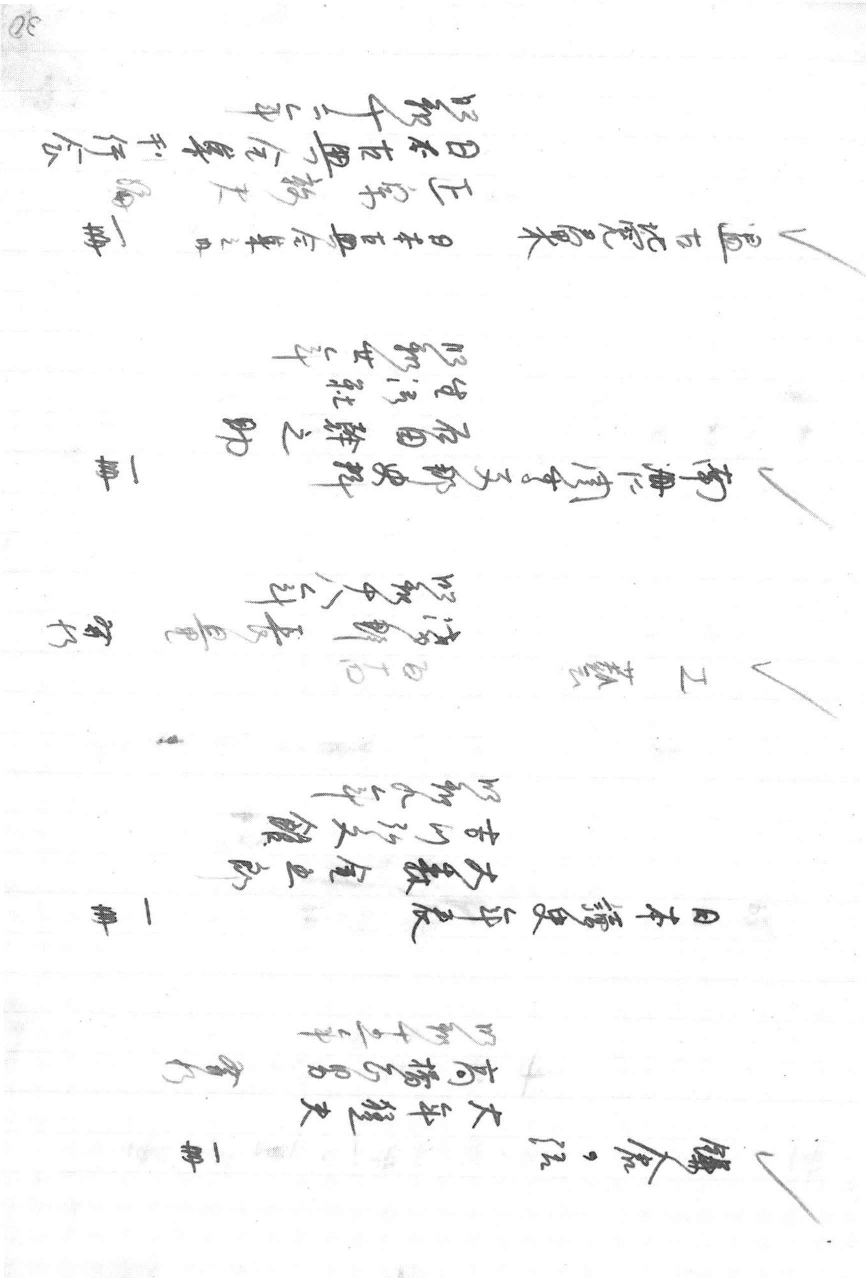
鎌倉の話　大平經夫　高橋正男　昭和十五年　寄付　一冊

日本讀史年表　大森金五郎　吉川弘文館　昭和九年　一冊

工藝　百十四　淺野長量　昭和十八年　寄付

南海に関する支那史料　石田幹之助　生活社　昭和廿年　一冊

温故知新書　日本古典全集之内　正宗敦夫編　日本古典全集刊行会　昭和十二年　一冊

- 唐鑑真過海大師東征傳　一冊
  水野清一編
  東京　高桐書院
  昭和廿一年
- 永源寂室和尚語　上下　二冊一帙
  五山版
- 夏作節用集　一冊
- 妙法蓮華経　八帖一帙
  大禪寺版
  康暦二年
- 古經題跋隨見録
  （田中光顕編）
- △古刻書跋尾集　二冊一帙　外一冊　一竹箱△
  （田中光顕寫）
- 和蘭天說　一冊一帙
  司馬江漢
  寛政八年

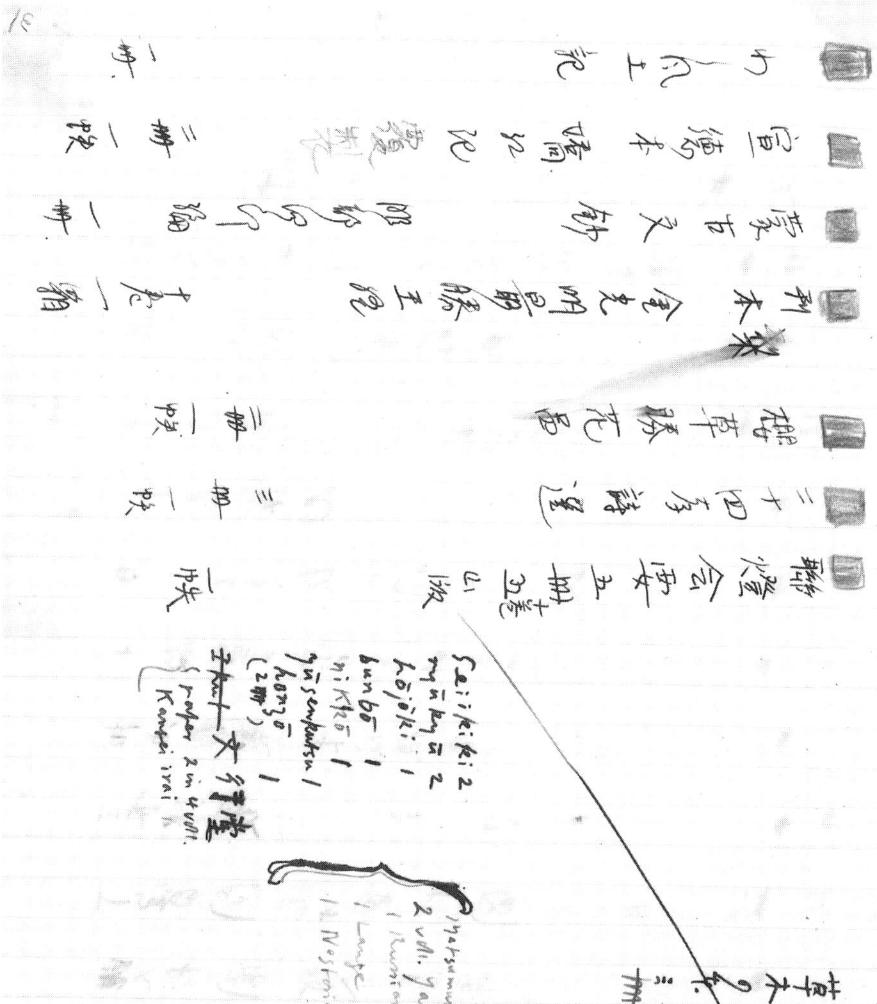
聯燈会要 五冊 十五巻 山欣 一帙
二十四孝詩選 三冊 一帙
櫻草勝花品 二冊 一帙
刊本 金光明最勝王経 十巻 一箱
蒙古文鈔 那郎印編 一冊
宣徳本 嬌紅記 二冊 一帙
わ〜風土記 一冊.

9 items from sale (Muraguchi)
醫書大全 十冊
Asakuraya honzōsōhon in Rinrōkaku (bill)
Chiyoda, Otani at press club

Seiikiki 2
ryūkyū 2
hōjōki 1
bunbō 1
nikkō 1
gūsenkutsu 1
honzō (2冊) 1
文行堂
paper 2 in 4 vols. Kansei irai

Matsumura
2 vols. Yamato
1 Russian book
1 Lange
1 Nestorianism

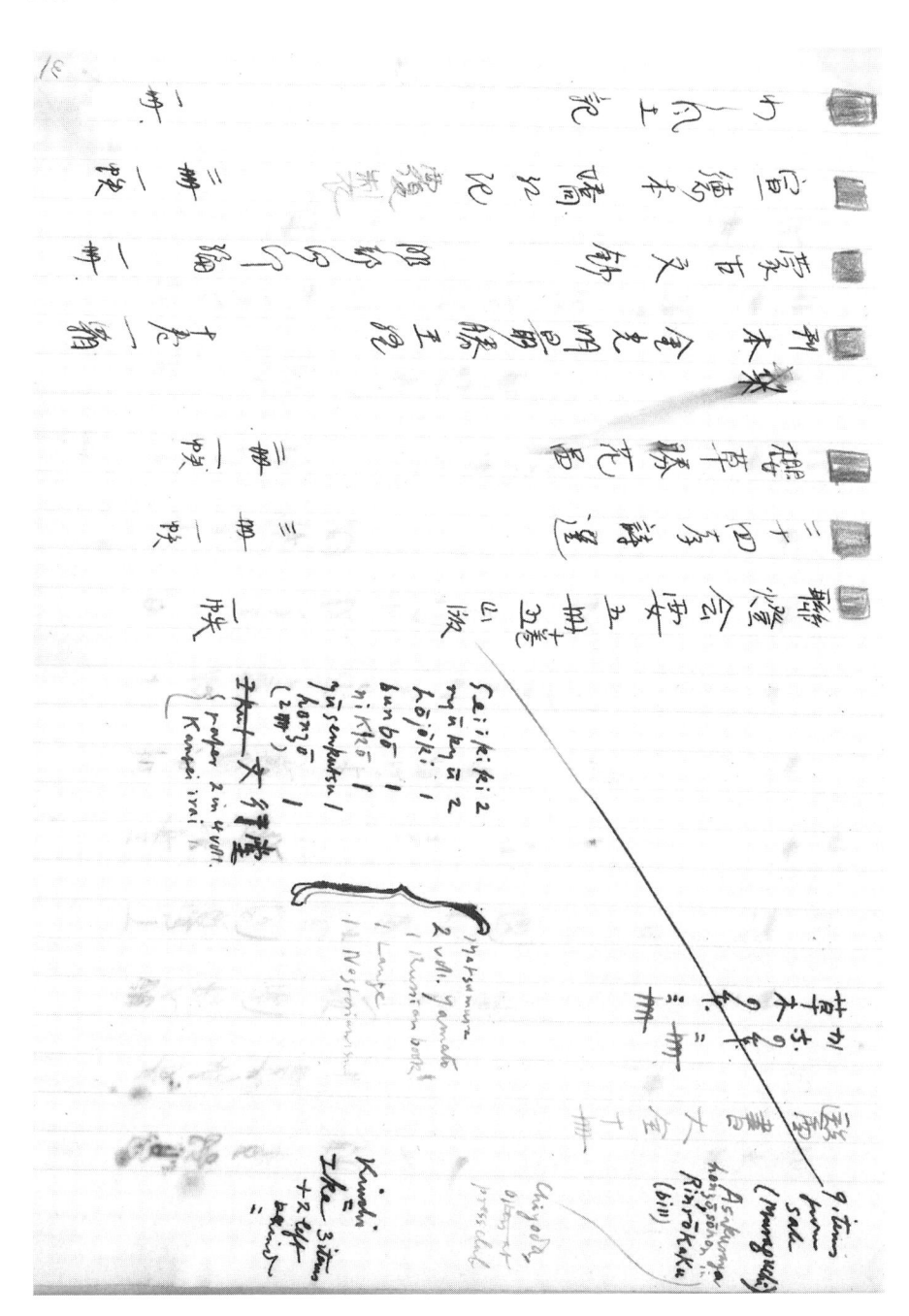

Kiuchi
Ike 3 items + 2 left behind

骨路草勘文　二冊木箱

長崎叢書　四冊

雙松園新介品録　一冊

不寶圖説付異物圖　彩色稿写　一冊一帙

長恨歌　室町時代古写本　一冊一帙

和名類聚集校譌異作字辨　二冊

出版警察の保制手段　一冊

日本産貝類に関する文献　一冊

南島雑記　一冊

悦目抄　岡本保孝写本　一冊一帙

日東晩明風俗辞典　一冊一函

杜天使冊封琉球真記　斉鯤　一冊一帙

文廟肆考　乾隆四年　八冊一帙

東山御文庫本　上之巻

大唐西域記　三冊

大和古印　一冊

日本之図　大阪版

近世能書　三冊

中之島図書館ノ解説　一冊

秘閣の劇録ヒ目録　一冊

蔵文庫旧蔵本　一冊

日本紀　一冊

本邦刻式条解目（未刊）　一冊

元新刻三巻本年跋　三冊一帙

福州法写稿本守拼可通　一冊

九條家旧蔵長慶差十年一巻文禄三年写　一帖

條刊藤原華　三冊一帙

㊀ 琉球神道記 全一冊 假綴ぢ 一冊

㊀ 聖教理證 一冊一帙

㊀ き[illegible]の加屋

㊀ 長崎地名考 三冊一帙

㊀ [illegible]重寶記 大正四年複製 一冊一帙

㊀ 異[illegible]今昔物語抄 一冊一帙

㊀ 方丈之記 一冊一帙

㊀ [illegible]通志照 一冊一帙

玉澗・牧谿 瀟湘八景絵と其傳来の研究 一冊一帙
一九三〇年頃刊？

和紙 東野辺薫著 一冊

東海道分間絵図 五冊一箱

大原談義聞書抄 一冊一箱

長崎年表 三冊 和本

印説 一冊一帙

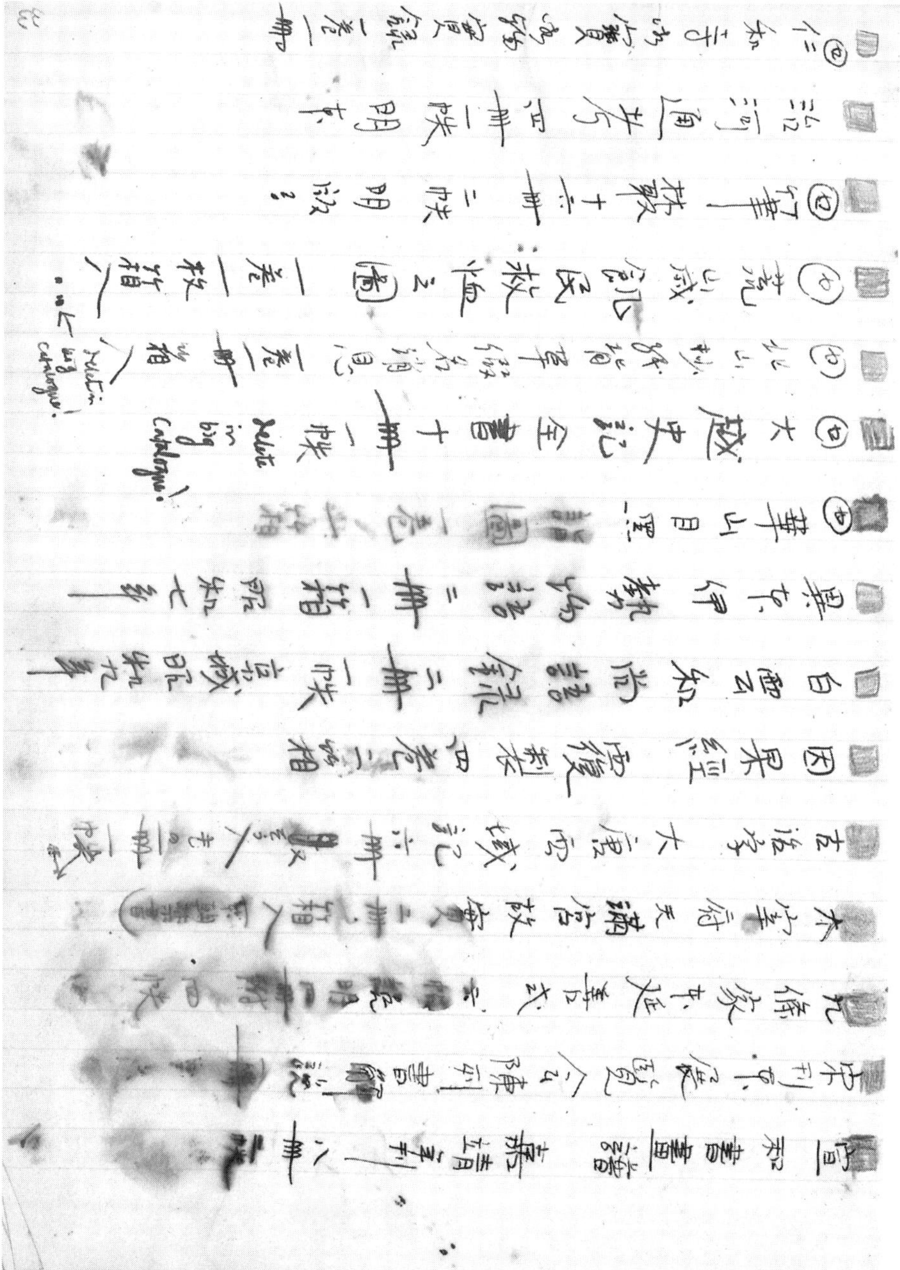

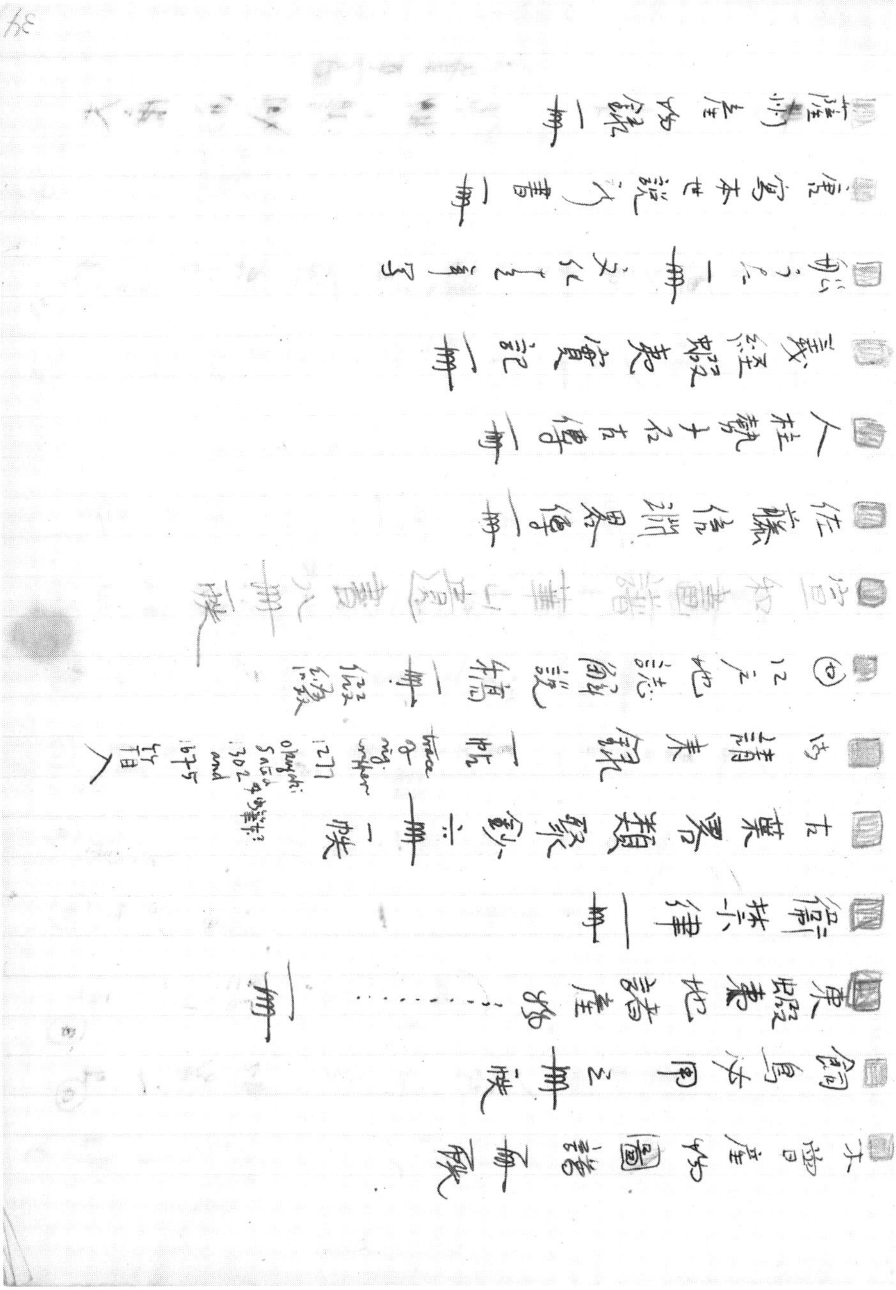

木曽産物圖譜 二冊 一帙
飼鳥必用 三冊 一帙
東蝦夷地諸産物…… 一冊
衛禁律 一冊
古葉略類聚鈔 六冊 一帙
内 請来録 一帖 trace of orig. wrapper 1277 Okazaki Sato 1302 其外筆者? and 1675 竹箱入
(廿) 江戸地誌解説稿 一冊 假綴
宜和畫譜 華山遺書 八冊 一帙
佐藤信淵略傳 一冊
人柱勢子石古傳 一冊
義經蝦夷實記 一冊
船うた 一冊 文化十三年写
唐写本世説新書 一冊
薩州産物録 一冊

職原鈔 一帖 函入 九條家旧蔵

㊆ 古文孝經 一巻一冊 函入 便利堂

㊆ 西行記 一巻 箱入

㊆ 中務集 二冊 函入 前田本

㊆ 為家本大和物語 二冊 函入 前田家

㊆ 類聚歌合 内裏歌合 経平大弐家歌合 二巻一冊 函入

㊆ 大観證類本草 五帙 二十四五冊

㊆ 成唯識論 第十 一巻 函入 便利堂覆製

(ケ) 春日板 跋 造改 一冊 紙帙

(ヤ) むらさきしきぶ日記 一巻一冊 便利堂

㊆ 伊達家本古今和歌集 二冊 函入 便利堂

㊆ 岩崎本萬葉集 解 二冊 函入 便り堂

㊆ 結毦録 三冊

大唐西域記の研究 上下 二冊
足立喜六

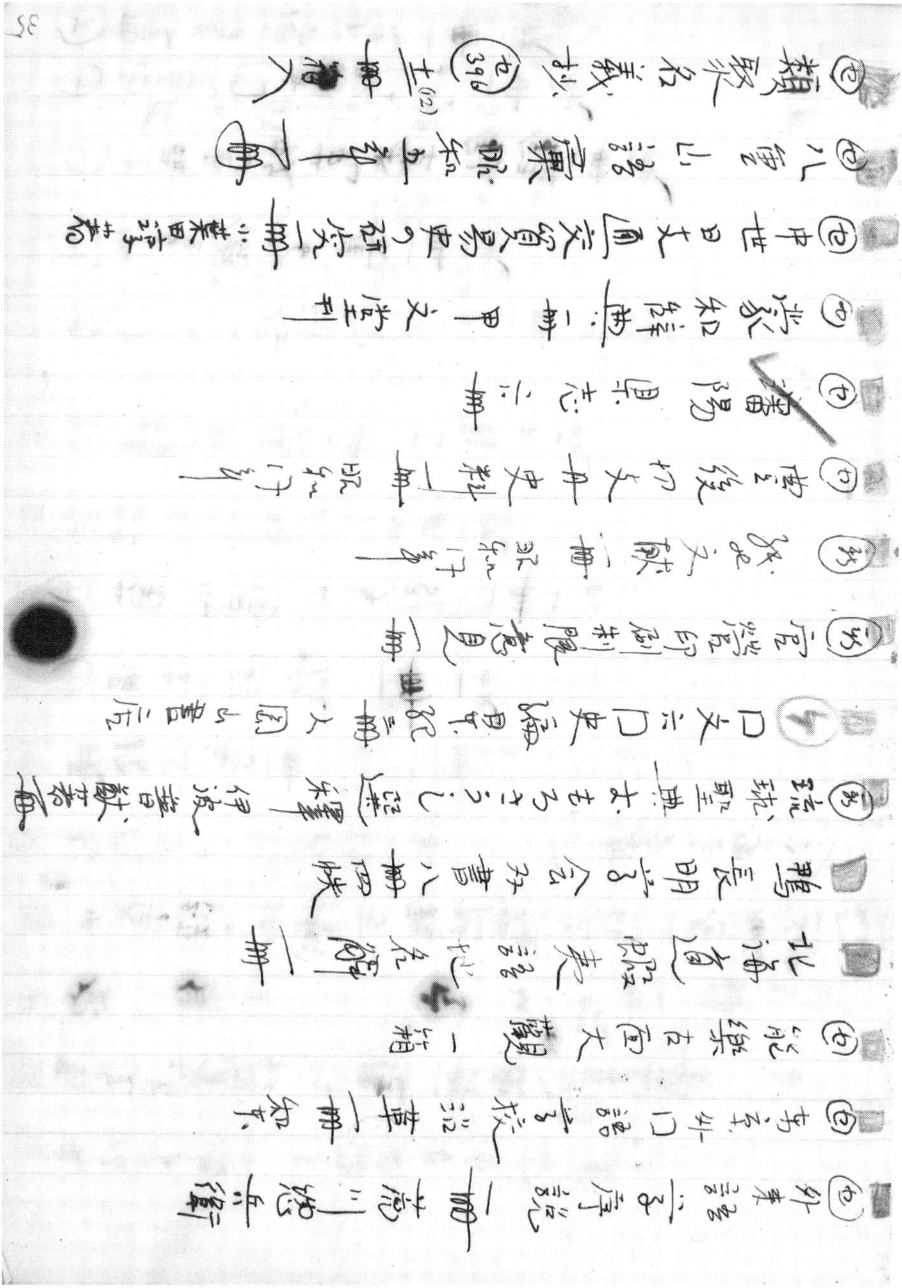
㋝外来語の字序説 一冊 荒川惣兵衛
㋝東京外国語学校沿革 一冊 昭和十
㋝能楽古面大観 一箱
北海道蝦夷語地名解 一冊
鴨長明学会双書 八冊 四帙
(あ)琉球聖典おもろさうし選釈 伊波普猷著 一冊
口文六口史編年紀 三冊 大岡山書店
(あ)官営印刷制限意見 一冊
(あ)殺也文献 一冊 昭和八年
㋝豊後切支丹史料 一冊 昭和十年
㋝播陽県志 六冊
㋝蒙和辞典 一冊 甲文堂刊
㋝中世日支通交貿易史の研究 一冊 小葉田淳著
㋝八重山語彙 昭和五年 一冊
㋝類聚名義抄 ㋝396 十(12)冊 箱入

古活字唐才子傳三冊 函入

彩箋拾遺和歌集 一冊 函入 ん係 舊藏本

室町集 三冊 古活字 kako ordered from Iky.

中尊経・擬灘若難陀羅尼経 一巻 Rindei 函入 new box to come?

光悦本伊勢物語 二冊 箱入 (川瀬馬の分四種本ハ？)

姨捨山考 一冊

(ケ) 偏荒餘録 一冊 一帙

(ケ) 菊水湯 山手引 一冊 一帙

茶経 その他 明刊本 四冊 一帙

陶靖節集 二冊 古韓刊 一帙

島津氏之庭討伐記事 一冊 假綴じ

(ケ) 水産倍字集 一冊 一帙

(ケ) 才品考 救荒本草鈔録 一冊 一帙

(ケ) 西夏門書略説 一冊 一帙

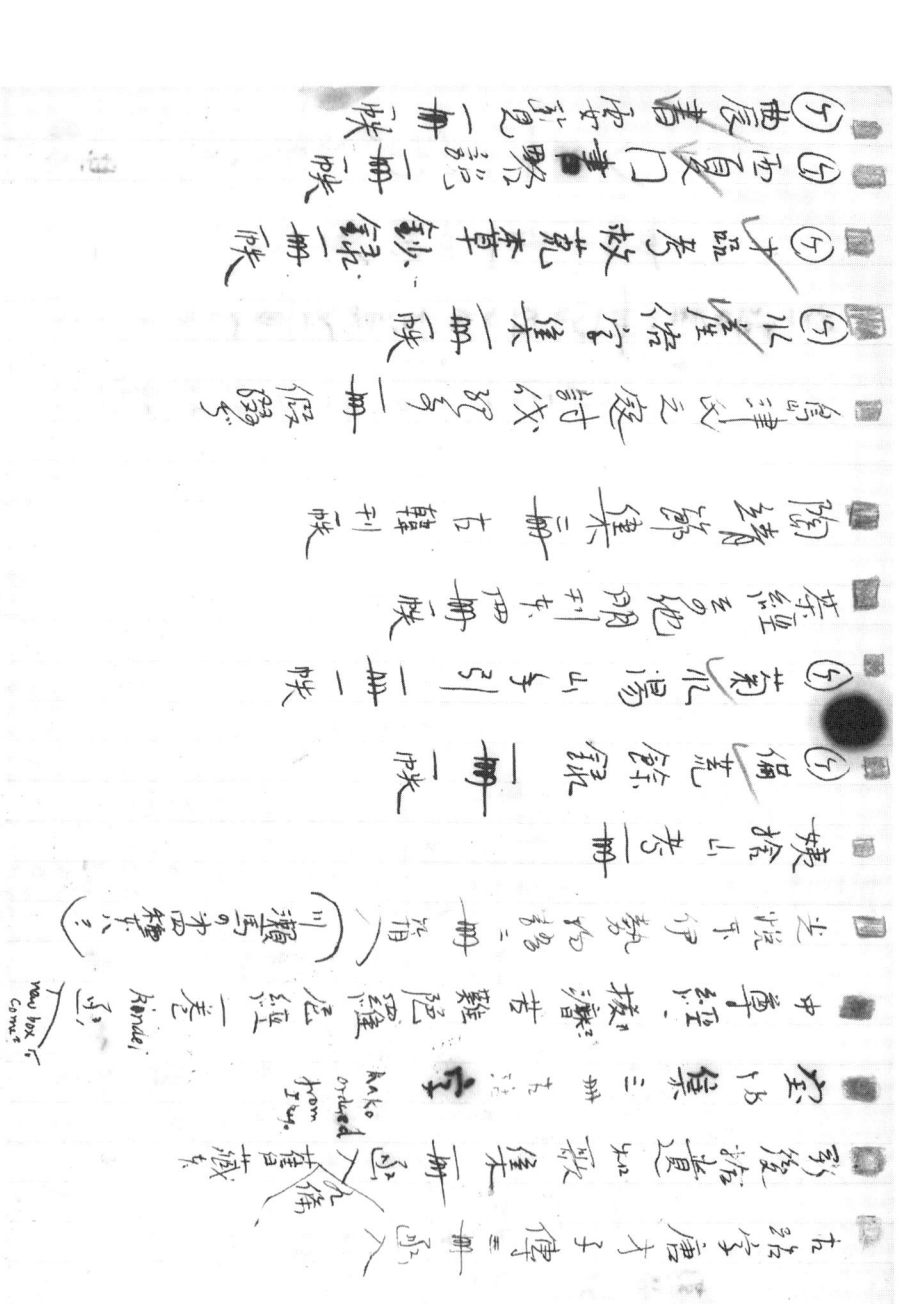

(ケ) 曲辰書要新覧 一冊 一帙

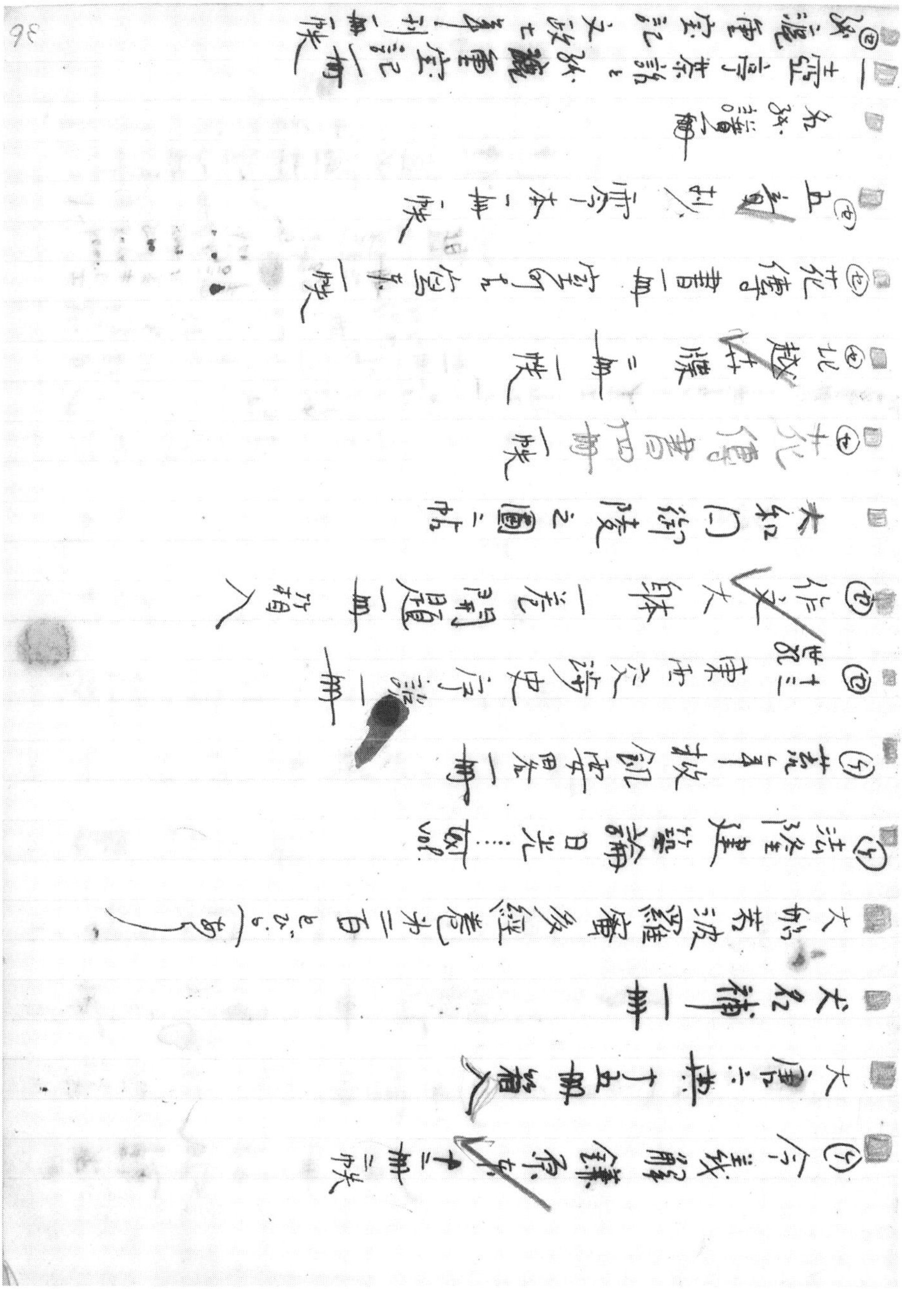
(ケ)令義解 鎌倉本 十二冊二帙
大唐六典 十五冊 箱入
犬名補 一冊
大般若波羅蜜多經巻第二百 とびら（あり）
(ケ)法隆建築論 日光……[illegible] vol.
(ケ)荒年救飢要略 一冊
(セ)十三世紀東西交渉史序説 一冊
(セ)作文大躰 一巻 開題一冊 箱入
大和国御陵之図 二帖
(セ)花傳書 四冊 一帙
(セ)比越㛹牒 二冊 一帙
(セ)花傳書 一冊 室町古寫本 一帙
(セ)五音 抄 零本 一冊 一帙
名跡譜 一冊
一壺亭茶話と跡 瀧重宝記 一冊
(セ)跡瀧重宝記 文政七年刊 一冊 一帙

◎東韃紀行一冊　竹箱入

中右記一巻　解説一冊　（宮内省本）　ボール箱

使徒行傳一冊一帙　明治七年

光悦本　方丈記　一冊　うるし箱入

蕃山考一冊

齊明紀童謡考一冊一帙

熊野懐紙と諸門心経一冊

校定出雲国風土記一冊

中右記　第20巻　一巻　九條家本　箱入

浩然随筆　10帙　五十巻

池上より十一點　鈴木大拙のもの三點　お菓子の本一冊一帙　琉球奏三冊

井蛙抄、室町古写本一冊一帙

残　遼旅村日記一冊　limited edition

エレキテル訳説　三冊

Kamakura scroll reproduction Nan　一巻　竹箱入

つく鬼一冊一帙

錦繪聚秀一冊一帙

古章和名致異一冊

Books sent to Chiyoda from Asahi

8/5

Baddeley, John F., Russia, Mongolia, China, Macmillan & Co, Ltd, London, 2 vols.

Lexicon Latino-Japonicum; Romae, 1870

Il Marco Polo, 3 vols.

Atsume Gusa (Pour servir à la connaissance de l'Extrême Orient) 9 vols.

Chu Ta-Kao; Tao Te Ching; The Buddhist Society, London, 1st published 1937.

Noticia de la Vida, y Virtudes del Venerable Padre Joseph Raymundo Arxo.

Parker, P., Parker's Journal, (Journal of an Expedition from Sincapore to Japan); Smith, Elder & Co., London, 1838.

Martini, M., Historia Sinica, Amstelaedami, 1659.

37

de Osimo, Fray Agustin, Veintiseis Martires del Japon, Mexico, 1871.

The Suma Oriental of Tomé Pires and the Book of Francisco Rodrigues, Hakluyt Society, 1944, Vol I.

de Charlevoix, P., Histoire du Christianisme au Japon, Librairie Ecclesiastique de Rusand, Paris, 1828, 2 vols.

Boero, Dal P. Giuseppe; I Beati Martiri Giapponesi, Roma, 1867.

Kirkwood, Kenneth P.; Renaissance in Japan, Meiji Press, Tokyo, 1938.

Fujimori, Seiichi; On Watanabe Kazan, Nippon Bhunka Chuo Remmei, Tokyo, 1939

Revon, Michel; Le Shintoisme, Imprimerie Nationale, Paris, 1907

Chiba, T & Kajiyama, M; The Novel, its Nature & Structure; Tokyo-Kaiseikan Publishing Co. Ltd, 1941.

Gill, Eric; Art; John Lane The Bodley Head, London; 1st pub. 1934

Select Phrases in the Canton Dialect Compiled; Canton, China.

Sieff, Mark; Colloquial Russian; Kegan Paul, Trench Trubner & Co. Ltd, London; 1st pub. 1943.

Index of Japanese Painters; The Society of Friends of Eastern Art, Tokyo, 1941.

Nakayama T; Acupuncture et medecine Chinoise verifiees au Japon; Editions Hippocrate, Paris, 1934.

Wild, Cyril; Purchas His Pilgrimes in Japan; J.L. Thompson & Co., Ltd, Kobe.

de Mendelssohn, Peter; Japan's Political Warfare; Geo. Allen & Unwin Ltd, London, 1944.

38

Chiba T; A Study of Accent; Fuzanbo Publishing Co. Tokyo, 1935.

Thunberg, C.P.; Miscellaneous Papers Regarding Japanese Plants 1780-1826, Shokubutsu Bunken Kankokai, Tokyo, 1935.

Asia de Barros - Vida e Indice; Lisboa, 1778.

Asia de Couto; Lisboa, 1788, 5 vols.

de Beaumont, F.M.M; Histoire de la Chine; La Librairie d'Education, Paris, 1818; 2 vols.

Japan Digest; Nagano Publishing Co, Ltd, Tokyo, 1946, 2 vols.

Sakurazawa Nyoiti; Le Livre des Fleurs, Librairie Plon, Paris.

Fogel, Howard H; The Conquered People; Tokyo, 1945.

van Gulik, R.H. - The Lore of the Chinese Lute; Sophia University, Tokyo, 1940

Dumoulin, Heinrich; Kamo Mabuchi; Sophia University, Tokyo, 1943.

Nasu + Acker; The Fundamentals of Japanese Archery; 1937.

Murakami, Naojiro; Portugal e o Japao; Sociedade Luso-Niponica, Toquio, 1942 (also Japanese version)

Gutierrez, Beniamino; La Prima Ambasciata Giapponese in Italia; Milano, 1938.

Sugiura, Shigetake; The Takashima Haidan; Keigyosha, Tokyo, 1893.

Hayek, F. A.; Individualism: True & False; Hodges, Figgis & Co, Ltd, Dublin, 1946

Edkins, J.; Chinese Currency; Printed at the Presbyterian Mission Press, Shanghai, 1901.

Wilson, Thomas; The Swastika;

39

Rowse, A.L., The Use of History; Hodder & Stoughton Ltd., London, 1946.

Bullett, Gerald; The Golden Year of Fang Cheng-ta; Cambridge Uni. Press, 1946.

Pithawalla, Maneck B; The Aryan Home; Karachi, 1946

Dato Mitsuo; A Brief History of the Dai-Butsu at the Kotoku in Kamakura;

Pithawalla, M. B; A Bibliography of Sind; Karachi, 1939

Shen, Tkin; The Rambles of the Emperor Ching Tih in Keang Nan; Longman, Brown, Green, & Longmans, London, 1843; 2 vols.

Azumi Tokuya; Okayama Souvenir; Okayama Prefectural Office, Okayama; 1945

Suzuki T. & Blyth, R.H.; The Cultural East, Vol I, No 1, The Culture of the East Society, Kanagawa Ken, 1946

Educational Activities of the South Manchuria Rly Co., S M R Co., 1937.

Mining in Japan Past & Present; Bureau of Mines; Dept of Agriculture & Commerce; 1909.

Gomes L. G: Vocabulario Portugues-Cantonense; Imprensa Nacional, Macau, 1942; 2 vols.

Alexeiev, Basil M: The Chinese Gods of Wealth; School of Oriental Studies in conjunction with The China Society, 1928.

Madden Maud; Golden Chopsticks & Other Japanese Children's Songs; Sendai.

Laures, Johannes; Supplement to Kirishitan Bunko; Sophia Univ, Tokyo, 1941.

Pfizmaier, A: I to V marked in blue pencil; Wien, 1878-1880.

Pfizmaier, A: 1 to 3 marked in blue pencil; Wien, 1876-1877.

40

Pfizmaier, A: Das Haus eines Statthalters von Fari-Ma; Wien, 1877

Pfizmaier, A: Die Nachrichten des Berghbewohners; Wien, 1885.

Pfizmaier, A: Untersuchungen uber den Bau der Aino-Sprache; Wien 1851.

Scott, W. S: The Fantasticks: John Donne, Geo. Herbert, Richard Crashaw, Henry Vaughan; John Westhouse, London, 1945.

Cordier, Henri: Bibliotheca Japonica, Imprimerie Nationale, Paris, 1912

Storia dei Ventitre Martiri; Roma, 1862.

von Seibold: Einige Worte uber den Zustand der Botanik auf Japan; Shokubutsu Bunken Kankokai, Tokyo 1938

Frobischer: Hydrangeae Genus; Shokubutsu Bunken Kankokai, Tokyo, 1938.

Bibliographischer Alt-Japan-Katalog 1542-1853; Deutsches Forschungsinstitut, Kyoto, 1940.

Japanesque; F.T.P.
The Charts of the Schools in Italian
+ Japanese Paintings.

Semeonoff, Anna H: A New Russian
Gr., E.P. Dutton + Co., N.Y., 6th ed.

√ Maximowicz, C.J.: Diagnoses
Breves Plantarum Novarum
Japoniae et Mandshuriae I-XX
et Diagnoses Plantarum Novarum
Asiaticarum I-VIII, Tokyo, 1943.

41

資料 02（ノート・標注令義解）

43

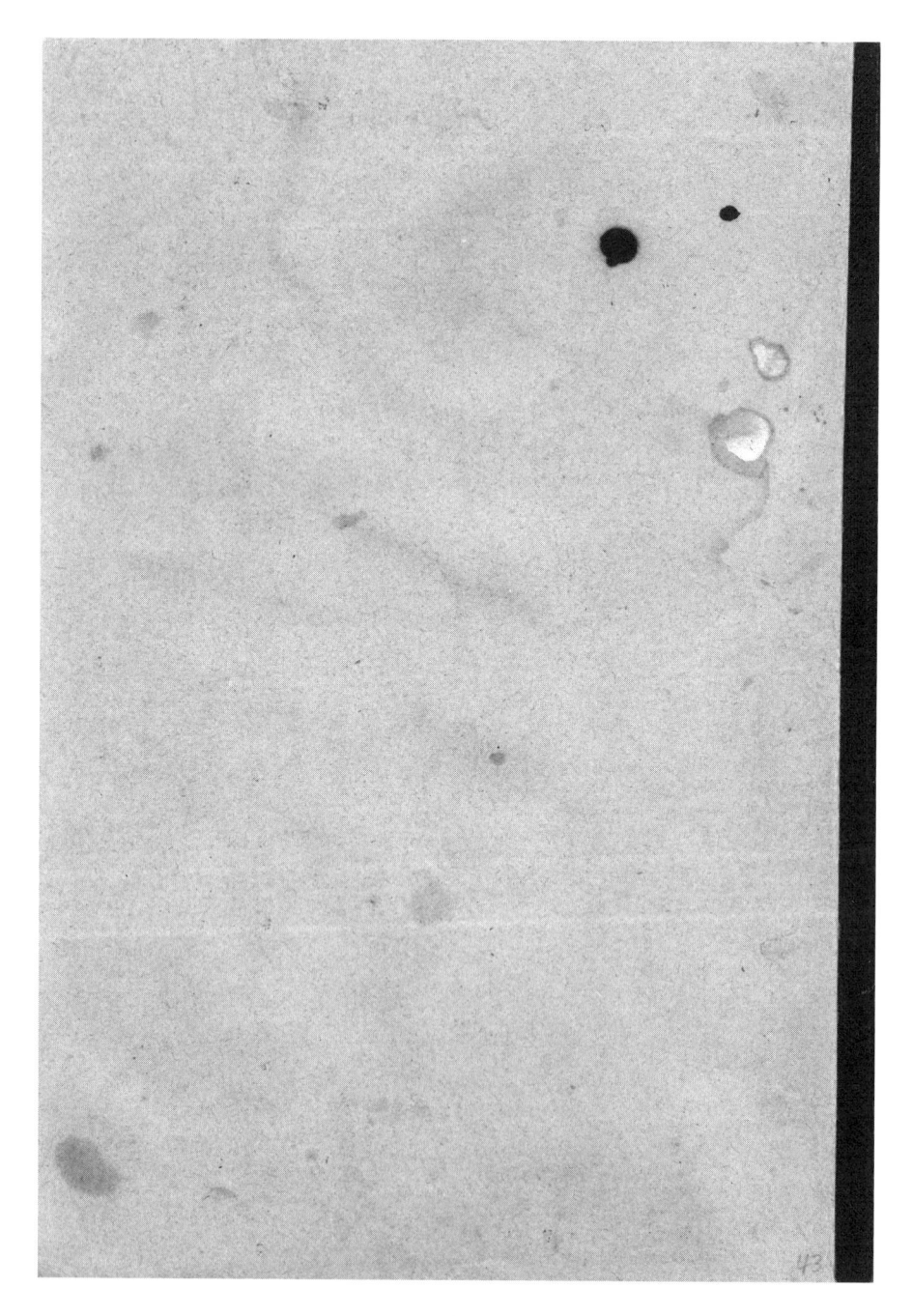

# 資料03（ノート・金剛謹之助）

資料 03（ノート・金剛謹之助）

15

1712 金剛謹之助 舞影一斑 附 貫珍藏古画 一冊一帙
飼田辰一
京都 芸草堂
明治三十七年三月

1713 元寇の新研究 東洋文庫論叢 第十五 二冊（一函）
池田宏
東京 東洋文庫
昭和六年十二月

1714 元寇の研究 附 蒙古襲来繪詞 一冊
竹内栄喜
東京 雄山閣
昭和六年九月

1715 満洲学報 一―五 一冊
佐藤四郎（発行人）
大連 満洲学会
昭和十二年十二月

1716 金代女眞の研究 一冊
三上次男
新京 満日文化協會
昭和十二年十二月

1717 満和辭典 一冊
羽田亨 編
京都 京都帝國大学満蒙調査會
昭和十二年十一月

1718
7
滿洲實錄
今西春秋 訳
新京 日滿文化協會
昭和十三年二月
一册

1719
8
西藏圖録
東京美術学校校友會
東京 畫報社
明治三十七年三月
一册

1720
9
蒙古寇紀 全
賀茂百樹
東京 元寇弘安役六百五十年記念會
昭和六年
一册

1721
10
謡曲文庫別巻 第一 光悦謡本（上）
斉藤香之助
東京 謡曲文庫刊行會
昭和三年五月

1722
11
北窻瑣談
梅華仙史橘春暉
八册 一帙

1723
12
貞丈雜記
伊勢平蔵貞丈 元
文溪堂
文政十二年己丑五月
第一帙 八册 一帙

1724 13 貞丈雑記 伊勢平蔵貞丈 文渓堂 享 第二帙 八冊一帙

1725 14 貞丈雑記 伊勢平蔵貞丈 文渓堂 刊 第三帙 八冊一帙

1726 15 貞丈雑記 伊勢平蔵貞丈 文渓堂 貞 第四帙 八冊一帙

1727 16 春日神社金石銘表 森口奈良吉編 奈良 官幣大社春日神社 大正十四年十月 一冊

1728 17 神札考 矢部善三 東京 素人社書屋 昭和九年六月 一冊

1729 18 神道書籍目録 加藤玄智 東京 明治聖徳記念学会 昭和十三年二月 一冊

1730 19
稲荷神社志料　全　一冊
大貫真浦
京都　大貫真浦
明治四十三年十月

1731 20
神道叢説　一冊
山本信哉　纂註
東京　国書刊行会
大正十二年十二月

1732 21
胡蝶　一冊
後水尾院御製
東京　金尾文淵堂
大正十一年十月

1733 22
神祇辞典　一冊
山川鵜市
東京　平凡社
大正十三年七月

1734 23
日本神代史　一冊
中村徳五郎
東京　成光館
昭和九年五月

1735 24
弘道館記　一冊
明治聖徳記念学会
昭和十二年十一月
編輯兼発行

1736 神祇史綱要　宮地直一　東京　明治書院　昭和十三年五月　一冊

1737 神道史　太田亮　東京　國史講座刊行會　昭和八年十二月　一冊

1738 延喜式神祇巻　全　三島吉太郎校訂　東京　盛文社　明治四十五年七月　一冊

1739 神樂研究　西角井正慶　東京　壬生書院　昭和九年　一冊

1740 陸前濱乃法印神樂　本田安次　東京　伊藤書林　昭和九年　一冊

1741 能樂謠曲大辭典　正田章次郎　東京　吉川弘文館　昭和十年　二冊　一函

1742 31
謡曲文解 前篇
勝野嘉一郎 江島伊兵衛 編纂
東京
明治三十九年
一冊

1743 32
謡曲文解 後篇
勝野嘉一郎 江島伊兵衛 編纂
東京
明治四十年
一冊

1744 33
花傳書 全
江島伊兵衛 發行
明治卅一年
一冊（三部） 一帙

1745 34
能樂源流考
能勢朝次 岩波書店
東京
昭和十三年
一冊

1746 35
能樂隨想
觀世左近 河出書房
東京
昭和十四年
一冊

1747 36
能 研究と發見
野上豊一郎 岩波書店
東京
昭和十一年
一冊

1748 37
能と歌舞伎
小宮豊隆
東京 岩波書店
昭和十年
一冊

1749 38
風雅論
大西克禮
東京 岩波書店
昭和十五年
一冊

1750 39
謡曲玉淵集
大和田建樹
東京 江島伊兵衛 發行
明治廿二年
一冊 一帙

1751 40
能楽 第一巻―第十六巻（雑誌）泛 三十二冊（もろひ）
坂元三郎 編輯
東京 能楽発行所
明治卅六年―大正七年

1752 41
寛政版記録 附 信夫顕祖事蹟
江島伊兵衛
東京 わんや書店
一冊

二

1753 42
謠（ヨウ）本於嚢住介
三上進
東京 審美書院
昭和八年
二冊一帙

1754 43
浮（ウキ）世絵史
一色忠雄 編輯
東京 審美書院
昭和五年
二冊一帙

1755 44
浮（ウキ）世絵師略傳
河浦謙一
東京 吉澤商店
大正八年
一冊一帙

1756 45
能（ノウ）樂古面集
恩賜京都博物館 編纂
京都 京都市色版印刷社
昭和七年
一冊一帙

1757 46
日（ニホ）本古樂面
秋葉路
東京 聚樂社
昭和十年
一冊

1758 47
謠（ヨウ）曲界
東京 觀世流改訂本刊行會
第一号－第六号（雜誌）
大正三年
一冊

錦絵の彫と摺　石井研堂　京都　芸草堂　昭和四年　完　一冊

浮世絵師伝　井上和雄編輯　東京　渡辺版画店　昭和六年　全　一冊一帙

日本版画変遷史　島屋政一　大阪　大阪出版社　昭和十四年　一冊

謡曲評釈　大和田建樹　東京　博文館　明治四十一年―四十三年　第一輯―第九輯　三冊

世阿弥十六部集評釈　上　能勢朝次　東京　岩波書店　昭和十五年　一冊

金春十七部集　野々村戒三編　東京　春陽堂　昭和七年　一冊（二部）

54
1765
校訂 延喜式 上巻 下巻 索引　三冊
皇典講究所 校訂
校訂延喜式刊行部
昭和四年

55
1766
六国史神祇索引　一冊
神宮皇学館
東京 神宮皇学館館友會
昭和八年

56
1767
古代劇文学（日本文学大系二十一）　一冊
能勢朝次
東京 河出書房
昭和十四年

57
1768
謡曲大観 首巻、第一巻—第五巻、別巻　七冊
佐成謙太郎
東京 明治書院
昭和六年

58
1769
狂言集成　一冊
野々村戒三 安藤常次郎 共編
東京 春陽堂
昭和六年

1770
59
能楽盛衰記　上巻　江戸の能
池内信嘉
東京　能楽会
大正十四年
一冊

1771
60
能楽盛衰記　下巻　東京の能
池内信嘉
東京　能楽会
大正十五年
一冊

1772
61
能楽盛衰記　附図
一枚

1773
62
日本文芸学
岡崎義恵
東京　岩波書店
昭和十四年
一冊

1774
63
松井博士古稀記念論文集
吉田彌平　編纂
東京　目黒書店
昭和七年
一冊

1775
64
頭註華伝書　謡曲叢書第一編
丸岡桂
東京　観世流改訂本刊行会
明治四十四年
一冊

1776 65
音曲玉淵集　謡曲叢書　第二編　一冊
丸岡桂　校訂
東京　觀世流改訂本刊行會
大正元年

1777 66
謡曲拾葉抄（上下）謡曲叢書　第三編　二冊
丸岡桂　校訂
東京　觀世流改訂本刊行會
明治四十五年

1778 67
己文註釋全書　一冊
本居豊穎　監修　校訂
東京　國學院大學出版部刊行
大正二年

1779 68
能樂全史（改訂版）上・中・下　三冊
横井春野
東京　わんや書店
昭和十一年

1780 69
演劇外題要覽　一冊
日本放送協會　編
東京　日本放送出版協會
昭和十二年

1781 70
狂言目録　一冊一帙

1782 71 能楽資料第二編附録
能楽研究室　編纂
東京　能楽資料頒布会
昭和七年
一冊

1783 72 花傳第六花修
能楽研究室　編纂　能楽資料第一編
東京　能楽資料頒布会
昭和六年
一冊

1784 73 花傳第六花修
能楽研究室　編纂　能楽資料第一編附録
東京　能楽資料頒布会
昭和六年
一冊

1785 74 五音　上・下
能楽研究室　編纂　能楽資料第二編　前編
東京　能楽資料頒布会
昭和七年
一冊

1786 75 五音曲書　上・下
能楽資料第二編　後編
二冊一函

1787 76 高砂　光悦本写
能楽研究室　編纂
東京　能楽資料頒布会
昭和七年
一冊

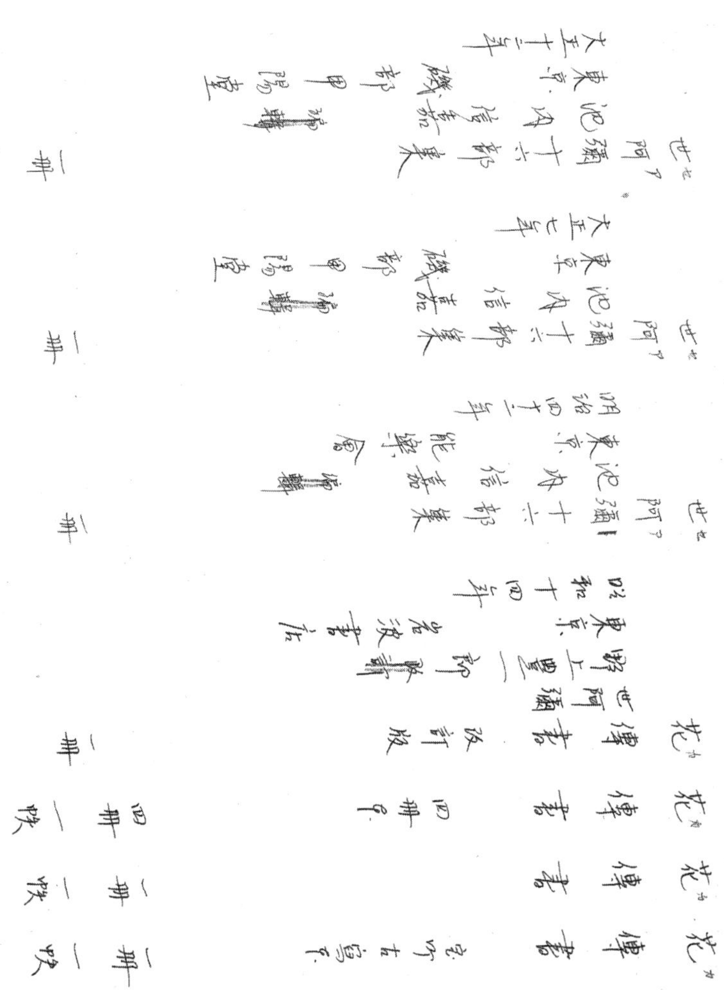

1788 77 花傳書 室町古写本 一冊一帙

1789 78 花傳書 一冊一帙

1790 79 花傳書 四冊本 四冊一帙

1791 80 花傳書 改訂版 世阿彌 野上豊一郎校訂 東京 岩波書店 昭和十四年 一冊

1792 81 世阿彌十六部集 池内信嘉 編輯 東京 能樂會 明治四十二年 一冊

1793 82 世阿彌十六部集 池内信嘉 編輯 東京 礒部甲陽堂 大正七年 一冊

1794 83 世阿彌十六部集 池内信嘉 編輯 東京 礒部甲陽堂 大正十二年 一冊

1795 84
禪竹集
池内信嘉 編輯
東京 能樂會
大正四年
一冊

1796 85
世阿彌十六部集
野々村戒三 編
東京 春陽堂
大正十五年
一冊

1797 86
當流間仕舞付
五冊一帙

1798 87
狂言全集
幸田成行 校訂
東京 博文館
明治四十二年
三冊一帙

1799 88
御世話筋秘曲 能樂史料第一編
坂元雪鳥 編
東京 わんや書店
昭和八年
一冊

1800 89
隣忠見聞集 能樂史料第二編
坂元雪鳥 編
東京 わんや書店
昭和八年
一冊

90
豊高日記（ホウ）　能楽史料　第三編
坂元雪鳥　編
東京　わんや書店
昭和十年
一冊

1802
91
隣忠秘抄（リン）　能楽史料　第四編
坂元雪鳥　編
東京　わんや書店
昭和十三年
一冊

1803
92
隣忠秘抄（リン）　外編　能楽史料　第五編
坂元雪鳥　編
東京　わんや書店
昭和十四年
一冊

1804
93
能の栞（ノウ）　一・二の巻、三・四の巻、五・六の巻
大和田建樹
東京　博文館
明治三十六年—三十七年
三冊

1805
94
能謡諸彙（ノウ）
丸岡大二　編輯
東京　謡曲界発行所
昭和十二年
一冊

1806
95
飜譯論（ホン）
野上豊一郎
東京　岩波書店
昭和十三年
一冊

1807 96
能楽史料　第一輯
小林静雄　編
東京　大岡山書店
昭和八年
一冊

1808 97
世阿弥舞踊読本
藤蔭桂樹
東京　河出書房
昭和十三年
一冊

1809 98
近畿能楽記
野々村戒三
東京　大岡山書店
昭和八年
一冊

1810 99
能楽論叢
坂元雪鳥
東京　わんや書店
昭和九年
一冊

1811 100
宴曲全集
吉田東伍　編
東京　早稲田大学出版部
大正六年
一冊

1812 101
典籍散語
新村出
東京　書物展望社
昭和九年
一冊

1813 102
ニッ
日本基督教史 上下
山本秀煌
東京 洛陽堂
大正七年
二冊

1814 103
セイ
聖教日課
ベルナルド
明治四年
一冊 一帙

1815 104
ヤソ
耶蘇會士日本通信 上巻
村上直次郎 訳
東京 駿芳閣
昭和二年
一冊

1816 105
ヤソ
耶蘇會士日本通信 下巻
村上直次郎 訳
東京 駿南社
昭和三年
一冊

1817 106
ナン
南蠻寺興廃記 単
原水子
慶應四年
一冊 一帙

1818 107
トウ
東洋歴史参考図譜 第一輯ー第十五輯
石田幹之助 編纂
東京 東洋歴史参考図譜刊行會
昭和五年
三函帙

1819
108 トウ 東洋歴史參考圖譜解說 第一輯—第十二輯 十二冊
石田幹之助
東京 東洋歴史參考圖譜刊行會 大正十四年—昭和六年
大正十四年 — 第一輯
昭和三年 — 第二輯
昭和五年 — 第三輯 — 第五輯
昭和六年 — 第六輯 — 第十二輯

1820
109 ガク 樂浪 一冊
東京帝國大學文學部 編纂
東京 刀江書院
昭和五年

1821
110 ラク ロウ 樂浪彩篋冢 古蹟調査報告第一冊 一冊
朝鮮古蹟研究會 編纂
京都 便利堂
昭和九年

1822
111 ユウ 西陽雜俎 四冊 一帙
唐 臨淄 段成式 柯古 撰
京畿宜風坊書林 山下氏平六
元祿十年

1823
112 ゲン 元朝驛傳雜考 東洋文庫叢刊第一附篇 一冊
羽田亨
東京 東洋文庫
昭和五年

1824 113
永楽大典　巻一萬九千四百十六之一萬九千四百十七　一
東洋文庫　編纂　巻一萬九千四百二十四之一萬九千四百二十六
東京　東洋文庫
昭和五年
五冊一帙

1825 114
永楽大典　巻之三千五百八十四　九眞
高拱　總校
民国二十八年
一冊一帙

1826 115
雲笈印範
本郷鐵胖　編
明治三十五年
八冊一帙

1827 116
謡曲百番
寛永六年
二十冊四帙

1828 117
謡曲地拍子研究之栞　完
中島賢三
東京　江島伊兵衛
大正二年
一冊一帙

1829 118
敦煌随筆
邊疆叢書甲集之六
中華民国二十六年
一冊一帙

1830 119
續世説新語
官校
天保三年
五冊一帙

1831 120
敦煌石室碎金　羅振玉校録　一冊一帙

1832 121
世説新語補考　白鹿桃　京都　寶暦十二年　風月堂　二冊一帙

1833 122
軒端梅　観世流　古写　室町末期　一冊

1834 123
上音抄　世阿彌・禪竹等撰　萬治寛文頃刊　一冊一帙

1835 124
謡曲手引集　中澤鏈丸　東京　わんや江島伊兵衛　大正四年　一冊

1836 125
謡曲通解　大和田建樹　東京　博文館　明治二十五年　第一巻―第八巻　八冊二帙

1837
126
申楽談義（サルガク）
世阿彌
野上豊一郎 校訂
東京 岩波文庫
昭和十年
一冊

1838
127
南葵謡曲沿革史（ナンキ） 上巻、下巻
小倉老之助
和歌山 林善一 校閲
昭和八年
二冊一帙

1839
128
夢渓筆譚（ム）
宋 知制誥 沈括
四冊一帙

1840
129
夢渓筆談（ム）（汲古閣本）
沈括存中
四冊一帙

1841
130
夢渓筆談（ム）
沈括存中
四冊一帙

1842
131
敦煌零拾（トン）
韋荘
一冊一帙

1843
132
歌舞名物同異鈔（カブ） 全
竹田權兵衛蔡廣貞 編
京師書肆 谷口七左衛門
正徳五年
一冊一帙

1844 133
海表叢書（カイ）
新村出監修
京都　更生閣書店
昭和二年―昭和三年　一―六
六冊

1845 134
江戸の面影（エド）
江戸文学研究会編
東京　向陵社
大正四年
一冊

1846 135
カトリック大辞典 I（カト）
上智大学編纂
東京　冨山房
昭和十五年
一冊

1847 136
「日本耶蘇会刊行書志」解説（ニツ）
明治文化研究会編
東京　警醒社書店
大正十五年
一冊

1848 137
志賀（シガ）
観世左近
元和六年
一冊

1849 138
能苑日渉（ノウ）
野々村戒三
東京　檜書店
昭和十三年
一冊一帙

1850 139
謡(ヨウ)抄秘集　全
竹屋町通東洞院　林善兵衛
元禄元年
一冊一帙

1851 140
能(ノウ)樂畫譜　乾之巻
勝野嘉一郎　編
東京　能樂新報社
明治四十四年
一冊

1852 141
能(ノウ)樂古今記
野々村戒三
東京　春陽堂
昭和六年
一冊

1853 142
狂(キョウ)言評註
大和田建樹
東京　博文館
明治二十六年
一冊

1854 143
吉(キリ)利支丹文学抄
村岡典嗣
東京　改造社
大正十五年
一冊

1855 144
天(アマ)草本平家物語
亀井高孝　翻字
東京　岩波書店
昭和二年
一冊

145 切支丹宗門の迫害と潜伏 姉崎正治 東京 同文館 大正十五年 一冊

146 切支丹宗教文学 姉崎正治 東京 同文館 昭和七年 一冊

147 切支丹大名記 シュタイシェン 吉田小五郎訳 東京 大岡山書店 昭和五年 一冊

148 南蠻文集 長沼賢海 東京 春陽堂 昭和四年 一冊

149 高槻発見 切支丹文書 一冊 一帙 函入

150 高槻発見 切支丹文書 櫻井安二解説 東京 巖松堂書店 昭和八年 一冊

1862 151
萬葉集古義（マン） 六
北村宇之松
東京 精文館
昭和七年
一冊

1863 152
日本及環太平洋民族の研究（ニッ）
堀岡文吉
東京 冨山房
昭和二年
一冊

1864 153
稀書解説（キショ）
山田清作 第四編輯
東京 米山堂
大正十五年
一冊

1865 154
玫瑰（ブン）
玫瑰花冠記録
明治二年
一冊一帙

1866 155
天草版金句集の研究（アマ） 東洋文庫論叢第二十四
吉田澄夫
東京 東洋文庫
昭和十三年
一冊

1867 156
天草本伊曽保物語（アマ）
新村出 校註
東京 改造社
昭和三年
一冊

157 (1868)
皇室敬語便覧　藤樫準二　東京　東京日日新聞社　昭和十五年　一冊

158 (1869)
皇室事典　井原頼明　東京　冨山房　昭和十三年　一冊

159 (1870)
列聖珠藻、聖徳餘光　辻善之助、佐々木信綱　東京　紀元二千六百年奉祝會　昭和十五年　二冊一帙函

160 (1871)
皇室制度講話　酒巻芳男　東京　岩波書店　昭和九年　一冊

161 (1872)
明治天皇御傳　須藤光暉　東京　金尾文淵堂　大正元年　一冊

1873 162 聖（セイ）上陛下の生物学御研究　日野巌　東京 新光社　昭和六年　一冊

1874 163 明（メイ）治天皇御集謹解　佐々木信綱　大阪 朝日新聞社　大正十二年　一冊

1875 164 皇（コウ）室史の研究　黒板勝美 他　東伏見宮蔵版　昭和七年　一冊

1876 165 皇（コウ）室と基督教　曽我部四郎　東京 丁未出版社　昭和二年　一冊

1877 166 皇（コウ）室御撰之研究　和田英松　東京 明治書院　昭和八年　二冊 一函

1878 167

コウ 皇室関係 大阪府郷土資料陳列目録

大阪府立圖書館 編輯兼發行

大正五年

一冊

1879 168

テイ 帝室制度史

帝國学士院 編纂兼發行

昭和十二年

四冊

1880 169

ゴエツ 御謚號年號讀例 究

松浦 詮 編輯

東京 青山 清吉

明治二十六年

一冊一帙

1881 170

トン 燉煌畫の研究 附圖

松本 榮一 編

東京 東方文化学院東京研究所

昭和十二年

一冊

1882 171

トン 燉煌畫の研究 圖像篇

松本 榮一

東京 東方文化学院東京研究所

昭和十二年

一冊

1883 172

ニッ 日本圖書目録 レオン・パジエス

新村 出 序説

東京 更生閣

昭和二年

一冊 函入

173 切支丹史料集（キリ）
永山時英
長崎 對外史料寶鑑刊行會
昭和二年
一冊

174 景宋本世說新語（ケイ）
附 景宋本世說新語解題
育德財團刊行
昭和四年
五冊一帙 一冊

175 重刻世說新語（ジュウ）
橋本進吉
中華民國六年
十二冊一帙

176 世說逸（セセツ）
宋劉義慶撰
東都書肆 崇文堂
寛延二年
一冊一帙

1888 177 世說新語（セセツ）
吳邑袁褧撰
嘉靖乙未年刊
六冊一帙

1889 178 世說新語補考補遺（セセツ）
白鹿桃
皇都書肆 風月堂
寛政三年
一冊一帙

1890
179 校正改刻 世説新語補
宋 劉義慶 撰
上帙
五冊一帙

1891
180 校正改刻 世説新語補
宋 劉義慶 撰
下帙
五冊一帙

1892
181 世説新語補考
白鹿 桃
京都 風月堂
寶暦十二年
二冊一帙

1893
182 唐世説新語
天保三年刊 官板
三冊一帙

1894
183 令義解
慶安三年刊
十冊一帙

1895
184 唐令拾遺
仁井田 陞
東京 東方文化学院東京研究所
昭和八年
一冊

1896
185 唐宋法律文書の研究
仁井田 陞
東京 東方文化学院東京研究所
昭和十二年
一冊

1897 ~~186~~
ニツ
日本古代法釋義
有賀長雄
東京 博文館
明治四十一年
一冊

1898 ~~187~~
レイ
令義解
蓬生巷林鶴
慶安三年刊
上帙
五冊一帙

1899 ~~188~~
レイ
令義解
下帙
六冊一帙

1900 ~~189~~
コウ
講令備考
田安家旧蔵本
二十冊四帙

1901 ~~193~~ 190
レイ
令義解
寛政十二年
日本橋
山城屋佐兵衛
温古堂蔵版
蔵弘
十冊一帙

1902 ~~194~~ 191
レイ
令義解
吉田四郎右衛門刻
十冊一帙

令義解（レイ） 近藤芳樹自筆書入 七冊一帙
容所源元寛葛郷 訂正
吉田郷 校正
文政八年

法制史の研究（ホウ） 一冊
三浦周行
東京 岩波書店
大正十四年

續法制史の研究（ゾク ホウ） 一冊
三浦周行
東京 岩波書店
大正十四年

新撰姓氏録考證索引（シン） 一冊
栗田勤
東京 吉川半七 發行
明治三十四年

新撰姓氏録考證 上下（シン） 二冊
栗田寛
東京 吉川半七 發行
明治三十三年

日本古代法典（ニッ） 一冊
萩野由之
東京 博文館
明治二十五年

1909
198
法制史上より見たる日本農民の生活 律令時代 上・下
瀧川政次郎
東京 同人社書店
二冊

1910
199
日本語文典
コイヤード
大塚高信・訳
東京 坂口書店
昭和九年
一冊

1911
200
東洋法制史序論
廣池千九郎
東京 早稲田大学出版部
明治三十八年
一冊

1912
201
東洋法制史本論
廣池千九郎
東京 早稲田大学出版部
大正四年
一冊

1913
202
明律考
青木秀縈 写
天保十四年
二冊一帙

1914
203
令講義
栗原信充
薩摩府学蔵版
慶應丙寅
八冊一帙

1915
204
令義解
藤原久吉郎発行
寛政十二年 校訂
十冊一帙

1916
205
和律
寶暦五年
三冊一帙

1917
206
令義解
慶安三年
五冊一帙

1918
207
標注令義解校本
近藤芳樹自筆草稿
五冊一帙

1919
208
夢醒直論
帰正痴士撰
明治二年
一冊一帙

1920
209
吉利支丹教義の研究 東洋文庫論叢第九
北洋印刷局重刊
東京東洋文庫
昭和三年
二冊一函（一冊ハ英文）

1921
210
法律語彙
司法省蔵版
明治十六年
一冊

1922
211
標註令義解校本
近藤芳樹
東京 柏林社書店
昭和十三年
二冊

資料 03（ノート・金剛謹之助）

1923 212 ニッ 日本法制史 三浦菊太郎 東京 博文館 明治三十三年 一冊

1924 213 レイ 令義解講義 全 小中村清矩 東京 吉川弘文館 明治三十六年 一冊

1925 214 シナ 支那法制史研究 全 東川徳治 東京 有斐閣 大正十三年

1926 215 ニッ 日本法制史 池邊義象 東京 博文館 明治四十五年 一冊

1927 216 タイ 大寶令新解 窪美昌保 東京 南陽堂 大正十三年 一冊

1928 217 シナ 支那法制史 淺井虎夫 東京 博文館 明治三十七年 一冊

1929
218

司法資料（シホウ） 第百六十七—百六十八 支那歴代刑事法制及思想、上・下（雑誌） 二冊
司法省調査課
昭和七年

1930
219

日本法制史書目解題（ニッ） 上・下 二冊
池邊義象
東京 大鐙閣
大正七年

1931
220

官制沿革略史總目録（カン） 一冊
東京帝国大学
東京 吉川半七
明治三十二年

1932
221

日本盲人史（ニッ） 一冊
中山太郎
東京 成光館出版部
昭和十二年

1933
222

續日本盲人史（ゾク） 一冊
中山太郎
東京 成光館出版部
昭和十一年

223

日本古語大辞典（ニッ） 一冊
松岡静雄
東京 刀江書院
昭和十二年

~~204~~ 1935
日本古語大辞典（續）訓詁
松岡静雄
東京 刀江書院
昭和四年
一冊

~~225~~ 1936
明治文化全集 第一巻—第二四巻
吉野作造 編輯
東京 日本評論社
昭和三年—昭和五年
二四冊

~~226~~ 1937
日本儒林叢書 解説部第一—史傳書簡部
関儀一郎 編輯
東京 東洋圖書刊行會
昭和四年
六冊

~~227~~ 1938
續日本儒林叢書 随筆部第一—雑部
関儀一郎
東京 東洋圖書刊行會
昭和五年
四冊

~~228~~ 1939
日本儒学史
安井小太郎
東京 冨山房
昭和十四年
一冊

~~229~~ 1940
古代研究 国文学篇及民族学篇第一、第二
折口信夫
東京 大岡山書店
昭和四年
三冊

230 1941
本居宣長全集（モトオリ）　第一―第十　及外共　[illegible]　總目次　畧年譜　門人録　遺墨
本居清造　再校訂
東京　吉川弘文館
大正十五年―昭和三年
十冊

231 1942
本居宣長翁書簡集（モト）
奥山宇七編
東京　啓文社書店
昭和八年
一冊

232 1943
本居春庭（モト）・本居大平（モト）全集　第十一
本居清造　再校訂
東京　吉川弘文館
昭和二年
一冊

233 1944
本居内藤全集（モト）　第十二
本居清造　再校訂
東京　吉川弘文館
昭和二年
一冊

234 1945
佐藤一斎（サトウ）と其門人
高瀬代次郎
東京　南陽堂本店
大正十一年
一冊

235 1946
儒教要典（ジュ）
服部宇之吉
東京　博文館
昭和十二年
一冊

1947
216
道家の思想と其の展開
津田左右吉
東京 岩波書店
昭和十四年
一冊

1948
227
をしへぐさ
武田昌次
明治五年
一冊一帙

1949
238
日韓古代史資料
太田亮
東京 磯部甲陽堂
昭和十五年
一冊

1950
239
大正六年度 古蹟調査報告
朝鮮總督府
大正九年
一冊

1951
240
大正九年度 古蹟調査報告 第一冊
朝鮮總督府
大正十二年
一冊

1952
241
大正十一年度 古蹟調査報告 第一二冊
朝鮮總督府
大正十四年
一冊

1953
242
朝鮮語辞典
朝鮮總督府
大正九年
一冊

1954
243
郷歌及吏讀の研究（キヨウ）
小倉進平
京城 京城帝国大学
昭和四年
二冊一帙

1955
244
麗言攷（レイ）
前間恭作
東洋文庫論叢第三
東京 東洋文庫
大正十三年
二冊一帙

1956
245
動安居士文集（ドウ）
帝王韻紀（附その解説）
朝鮮古典刊行會
京城 朝鮮古典刊行會
昭和十四年
三冊一帙

1957
246
李朝實録（リチヨウ）
風俗關係資料撮要
朝鮮總督府中樞院
昭和十四年
一冊

1958
247
鮮漢文貫珠（センカン）
聖經全書
京城 大英聖書公會
昭和十三年
一冊

1959
248
셩경젼셔（セイ）
京城 大英聖書公會
昭和十一年
一冊

249 韓（カン）
韓語研究法
藥師寺知曨
小笠原長重 發行
明治四十三年
一冊

250 書（ショ）
書物同好會會報
櫻井義之 編輯
京城 書物同好會
昭和十五年
一冊

251 現（ゲン）
現代挿花圖集 第二輯
西阪清華 編輯
大阪 華之栞社
昭和十一年
一冊

252 現（ゲン）
現代挿花圖集
西阪清華
大阪 第一藝文社
昭和十一年
一冊

253 小（オハラ）
小原流瓶華盛花傑作集 第二輯
小原豊雲
京都 大日本花道學院
昭和十三年
一冊

254 小（オハラ）
小原流盛花瓶華傑作選集
中村蕚外 編纂
京都 大日本花道學院
昭和十二年
一冊

現代(ゲンダイ)梅花閣集　第三輯　一冊
昭和三年　日本花之閣

石(セキ)經考　官板　一冊一帙
萬斯同　李塋　撰
享和二年　刊

三(サン)國史記　九冊一帙
京城　古典刊行會　發行
昭和六年

텬로력뎡　上下　二冊

The Pilgrim's Progress, 2 vols.,
Translated by Mr. and Mrs. Gale, J.S., The Sunday School Teacher's Bible Class, Philadelphia, U.S.,
Two Hundredth Anniversary of Bunyan's Death, in 1888.

軍(グン)門謄錄　朝鮮史料叢刊　第三　一冊一帙
昭和八年　朝鮮史編修會　編

三(サン)國遺事　二冊一帙
京城　古典刊行會　發行
昭和七年

朝(チョウ)鮮の姓　一冊
昭和九年　朝鮮總督府

1973 262

チョウ
朝鮮賦
明 圭峯董公撰
浪華書坊 星文堂藏
一冊一帙

1974 263

チョウ
朝鮮美術史
関野貞
京城 朝鮮史学会
昭和十五年
一冊

1975 264

カ
華語類抄
一冊一帙

1976 265

カイ
海東諸国記
朝鮮史編修会 編
朝鮮総督府 発行
昭和八年
一冊一帙

1977 266

メイ
明治年間朝鮮研究文献誌
チョウ
櫻井義之 編
京城 書物同好会
昭和十六年
一冊

1978 267

フツウ
普通学校朝鮮語読本 巻一―巻六
朝鮮総督府
京城 朝鮮書籍印刷株式会社 昭和五年―六、五十五年
巻一 ― 昭和五年
巻二 ― 昭和六年
巻三 ― 昭和七年
巻四 ― 六 大正十三年
六冊

チョウ
朝鮮語に於ける謙譲法・尊敬法の助動詞
小倉進平
東京 東洋文庫
昭和十三年

1980 セイ
制勝方略
朝鮮史編修會 編
朝鮮總督府 発行
昭和十一年
一冊一帙

1981 チョウ
朝鮮人名辭典
朝鮮總督府中樞院
京城 朝鮮印刷株式會社
昭和十三年
一冊

271 1982 チョウ
朝鮮人名辭典索引
朝鮮總督府中樞院
京城 朝鮮印刷株式會社
昭和十四年
一冊

272 1983 ゲン
言解大学、言解中庸 言解論語 言解孟子 七冊一帙
李範圭
京城 文言社
昭和七年

273 1984 トウ
東洋文庫朝鮮本分類目録 附安南本目録
東洋文庫 編纂
東京 東洋文庫
昭和十四年
一冊

274

ニッ
日韓両国語同系論
金沢庄三郎
東京 三省堂
明治四十三年
一冊

275

シュン
春香傳
張赫宙
東京 新潮社
昭和十三年
一冊

276 1987

チヨウ
朝鮮文化史論
細井肇
京城 朝鮮研究會
明治四十四年
一冊

277 1988

シン
新編朝鮮地誌
日高友四郎
京城 朝鮮弘文社
大正十三年
一冊

278 1989

チヨウ
朝鮮陞廡儒賢年表
具瓚書
京城 大東斯文會
昭和三年
一冊

279 1990

チヨウ
朝鮮法制史稿
浅見倫太郎
東京 巌松堂
大正十一年
一冊

280 1991
唐律疏議（トウ） 官板 文化三年刊 上帙 七冊一帙
唐律疏議（トウ） 官板 文化三年刊 下帙 八冊二帙

281 1992
朝鮮神歌遺篇（チョウ） 孫晋泰 東京 郷土研究社 昭和五年 一冊

282 1993
朝鮮舊書考（チョウ） 黒田亮 東京 岩波書店 昭和十五年 一冊

283 1994
同文新字典（ドウ） 伊沢修二 漢字統一會 明治四十一年 甯作 一冊

284 1995
日韓韓日言語集（ニッ） 全 趙義淵 井田勤衛 東京 日韓交友會出版所 明治四十三年 一冊

285 青邱説叢 第一—三巻 田川孝三 京城 今西龍發行 昭和七年 一冊

286 朝鮮語学史 小倉進平 京城 大阪屋號書店 大正九年 一冊

287 朝鮮俳敘 九十九豊勝 奈良 東洋民俗博物館 昭和六年 あやめ叢書第二巻 一冊

288 唐鑑 官版 嘉永六年 五冊一帙

289 服忌令撰註 六冊一帙

290 儀禮圖 官版 寛政十一年 八冊一帙

291 秇苑日渉 梼亭 上帙 六冊一帙

292 秇苑日渉 文化四年 七冊一帙

~~293~~ 2004
朝鮮語と日本語
小倉進平
東京　明治書院
昭和九年
一冊

~~294~~ 2005
高麗史節要補刊　附録
朝鮮史編修會
一冊

~~295~~ 2006
朝鮮寺刹史料　上・下
朝鮮總督府内務部地方局纂輯
明治四十四年
二冊

~~296~~ 2007
日本英学史の研究
豊田實
東京　岩波書店
昭和十四年
一冊

## 資料04（ノート・十一月五日）

資料04（ノート・十一月五日）

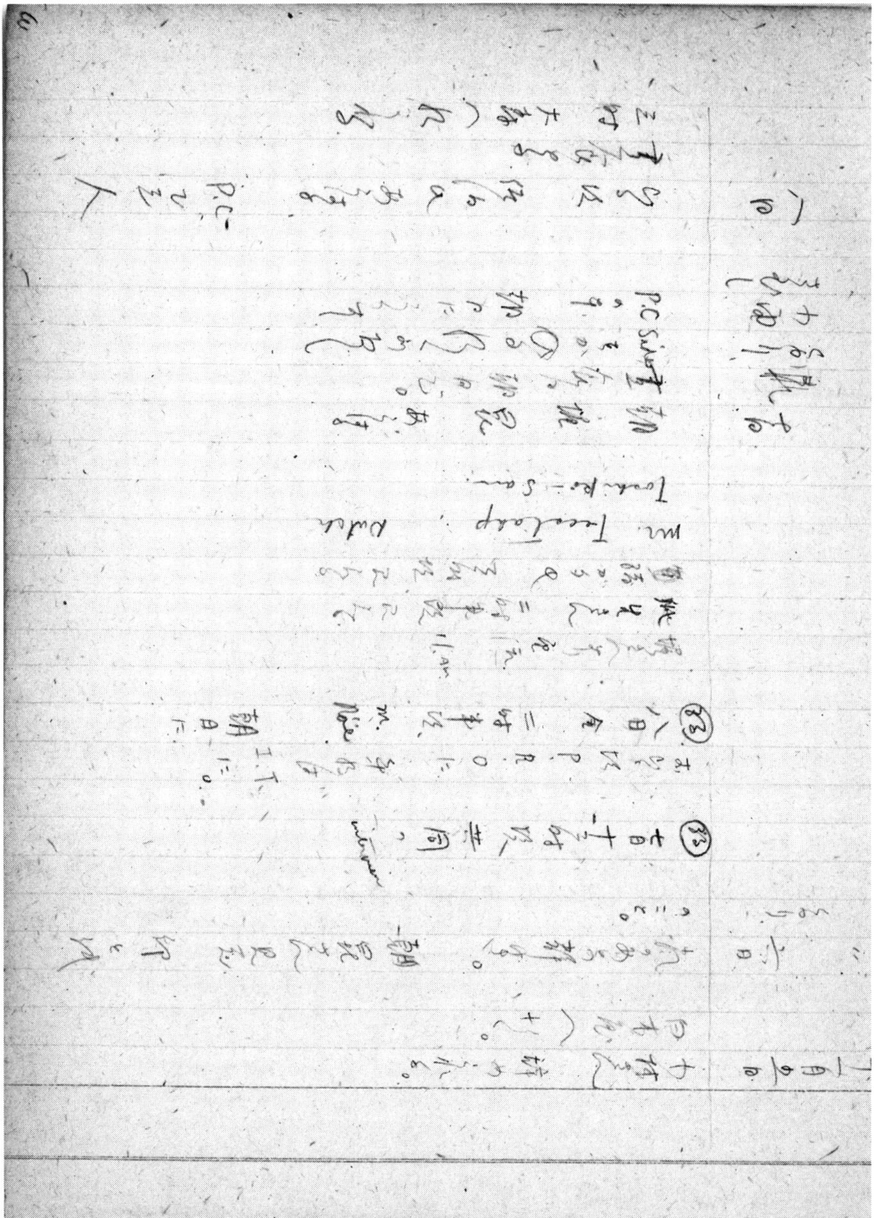

十一日 [illegible]

[illegible] H.V [illegible]

十二日 十一時 [illegible]
1.30
13日 [illegible]

十三日 Allied Council [illegible]

[illegible] Tel. 23 4395 ~9
西川

c/o 工業 Club [illegible]

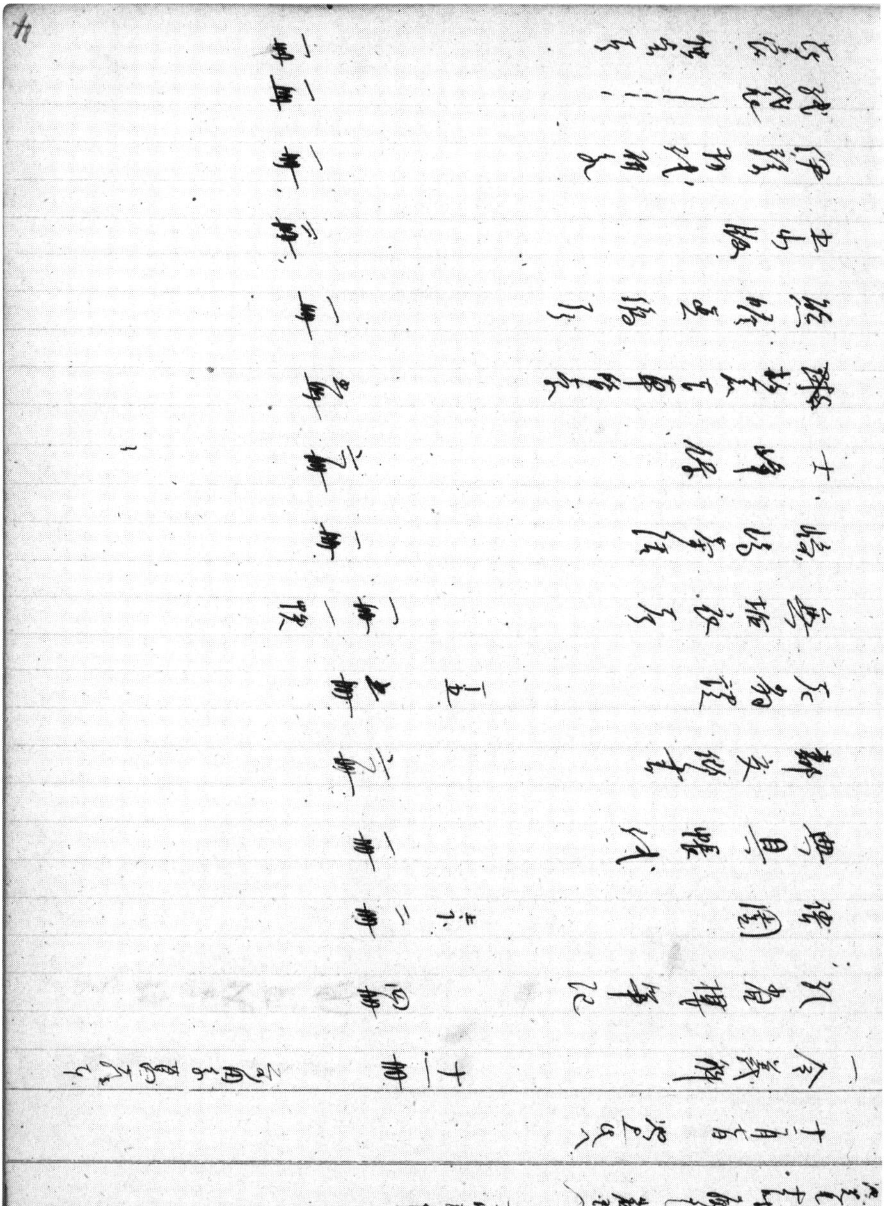

廊誌上

足利義満見聞記　一冊　一冊　5冊

千代田の城の整理。
大きな本に
津建秘書

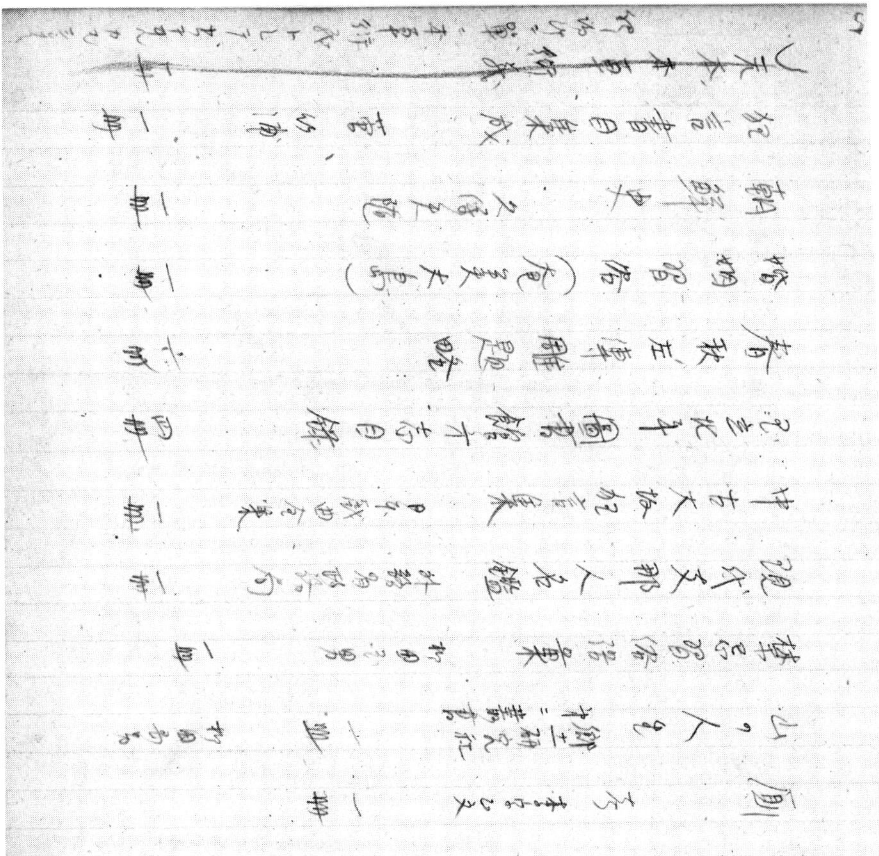
近世漢字史　文学博士　一冊
本草和名　日本古典全集本　二冊一箱函
廁考　李家正文　一冊
山の人生　郷土研究社　炉辺叢書　一冊　柳田国男
禁忌習俗語彙　柳田国男　一冊
現代支那人名鑑　外務省情報部　一冊
中古大坂狂言集　日本戯曲全集　一冊
己亥北平図書館方志目録　四冊
春秋左傳雕題略　六冊
婚姻習俗（奄美大島）　一冊
朝鮮史　久保天随　一冊
狂言書目集成　竹浦　一冊

日仏会館予報　仏文論(一)　一冊

方言と土俗　第三巻　第十一号　一冊

最近の朝鮮　朝鮮総督府　一冊

王子製紙株式会社案内　一冊

山鴫一声　宮田進義瑞輯　五冊

学者安心論　福沢諭吉　一冊

任子田釋譜　一冊

東西幽霊考　一冊

農事参考書解題　一冊

~~米旅沖縄案内~~　一冊

~~山窩考派~~　一冊

居住習俗語彙　柳田国男　一冊

~~琉球諸島風物詩集　佐藤惣之助~~　一冊

徂来問答書　三冊

~~琉球人参府之節御勤方書留~~　（天保三年写）　一冊

資料 04（ノート・十一月五日）

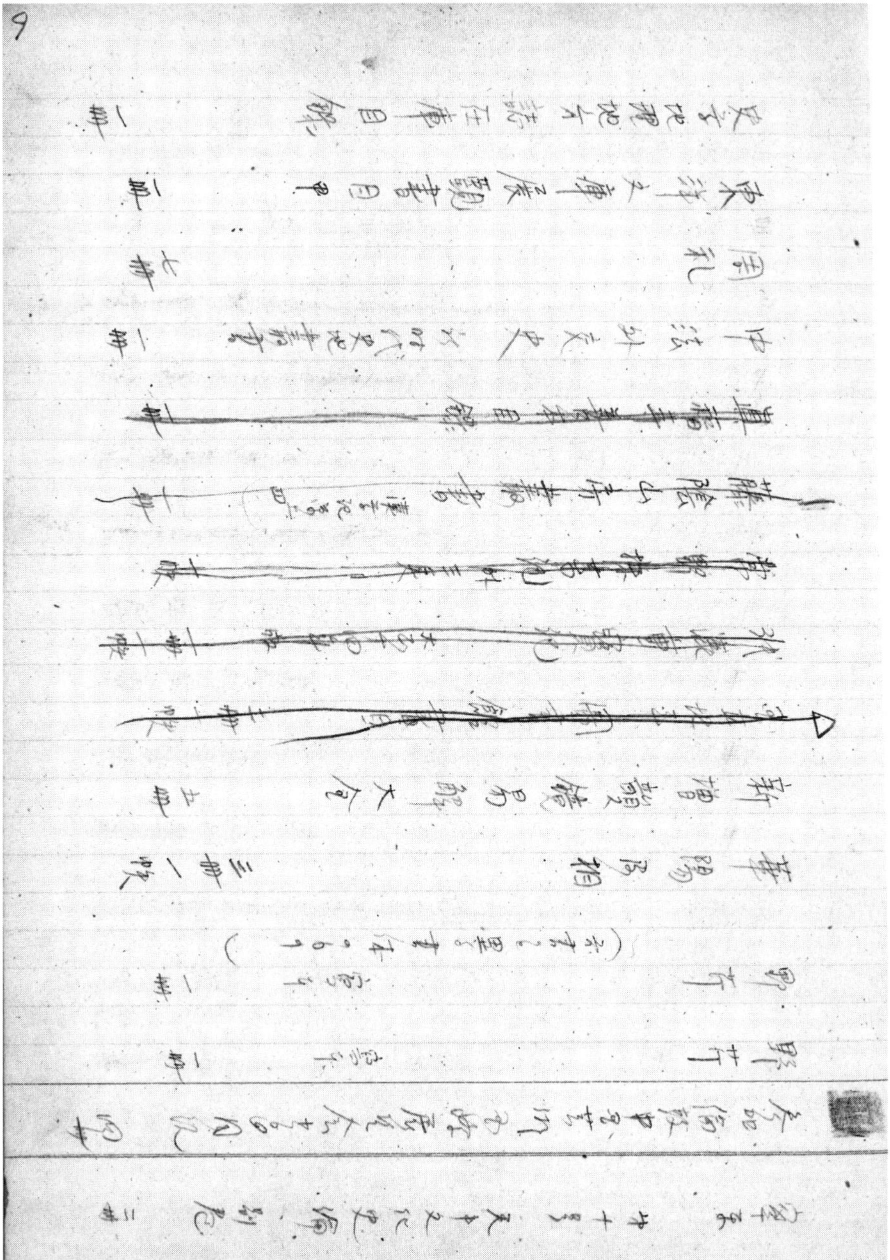

備の尾道行中の一つ

~~雨譜 一冊~~

唐土王代一覧 三冊

~~習字集用同書輪文和字 十冊~~

雨窓紀聞 二冊

現代語法の諸問題（日本語教育叢書） 一冊

歌舞品目（日本古典全集） 上下 二冊

廢物利用 一冊

~~本草綱目袖珍鑑 一冊~~

明治百家文選 久保天随 一冊

譯本芥子園畫傳 三冊

古今篇 一冊

高知縣統計書 明二五 一冊

天變地異 二冊 二部 （一部は一冊）

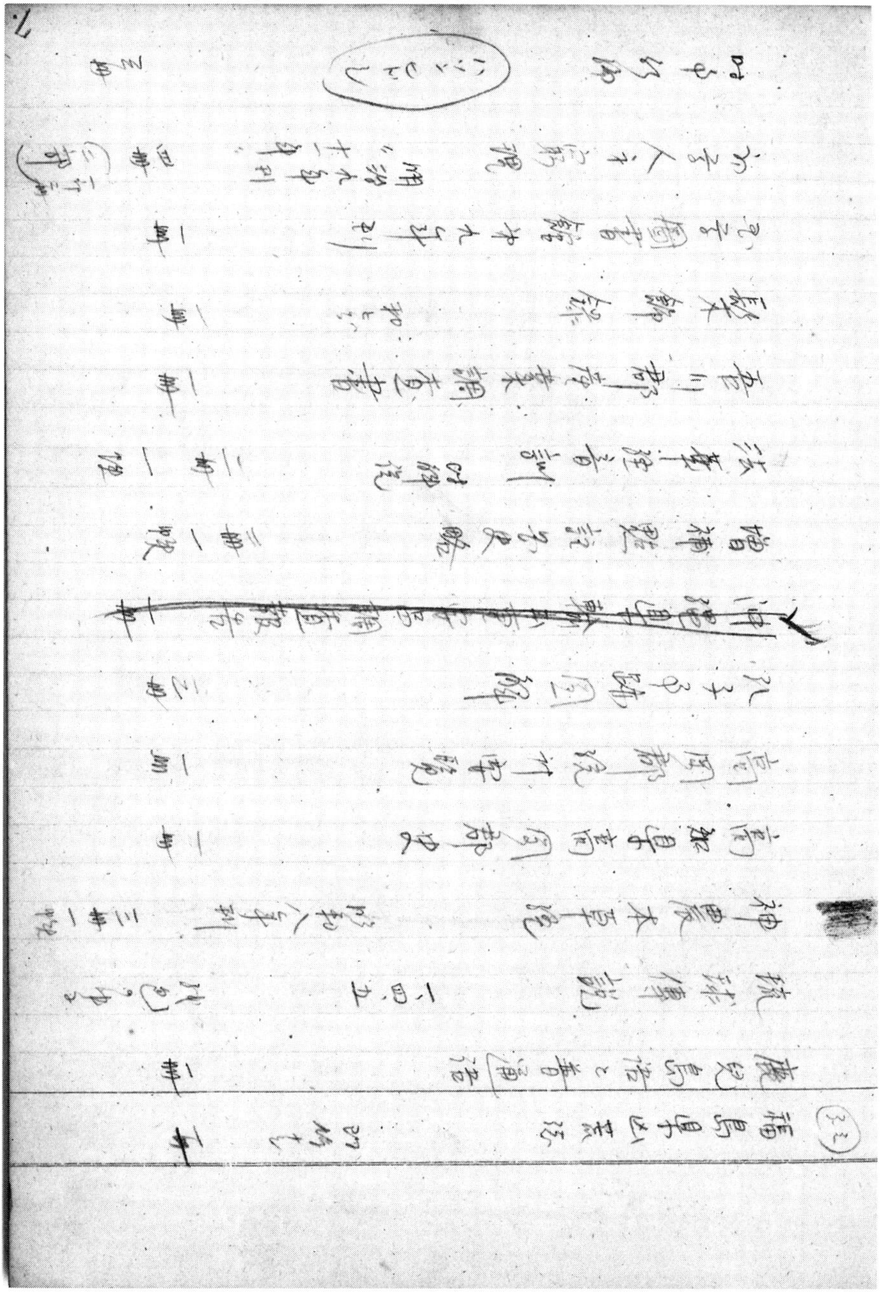
(32)
福島県凶荒誌　明治七二　一冊
鹿児島語と普通語　一冊
琉球傳説　一、四、五　沖縄の中
神農本草経　昭和八年刊　三冊一帙
高知県高岡郡史　一冊
高岡郡統計要覧　一冊
孔子手跡図解　三冊
~~沖縄県農事調査報告　一冊~~
法華経音訓　時評注　二冊一帙
増補點註古史略　二冊一帙
吾川郡産業調査書　一冊
髹飾録　和とじ　一冊
高知図書館　第九年刊　一冊
初学人手窮理　明治九年刊　〃十一年〃　四冊（二部）一冊三冊
時中訂訓　三冊
（ハンコヒトし）

日本対外小史　一冊

長崎三百年間　外交変遷事情　一冊

古韻子源流　平戸古書　一冊

隨盦所著　二冊一帙

[redacted]

~~澎湖群島概況　一冊~~

[redacted]

熊毛讀本　一冊

南満洲に於ける[illegible]　一冊

南葵文庫創立記念會陳列目録　一冊

[redacted]

女眞館來文通解　一冊

瑞典国ツンベルグ氏記念展覧会出品目録　一冊

西南戦闘日記　一冊

聊齋志異評註　八冊一帙

日本語海外普及に関する第二回協議会要録　一冊

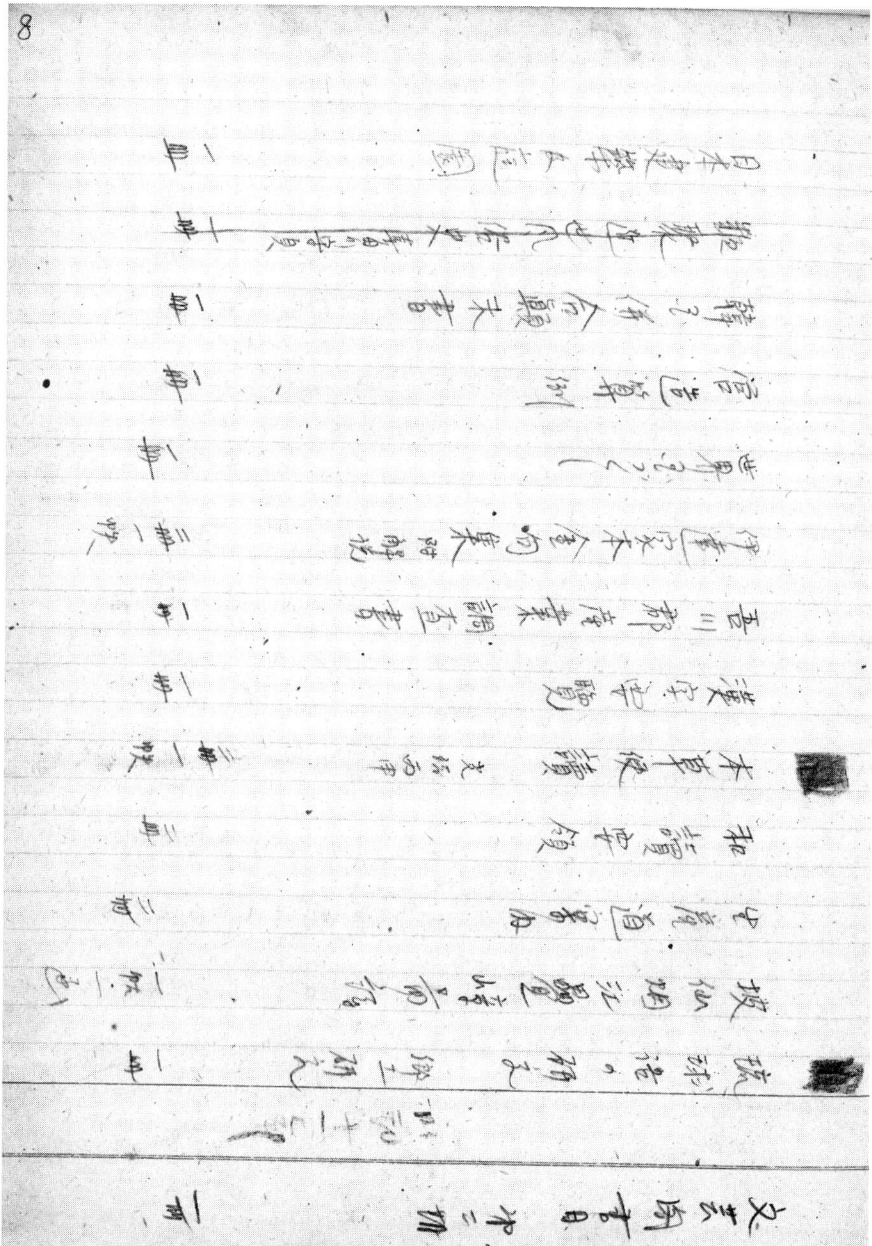

華語跬歩 一冊

高知県 産業案内 一冊

かなつき、 中村憲訳 一冊

世のうはさ 明治文化研究会 二冊 一つ欠

沖縄県の農業 附 和一揃 一

生蕃討伐図歓 一冊

日台会話大全 一冊

五十科傳対試策 五冊

和綴研究 第八・九号 二冊

能本と舞本 野之豊一丁 一冊

史蹟名勝天然記念物調査報告 一冊
大正十五年 鹿児島県

昭和十年度 東洋史研究文献類目 一冊

〃 十一年 〃 〃 一冊

十二年 一冊

十三年 一冊

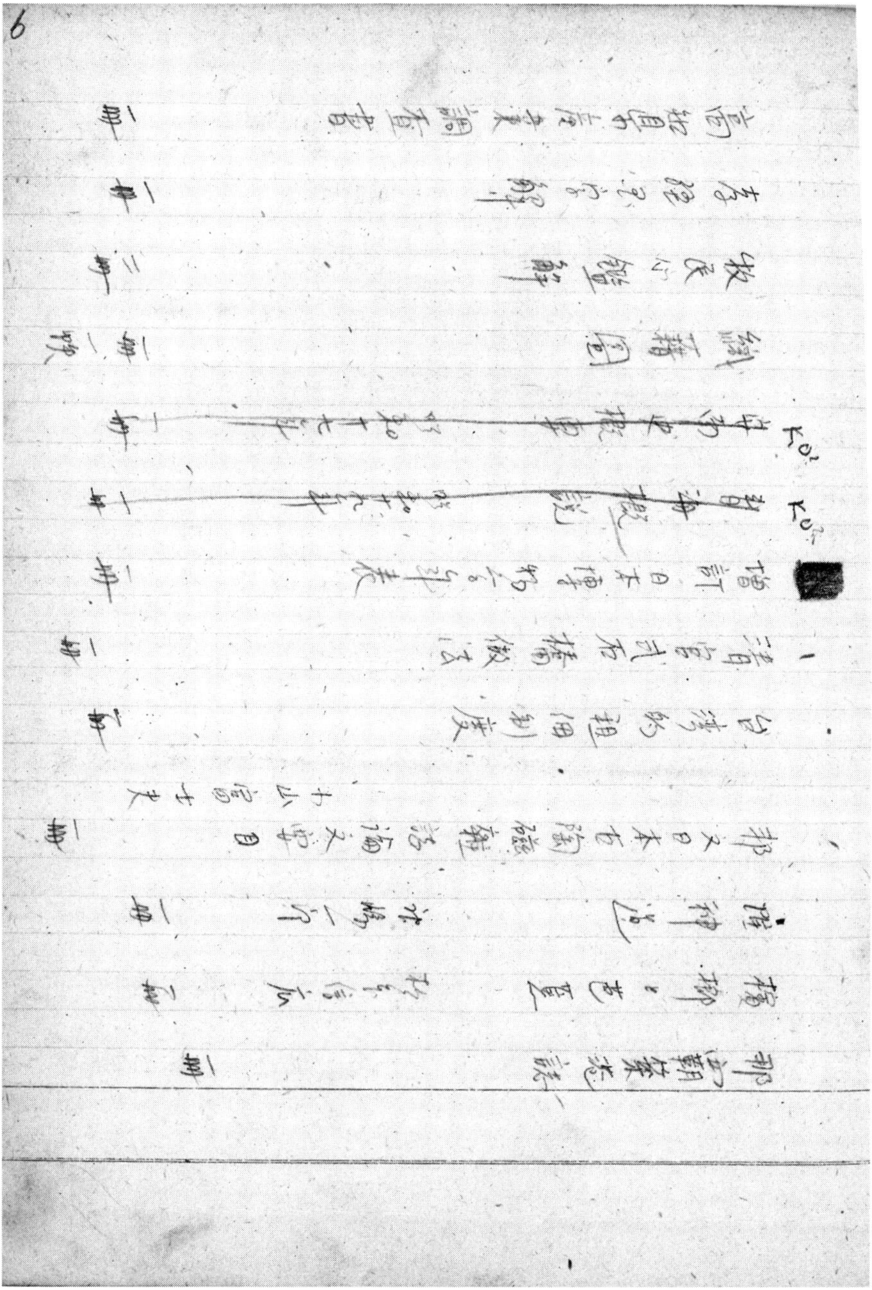
6

[redacted]

耶[illegible]叢誌 一冊

檳榔と芭蕉 [illegible] 一冊

惟神道 [illegible] 一冊

邦文日本古陶磁雑誌論文要目 小山富士夫 一冊

台湾的租佃制度 一冊

清官式石橋做法 一冊

増訂日本博物学年表 一冊

KO3 ~~青海概説 昭和十九年 一冊~~

KO2 ~~安南史概要 昭和十七年 一冊~~

織耕圖 一冊一帙

牧民心鑑 二冊

孝經[illegible]解 一冊

高知県産業調査書 一冊

~~耕地改良案検定書 一冊一枚~~

鹿児島県治概要 一冊

熊毛地誌 一冊

南葵文庫蔵書目録 一三 二冊

大橋図書館和漢図書分類目録 一冊
明治之部

支那書籍解題 書目書誌之部 一冊

有肩石斧の諸問題 抜刷 松本信広 一冊

上代印度支那の考古学的研究に就て 〃

槃瓠傳説の一資料 〃

チヤムの椰子族と「椰子の実」説話 〃

東人蠻名義考 〃

安南人の起源 〃

南方産動植物和邦名の研究 〃

10

[illegible] 二冊

四庫全書總目 十冊

[illegible]沿革表 二四冊 四冊

[illegible] 三・四

〈 ~~[illegible]~~ 一冊

[illegible]記 一冊

欽定大清[illegible]則例 八冊

蘇州[illegible] 一冊

杭州十六[illegible]記 一冊

杭州[illegible] 一冊

[illegible] 二・三 一冊

四[illegible]記 二冊

[illegible] 一冊

葬送習俗語彙　柳田国男　一冊

土佐蚕業組合試験場業務工程報告書　大正六年　一冊

外国人応接の心得　他　辛亥新報会　一冊

印度支那要概　一冊

琉球作刊　天保三年　一冊

市尹用覧　寫本　一冊

~~秘境遊覧記　一冊~~

福岡県案内　一冊

佐倉宗五郎実録　一冊

園冶　一冊

三国通覧　林子平著　一冊

韻鏡新解　写本　二冊

之才叢論　六冊一帙

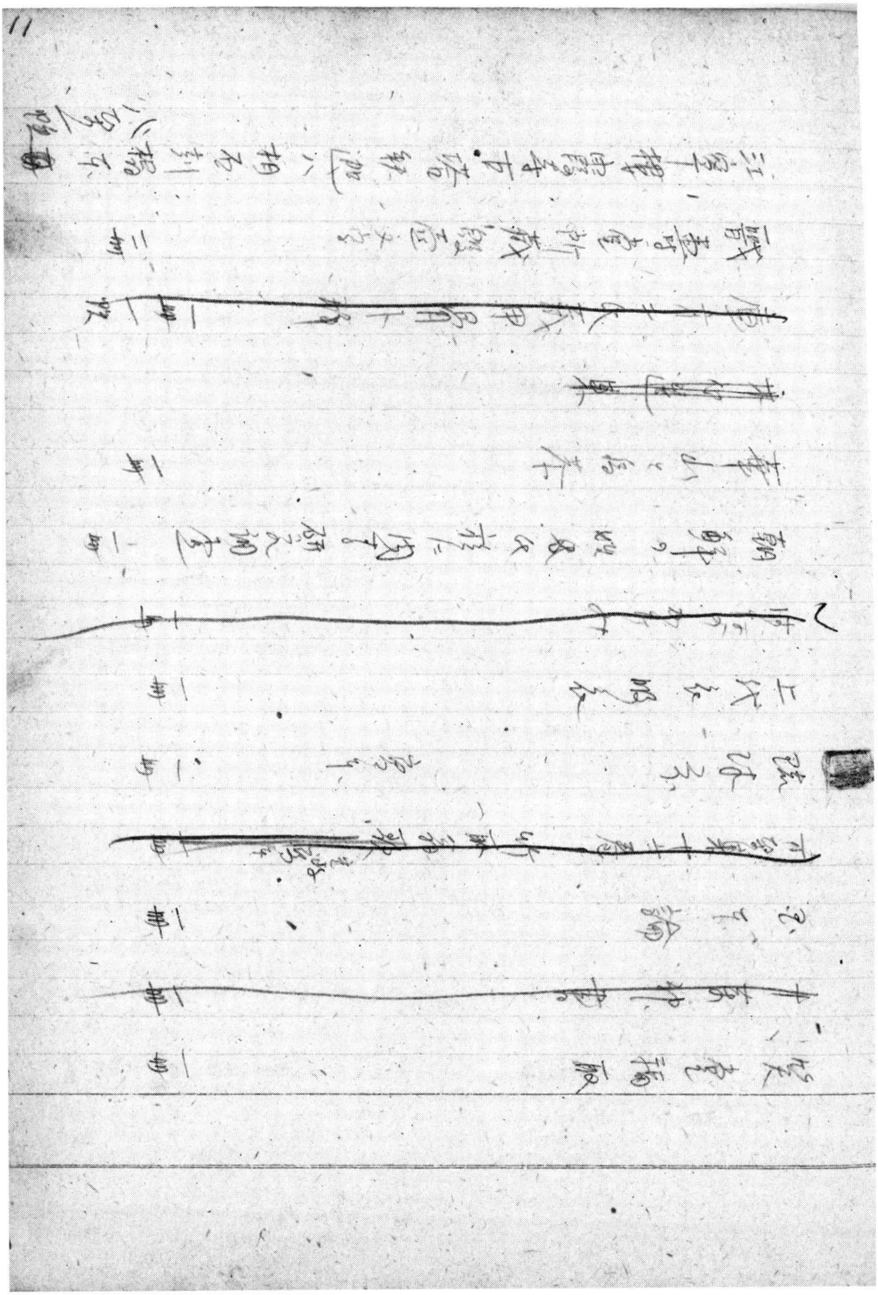

說苑引得 未見 一冊

四十七種宋代傳記綜合引得（第三十四号） 一冊

道藏子目引得（第二十五号） 一冊

佛藏子目引得（第十一号） 三冊

蘇氏演義引得（第十四号） 一冊

新唐書宰相世系表引得 十六号 一冊

三十三種清代傳記綜合引得 第九号 一冊

八十九種明代傳記綜合引得 第二十四号 一冊 (10)

遼金元傳記三十種綜合引得 第三十二号 一冊

藏書紀事詩引得 第十八号 一冊

明代勅撰書考附引得 増刊之三 一冊

太平廣記篇目及引書引得 第十五号 一冊

全上古三代秦漢三國六朝文作者引得 第八号 一冊

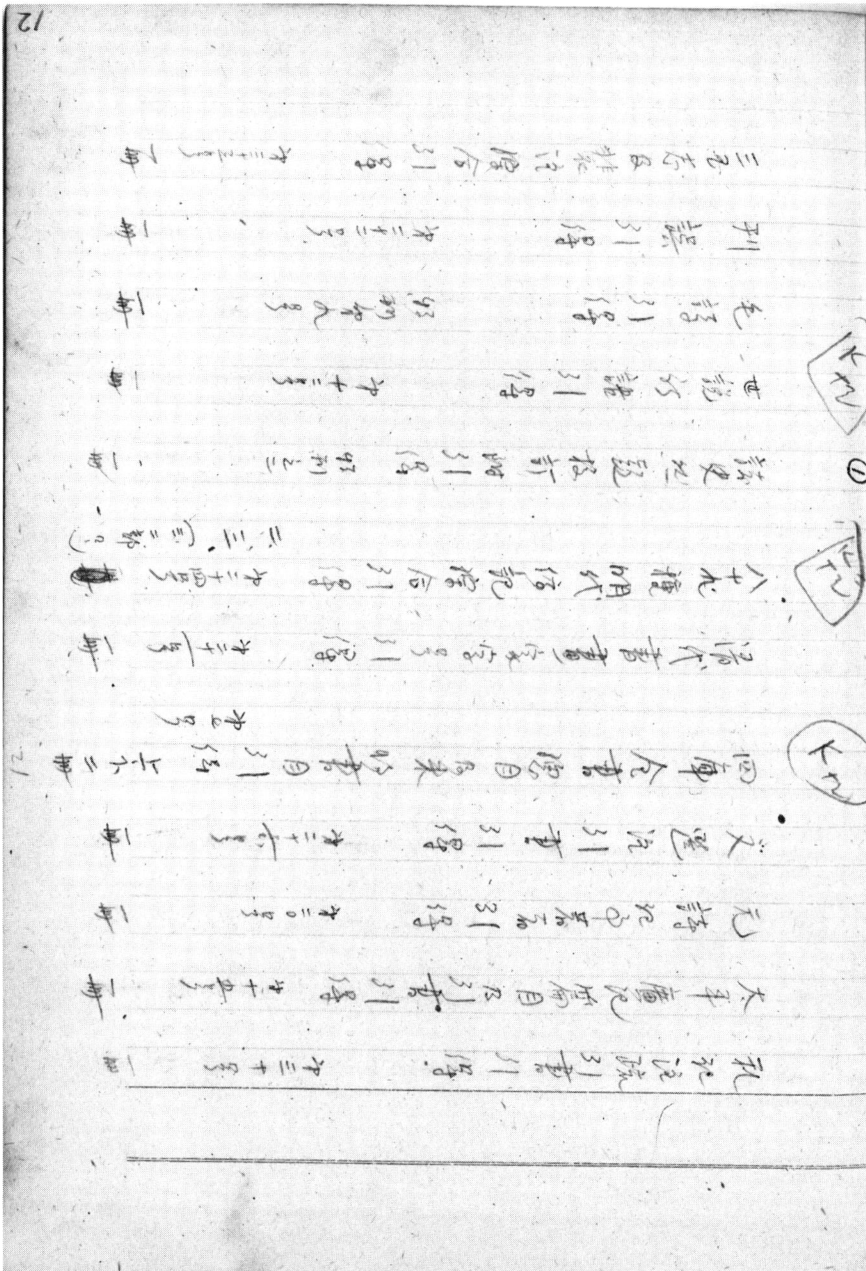

春秋經傳注疏引書引得　第二十九号　一册

宋詩紀事著者引得　第十九号　一册

崔東壁遺書引得　第五号　一册

日本期刊三十八種中東方学論文篇目附引得　特刊之六　一册

水經注引得　第十七　一二　二册

琉球産物雑誌　一册

琉球神道記（其二）（紀要別冊　文献蒐載）全四十　三册

令義解　寛政十二年　十册

三礼図　四册

土佐紙業組合紙試験場　一册

中古流讀習課本（語）　一册

33　30

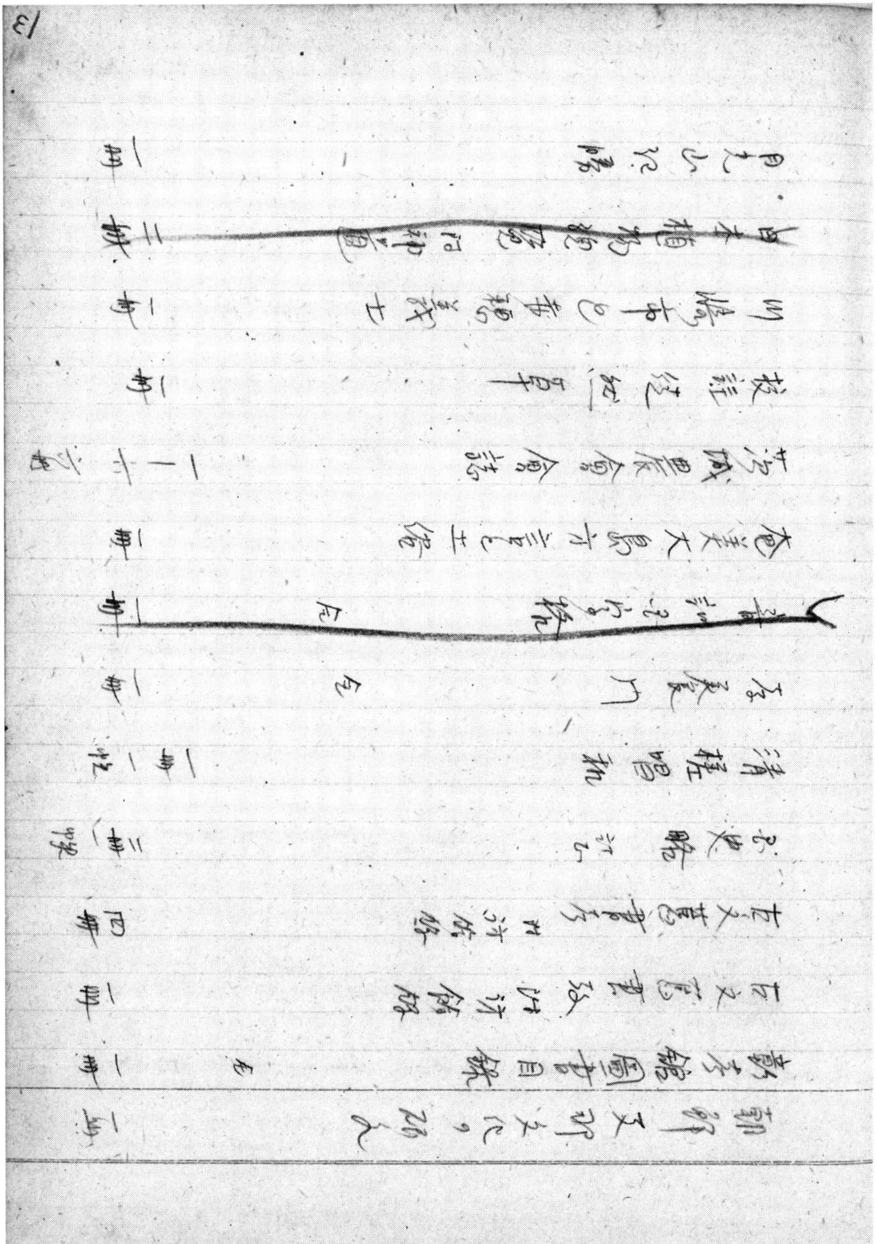

別 note

山水精舍書畫文房圖錄　十冊　一帙

新刊箋註決科古今源流至論　十二冊　一冊缺？

自觀堂之
至莉浩
支那山水畫史　一冊

自彭隆之
至莉浩
支那山水畫史附圖　四帖　一帙

△ see annex △

東洋陶磁集成　二六帖　一帙

文人畫選　十二冊　一帙

芥舟學畫編　一冊

東邦大学大院今歡學刊　一冊

西印女大学大院收録刊學　一

眞字宮典　一冊

龍笛要録假名譜　ゞ　巻三　巻七　一帖　一帖

ろかんに　一冊

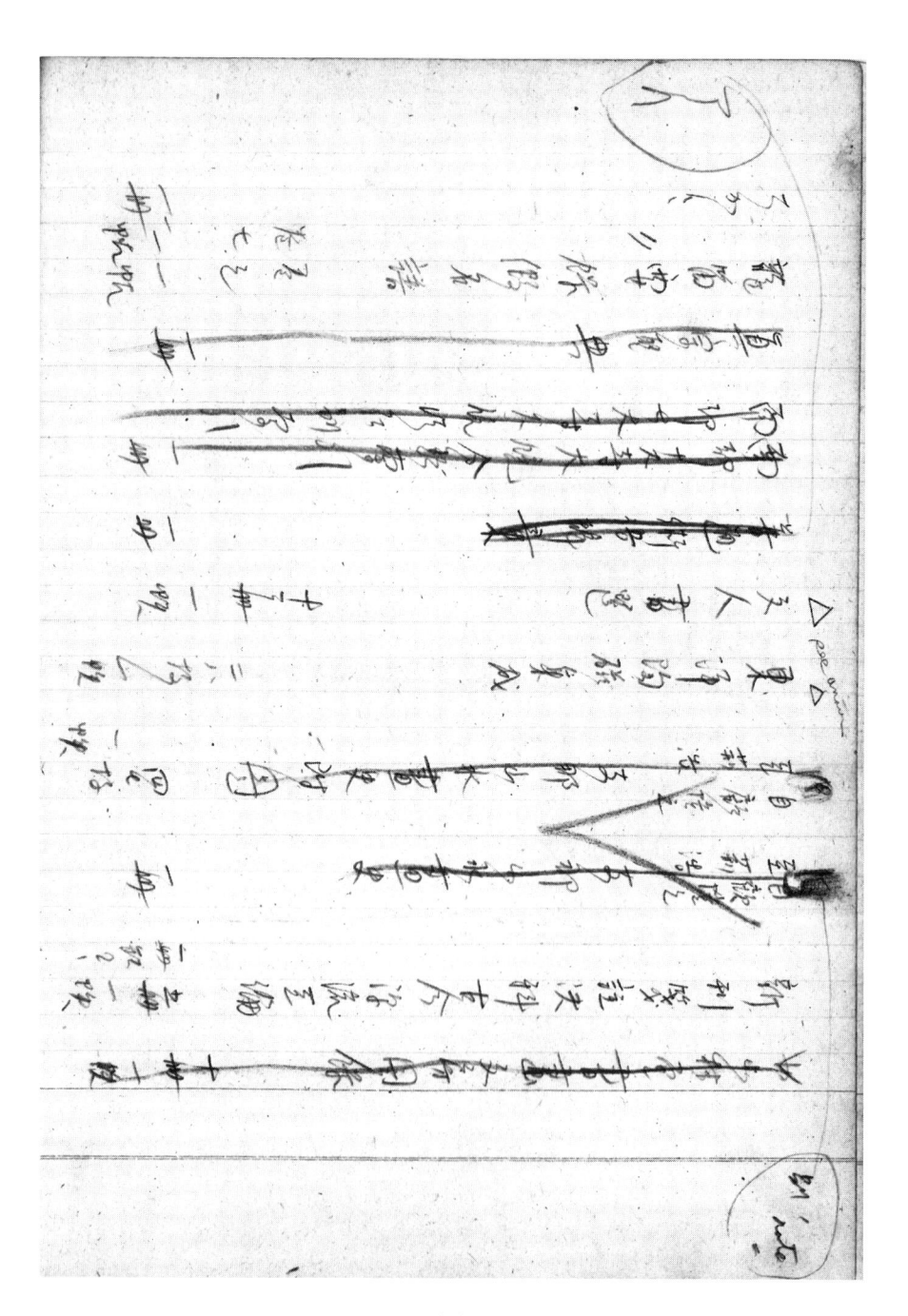

アリ

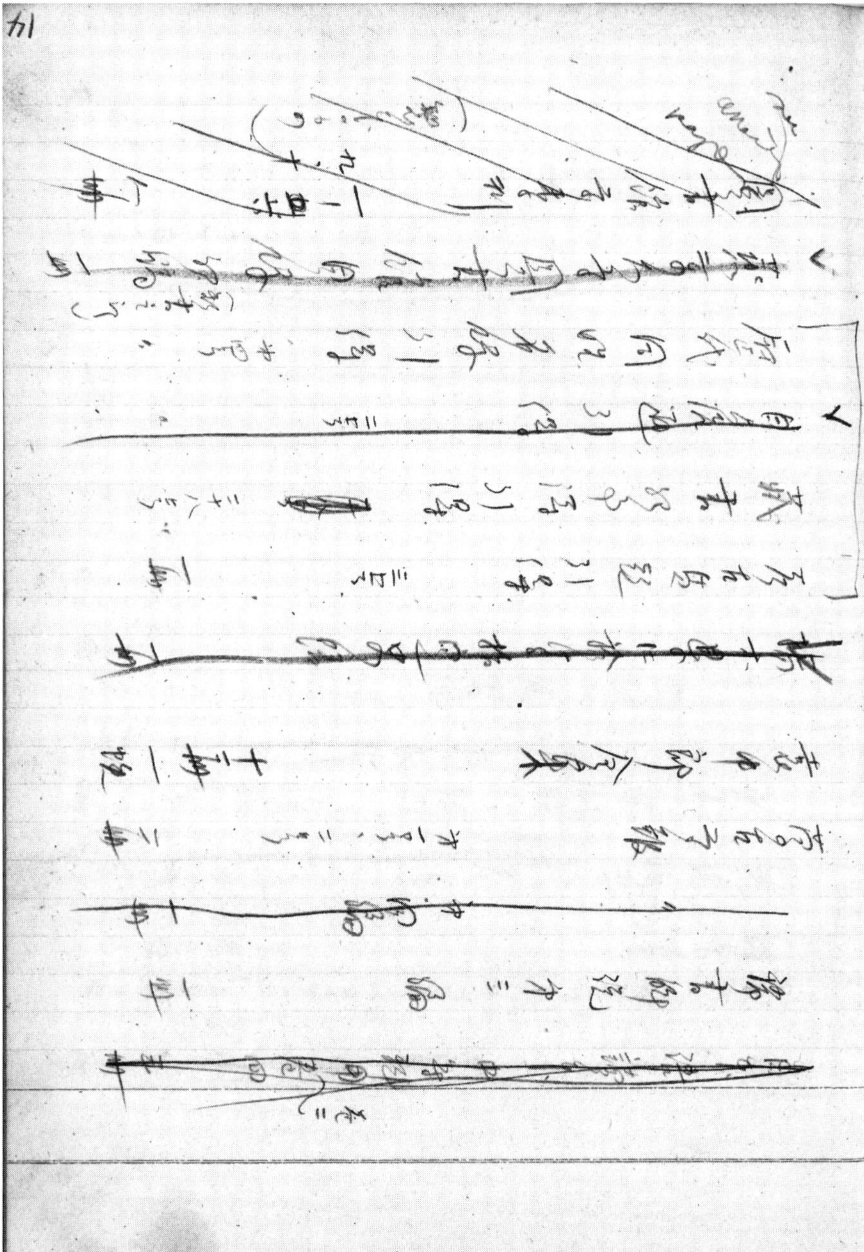

大東美術　十二冊

文人画選　第二輯　第一冊－第四冊　四冊

新編鎌倉志　十二冊

かまらの　昭和十五年

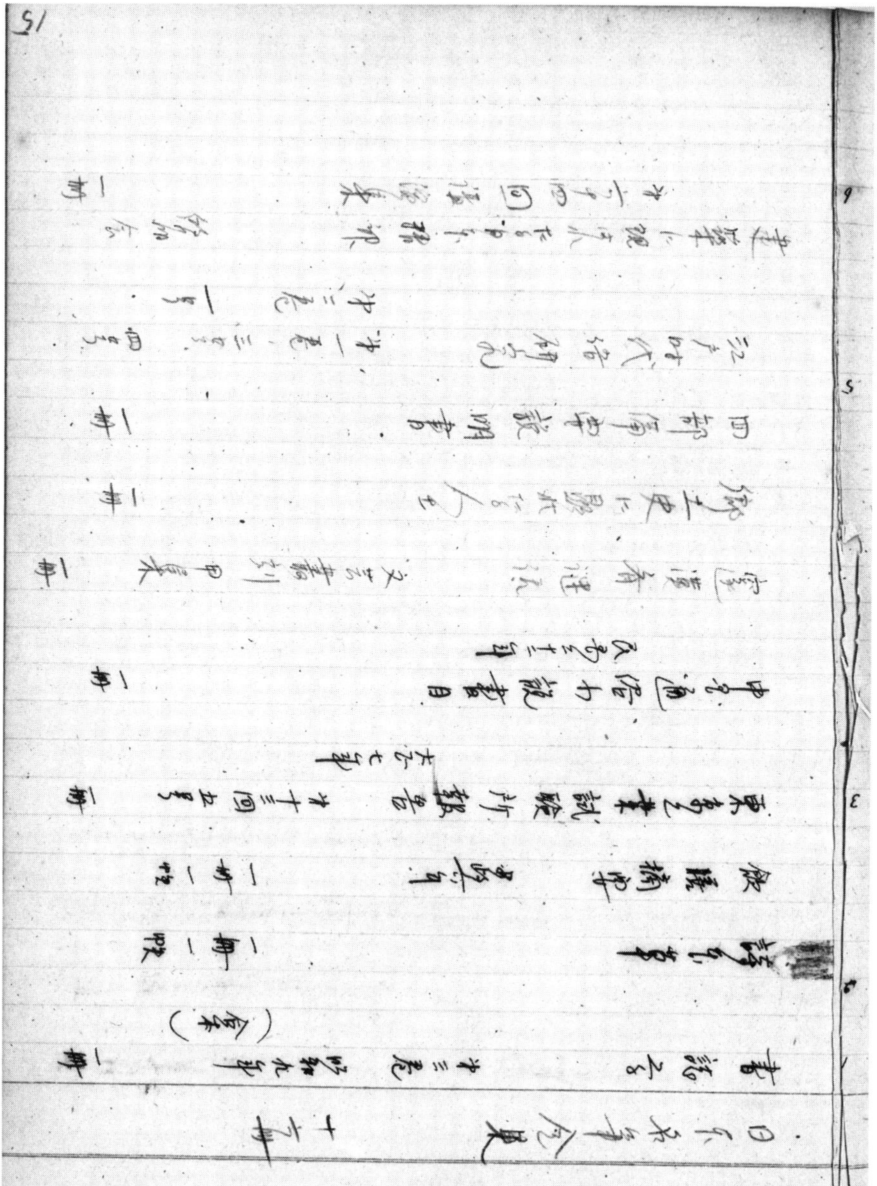

日本名筆全集　十六冊
書誌学　第三巻　昭和九年（全巻）　一冊
詩[illegible]草　一冊一帙
飲膳摘要　[illegible]　一冊一帙
東京工業試験所報告　第十三回五号　大正七年　一冊
中支通俗小説書目　民国二十二年　一冊
[illegible]漢[illegible]選[illegible]　文芸叢刊甲集　一冊
郷土史に顕れたる人々　一冊
四部備要説明書　一冊
江戸時代俗研究　第一巻、三号、四号　第二巻　一号
建築に現はれたる日本精神　第六十四回講演集　啓明会　一冊

~~尾州大須宝生院蔵伝来物識篇~~ 一冊

新撰年表 一冊

~~黒龍江省通誌略~~ 一冊

金陵陵墓古蹟合図 一枚

大橋図書館第拾貳年報 大正二年一三年 一冊

交通文化 十四 台湾交通文化協会 一冊

琉球聘使畧 一冊

大礼記念京都美術館年報 昭和九年 一冊

東洋工芸館紀 自第一号 至九十九号 総目録 一冊

文献叢録 第一年彙報 アチックミューゼアム編

資料04（ノート・十一月五日）

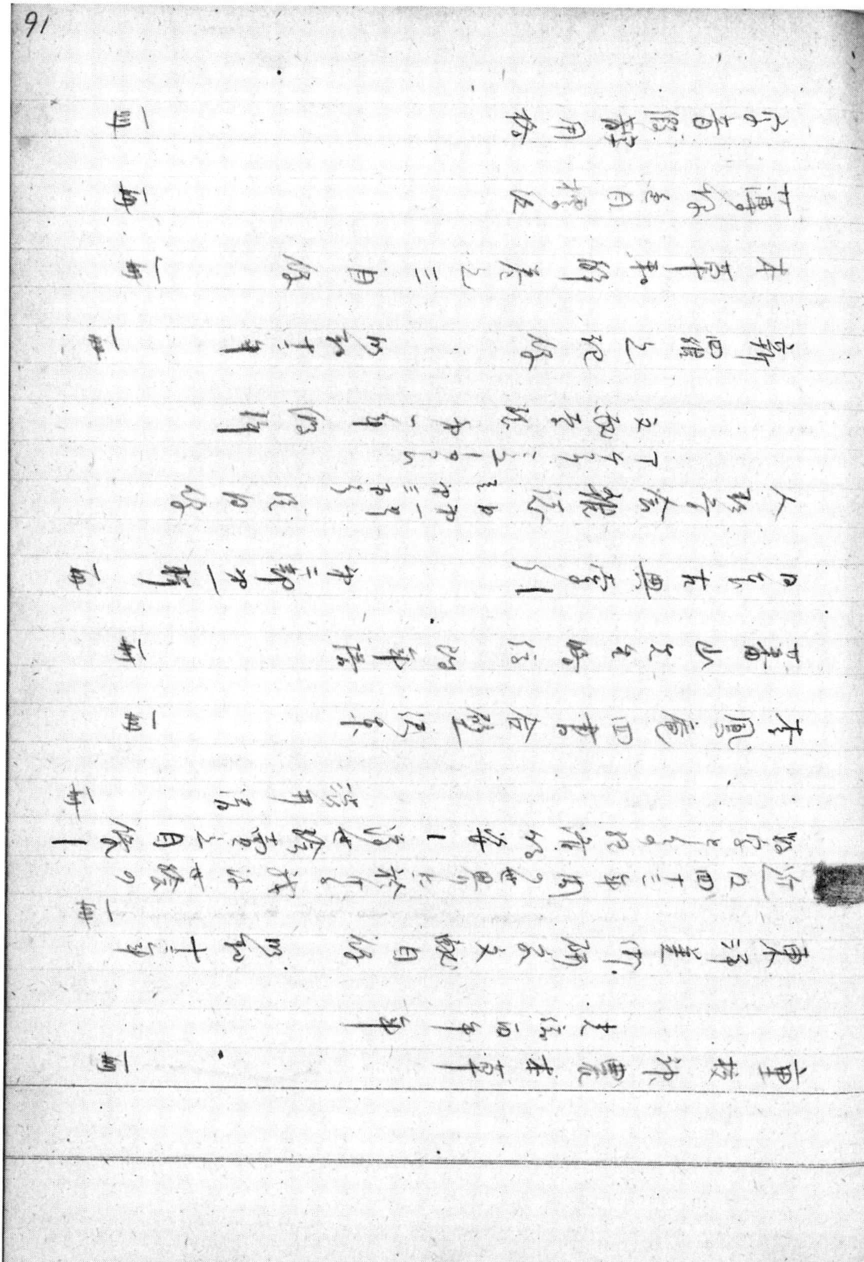

漢字三音考　一冊

明節　一冊

周古錦並ト甄書の發現　一函

緒卯派詩集之書　一冊

美術書參考目錄　一冊

大正九年以工作業組合制及試験場
業務之概要書　一冊

朝鮮古蹟の研究たよりて得られたる
朝鮮宝業の遺志を將来　一冊

藏書紀要　一函

四部叢刊　仲三冊　經　集　一冊

四庫未收書目提要　一冊

校友必要集　全　一冊

萬性本草綱書　八冊

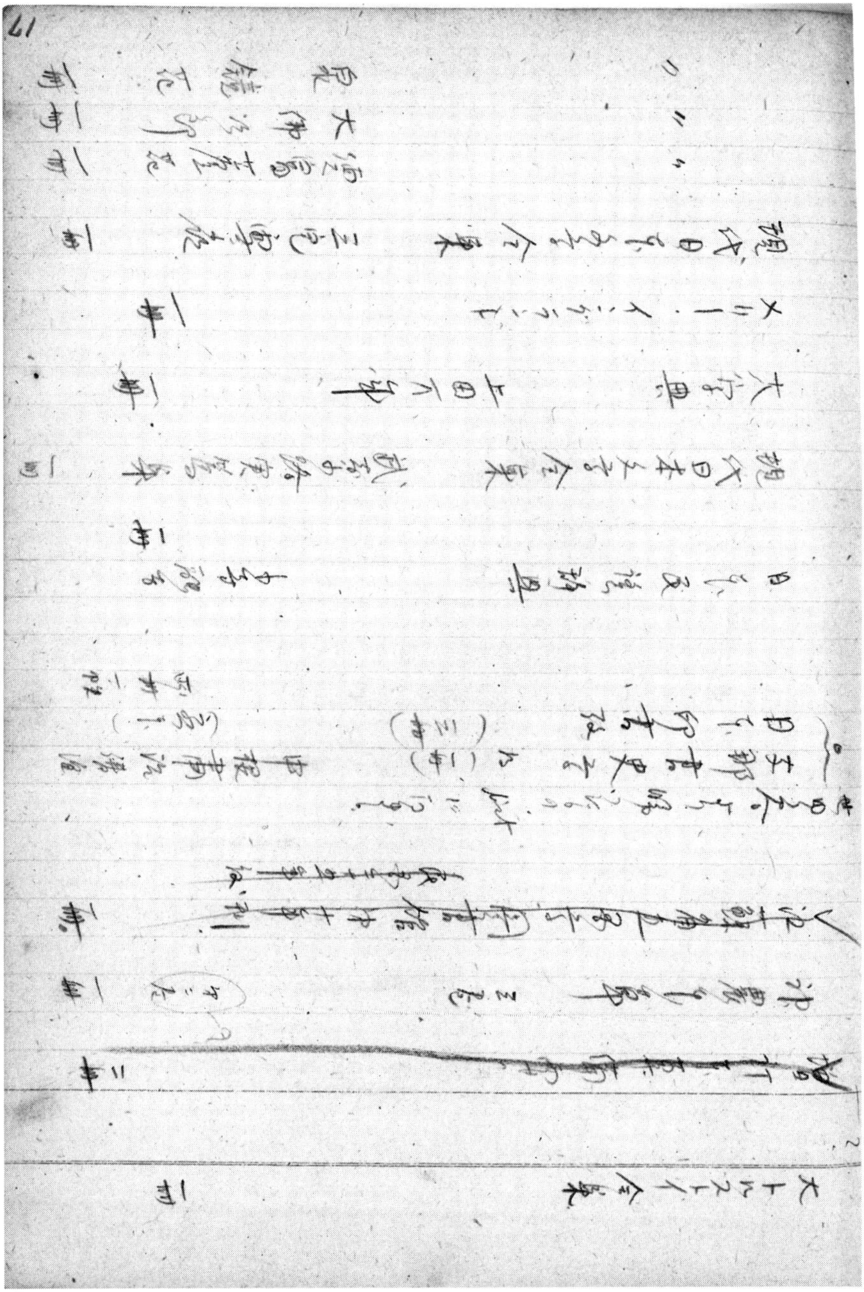
大トルストイ全集　一冊

現代日本文学全集　武者小路実篤集　一冊

大字典　上田万年　一冊

メリー・イングランド　一冊

現代日本文学全集　三宅雪嶺　一冊

〃　徳富蘆花　一冊

〃　大佛次郎　一冊

〃　泉鏡花　一冊

増修故事成語大辞典　一冊

~~池坊華[illegible]　新撰五十[illegible]図　[illegible]　一冊~~

日本基督教史　五冊

読史備要　一冊

漢英対照いろは字典　高橋五郎　一冊

吉利支丹文庫中ニ輯　一冊

〃　四輯　一冊

〃　五輯　一冊

〃　三輯　一冊

~~大[illegible]　[illegible]　一冊~~

棋菊譜　[illegible]　一冊

字[illegible]　一冊

~~錦[illegible]號　[illegible]　一冊~~

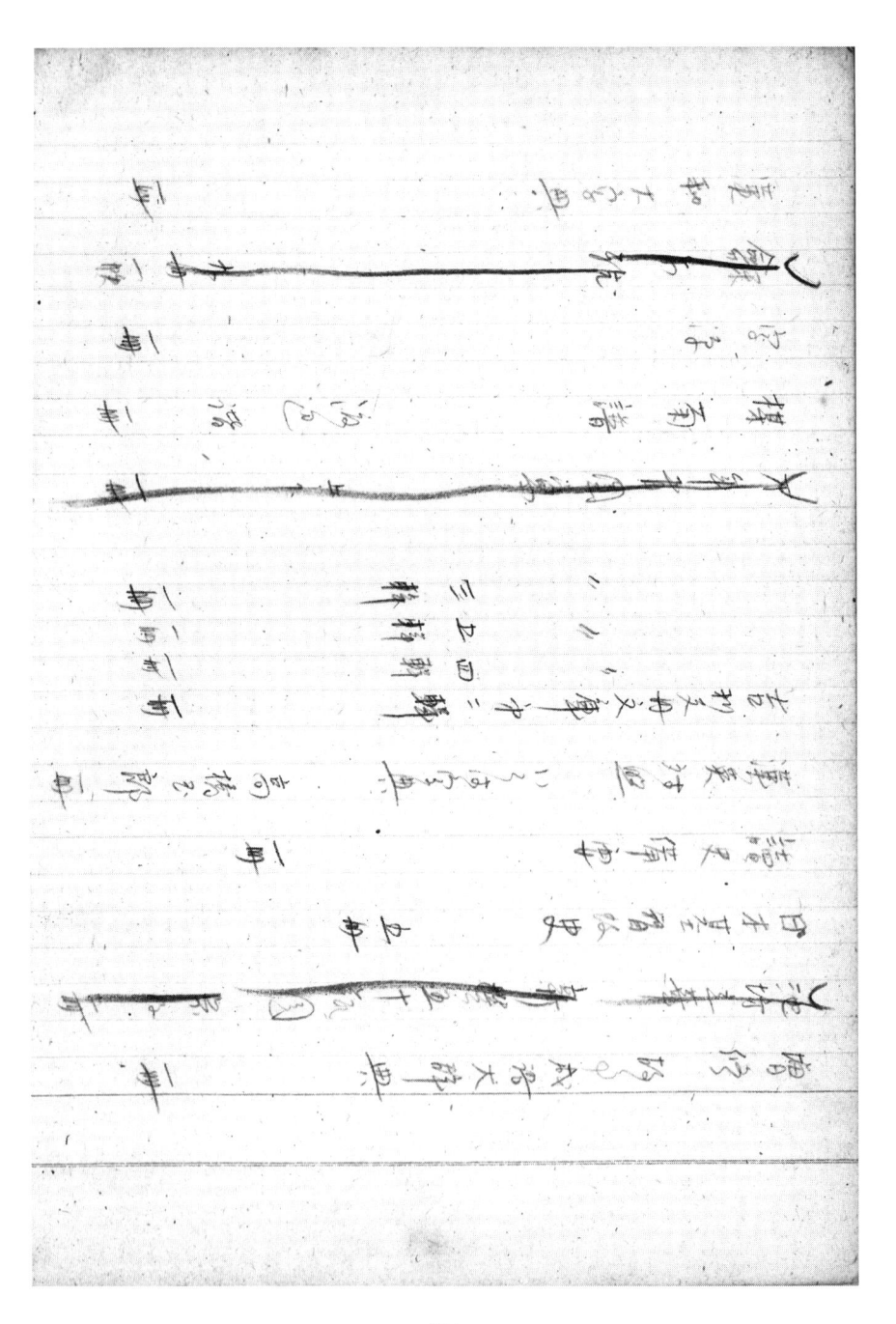

英和大字典　一冊

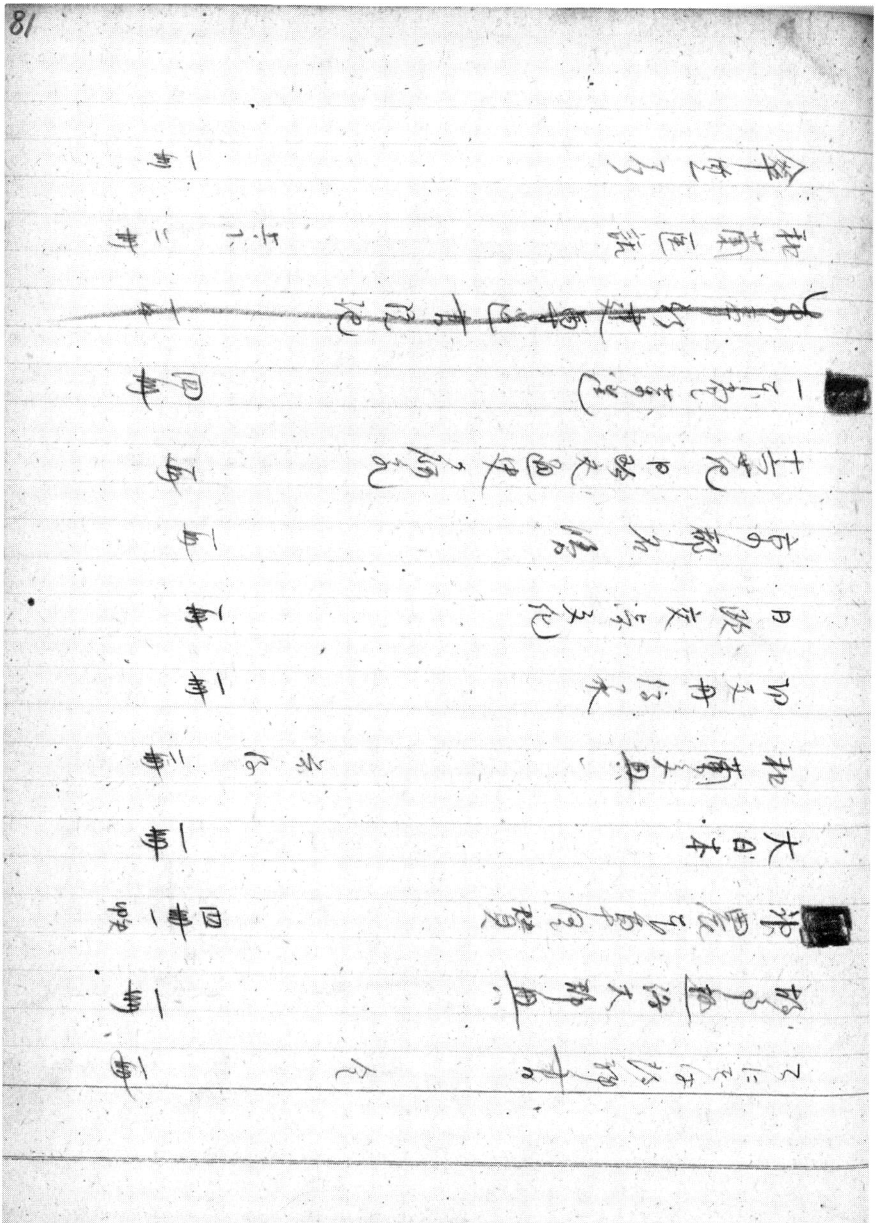

日本書画名家編　八冊

唐書　八十二冊

おでんの流　一冊

芝愛宕下絵図　全　一帖

薩摩古板書々　大正十四年　二冊（假とじ）

琉球共産村の研究　一冊

倭漢朗詠集抄　一冊一帙

日本吉利支文化史　一冊

切支丹史の研究　一冊

古詩源　四冊

心臓生理学概論　二冊

キリシタン研究　第一輯

性と文明　一冊

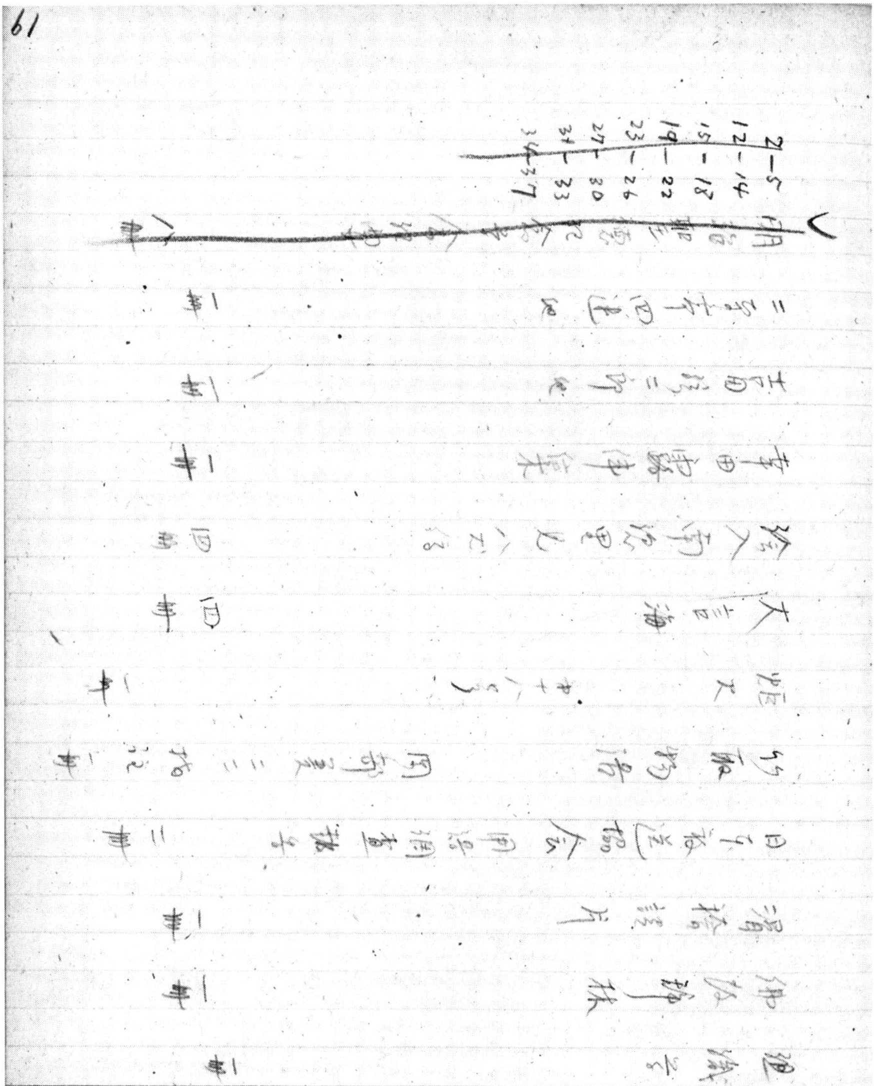

19

2–5
12–14
15–18
19–22
23–26
27–30
31–33
34–37

日本放送協会 用語調査報告 二冊
竹取物語
大言海 四冊
絵入南総里見八犬伝 四冊
幸田露伴集 一冊
吉田絃二郎 他 一冊

実地製作大全　完　一冊

~~昭和七年十二月……帝……　一冊~~

心中神風流兵術　一冊一帙

琉球王代文献集　第一輯～第三輯　三冊一帙

安東誌　一冊

日東彰嘗大師典　一冊

海防輯要秘録　四冊一帙

明治聖徳記念学会紀要　8　9　12　13　38　39　40　41　八冊

本学会設立二十年小史　二冊

明治聖徳記念学会編

明治聖徳記念学会臨時刊行物続冊子　十一冊

明治聖徳記念学会

昭和十年十二月

会誌

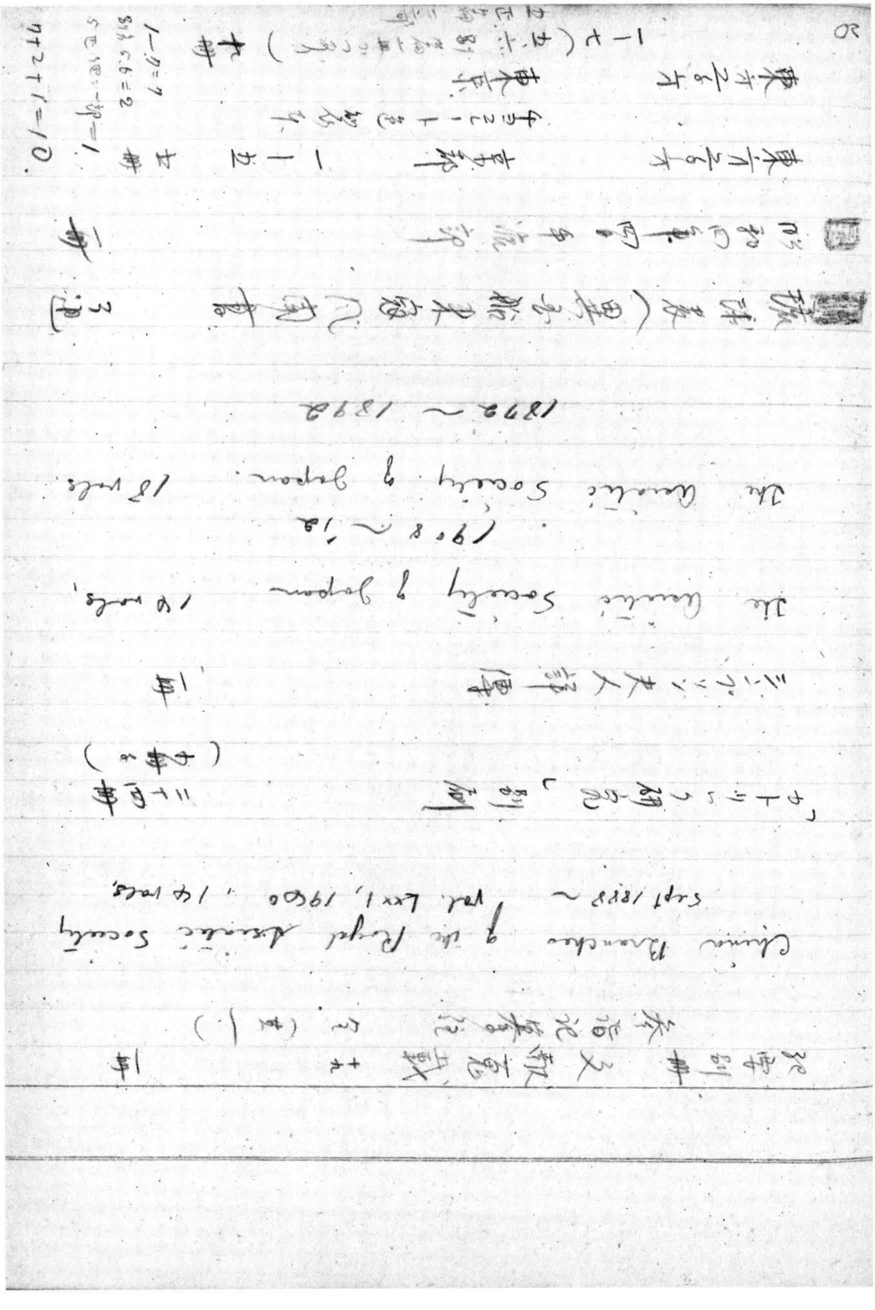
China Branches of the Royal Asiatic Society
Sept 1888 ~ vol. LXXI, 1960 , 14 vols.

The Asiatic Society of Japan 14 vols.
1908 ~ 12
The Asiatic Society of Japan 18 vols.
1872 ~ 1892

東大文学部 方 [illegible]

九、十冊之二、十一之一三。

十三之二 二冊

計七冊

東大史料 方 [illegible] 本 [illegible]

一 十三

十五 正 別 二冊

十 一 十三 (part 1 — part 2)

十三 part I [illegible]

計三十五冊

[redacted] [illegible] 一冊

広東全書 五冊一帙

Sericultural Industry in Japan 1 vol.

法規部 作 一冊

S.O [illegible] 一冊

清 [illegible] 五冊一帙

~~[illegible]~~ 十冊一帙

資料04（ノート・十一月五日）

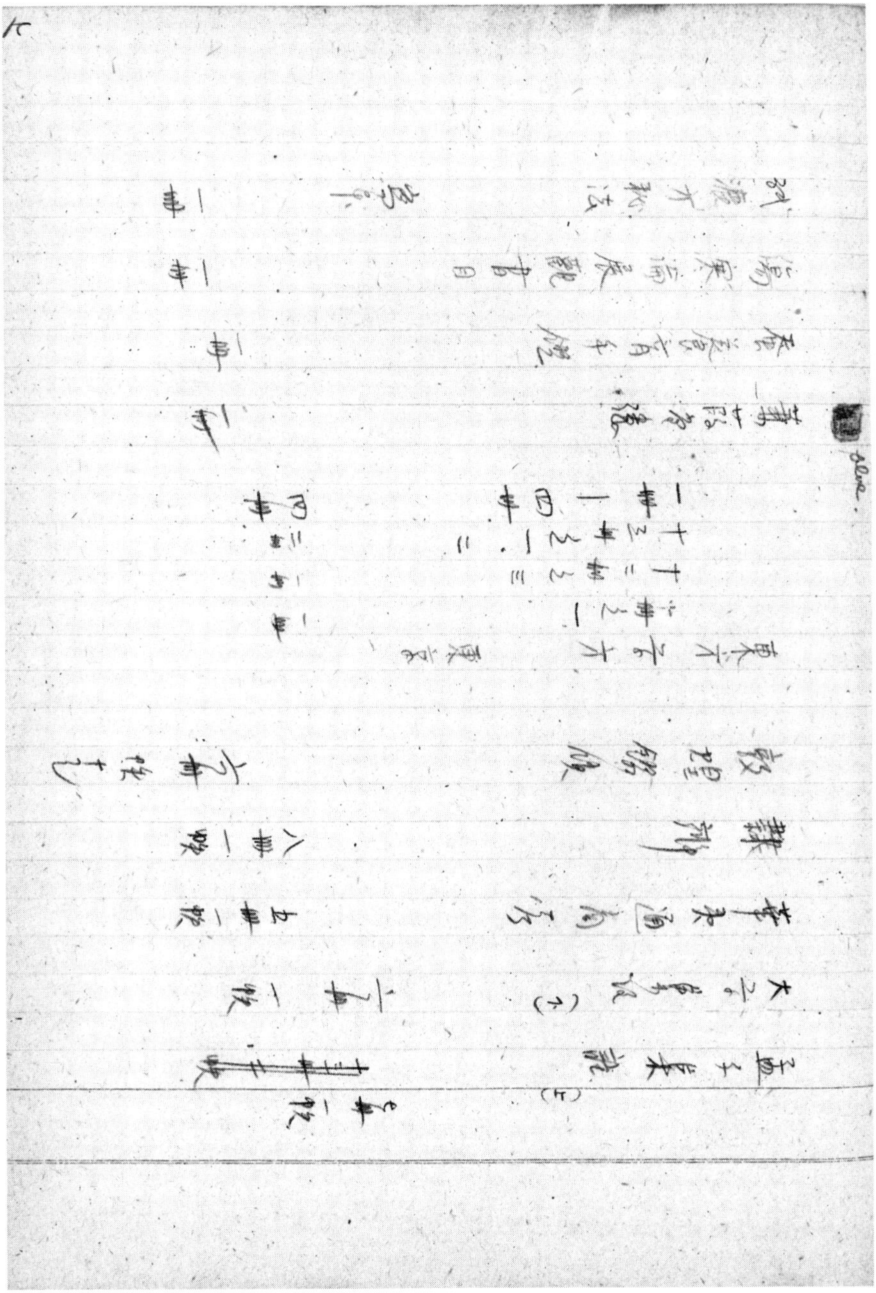

官板 海外新聞 壬戌 二月 一冊

官板 海外新聞別集 上・下 二冊

橘の昔語

寧麿集選 二冊

財團法人明治聖德記念學會編

本學會設立二十年史 二部 二冊

明治聖德記念學會

臨時刊行冊子 十一冊 壹より七まで

郁園讀書志 十六冊 二帙

麿光韻鏡 二冊

~~瑞見書誌 一冊~~

二の二三

~~甘蕉傳良品種 3/12 卅二より 一冊~~

校正

新刻 世説新語 十冊

安永己亥

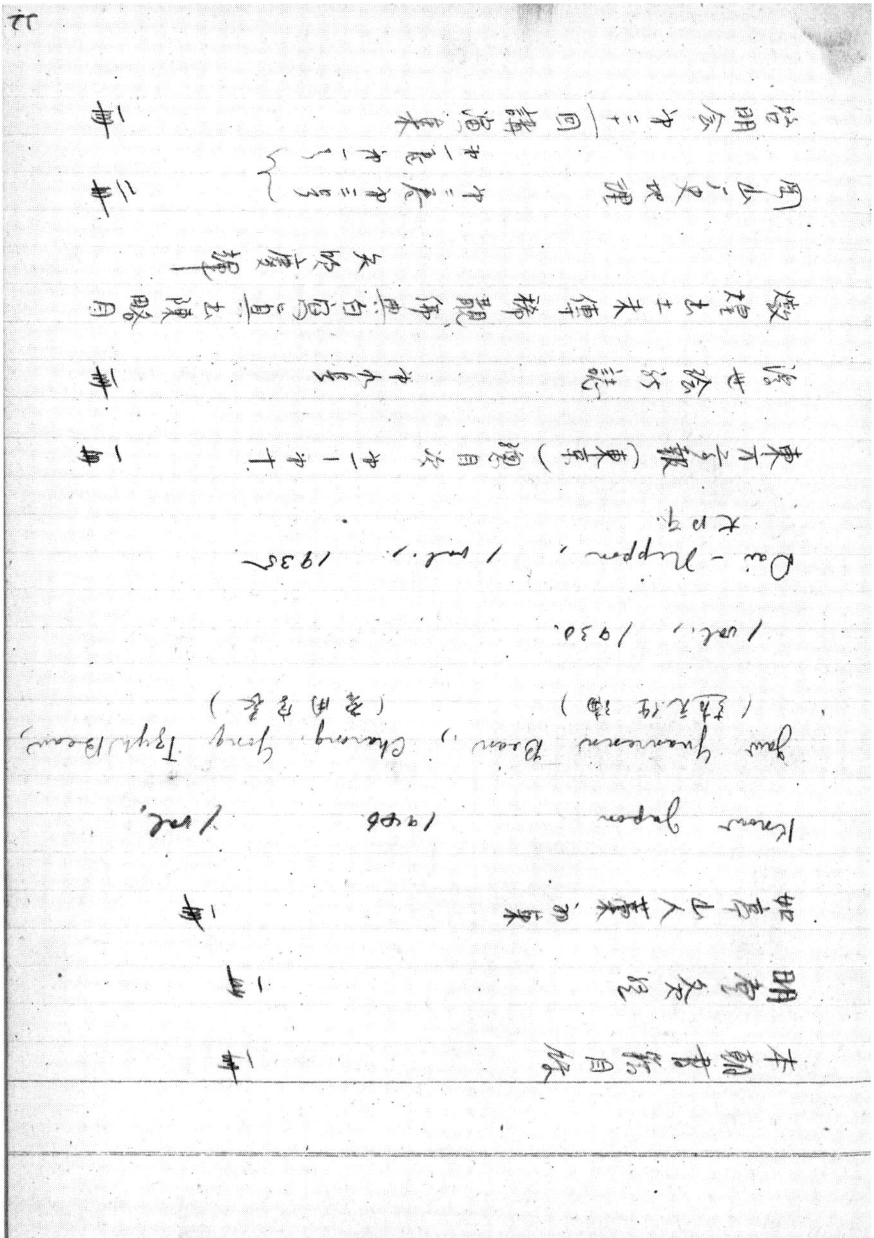
Dai-Nippon, 1 vol., 1935

1 vol., 1930.

啓明会第弐拾壹回事業報告書　昭和十四年次　冊

稀書解説第六編　一冊

音韻並に口語法取調に関する事項報告書　国語調査委員会　一冊

産業調査書　高知県　一冊

日本沿海外普合に関する第十三回協議会実録　日本文化振興会　三冊

色染叢書　二　桐生高等染織学校色染会編

元禄十二年霜月朔日冬至慶賀　一函

絵図多妻鑑　一冊

中外新聞　第十五号　一冊

新聞雑誌　第二十四号　一冊

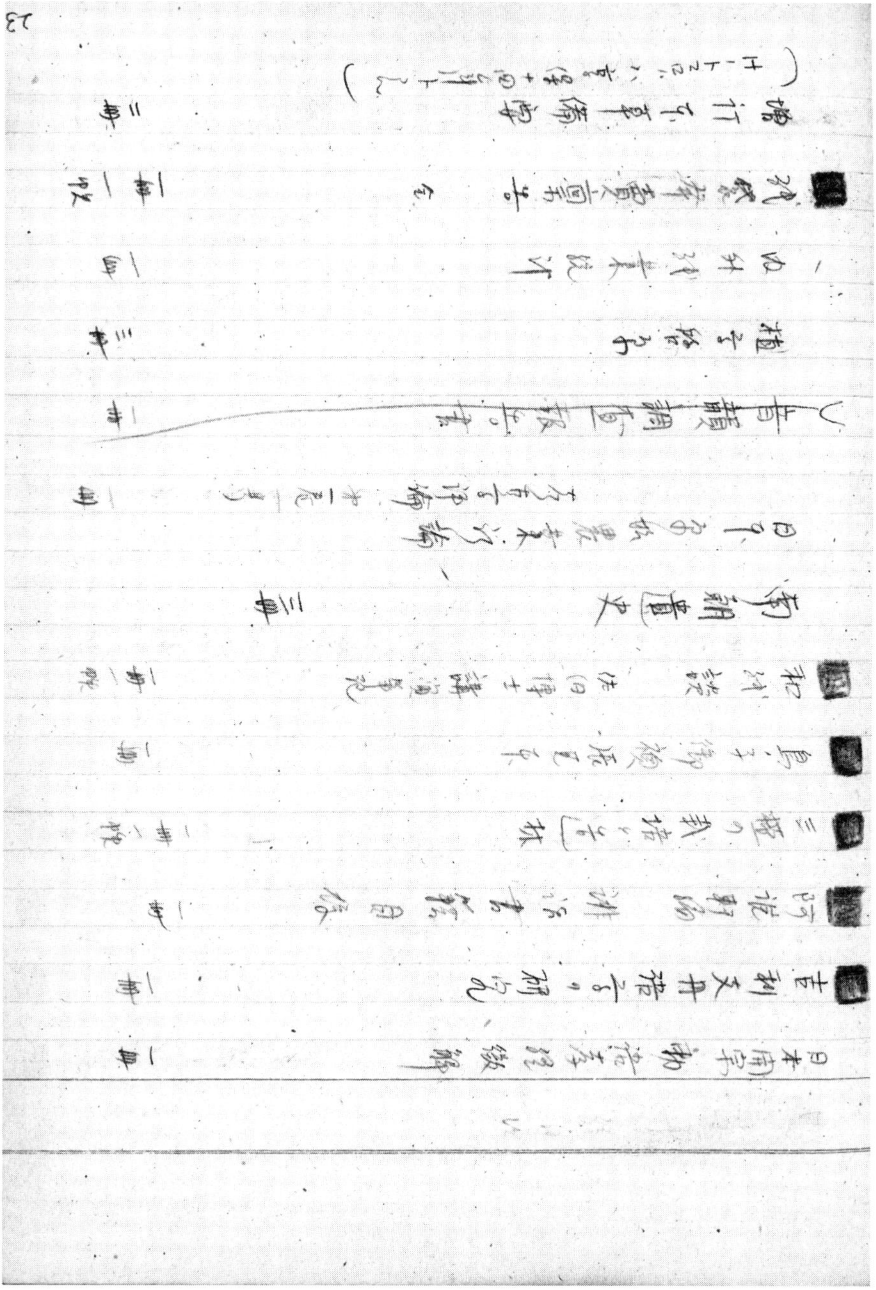

改訂化学語彙　一冊

甘蔗之記　一冊

製紙工業誌六十　中支建設資料整備委員会

製紙技術官協会会報　第二号　一冊

沖縄史　城間正安　一冊

沖縄志　一名琉球志　大正十三年　伊地知貞馨　明治十年　五冊

按決用多羅義集唐決暑字解注　二冊一帙

資料04（ノート・十一月五日）

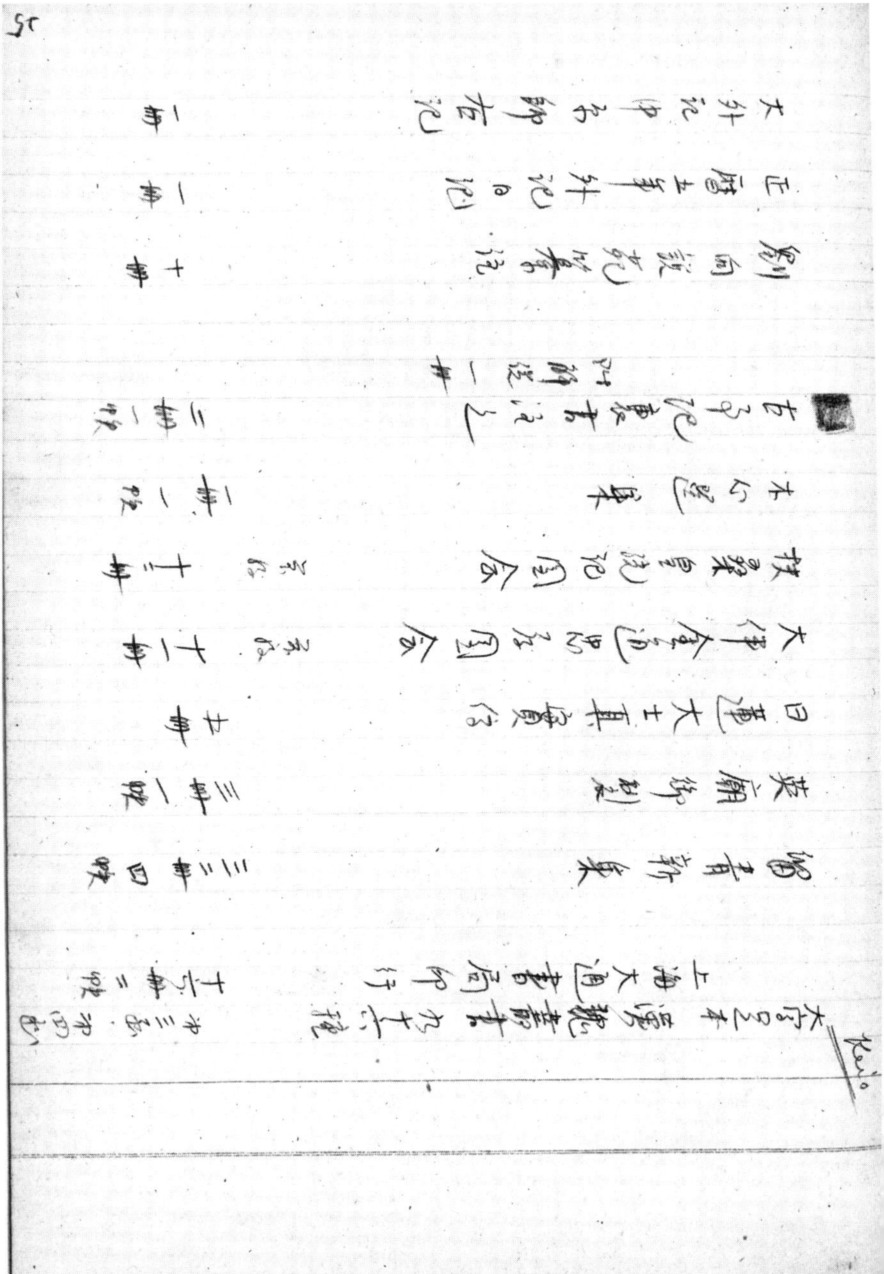

実記　一冊

有俊卿記　一冊

大宮司大中臣長明記一　一冊

朝野太中記　三十一冊

陳龍川文鈔　五冊

新選謡曲福引二十題　一冊

子昂筆　般仙烟江畳嶂図　一幅　すれ快大

日本医学史資料目録　一冊

御謚号年号譚例　一冊

謡曲　玉淵集　全　一冊

謡曲叢書　第一編　二編　三編之上　三冊

近畿墓下図像　一冊一帙

東洋陶瓷集成　一帙

心耶興長　一帖　木版　×

箕沆傳名類抄（昭和十八年）　一冊

武家時代ノ研究　巻一　一冊

孔子事跡図解　三冊

青海概説（編訳）　一冊

安南史概要　一冊

安南史　一冊

茶道筌蹄　三・四（合本　二冊　下）　二冊

笑堂福聚　一冊

無盡朝聖徳錄　~~木版本~~　昭和　一冊

沢古随想　〃　一冊

書画問答　筆耕尺牘　よみ　一冊

現代挿花図集　第二輯　欠九　一帖

日本奴隷史　一冊

名物六帖　第三帖　一冊

寫真版のもの　一帖　表紙附

歴朝聖徳録　表紙附　一冊

西郷南洲先生遺訓　一冊

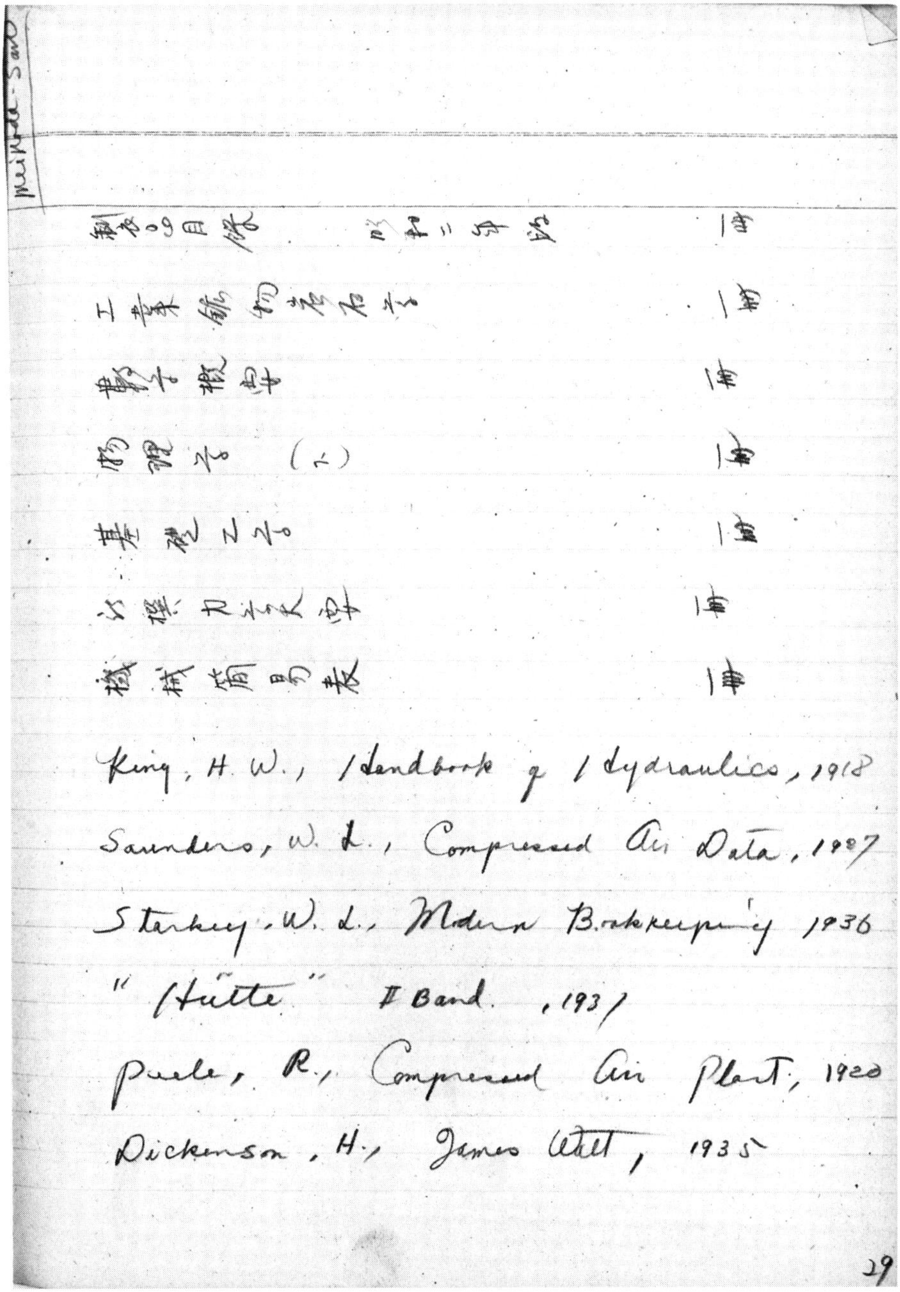

新米の自修　昭和二年版　一冊

工業鉱物学名言　一冊

数学概要　一冊

物理学（下）　一冊

基礎工学　一冊

応用力学大要　一冊

機械簡易表　一冊

King, H. W., Handbook of Hydraulics, 1918

Saunders, W. L., Compressed Air Data, 1927

Starkey, W. L., Modern Bookkeeping 1936

"Hütte" II Band, 1931

Peele, R., Compressed Air Plant, 1920

Dickenson, H., James Watt, 1935

29

Dencker, G., Landwirtschaftliche Stoff = und Maschinenkunde., 1936

Schwarzer, Landmaschinenkunde, 1927

Bieske, E., Rohrbrunnen, 1929

McNally, R., Handy Atlas., 1922

New Geography Book one.

Kenkyusha's Simplified English Dictionary

資料04（ノート・十一月五日）

30

草木微笑解　一冊一帖

琉球紀行　三冊

Lacquer ware, the Gem of Japanese Art, by Yamada, K.,

[illegible]重　鏡中　一冊

琉球古代社会の研究　一冊

竹取物語の研究　本文篇　一冊

[illegible]　事傳　[illegible]　三冊一帖

[illegible]木圖鑑　一冊一帖

資料 04（ノート・十一月五日）

池上幸三郎
神田区小川町三ノ九

資料04（ノート・十一月五日）

38

# 資料05（ノート・欧文 帰国後）

資料 05（ノート・欧文 帰国後）

| | |
|---|---|
| Okakura. Y., | Kenkyusha's New English-Japanese Dictionary, 1 vol. Kenkyusha, Tokyo, 1942 |
| Takenobu. Y. | Kenkyusha's New Japanese-English Dictionary, 1 vol. Kenkyusha. Tokyo. 1941. |
| Gutierrez, B., | La Prima Ambasceria Giapponese In Italia, 1 vol. Milano, 1938 |
| Revon, M., | Le Shinntoïsme, , 1 vol. Imprimerie Nationale, Paris, 1907 |
| Turrettini. F. | Atsumegusa. 8 vols. Ernest Leroux, Paris, 1873-1881. |
| Fujimori, S. (Trd. Hawley. F.) | On Watanabe-Kazan as a Painter, Nippon Bunka Chuō Remmei, Tokyo, 1939 |
| Hunter, D., (No. 293) | A Papermaking Pilgrimage to Japan, Korea and China, 1 vol. Pynson Printers, New York, 1936 |

3

Sugiura, S.,	Takashima Ekidan. 1 vol.
Keigyosha, Tokyo, 1893

Ch'u Ta-kao	A New Translation of the
Tao Tê Ching, 1 vol.
the Buddhist Society London,
1945

Hayek, F.A.	Individualism True and
False. 1 vol. Oxford, 1946

Wilson, T.,	The Swastika. 1 vol.

Charlevoix,	Histoire du Christianisme
au Japon, 2 vols., A la
Libraire Ecclésiastique de
Rusand, Paris, 1828.

Boero, G.,	Beati Martiri., 1 vol.,
Civilta Cattolica, Roma, 1817

Kirkwood, P.,	Renaissance in Japan, 1 vol.
Meiji press. Tokyo. 1938

4

Hunter, D., Paper-making through Eighteen Centuries., 1 vol. William Edwin Rudge, New York, 1930

Sieff, M., Colloquial Russian, 1 vol. Kegan Paul, London, 1844

Select Phrases ; [illegible] 1 the vol. Canton Dialect Compiled

Gregory. J., Land of the Soviet, 1 vol. Pergquin Book. 1846

The Society of Friends of Eastern Art, Index of Japanese Painters, 1 vol. Tokyo, 1941

Gill, E., Art., 1 vol. John Lane the Bodley Head. London, 1846.

Nakayama., Acupuncture et Médecine Chinoise Vérifiées au Japon, 1 vol. Paris, 1934 Éditions Hippocrate

5

| | |
|---|---|
| Muracami, N. | Portugal E O Japão, 1 vol. Kaizosha, Toquio, 1942 (Fasciculo Primeiro) |
| | Biblioteca Niponica (Fascículo Segundo) Sociedade Luso-Niponica, Toquio, 1942 |
| Acker, R., | The Fundamentals of Japanese Archery. Shinryo-kai, 1937 |
| | Martires Japones, Mexico, 1871 |
| Beaumont, | Beautés de L'Histoire de La Chine, 2 vols., La Librairie d'Education Paris, 1818 |
| Shen, T. (tr.) | The Rambles of the Emperor Ching Tih, 2 vols., Longman, London, 1843 (繡像正德皇遊江南) |

6

The Bureau of Mines.
Mining In Japan, 1 vol.,
The Bureau of Mines, 1909

Gomes, L. G., Vocabulário Português-
Cantonense, 葡粤辞典, 1 vol.,
Imprensa Nacional, Macau,
1942

Gomes, L. G., Vocabulário Cantonense-
Português, 粤葡辞典, 1 vol.
Imprensa Nacional, 1941.

Suzuki and Blyth The Cultural East,
1 vol., The Matsu-ga-Oka
Library, Kanagawa, 1940

Educational Activities of the
South Manchuria Railway
Company, 1 vol. 1937.

Alexéiev, B. M., The Chinese Gods of
Wealth, 財神, 1 vol.
The School of Oriental Studies
in Conjunction with the China
Society, 1928

7

Madden, M., (tr.) Golden Chopsticks and other Japanese Children Songs. 1 vol. Sendai, 37?2 Meiji.

Azuma, T., Okayama Souvenir, 1 vol. Komine, Tokyo, 1940.

Laures, J., Supplement to Kirishitan Bunko, Sophia University Tokyo, 1941.

Edkins, J., Chinese Currency, 1 vol., The Presbyterian Mission Press, Shanghai, 1901

Sato, M., A Brief History of the Dai-Butsu, 1 vol., Hakuendo, Yokohama,

Pithawalla, M.B., A Bibliography of Sind, 1 vol., Karachi, 1939.

Nouët, N., Tokyo, 東京, 1 vol., 1886

8

Bullett, G., The Golden Year of Fan Cheng-Ta, 1 vol., Cambridge University Press, 1946

Pithawalla, M., The Aryan Home, 1 vol., Karachi, 1946

Cordier, H., Bibliotheca Japonica, 1 vol.; Imprimerie Nationale Paris, 1912

Baddeley, J., Russia, Mongolia, China, 2 vols., Macmillan & Co., London, 1919

Lexicon Latino-Japonicum, 1 vol., Typis S. C. De Propaganda Fide, Romae, 1870

Siebold, P., Den Zustand der Botanik auf Japan, 2 vol. (1 exposition) Shokubutsu-bunken-kanko-kai, Tokyo, 1938

Maximowicz, C., (No. 219) (reprint) Diagnoses Plantarum Novarum Asiaticarum, 1942.
(original: St. Pétersbourg 1866–1893
(reprint: Shokubutsu-bunken-kanko-kai, 1942

Siebold. , Hydrangea, 1 vol., Shokubutsu-Bunken-kanko-kai, Tokyo. 1938.

Rowse, A.L., The Use of History, 1 vol., The English University Press, London, 1946.

Purchas. S., Purchas His Pilgrimes in Japan, 1 vol., Thompson & Co., Kobe, 1939.

Mendelssohn, P., Japan's Political Warfare 1 vol., George Allen. London, 1944

Thunberg: Miscellaneous Papers Regarding Japanese Plants, 1 vol., Shokubutsu-Bunken-kanko-kai, Tokyo, 1935

Chiba. T., A Study of Accent, 1 vol., Fuzanbo, Tokyo, 1935


10

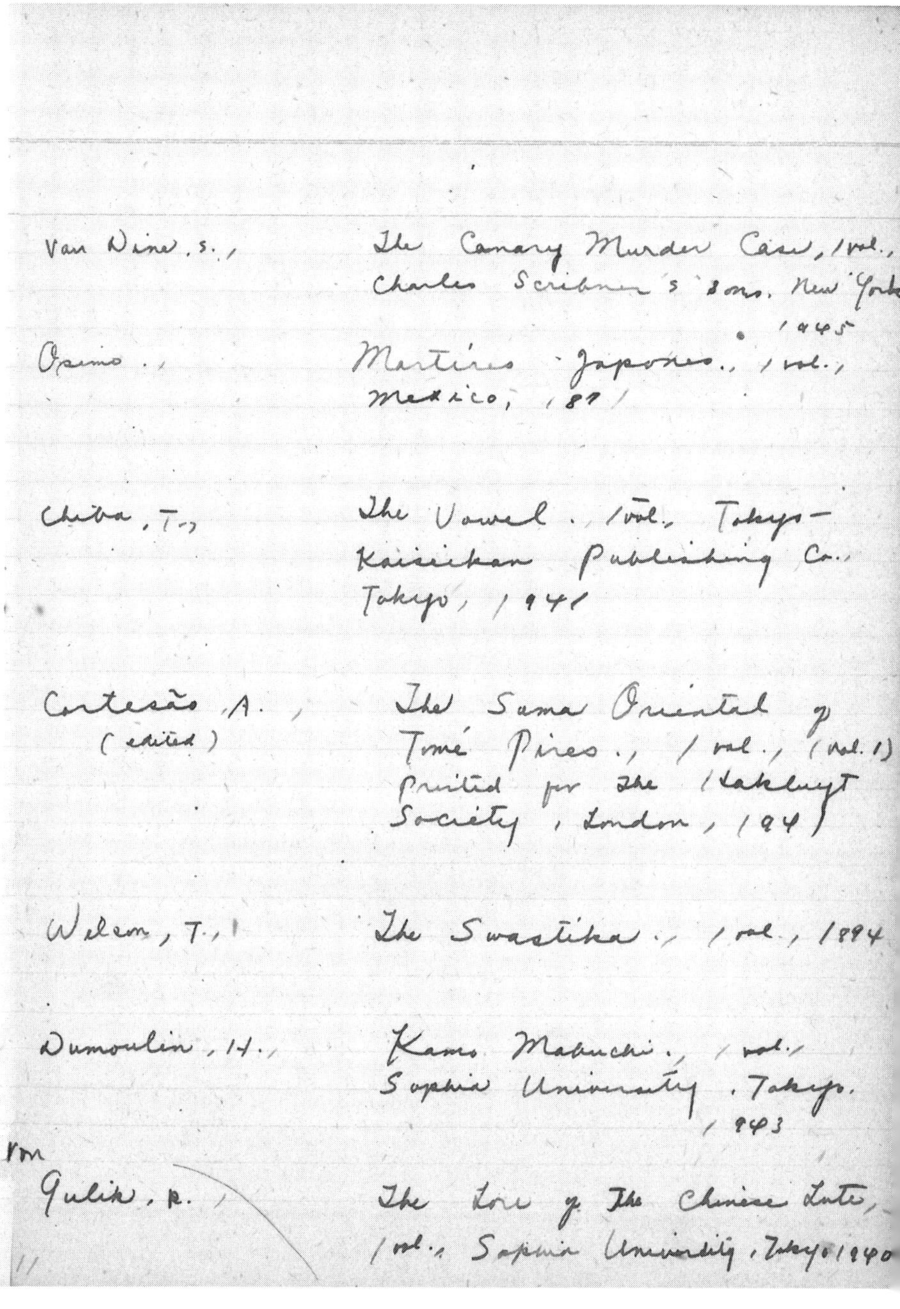

Van Dine, S., The Canary Murder Case, 1 vol., Charles Scribner's Sons, New York
1945

Osimo., Martires Japones., 1 vol., Mexico, 1891

Chiba, T., The Vowel., 1 vol., Tokyo— Kaiseikan Publishing Co., Tokyo, 1941

Cortesão, A., (edited) The Suma Oriental of Tomé Pires., 1 vol., (Vol. 1) Printed for the Hakluyt Society, London, 1944

Wilson, T., The Swastika., 1 vol., 1894

Dumoulin, H., Kamo Mabuchi., 1 vol., Sophia University, Tokyo, 1943

von Gulik, R., The Lore of the Chinese Lute, 1 vol., Sophia University, Tokyo 1940

Japan Digest, July. 1946 1 vol.
August 1946 1 vol.
Nogami Publishing Co. Ltd.,
Tokyo.

Sakurazawa. N., Le Livre Des Fleurs., 1 vol.,
Librairie Plon, Paris,

Waley. A., The Originality of Japanese
Civilization., 1 vol., Kokusai
Bunka Shinkokai, Tokyo,
1941

Fogel., H., The Conquered People.,
1 vol., Tokyo. 1945

Inglès. P., Noticia De La Vida, y
Virtudes Del Venerable
Padre Joseph Raymundo
Arxo

Osimo Storia dei Ventitre Martiri,
1 vol., Tipografia Tiberina,
Roma, 1862

12

Bibliographischer Alt-Japan-Katalog 1542–1853
1 vol.,
Deutsches Forschungsinstitut, Kyoto, 1940

Pfizmaier, A., Den Bau der Aino-Sprache,
1 vol., Wien, 1860
(Fortsetzungen der)
Pfizmaier, A., Zeichnung der Zwei Pa.
1 vol., Wien, 1879
die
Pfizmaier, A., Zeichnung der Zwei Pa.,
1 vol., Wien, 1878

Pfizmaier, A., Der Kesselsprung Isi-kawa's, 1 vol., Wien, 1880

Pfizmaier, A., Die Nachrichten des Bergbewohners, 1 vol., Wien, 1885

Pfizmaier, A., Ein Donnerthier Japans,
1 vol., Wien, 1877

Pfizmaier, A., Auf den Bergen Von Sagami,
1 vol., Wien, 1877

13

Pfizmaier. A., Das Haus Eines Statthalters von Fari-ma., 1 vol., Wien, 1877

Pfizmaier. A., Der Schauplatz von Fudzi-no Mori., 1 vol., Wien, 1879

Pfizmaier. A., Die Einkehr on der Strasse Von Kanzaki., 1 vol., Wien, 1878.

Pfizmaier. A., Der Palast Jasi-Teru's, 1 vol., Wien, 1878

Couto e Barros. 1 vols. ([illegible])

Il Marco Polo. 1-3. Shanghai, 1939-45

Japanesque, Piggott.

14

Oyanguren Arte de la Lengua Japona, 1738.

Bohner Shōtoku taishi, 1 vol.

The Catholic Church in Japan, 1946 (1. [illegible])

Japanese an outline of Grammar, , 1946

Horizon, vol. XIV august 1 vol.

Pacific Victory Hugh Buggy, 1945

Paper Making, Joshi, K. B. 1944 1 vol.

Catalogue of the National Treasures of Paintings and Sculptures in Japan., Nakamura, 1 vol.

Review of English Studies, vol. XXII, no. 88 (Oct. 1946)

Tenno 1 vol

[Loose specimens of Indian paper]

Tamura: Japanese Bride ([illegible])
Tsuda: Handbook of Japanese Art ([illegible])

15

Sadler: Saka's Diary of a Pilgrim to Ise, 1940 ((七))
Embree: Suye Mura [redacted] (K)
de Becker: Feudal Kamakura ((七))
Japanese Education (Philad.' Exh.) 1876 (七)
Meissner: Japanische Umgangssprache (七))
v. Schrenck: Die Völker des Amur-Landes, 1 vol. (合本) 半皮 (七))
Cybikov: Buddist Palomnik u svyatyn' Tibeta 半皮 ((七))
Adams: History of Japan, 2 voll. ((七))
Davidson-Houston: Chinese-English Modern Military Dict., 1935 (七)
Holtom: National Faith of Japan, 1938 (七)
Vel'yaminov-Zernov: Slovar' džagataïsko-tureckii, 1868 (七)
Pfoundes: Fu-so Mimi Bukuro, 1875 (七)
Hawkes: Pioneers of Plant Study (七)
Rumpf: Sharaku, 1932 (七)
Monumenta Serica I–III, 3 voll. 半皮 (七)
(郵) Nagasaki-ken, 1907
Les Langues du Monde (七)
(郵) El Divino Impaciente
(郵) Langlois: La connaissance de la nature et du monde au moyen âge
Blackwell: World of Books (ち)
(郵) Iwamoto: Syōbōgenzō-zuimonki, 1943
Summation ... Ryukyu Islands, I–II, 2 voll., 1946
Creel: Birth of China (ち)
Bodde: China's First Unifier (ち)
Fahs: Political Groups in the Japanese House of Peers (ち)
(郵) Rowbotham: Missionary & Mandarin
Chamberlain: Japanese Language, 1886 (ち)

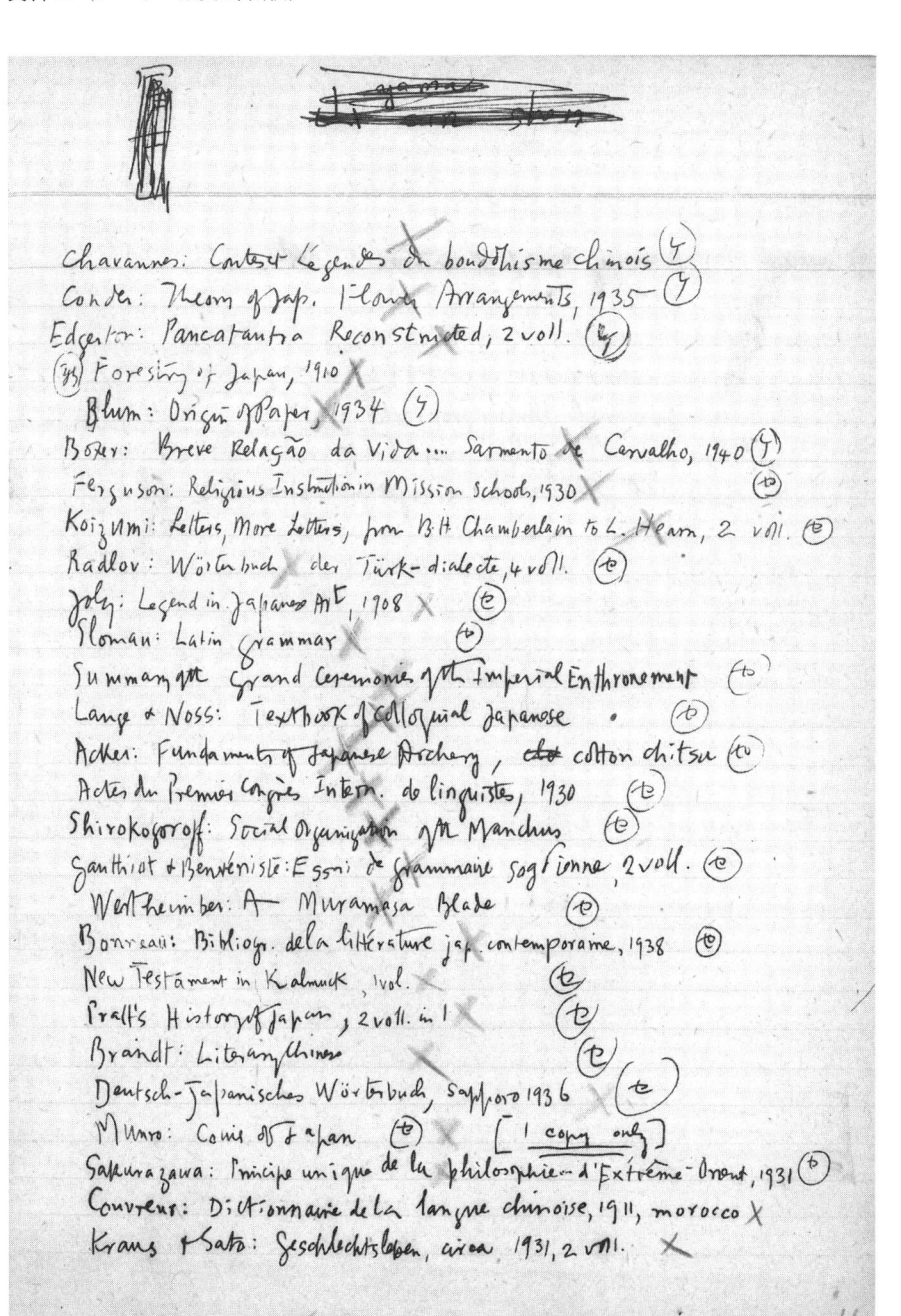

Chavannes: Contes et Légendes du bouddhisme chinois (y)
Conder: Theory of Jap. Flower Arrangements, 1935 (y)
Edgerton: Pancatantra Reconstructed, 2 voll. (y)
(33) Forestry of Japan, 1910 X
Blum: Origin of Paper, 1934 (y)
Boxer: Breve Relação da Vida.... Sarmento de Carvalho, 1940 (y)
Ferguson: Religious Instruction in Mission Schools, 1930 X (t)
Koizumi: Letters, More Letters, from B.H. Chamberlain to L. Hearn, 2 voll. (t)
Radlov: Wörterbuch der Türk-dialecte, 4 voll. (t)
Joly: Legend in Japanese Art, 1908 X (t)
Sloman: Latin grammar X (t)
Summary of the Grand Ceremonies of the Imperial Enthronement (t)
Lange & Noss: Textbook of Colloquial Japanese • (t)
Acker: Fundaments of Japanese Archery, ~~cloth~~ cotton chitsu (t)
Actes du Premier Congrès Intern. de linguistes, 1930 (t)
Shirokogoroff: Social Organization of the Manchus (t)
Gauthiot & Benveniste: Essai de grammaire sogdienne, 2 voll. (t)
Wertheimber: A Muramasa Blade (t)
Bonneau: Bibliogr. de la littérature jap. contemporaine, 1938 (t)
New Testament in Kalmuck, 1 vol. X (t)
Pratt's History of Japan, 2 voll. in 1 X (t)
Brandt: Literary Chinese (t)
Deutsch-Japanisches Wörterbuch, Sapporo 1936 X (t)
Munro: Coins of Japan (t) X [1 copy only]
Sakurazawa: Principe unique de la philosophie d'Extrême-Orient, 1931 (t)
Couvreur: Dictionnaire de la langue chinoise, 1911, morocco X
Krauss & Satō: Geschlechtsleben, circa 1931, 2 voll. X

16

(e) Hunter: Papermaking through 18 centuries × 1vol.

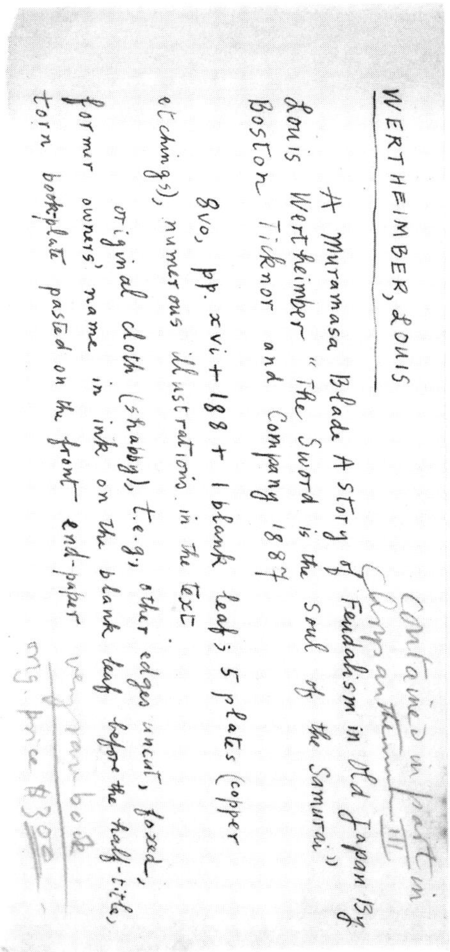

WERTHEIMBER, LOUIS

Contained in part in Chrysanthemum III

A Muramasa Blade A Story of Feudalism in Old Japan By Louis Wertheimber "The Sword is the Soul of the Samurai" Boston Ticknor and Company 1887

8vo, pp. xvi + 188 + 1 blank leaf; 5 plates (copper etchings), numerous illustrations in the text.

original cloth (shabby), t.e.g., other edges uncut, foxed, former owners' name in ink on the blank leaf before the half-title, torn book-plate pasted on the front end-paper very rare book

orig. price $3.00

# 資料06（貼付ノート・宗因）

資料 06（貼付ノート・宗因）

Copy four

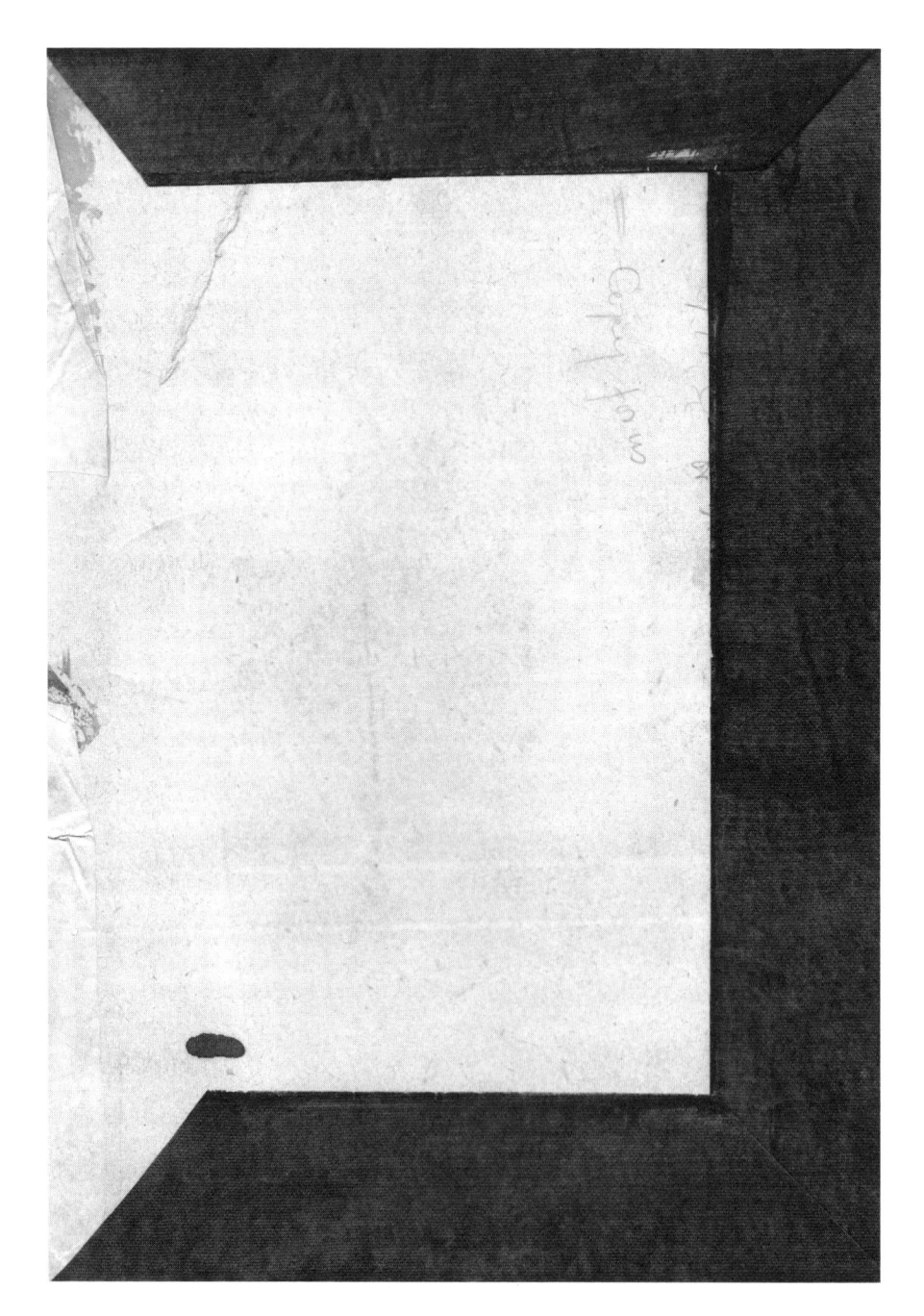

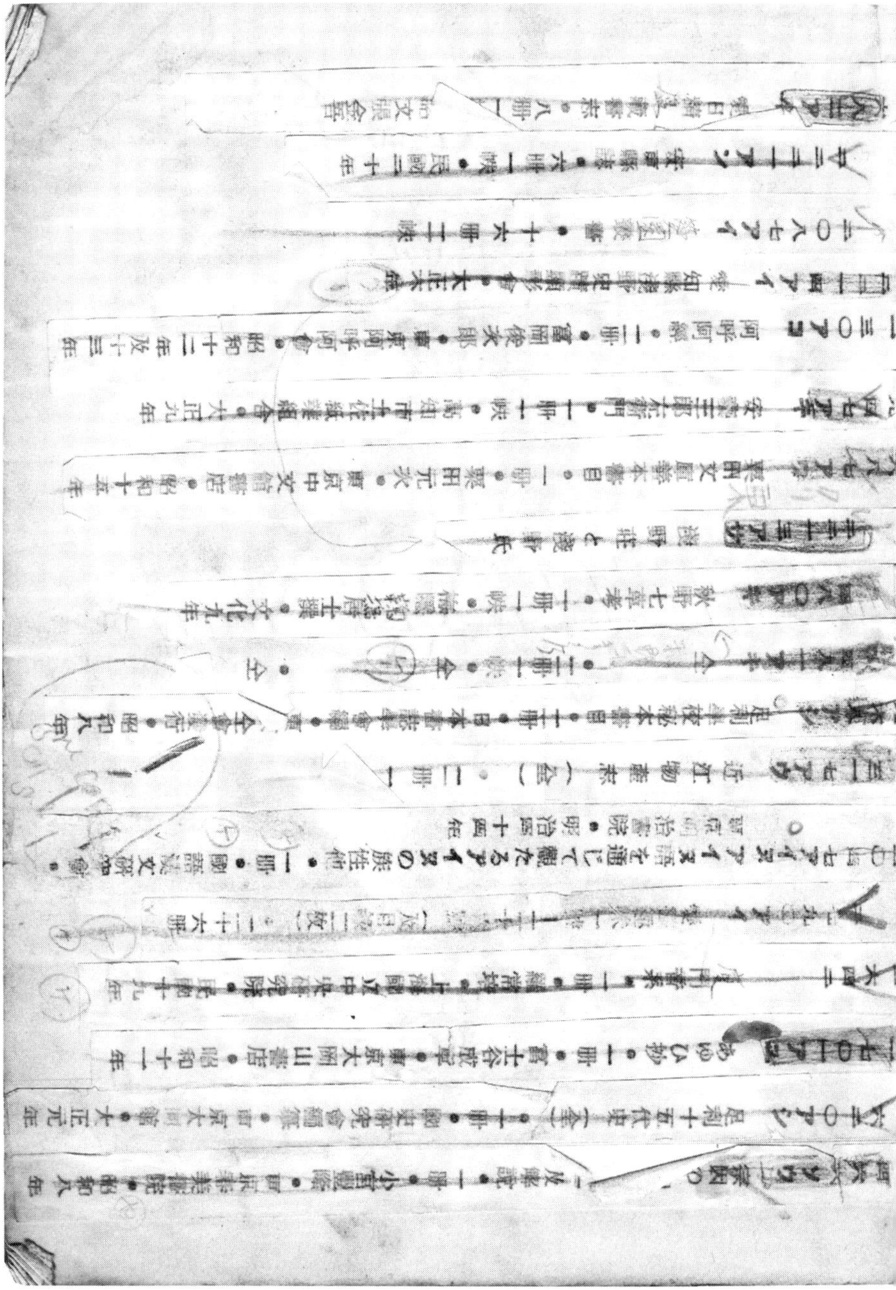
一七〇七アソ　あゆひ抄・一冊・富士谷成章・東京大岡山書店・昭和十一年
三一七アウ　近江物産志（全）・二冊一
九八七アサ　栗田文庫善本書目・一冊・栗田元次・東京中文館書店・昭和十五年
一三〇アヲ　阿呼阿新・一冊・富岡俊次郎・東京阿呼阿会・昭和十二年及十三年
二〇八七アイ
ヤ二二一アン

資料 06（貼付ノート・宗因）

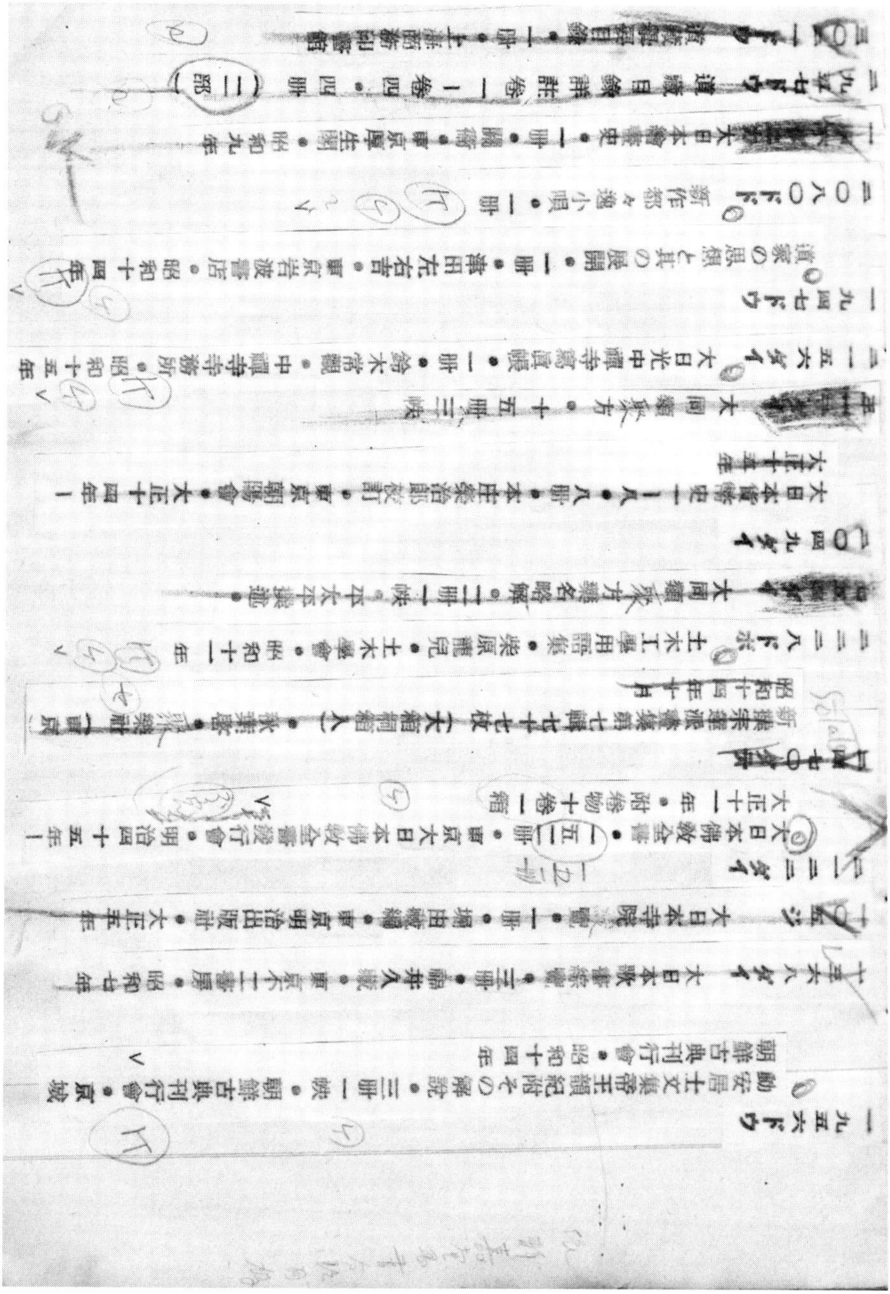

一九五六ドウ 勅安居士文集帝王韻紀附その解説・二冊一帙・朝鮮古典刊行會・京城 朝鮮古典刊行會・昭和十四年

一三六八ダイ 大日本歌謡史・二冊・藤井[illegible]・東京不二書房・昭和七年

一〇五ジ 大日本寺院総覧・一冊・堀由蔵編・東京明治出版社・大正五年

二一三三ダイ 大日本佛教全書・一五一冊・東京大日本佛教全書發行會・明治四十五年－大正十一年・附[illegible]十卷一箱

[illegible] 新撰[illegible]七十七枚（大福帳綴）・[illegible] 昭和十四年十月

二二八ドボ 土木工學用語集・柴原龍見・土木學會・昭和十一年

[illegible]ダイ 大同類聚方[illegible]名略解・二冊一帙・[illegible]

二〇四九ダイ 大日本貨幣史一－八・八冊・本庄栄治郎校訂・東京朝陽會・大正十四年－大正十五年

[illegible] 大同類聚方・十五冊三帙

二一五六ダイ 大日光中禅寺寫眞帳・一冊・鈴木常観・中禅寺寺務所・昭和十五年

一九四七ドウ 道家の思想と其の展開・一冊・津田左右吉・東京岩波書店・昭和十四年

二〇八〇ドド 新作都々逸小唄・一冊

一[illegible] 大日本[illegible]史・一冊・[illegible]・東京厚生閣・昭和九年

二九五七ドウ 道藏目録詳註 卷一－卷四・四冊（二部）

三〇一一ドウ 道教[illegible]目録・一冊・上海商務印書館

二〇六〇アタ　あたらしいをりがみざいく●三冊●中島種二●
京都河原書店●昭和十年

二〇八二アリン　アリンス國辭彙●一冊●宮武外骨●東京半狂堂●昭和四年

一六五三アマ　天草本平家物語●一冊●龜井高孝翻字●東京岩波書店●昭和二年

八七二アサ　淺野家の有恒耐と株式會社有恒社●一冊●關彪編●東京仝人發行●
大正十三年

九五四アシ　足利學校貴重書目錄●一冊●足利學校遺蹟圖書館●足利市仝館發行●
大正十四年

二四九六アク　アクセントと方言●一冊●服部四郎●東京明治書院●奥附ナシ

八〇〇アイ　愛日檐文●四冊一帙

七四三アキ　あきはぎの譜●一冊一帙

九六一アシ　足利學校事蹟考（全）●一冊●川上廣樹●栃木縣木村勇三●明治十三年

二一八四アシ　足利學校事蹟考●一冊一帙●川上廣樹●明治十三年

九七〇アシ　足利文化史年表●一冊●須永弘編●足利市足利文獻協會●昭和十六年

九五五アシ　足利學校釋奠講演筆記●十冊●足利學校遺蹟圖書館編●足利市仝館發行●
大正元年ー昭和十二年

九六三アシ　足利學校珍書目錄●一冊●足利學校遺蹟圖書館發行●大正八年

三〇七アサ　朝比奈泰彥及協力者報文集（植物學生藥學之部）●一冊●朝比奈泰彥●
東京荒井書店●昭和十一年

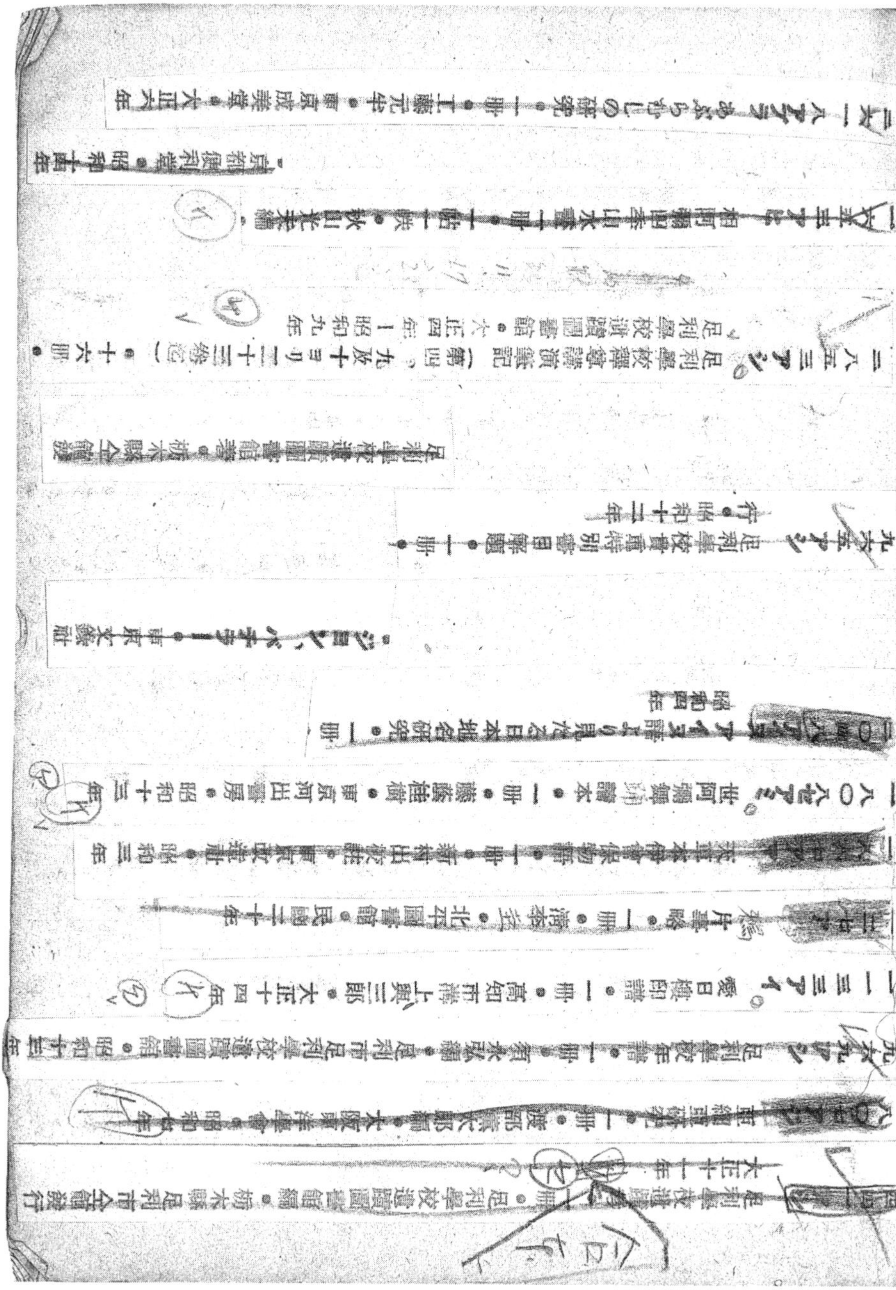

四一一ア　足利學校遺蹟圖書[illegible]・一冊・足利學校遺蹟圖書館編・栃木縣足利市全館發行
大正十一年

八〇七アシ　南畫研究・一冊・渡部[illegible]太郎編・大阪東洋畫會・昭和[illegible]年

九六九アシ　足利學校年譜・一冊・須永弘編・足利市足利學校遺蹟圖書館・昭和十三年

一一三三アイ　愛日樓印譜・一冊・高知市淋上與三郎・大正十四年

二七[illegible]ア　[illegible]片事略・一冊・清李玄・北平圖書館・民國二十年

二[illegible]ア　天草本伊曾保物語・一冊・新村出校註・東京改造社・昭和三年

一八〇八セアミ　世阿彌舞踊譜本・一冊・藤蔭桂樹・東京河出書房・昭和十三年

二〇四八アイヌ　アイヌ語より見たる日本地名研究・一冊・ジョン、バチラー・東京文録社
昭和四年

九六五アシ　足利學校貴重特別書目解題・一冊・足利學校遺蹟圖書館著・栃木縣全館發
行・昭和十二年

二八五三アシ　足利學校釋奠講演筆記（第四・九及十ヨリ二十三巻迄）・十六冊・
足利學校遺蹟圖書館・大正四年ー昭和九年

一六五三アト　相阿彌園本山水畫一冊・一帖一軼・秋山光夫編・京都便利堂・昭和十四年

二六一八アブラ　あぶらむしの研究・一冊・工藤元平・東京成美堂・大正六年

九六二アシ 足利學校沿革誌・一冊・足利學校遺蹟圖書館・全館發行・大正六年

九五七アシ 足利學校遺蹟沿革・一冊・足利學校遺蹟圖書館編・栃木縣全館發行・明治四十四年

一三五六アシ 足利市史・二冊・足利市役所編・足利市永倉活版所・昭和三年及四年

一八六六アマ 天草版金句集の研究・東洋文庫論叢第二十四・一冊・吉田澄夫・東洋文庫・昭和十三年

一一一〇アス 阿誰軒編集元祿五年俳諧書籍目錄・一冊・石川巖・東京井上書店・大正十三年

一二六九エミ 奄美大島民族誌・一冊・茂野幽考・東京岡書院・昭和二年

一三九五エミ 奄美大島民謠大觀・一冊・文英吉・鹿兒島縣南島文化研究社・昭和八年

一二九四エミ 奄美大島史・一冊・坂口徳太郎編・鹿兒島市三州堂書店・大正十年

二五五八エミ 奄美大島と大西郷・一冊・昇曙夢・東京春陽堂・昭和二年

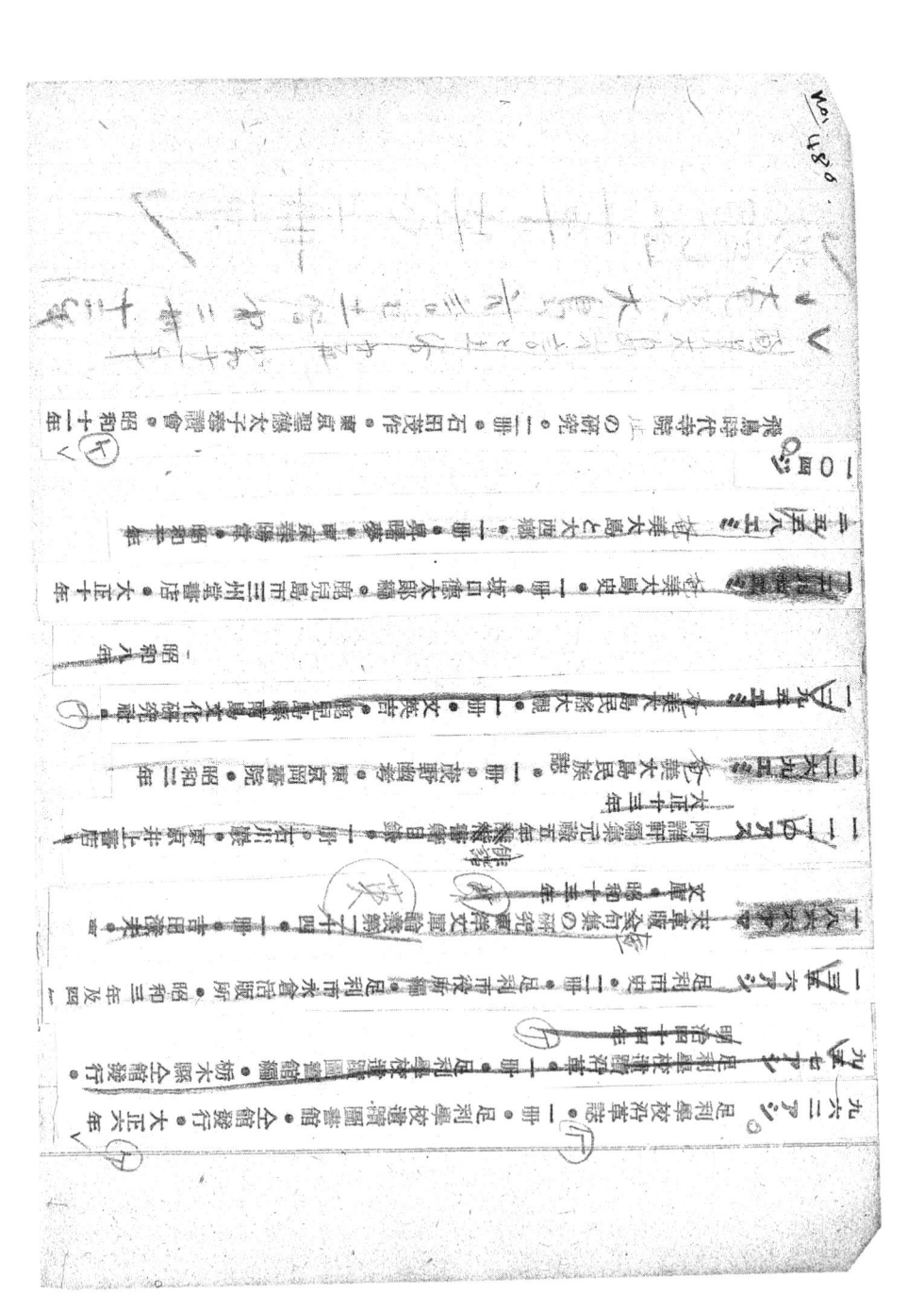

一〇四〇ジ 飛鳥時代寺院址の研究・二冊・石田茂作・東京聖徳太子奉讃會・昭和十一年

資料06（貼付ノート・宗因）

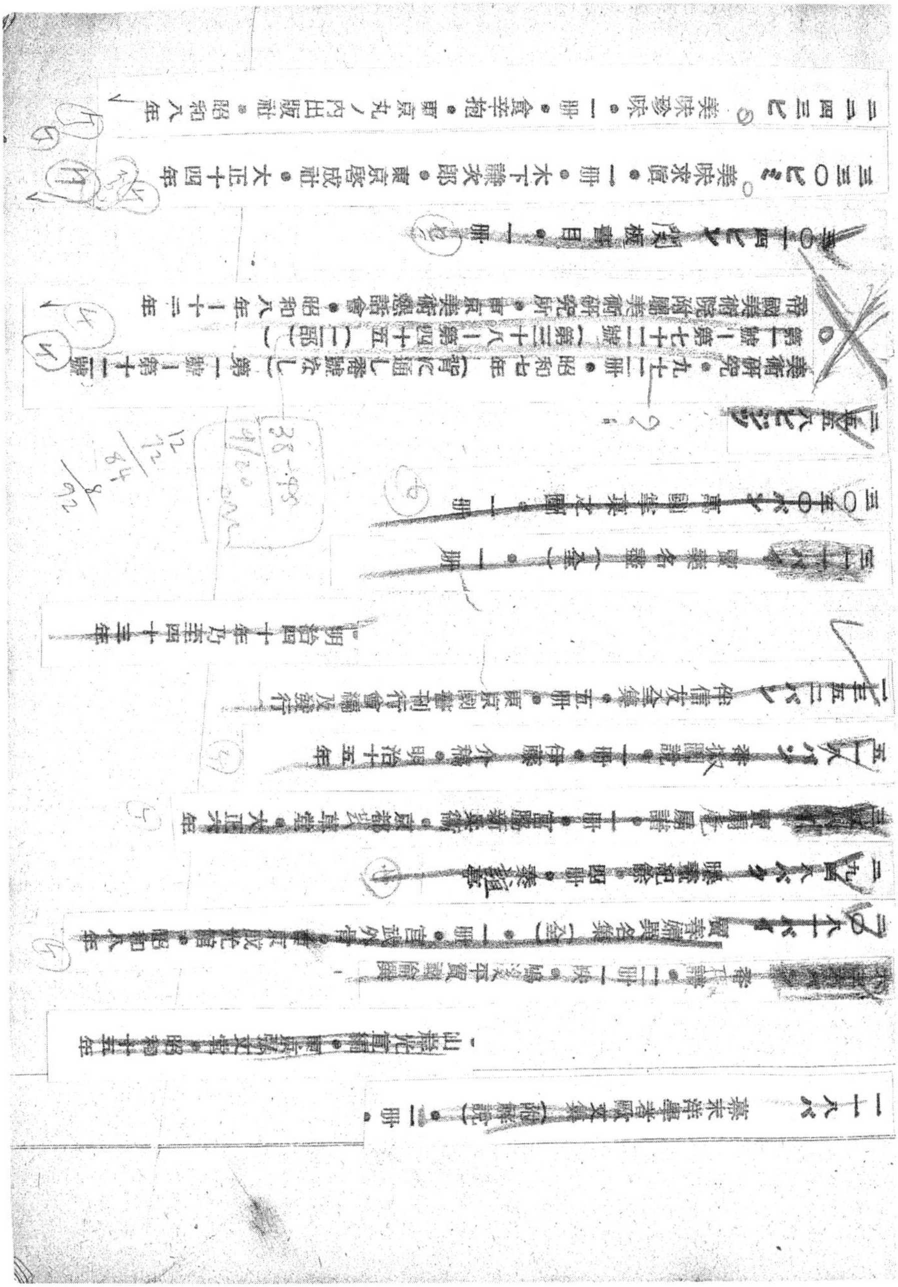

一一八バ　幕末洋學者欧文集（附解説）●二冊●
山岸光宣編●東京弘文堂●昭和十五年

[illegible]著作譜●二冊一帙●嶋没平賀詞論讃

[illegible]　賣春婦異名集（全）●一冊●宮武外骨●東京成光館●昭和八年

[illegible]　曝書紀餘●四冊●秦鼎著

[illegible]　寶扇庵扇譜●一冊●富勝斎奥衛●京都芸草堂●大正六年

[illegible]　番椒圖說●一冊●伊藤　介稿●明治十五年

一三五二バン　伴信友全集●五冊●東京國書刊行會編及發行
明治四十年乃至四十三年

[illegible]　賣薬名彙（全）●一冊

[illegible]　萬國筆莫之圖●一冊

[illegible]
美術研究●九十二冊●昭和七年（背に通し番號なし）第一號－第十二號
第十號－第七十二號（第三十八－第四十五（二部））
帝國美術院附屬美術研究所●東京美術懇話會●昭和八年－十二年

[illegible]　閩板書目●一冊

三三〇ビミ　美味求眞●一冊●木下謙次郎●東京啓成社●大正十四年

二一四三ビ　美味珍味●一冊●食辛抱●東京丸ノ内出版社●昭和八年

五五三ビヨ　病名彙解（全）●一冊一帙●丹波元簡廉夫輯

尾州薬品會目録（全）●十帙十冊（三河岩瀬文庫より）

二〇六ホン　紹興校定經史證類備急本草●六冊一帙

二九〇ビン　閩中海錯疏●一冊一帙●屠本畯用叔撰

二二三九ビ　美術辭典●一冊●石井柏亭其他●日本美術學院●大正三年

六二五ビン　閩書南産志●二冊一帙●晉江何喬遠編寛延四年

八四三ビジ　美術印刷用紙見本帖●一冊●京都高木商店

二五八ビヨウ　病名彙解●七冊一帙

三一二ビ　黴瘡考（附七種薬攷）全●一冊一帙

四一八ビ　備荒餘錄（全）●一冊一帙●赤城廣敬編●山口縣天野重信●明治十

二八四二ブン　文學、第一ヨリ七卷迄●五十五冊

九五六ブン　文學第二卷第十二號●一冊●岩波書店●昭和九年

八二二ブン　文房四譜●二冊一帙●和紙研究會編●京都便利堂●昭和十六年

三オ　佛書解題●二冊●大村西崖其他●東京藏經書院●大正十一年

五六六ブン　文求堂書目●一冊●田中慶太郎編●東京仝人發行●昭和八年

一八五〇オン　花冠記録●一冊一帙●明治二年

九六ブ　別當記及別當記解題●四冊一帙

欠
2巻 1-6
3巻 4,8
4巻 1,2
5巻 5-12
6巻 1-6, 8,10
7巻 1,4-12

五三六ブン　文獻志林（第一輯）●一册●從吾所好社梓●昭和四年

[redacted]　文房四譜●二册一帙●和綴研究會編●京都便利堂●昭和十六年

[redacted]　村印譜●一册一帙●京都博物館藏版

九五ブ　大明三藏聖教目錄●二册●南條文雄●東京南條博士記念刊行會●昭和四年

[redacted]　文房至寶●一册●後藤朝太郎●東京雄山閣●昭和十二年

一六一四ブン　文學（岩波講座）●二册●東京岩波書店●昭和七年乃至八年

一五二一ブン　新文典別記（口語編）●橋本進吉●東京富山房●昭和十三年

[redacted]　文机談及解說●六册一帙●京都貴重圖書影本刊行會●昭和十年

一三ブモ　佛教學關係雜誌論文分類目錄●一册●京都龍谷大學圖書館編及發行●昭和六年

一五八キブン　文藝（合本）自昭和八年十一月至昭和九年三月●一册●山本三生●東京改造社

二七六一ブン　文章軌範●四册●王守仁撰

七九九ブン　文章軌範●三册一帙●官版嘉永六年刊

一二〇ブジ　佛教辭典（梵漢對譯）●一册●荻原雲來●東京丙午出版社●昭和二年

[redacted]　物類稱呼●五册一帙●安永四年

一六三三ブン　文學に現はれたる我が國民思想の研究●四册●津田左右吉●東京洛陽堂●大正八年乃至十年

三〇四五ブン 文獻に顯はれたる祇園會に關する目録・田中俊二・京都有樂會
昭和三年

[illegible] 文獻特刊・一册・國立北平故宮博物院文獻館編輯會・民國二十四年

四四〇ブツ 佛垂般涅槃略說教誡經・一帙・足利初期刊（全一帖、原物）

五八五ブン 文久壬戌譜書室物産會品目・一册一帙・文久二年

一五六二ブソ 蕪村句集遺稿講義・一册・高濱清編・東京 籾山書店・大正五年

二六八四ブツ 物品識名・二册・名古屋永樂堂・文化己巳十月

五五二一ブト 葡萄培養法摘要（全）・一册一帙・小澤善平著
東京全人發行・明治十年

八三六ブン 文藝類纂・八册一帙・榊原芳野編・文部省・昭和十一年

二六八五ブツ 物品識名拾遺・二册・尾張水谷豐文（文政乙酉）明治三十七年名古
楓田誠助

一四八六ブン 分類農村語彙・一册・信濃教育會編・長野市信濃毎日新聞株式會社
昭和十二年

一二ブツ 佛教大辭典・七册・望月信亨・東京佛教大辭典 昭和十一年—十二年

二七四九ブン 文藝（完）・二十册・岩波茂雄・東京岩波書店・昭和七年—八年
創刊號—第二十號 二十册

二四九五ブン
豐後方言集（第十、第三輯）・二册・波多野宗喜其他・大分縣立第一高等
女學校内國文會・昭和八、九年

一六四九ブン 文淵閣藏書全景・十二册十二枚一帙・北平中國營造學社編及發行
民國二十四年

[illegible] 物類品隲・六册一帙・鳩溪平賀先生著・寶曆十三年

一〇四ブツ 佛說十王經讚卷・一卜卷一箱

二八六九ブン 文奎堂書目 上下・二冊・北平文奎堂・民國二十三年

一一六ブ 文明源流叢書・三冊・早川純三郎・東京國書刊行會・大正二年及三年

二一一六ブセン 武仙、儒仙・二冊一帙・元祿六年

四三二ブン [illegible]、[illegible]年譜、[illegible]、印譜（二十四枚入）・一冊・[illegible]・京都[illegible]堂・昭和八年

二五九五ブン 文章讀本・一冊・谷崎潤一郎・東京中央公論社・昭和九年

二六四七ブ 武家時代の研究第三卷・一冊・大森金五郎・東京富山房・昭和十二年

[illegible]ブン 文明移入に關する古書展覽目錄・荒木幸太郎・大阪[illegible]社・大正十四年

一六七〇オン 文法論と國語學・一冊・三矢重松・東京中文館書店・昭和七年

三〇五五ブン 文徵明千字文・一冊

三一一九ブン 文法集成・一冊・本多龜三・東京吉川弘文館・明治四十三年

[illegible] 物品目錄・四冊十一帙・後藤光生[illegible]編・[illegible]・[illegible]十二年

一六七六ブン 文章心理學（日本語の表現價値）・一冊・波多野完治・東京三省堂・昭和十二年

二九四四ブン 文藝懇話會（五月號）・一冊・安藤烝・東京文藝懇話會・昭和十二年

一〇三七ブン 文獻宗像・二冊・五十嵐二郎編・東京アチックミューゼアム・昭和十一年

二八七一ブン 文獻通攷卷一－卷三十四・二十四冊四帙・臨貴與

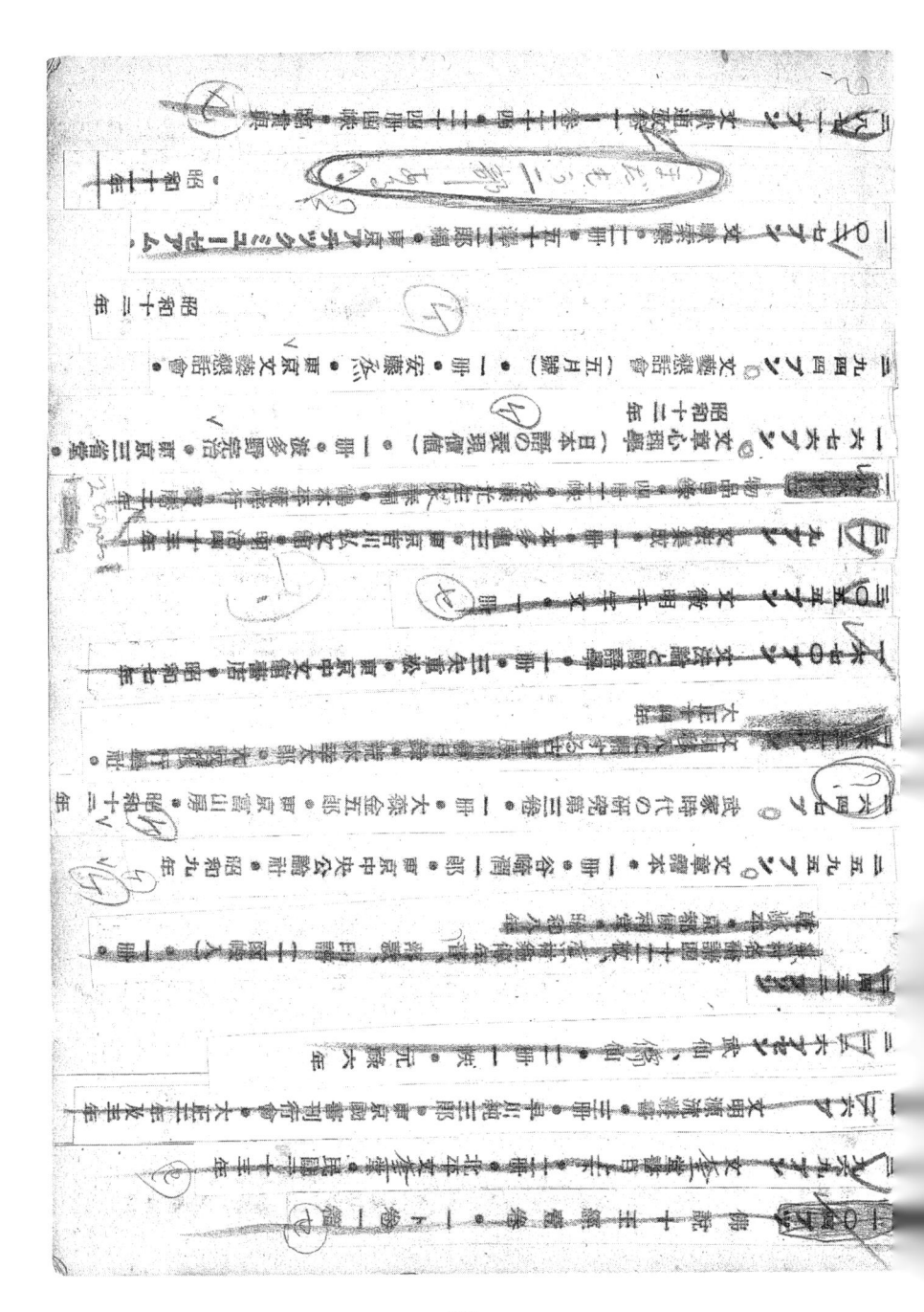

（まだもう二部ある）

二七四八ブン ○文學・長田幹雄（自第一巻至第六巻）・六十六册・東京岩波書店・昭和八年－十三年

三〇四四ブツ 物産取調心得書・一册・京都府・明治七年

二八〇三ブン 文献志林（東京所誌改題）一－五・九册・石川巖・東京從吾所好社・昭和四年－昭和五年

[redacted] 別號索引・一册一峡・上海陳乃乾・民國二十五年

[redacted] 米家書訣・一册一峡・米花河先生編・京都林宗兵衛・享和元年

[redacted] 米庵墨談・六册一峡・江都須原屋伊八・文化九年

[redacted] 米山人並半江展圖錄・一册・大阪市立美術館・京都便利堂・昭和十六年

三六十六ボク ト養狂歌集・二册一峡・東京民友社・大正八年

三〇六四ボク ト養狂歌集、成簣堂叢書・二册・德富猪一郎・東京民友社・大正八年

[redacted] 菩多尼訶經・一册・田川榕菴譯・文政五年

二一ボス ボストン日本古美術展覽會報告書・一册・東京國際文化振興會・昭和十二年

二一五ホ 梵文學教科書・一册・高楠順次郎・東京金港堂書籍株式會社・明治三十一年

バジル、ホオル、チエンバレン先生追悼記念錄・一冊・東京國際文化振興會編及發行・昭和十年

バイ 馬齢繪卷・河杉家藏・大和繪同好會印行

防長造紙史・一冊一帙・御園生翁甫・山口縣防長紙同業組合・昭和四年

二七四八ブン
○文學●長田幹雄（自第一卷至第六卷）●六十六冊●東京岩波書店●
昭和八年—十三年

三〇四四ブツ
物產取調心得書●一冊●京都府●明治七年

二八〇三ブン
文藝志林（東京所誌改題）一—一五●九冊●石川●東京從吾所好社
昭和四年—昭和五年

[illegible]
別號索引●一冊一帙●上海陳乃乾●民國二十五年

[illegible]
米家書訣●一冊一帙●米芾河先生編●京都建屋孫兵衛●享和元年

[illegible]
米芾墨談●六冊一帙●江都須原屋伊八●文化九年

[illegible]
米山人並半江展圖錄●一冊●大阪市立美術館●
京都便利堂●昭和十六年

[illegible]六ボク
卜養狂歌集●二冊一帙●東京民友社●大正八年

三〇[illegible]ボク
卜養狂歌集●成簣堂叢書●二冊●
德富猪一郎●東京民友社●大正八年

[illegible]
菩多尼訶經●一冊●田川榕菴譯●文政五年

三一[illegible]ボス
ボストン日本古美術展覽會報告書●一冊●
東京國際文化振興會●昭和十二年

一一五ボ
梵文學教科書●一冊●高楠順次郎●
東京金港堂書籍株式會社●明治三十一年

二九四六ダイ 大日本地誌卷十・一冊・山崎直方及佐藤傳藏・東京博文館・大正四年

一六九ダコ 大日本古文書（家わけ第二淺野家文書）・一冊・東京帝國大學編及發行・明治三十九年

一六〇二ダイ 大日本人名辭書・五冊・東京大日本人名辭書刊行會編及發行

二六四〇ダイ 大日本貨幣精圖・一冊・得能良介・明治十一年

三一一二ダイ 大日本詔勅謹解思想信仰篇・一冊・森清人・東京日本精神協會・昭和九年

三[illegible]二五ダイ 大清全書・十四冊・三帙

四六ダイ 大同石佛寺・一冊・木下杢太郎・東京座右寶刊行會・昭和十六年

二[illegible]ダイ 大越史記全書・十冊一帙・引田利章・明治十七年

二九一七ダイ 大百科事典一ー十五・十五冊・下中彌三郎・東京平凡社・昭和六年ー八年

二二八八ダイ 大西郷遺訓・一冊・小谷保太郎編輯兼發行・政教社（東京）・大正十五年

三〇六ダイ 大東京展圖錄・一冊・島田筑波・下谷小田原書房・昭和七年

四二七ドウ 動物學大辭典・十冊・杜亞泉其他・上海商務院書館・民國二十四年

二[illegible]二テン 傳說第一卷第一號ー第三卷第二號・一冊・藤澤衛彦・東京日本傳說學會・昭和十一年

[illegible] 永樂大典現存卷目録・一册

一八二四エイ 永樂大典卷一萬九千四百十六之一萬九千四百十七ー卷一萬九千四百二十四之一萬九千四百二十六・五册一帙・東洋文庫・東京東洋文庫・昭和五年

一八二四エイ 永樂大典卷之三千五百八十四 九眞・一册一帙・高拱線校・民國二十八年

延喜式神名帳（全）・一册・三宅吉太郎校訂・東京盛文館・明治四十五年

二八一六エド 江戸時代語研究（第一卷第一號ー第四號、第二卷第一號（二部））・六册・松川弘太郎・神奈川江戸探訪會・昭和十一年

七六六エン 曉鐘論・六册一帙・柾寛撰・天明七年

一三五三エン 燕石十種・三册・東京國書刊行會編及發行・明治四十年乃至四十一年

二五八エン 燕京學報第一期ー第二十七期・二十七册・北京燕京大學圖書館・民國十六年ー二十九年

一六六エン 燕京歳時記・一册一帙・禮臣氏編・光緒丙午

一六九一キン 隠語構成の樣式並其語集・一册・樋口榮・大阪府警察協會・昭和十年

一三三六エド 江戸時代書誌學者自筆本展覽會目錄・一册・昭和九年

二一九九エン 英和雙解隠語彙集・村松守義・東京金港堂・明治二十年

七一二三エド 江戸地誌解題稿・一册・長澤規矩也撰・東京全人發行・昭和七年

一三五五エン　新燕石十種・五冊・東京國書刊行會編及發行・明治四十五年及大正二年

一三五四エン　續燕石十種・二冊・東京國書刊行會編及發行・明治四十二年

[illegible]　校訂[illegible]書式、上卷、下卷、索引・三冊・學東[illegible]研究所校訂・校訂[illegible]書式出版部・昭和[illegible]年

七一六エン　燕京大學圖書館目錄初稿・一冊・鄧嗣禹編・燕京大學圖書館・西暦一九三五年

一七八〇エン　演劇外題要覽・一冊・東京日本放送出版協會・昭和十二年

九七一エン　袁中郎全集・一冊・袁宏道・上海世界書局・民國二十五年

一七六二エン　袁中郎全集・十二冊・公安袁宏道中郎

一五四九エド　江戸文學研究・一冊・藤井正男・京都内外出版印刷株式會社・昭和五年

二四一六エイ　英漢標準漢譯外國人名地名表・一冊・何崧齡・上海商務印書館・民國十三年

一[illegible]〇エイ　榮華物語詳解・十七冊四峡・和田英松及佐藤球共著・東京明治書院・明治三十三年―四十年

二四三三エイ　永樂大典・一冊一峡

二四一四エイ　英和新撰兵語辭典・一冊・圖南社編輯部・東京圖南社・大正九年

[illegible]一五エイ　英和[illegible]辭典・一冊・[illegible]・[illegible]院・昭和九年

二二四〇エイ　英和海語辭典・一冊・内藤信夫・有明堂（東京）・大正七年

二二三五ロン 英和雙譯論語（全）・レッグ博士英譯清水起正編註・東京三三子堂書店・昭和七年

一三八四エイ 榮花物語古註大成・一冊

二一六四エス えすぱにや、ぽるつがる記・一冊・木下杢太郎・東京岩波書店・昭和四年

八七エビ 惠比須と大黒（福神研究）・一冊・長沼賢海・東京丙午出版社・大正十年

二八八〇エキ 新刻釋名・十二冊一帙・漢劉熙成國撰・一條通富倉太兵衛・明暦二年

八五六エワ 英和雙紙辭典・一冊・關彪・片倉儀四郎共編・東京芳文堂・昭和六年

一五五八エド 江戸年中行事・一冊・三田村鳶魚・東京春陽堂・昭和二年

一[illegible]五エド 江戸の面影・一冊・江戸文學研究會・東京南陵社・大正四年

七〇五エド 江戸言葉の研究・一冊・山田正紀・東京普通教育研究會・昭和十一年

二[illegible]エド 江戸書籍商史・一冊・上里春生・東京出版タイムス社・昭和五年

[illegible] 江戸時代初期輸入本草書・十二冊一帙・月曜會編・京都杉田大學堂・昭和二年

九一五イ[illegible] 越前紙漉圖説・一冊一帙・牧野信之助編・福井縣越前產紙卸商組合・昭和十三年

[illegible] 越前產紙考・一冊一帙・飯田榮助編・福井縣越前產紙卸商組合・昭和十三年

二八六六エン 圓朝全集、卷一―卷十三・十四冊・鈴木行三・東京春陽堂・大正十五年―昭和三年

一〇一一エン 宴曲全集・一冊・吉田東伍・東京早稲田大學出版部・大正六年

二七四〇ワイ　淮南子・六冊一帙・武進莊逵吉・浙江書局・光緒二十年

二七四一ワイ　淮南子・十冊一帙・武進莊逵吉・乾隆戊申

二六一〇ワイ　淮海字音・二冊一帙・東京民友社・大正三年

三一六ワイ　淮南舊注校理・三冊一帙・歙吳承仕

## 資料06（貼付ノート・宗因）

二〇九一ハナ 配色總鑑・六冊一帙・和田三造・東京博美社・昭和九年
（附 配色總鑑、概説と其活用・一冊同帙）

一六七二ハナ 話言葉の研究と實際・一冊・神保格・東京明治圖書株式會社・昭和六年

七〇〇ハリ 播磨風土記新考・一冊・井上通泰・東京大岡山書店・昭和六年

[illegible]ハナ 花かつ美考・一冊一帙

[illegible]ハン 班荊間譚・二冊一帙・直海先生著・寛延紀元

七[illegible]四ハヤ 林羅山文集（完）・一冊・京都史蹟會編・東京弘文社・昭和五年

五六七ハク 白山獄凝歴・一冊・田中慶太郎編・東京仝人發行・昭和九年

一〇十八ハク 白虎通引得・一冊・仝編・右發行所・西暦一九三一年

三[illegible]ハツ 髮飾録・一冊・東京美術學校校友會・昭和三年

二六七六ハク 博物誌・四冊・張華茂・堀川藤右衛門版・天和三年

一〇八三ハク 皕宋樓藏書源流攷・一冊一帙・光緒丁未

二七三二ハク 白隠和尚垂示、成等貫常叢書・德富猪一郎・東京民友社・大正三年

[illegible]ハヤ 林政八書・一冊一帙・沖繩郷土協會・昭和九年

二二九三ハチ 八丈島・一冊・薄恕一・東京國文館・大正三年

一〇九二ハク 博文館五十年史・一冊・坪谷善四郎・東京博文館・昭和十二年

[illegible]七三ハク 博物新編・五冊・容兆倫・大角豊次郎・明治八年

三[illegible]ハ[illegible] 八丈島物語示（全）・二冊一帙

三〇一一ハル 春乃七くさ全・一冊

一四四〇ハチ 校本八雲御抄とその研究・一冊・久曾神昇厚生閣・昭和十四年

[illegible]ハナ 花の宿獨歩行・一冊

九三八ハク 白髪紙製造販賣組合規約書・一冊

[illegible] 萩日記・一冊・明治四十年

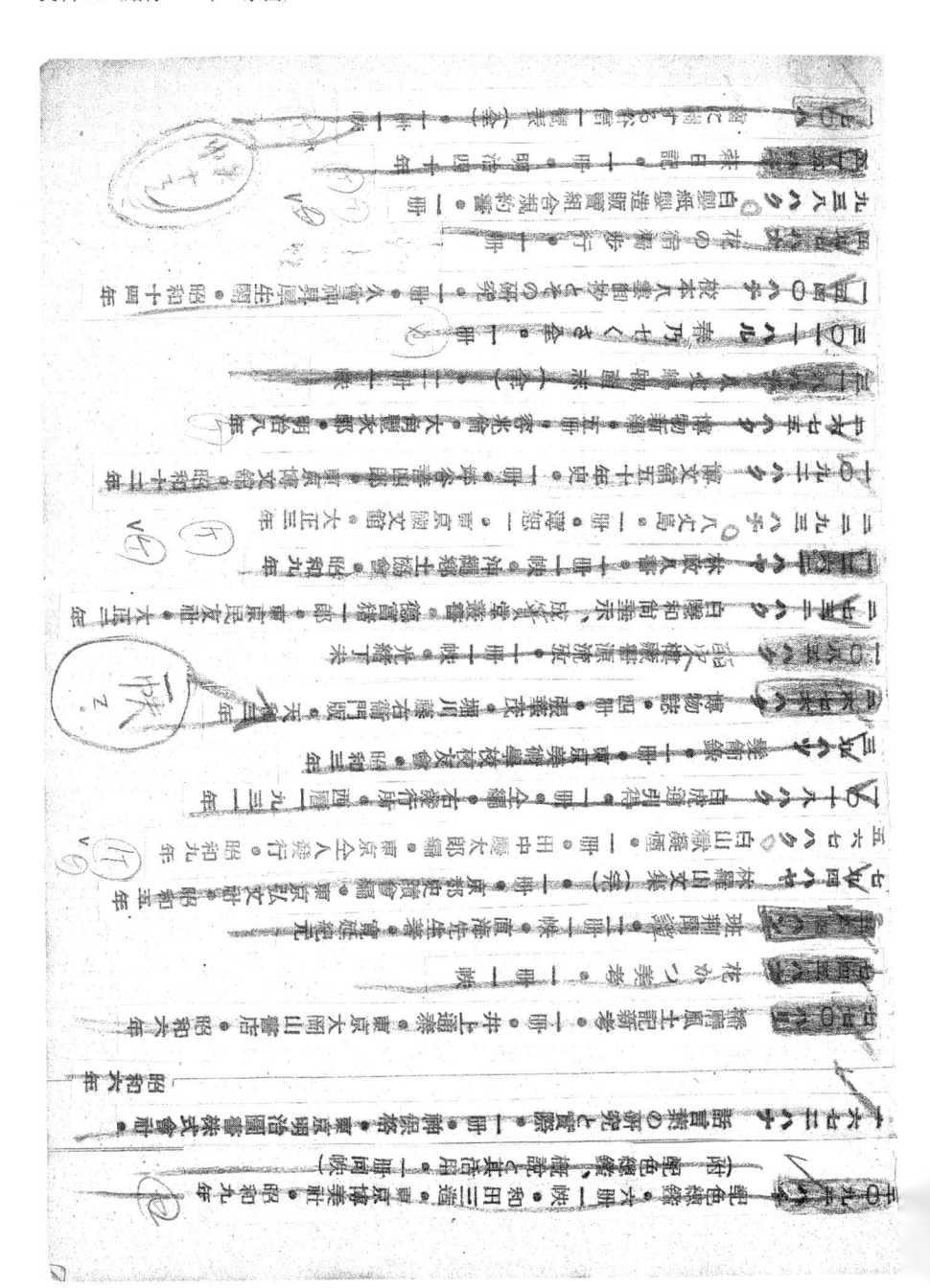

一七〇ハ[illegible] 歯に關する俗信一覽表（全）・一冊一帙

二八七九ハチ 八柏子、上中下・三冊一帙・江島伊兵衛・明治三十三年

六五三ハチ ○ 八史經籍志・十七冊二帙・漢班固撰・文政八年

二五五五ハチ 八文字舍本五種・一冊・家本哲三・東京有明堂書店・大正七年

四七五ハル はるのかたみ・一冊・荘原存一編・東京 忠雄・明治四十一年

[redacted] 播磨に於ける特殊部落成立の傳說・一冊・藤本政治・兵庫縣傳說研究會・大正十三年

[redacted] 博物會誌（錦窠翁九十賀壽）・十一冊一帙・伊藤篤太郎編・愛知縣全人發行 明治二十六年

[redacted] 白牛酪考・一冊・桶元固・寛政壬子（明治十六年一月十五日ニ農務局報告課ニテ修史館楓山文庫藏本ヲ臨寫）

二一八一ハン ○ 版本通義（百科小叢書）・一冊・錢基博・上海商務印書館・民國二十二年

一一三七ハツ 服部先生古稀祝賀記念論文集・一冊・全記念論文集刊行會編・東京富山房・昭和十一年

三〇ヒガ 東蒙古・一冊・關東都督府陸軍部編・東京兵林館・大正四年

一八四ヒラ ○ 平賀源内集（全）・一冊・塚本哲三編・東京有明堂書店・昭和九年

一八三ヒラ 平賀源内全集・二冊・入田整三・東京萩原星文館・昭和十年

[redacted] 秘傳花鏡（全）・六冊一帙・西湖花隱陳淏子評輯

一三二七ヒン 瀕死の琉球・一冊・新城朝功・東京越山堂・大正十四年

一四二八ヒテ 秘傳花鏡・六冊・花說堂梓行・安永二年

二九六ヒツ 必用便覽・一冊・東京書肆・小柳堂

六六四ヒレ ○ 悲戀の爲恭・一冊・藤森成吉・東京改造社・昭和十三年

八九四ハグ 白虎通・四冊一帙・國子監・寛文壬寅

[illegible]ヒツ 筆叢・十六冊二帙・胡應麟

[illegible]ヒツ 筆史・一冊一帙・明治十六年

[illegible]七ヒウ 日向文献史料・一冊一帙・若山甲蔵・宮崎市日向文献史料發行會・
昭和九年

[illegible]ヒヨ 表装備考・一冊一帙・岡村辰雄編・東京馬場辰雄・昭和十一年

五七ヒヨ 表具のしをり（新修版）・一冊・山本元・京都芸草堂藏版・昭和十二年

二六四三ヒヨウ 標準漢文法・一冊・松下大三郎・東京中文館・昭和五年

九五九ヒヤ 百万塔陀羅尼考證・一冊・禿氏祐祥・京都東山堂・昭和八年

一三四九ヒラ 平田篤胤全集・十五冊・平田學會編・東京全集事務所及書店發行・
明治四十四年乃至大正七年

四八八[illegible] 百世草・一冊一帙

[illegible] 標註古風土記・二冊・栗田寛纂・東京大岡山書店・昭和五年及六年

五〇五ヒロ 廣島縣樹目一覧表・一冊

二九四一ヒランシ 飛鸞雑考・一冊・武藤長平・大正四年

九五ヒシ 避暑録話・二冊・宣統己酉

三〇六〇ヒロ 廣島縣儒者傳、偉人傳第一編・一冊・手島益雄・東京東京藝備社・
大正十四年

七九八ヒヨ 評本文章軌範・三冊一帙・中村孫五編・東京亀谷竹二・明治十一年

一六八[illegible]ヒヤ 百萬小塔肆攷・一冊一帙・平子尚・東京印刷株式會社・明治四十一年

[illegible]十八ヒガ 碑碣法帖談・一冊・樋口勇夫・東京文昌社・明治四十五年

三〇三九ヒヨウ 漂客譚奇全・一冊

三〇六一ヒロ 廣島縣續儒者傳、偉人傳第拾編・一冊・手島益雄・東京東京藝備社・
大正十四年

二一〇[illegible] 秘府略八百六十八・一卜卷一箱

一[illegible]ヒツ 筆補史・一冊・宮武外骨・東京朝香屋書店・大正十五年

[redacted] 古染紙之譜・一冊一函・上村六郎・京都貴書□・昭和十六年

二四七一フ⑥ 肥後国志・十巻附録一・二冊・熊本県・明治四十三年

[redacted]
肥前国風土記考證・一冊・後藤藏四郎・東京大岡山書店・昭和八年

三〇七八ヒヨウ 漂民御覧之記・一冊

二四九六フク 福翁自伝・一冊・福沢諭吉口述・東京時事新報社・昭和五年

[redacted] 一見昇青の略傳・一冊一帙・關□編・東京全人社・昭和二年

二八二三フジ 藤田博士記念展覧会陳列図書目録・東京東洋文庫・昭和五年

一五七三フジ 藤岡博士功績記念言語学論文集・一冊・藤岡博士功績記念会編・
東京岩波書店・昭和十年

二二三(4)三フク 福翁百話・東京時事新報社・昭和九年

二四七〇フソウ 扶桑紀年銘鏡図説・一冊・廣瀬都巽・大阪、大阪市役所・昭和十三年

七九一フソ 扶桑略記・十五冊二帙・文政三年

フウ 風雅論・大西克禮・東京岩波書店・昭和十五年

[redacted] 福草考・一冊一帙・嘉永三年

三〇五二フル 古池遊五拾會百回集・一冊・野川勝次郎・大正三年

一四七八フク 普通学校朝鮮語読本・巻一―巻六・六冊・朝鮮総督府・京城朝鮮書籍印
刷株式会社・昭和三年―大正十三年

二〇〇〇フツ 普通術語辞彙・徳谷豊之助・東京敬文社・明治三十八年

二〇〇〇フク 服忌令撰註・六冊一帙

二四三フル
古本屋、創刊号―第十号（目録及特別号共）・十二冊・大阪荒木伊兵衛・
昭和二年―昭和六年

一六六三ヘイケ 平家物語略解・一冊・御橋悳言・東京寳文館・昭和四年

[redacted] 平家納経図録・一冊一帙・奈良帝室博物館編・京都便利堂
・昭和十五年

二九一三ヘン　片玉本草・一冊・玉地齋・天和三年

七三二ヘイ　瓶花圖彙・二冊一帙・元祿十一年

四九四ヘン　砭經（孫眞人傳砭記、砭道人砭術述）・一冊

五五四ヘイ　瓶史國字解・十一冊二帙・傳雲齋先生註・千鐘房梓・文化六年

一六六〇ヘイ　瓶史（昭和八年春及秋季）・二冊・西川一草亭・京都去風洞

二六〇四ヘイ　平家物語評釋・一冊・内海弘藏・東京明治書院・大正十五年

一〇三ヘ　闢邪小言・四冊一帙・大橋順・周道浦

二四七三ヘイ　平家物語につきての研究　明治四十四年　三冊
平家物語考
平家物語の語法上下・大正三年
國語調査委員會（文部省内）・國定教科書共同販賣所

八〇五ヘイ　駢字分類（完）・一冊一帙・林厚德註・東京全八發行・明治十四年

一七二七ヘン　繻子生抄・一冊・享保三年

四五七ヘイ　瓶史（完）・三冊一帙・明袁宏道著・淡路國大村純道・明治十四年

二〇五八ヘコ　門外不出・一冊・久保盛丸・イヨ、ウワジマ凸凹寺・昭和六年三月

二七三九ホン　本草便覽・二冊一帙・成兆嘉・光緒丁亥孟夏

[illegible]ホン　本草書目（[illegible]本之部）・一冊一帙

二七五〇ホン　本草綱目・三十八冊八帙・武林錢衙板

[illegible]ホン　本草思辨錄・四冊一帙・山陰周巖伯度甫著・光緒二十年

[illegible]ホン　本草綱目拾遺・十冊一帙・錢唐趙恕軒先生遺著

三六七ホン　本草沿革考（完）・一冊一帙・岡本保孝稿

四二六ホウ　方言、一巻一號―五巻十二號（未製本）・高橋武馬・東京春陽堂

三二四ホン　[illegible]六書箴言・四冊一帙

[illegible]ホン　方丈記及解説・桐縮入一冊・青德財團・昭和十三年

[illegible]ホン　本草餘纂 ● 十冊二峡

[illegible]　本草集要（室町古寫本）● 四冊一峡

[illegible]ホン　本草綱目彙疏 ● 二冊一峡 ● 東都會[illegible]士孝輯

[illegible]ホウ　庖厨備用倭名本草 ● 六冊一峡 ● 貞享元年

[illegible]ホン　本草通串證圖巻三 ● 一冊一峡

三〇〇八ホウ　方彙 ● 一冊 ● 甲賀通元 ● 享保癸丑

[illegible]四八ホウ　澎湖風土記 ● 一冊 ● 井田麟鹿 ● 東京以文館 ● 明治四十四年

[illegible]　本草沿革攷（[illegible]）● 一冊 ● 岡本保孝稿

[illegible]九〇ホン　大和本草一ー十 ● 十冊 ● 貝原篤信 ● 江戸閣田厚喜七 ● 寶永戊子

[illegible]　本邦書誌ノ書誌 ● 一冊 ● 天野敬太郎編 ● 大阪間宮商店 ● 昭和八年

工ホク　北窻瑣談 ● 八冊一峡 ● 梅華仙史橘春暉 ● 文政十二年己丑

[illegible]　本草藥名備考和訓鈔 ● 七冊二峡 ● 天保二年

二[illegible]三〇ホン　本草和解巻之四目錄 ● 一冊

[illegible]ホン　本草穿要 ● 四冊一峡

[illegible]ホン　本草彙名記 ● 類剤記 ● 一冊一峡 ● 永祿五年

[illegible]　本草成立ノ經過 ● 一冊一峡 ● 北平今關研究室 ● 昭和五年

二六九四ホン　本草述鉤元 ● 十二冊一峡

一九三一ホウ　法律語彙 ● 一冊 ● 司法省藏版 ● 明治十六年

一[illegible]ホウ　法制史の研究 ● 一冊 ● 三浦周行 ● 東京岩波書店 ● 大正十四年

三[illegible]ホン　本草滙 ● 二十冊二峡 ● 呉門郊西郭佩蘭章宜輯 ● 元祿六年

一八〇六ホン　飜譯論 ● 一冊 ● 野上豊一郎 ● 東京岩波書店 ● 昭和十三年

三三一ホン　本草摘要 ● 二冊二峡 ● 京師西村嘉兵衛板 ● 元祿十年

三[illegible]〇ホン　本草和名鈔 ● 二冊一峡 ● 丹波康頼著

二八六〇ホウ　寶生、創刊號ー第十七巻 大正十一年ー昭和十三年 欠本アリ ● 佐野[illegible] ● 東京寶生發行所

一四三六ホウ　方丈記評釋 ● 一冊 ● 內海弘藏 ● 東京明治書院 ● 昭和十三年

二一〇[illegible] 北山抄紙背草假名消息第一●三條公爵家所藏●附翻實北山抄紙背草假名消息●京都便利堂

三八一ホン 本朝醫家著述目錄●一冊一帙●坂原七之助編●大阪誠文堂書店●昭和十年

[illegible] 豐太閤三國處置太早計及建言（漢文）（一冊一帙入）●實藏館圖●昭和十一年

一六三六 寶物集第四卷及元興寺緣起●一冊一帙●東京古典保存會●昭和二年及十四年

二六八一ホン 增訂本草備要●二冊●汪訒菴輯●京都植村藤次郎●享保十四年

二四八一ホン 法華經單字及解說●桐箱入一冊●京都便利堂貴重圖書影本刊行會●昭和九年

一六九〇ホン 本邦四書訓點並に注解の史的研究●一冊●大江文城●東京關書院●昭和十年

二六一〇ホウ 寶雲第一冊―第五冊●五冊●遠藤敬夫●東京寶雲會●昭和七年―八年

[illegible] 本草備傳●二冊一帙●龍安齋玄幽編集●丁字屋長兵衛●萬治元年

二四[illegible]七ホン 漢書藝文志より本草衍義に至る、本草書目の考察●一冊●中尾万三●京都藥學專門學校藥窓會●昭和三年

二六九ホン 證類本草（自第一卷至第六卷合本及び本共）●九冊●北平輔仁大學圖書館●民國十八年―二十六年

二八四一ホン 星岡（第一〇二及一〇四―一三〇）第百一號●二十八冊●林征木●東京便利堂出張所●昭和十四年―十六年

四[illegible]八ホン 本草書目の考察●一冊●中尾萬三●京都藥學專門學校藥窓會●昭和三年

二九四ホン 本草疏證●十二冊一帙

[illegible] 本草綱目●五十六冊十二帙●[illegible]

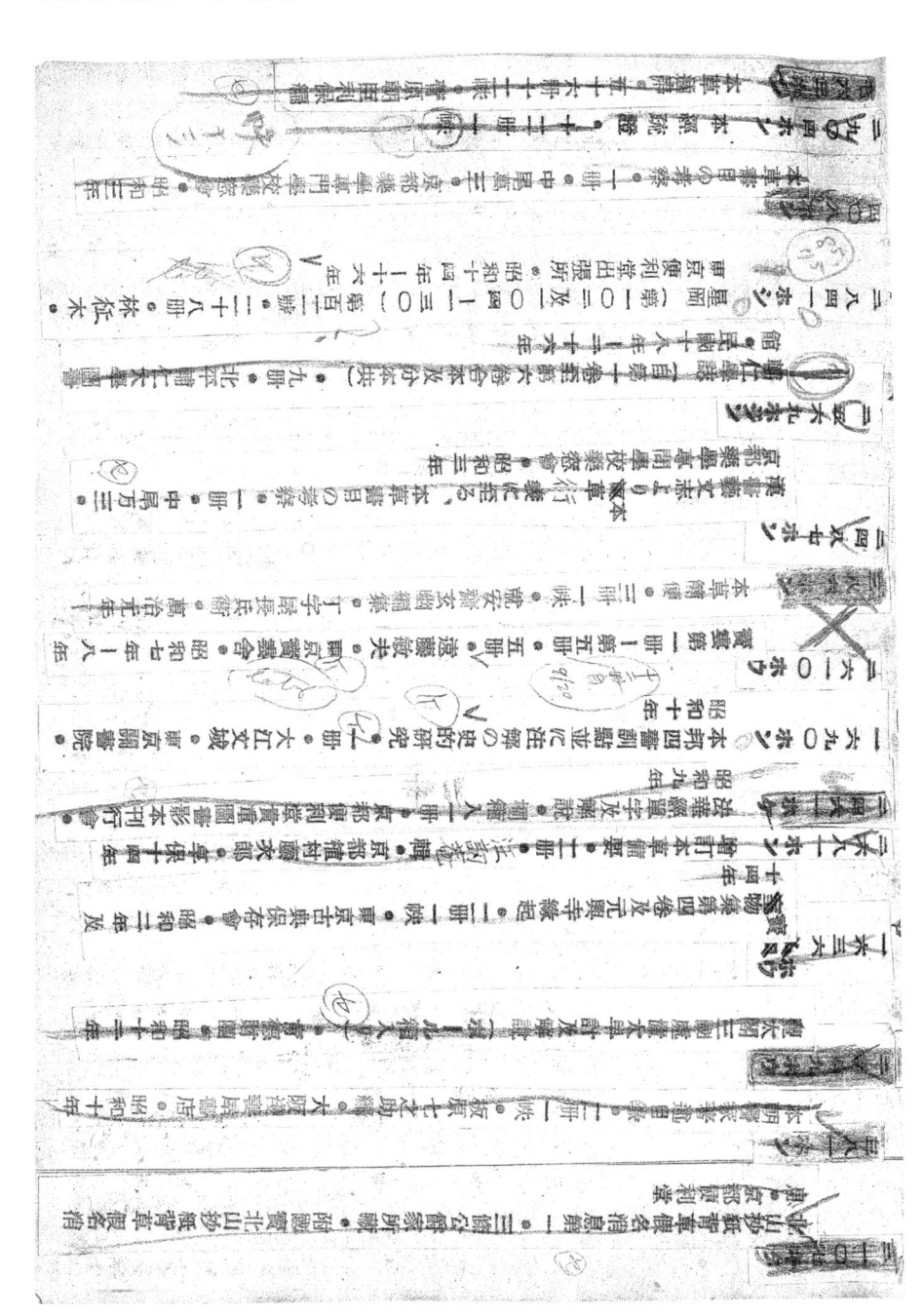

二六七四 ホン 本草圖譜・岩崎常正・東京本草圖譜刊行會

[illegible] ホン 本草類編選・二冊一帙

二〇[illegible] ホウ 法制史料古文書類纂・一冊・瀧川政次郎・東京有斐閣・昭和二年

二〇一五 ホン 本邦教育史概説・一冊・吉田熊次・東京目黒書店・昭和八年

[illegible] ホウ 法制史上より見たる日本農民の生活律令時代上下・二冊・瀧川
東京同人社書店

一九〇五 ホウ 續法制史の研究・一冊・三浦周行・東京岩波書店・大正十四年

一八〇一 ホウ 豐高日記能楽史料第三編・一冊・坂元雪鳥・東京わんや書店・昭和十年

一四三九 ホウ 大福光寺本方丈記・一冊一帙・東京古典保存會編及發行・大正十五年

一四九一 ホウ 實生院藏倭名類聚鈔紙背文書・一冊・東京古典保存會編及發行・
大正十五年

[illegible]一七 ホ[illegible] 北海道地名解・一冊・礒部精一・札幌富貴堂書房・大正七年

[illegible] ホン 本朝書籍目録考證・一冊・和田英松・東京明治書院・昭和十一年

二〇四〇 ホウ 法制史論集・一冊・宮崎於莵丸・東京岩波書店・昭和四年

[illegible] ホン 圖注本草原始・雍邱李中立正宇纂輯・光緒年新鐫・善成堂

二六九二 ホン 食物本草約言・八冊

七四八 ホン 本草通串證圖・二十冊一帙

七七一〇 ホン 增訂本草附方・四冊一帙・和采堂

[illegible] ホン 本草正譌刊誤・一冊一帙・安永八年

二六八二 ホン 增訂本草備要・二冊

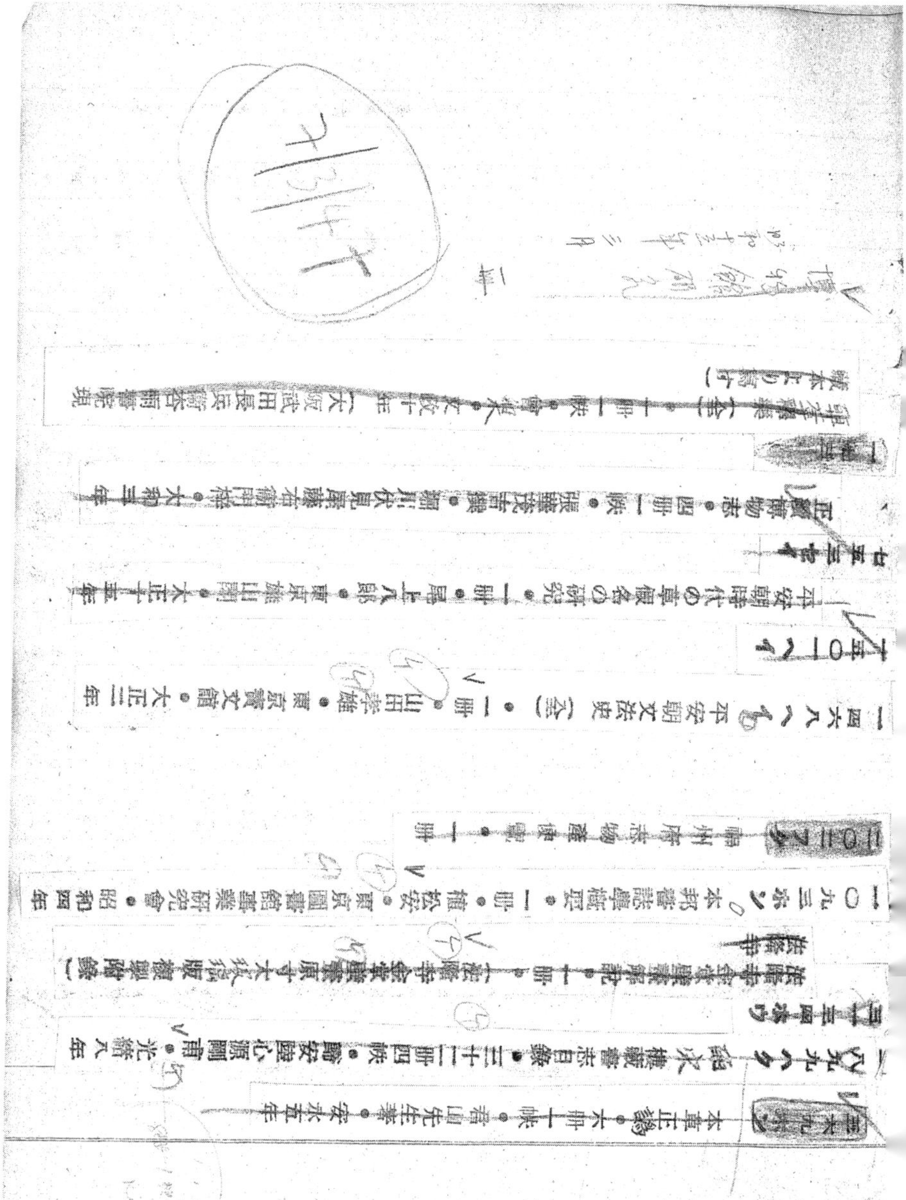

三六九ホン　本草正譌・六册一帙・君山先生著・安永五年

一八九九ヘク　皕宋樓藏書志目錄・三十二册四帙・歸安陸心源剛甫・光緒八年

ヨ一三四ホウ 法隆寺　法隆寺金堂壁畫解說・一册・（法隆寺金堂壁畫原寸大玻璃版複製附錄）

一〇九三ホン　本邦書誌學概要・一册・植松安・東京圖書館事業研究會・昭和四年

二〇二フタ　福州府志物產便覽・一册

一四六八ヘ　平安朝文法史（全）・一册・山田孝雄・東京寶文館・大正二年

一五〇一ヘイ　平安朝時代の草假名の研究・一册・尾上八郎・東京雄山閣・大正十五年

七五三七イ　正德博物志・四册一帙・張華茂先撰・瀬川伏見屋藤右衛門梓・大和三年

[illegible]　筆海雜纂（全）・一册一帙・曾魯撰・文政十年（大阪武田長兵衛杏雨書院現藏本より寫す）

[illegible]ケン 章見書・一冊一帙・明治十一年

[illegible]五 イン 孝森州集・四冊一帙・官板文政三年

一三七イ 一切經音義・七冊一帙・山田孝雄編・東京西東書房・昭和七年

[illegible]二四エイ 榮花物語・九冊一帙

六二七イセ 伊勢物語・一冊・屋代弘賢校訂・東京岩波書店・昭和六年

五九九イノ 井上頼國翁小傳・一冊・東京田邊勝哉編及發行・大正十年

三八二イセ 伊勢物語古註大成・一冊

[illegible]七五トウ 藤陰山房叢書一ー二十七・二十七冊・川口賢造他

二四〇七インジ 印文學・一冊・前田俊・東京三圭社・昭和四年

五〇九イマ 今鏡（畠山本）・二冊一帙函入・和田英松校訂・東京大塚巧藝社・昭和十三年

[illegible]九イナ 稲荷神社志料（全）・一冊・大賀直浦・京都大賀直浦・明治四十二年

[illegible]三〇キノ 井上先生喜壽記念文集・一冊・巽軒會編・東京冨山房・昭和六年

[illegible] 飲膳摘要（補遺）・一冊一帙・蘭山小野先生審定・衆芳軒藏板

[illegible] 怡顔齋蘭品・二冊一帙・松岡恕菴先生著・平安竹苞楼梓・明和九年

三二イン 殷墟出土白色土器の研究・一冊・京都東方文化學院・昭和七年

二四二一イタイ 異態習俗考・一冊・金城朝永・東京六文館・昭和八年

二五四三イ 偉人傳、沖縄教育第六十四號・一冊・親泊朝擢・沖縄沖縄教育會・明治四十四年

[redacted] 飲膳摘要・一册一帙・小野蕙畝編・明治十五年

[redacted] 醫籍考・四册一帙・多紀元胤編・上海中西醫藥研究社・民國二十五年

[redacted] 醫籍考・八册・多紀元胤編・東京國本出版社・昭和八年乃至十年

[redacted] 醫賸・三册一帙

二六一二 イガ 現代醫學大辭典第十四卷小兒科學篇・一册・神田豐穗・東京春秋社
昭和四年

一〇五四 イワ 岩瀬文庫圖書目錄・一册（二部）・岩瀬文庫編・愛知縣全庫發行・
昭和十一年

[redacted] いろは字原考（全）・一册一帙・森立之・東京文祥堂書店・昭和八年

一一七六 イミ 伊丹風俳諧全集・一册・岡田利兵衛・兵庫縣全人發行・昭和十五年

[redacted] 伊野讀本・一册一帙（二部）・伊野小學校鄉土研究會發行・昭和十一年

一三八一 イセ 伊勢物語新釋・一册・藤井高尚著

五三二 イノ 伊能忠敬（隨遺著測量日記）・一册・伊能會・東京忠敬會・明治四十四年

[redacted] 陰名考・一册・松岡調・陰隱逸傳、阿新丸物語・一册

[redacted] 怡顏齋菓品（全）・一册一帙・松岡玄達成章著

[redacted] 維新前後外國語圖書目錄・一册・東京外國語學校編・東京全校發行・
昭和五年

[redacted] 衣裏珍玉（作詮釋種）・一册・臨池舍清潔正義著・文政十二年
（昭和十二年十月岩瀬文庫藏書謄寫）

九二五 イン 印刷局沿革錄・一册・印刷局・明治三十六年

[redacted] 怡顏齋櫻品・一册一帙・寶曆八年

二二一九イシ 石川啄木全集・一冊・石川啄木・改造社・昭和六年

[redacted] 印度紙葉考（全）・一冊・東武梵學敎者宝利行智著・嘉永六年寫

[redacted] 一壺亭茶話（全）・一冊一帙・近藤楠作編述・明治五年

九八八イン 韻偶大成・三冊・上村才六編・東京慶敎社・大正八年

(5)三三イマ 今和藤内もろこし舟・三冊一帙・閑楽子作・旗心堂・享保三年

二一四一インド 印度古典、カーマ・スートラ・一冊・印度學會・大正十二年

二二五〇イワ 岩波文庫古今著聞集・一冊・黒板勝美・東京岩波書店・昭和十五年

二五六七イン 引得、二之刊特―第四十三號（七、十、二十三、二十七、二十八、缺）三十五冊・燕京大學・一九三二年―三九年

二四〇一イジン 偉人野口英世・一冊・池田宣政・大日本雄辯會講談社・昭和十六年

二三三三イヲ 異國草木會目錄（全）・一冊・賀島信近

一三八イ 一切經音義索引（全）・一冊・山田孝雄編・東京西東書房・大正十四年

五六四イカ いかもの趣味・四冊二帙・礒部鎭雄編・東京いかもの會・昭和八年―十年

[redacted] 野事啓源・一冊一帙・今村了菴・京都出雲寺文治郎其他・元治元年

[redacted] 移居記・鳥名便覽（全）・一冊一帙・夢橋山人・南山老人著

四一二イ　伊藤圭介先生の傳・一册・梅村甚太郎編・名古屋仝人發行・昭和二年

二八八イ　醫心方・五册桐箱入・萩野仲三郎編及發行・昭和十年

一六〇九イ　伊京集（全）及解題・二册一峡函入・帝國圖書館編・京都便利堂・昭和十六年

三〇〇九イ四八　袖珍いろは節用集完・十册・安田敬常・東京三輪書店・明治四十四

二一三四イン　英和印刷書誌百科辞典・東京日本印刷學會・東京印刷雜誌社・昭和十三年

二九三三イケ　池坊立華新撰五十瓶圖、前後・二册・猪飼三右衛門

二八七イン　醫心方・七册・正宗敦夫編・東京日本古典全集刊行會・昭和十年

三〇四六オイセ　御伊勢詣り資料目錄・一册・田中俊次・京都有鄰會・昭和四年

二八九七イ　慈山書院志・四册一峡

二七〇〇イン　補遺飲膳摘要・衆芳軒藏板

一六〇五イン　殷契卜辭・三册一峡・容庚及瞿潤緡合著・北平哈佛燕京學社・西曆一九三三年

二四五六イマ　今鏡第四巻解説・桐箱入一册・育德財團・昭和十四年

二四七七イン　韻鏡考・一册・大矢透・著作者發行・大正十三年

二九九五エイ　榮花物語・二十一册

一三七五ハン　板碑概説・二册・服部清五郎・東京鳳鳴書院・昭和八年

二〇七七ヒト 一瓢随筆第一號・一冊・宮武外骨・東京威光館・昭和五年

一五六〇ハイ 英譯古今俳句一千吟・一冊・宮森麻太郎・東京同文社・昭和五年

一六三七シキ 色葉字類抄・四冊一峡・東京古典保存會・大正十五年

六一五シキ 色葉字類抄及解說・三冊函入・東京育德財團・大正十五年

一一四六モイ 一誠堂古書籍目錄・十冊・一誠堂書店・東京全書店發行・大正十四年、昭和二年

[illegible] 遺響錄・二冊一峡・山本復一編・明治己卯

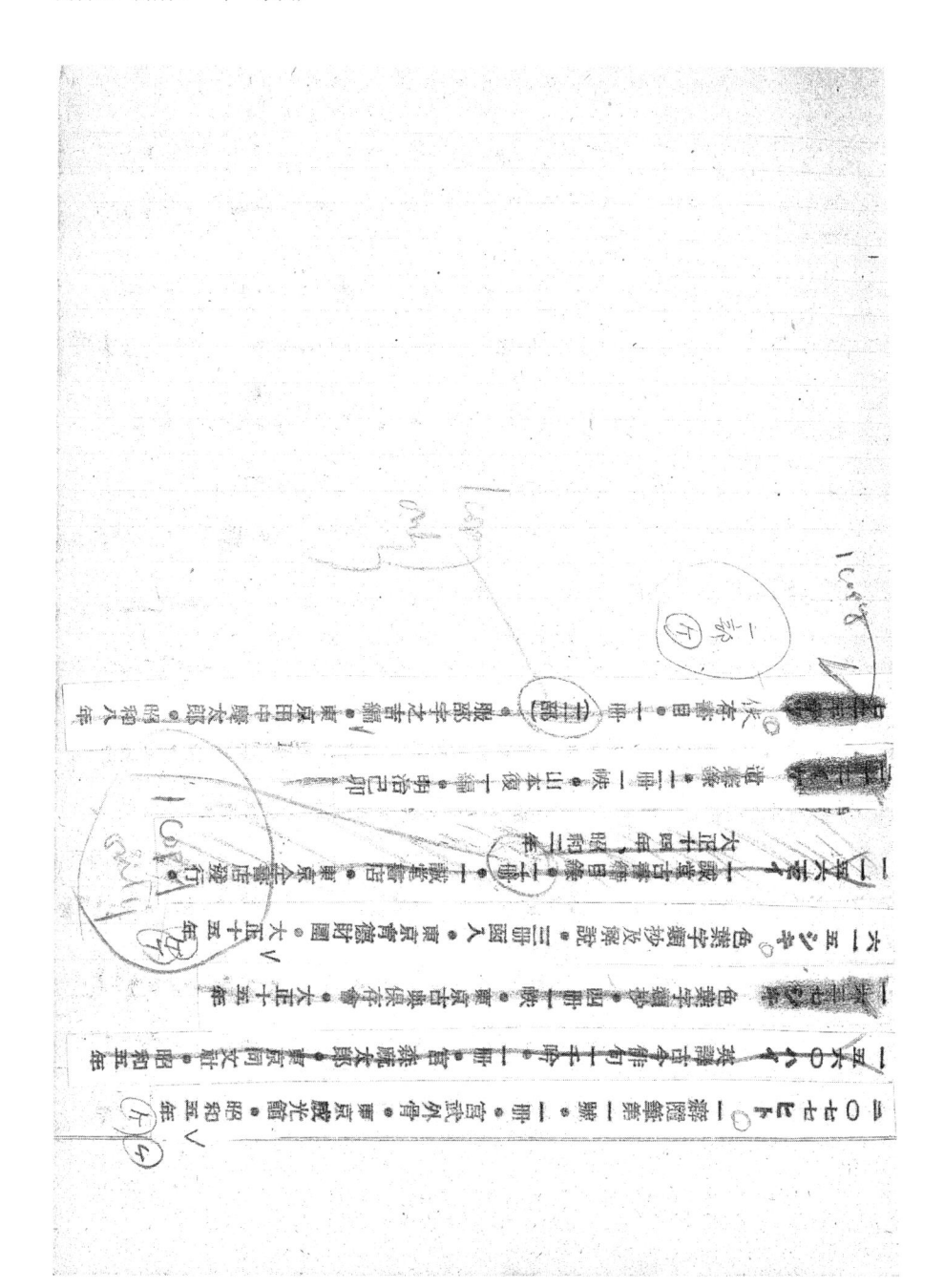

[illegible] 佚存書目・一冊（二十部）・服部宇之吉編・東京田中慶太郎・昭和八年

テ 外務省公表集第十六輯・一冊（支那事變關係を除く）・外務省・昭和十五年

二七二九ガク 學壺問答半椿尺牘（上下）・二冊・神木猶之助・明治四十四年

二七五九ガン 眼科摘要・九冊・佐藤 海爾・倉次元意譯・臨湖山房蔵

二〇〇二ガン 杞菀日渉上帙・六冊一帙・梧亭

二〇〇三ガン 杞菀日渉・七冊一帙・文化四年

一一四九ガク 學燈・一冊・東京丸善・昭和十六年

三四七ガ 衛署名目・一冊

一〇九ガン 巖松堂書目・一冊・巖松堂書店古典部・昭和十六年

九五〇ガン 雁皮栽培錄・一冊一帙

九九ガン 雁皮栽培錄・一冊一帙（二部）・梅原寛治・東京有隣堂・明治十五年

八七〇ガン 雁皮栽錄・一冊・關彪編・東京丸善株式會社・昭和十五年

四九ガ二 畫工便覽・七冊二帙・肥後守源君美撰

二〇〇八ガク 學津討原・二十〇冊三二帙・内部叢書類聚刻用

六七ガ目 書論叢刊・六冊一帙・于海校輯・北平中華印書局・民國二十六年

二一七六ガク 學海類編・百二十冊・呂祖謙外

二七二八ガク 學壺問答半椿尺牘・三冊一帙・神木猶之助・明治四十四年

二七八八ゲイ 藝文（未製本）第一號ヨリ第二十二號・四十七冊

三〇七三ゴ 五十音辨・一冊・二千五百三十四年

二九五二ギヨ 御纂性理精義巻一―巻十二・六冊・康熙五十六年

二五二一ゲイ 藝園鉏莠（上下）・二冊・丸山松神・江戸層山堂

二四〇九ジオン 字音便覽・一冊・佐藤東治・東京陸軍經理學校内陸軍主計團記事發行部・大正九年

三〇五八ジフ 十島圖譜・一冊・鹿兒島縣十島村役場・川崎[illegible]社・昭和八年

三一四九ノウ 重校神農本草・二冊・光緒丙午年

二〇九八ガイ　陔餘叢考　卷三十一卷四十三・十五冊二帙

二八〇ガク　畢範・一冊一帙・上村次郎右衛門・明曆二年

二一〇ガ　畫府書、畫水書・寫本一冊一帙・蓬翁用九識・甲寅四月望

七四ガク　畢古發凡・六冊一帙

二六九八ガイ　類苑名書・四冊・潤書會・江戸須原屋茂兵衛

二二九五ガイ　藝林閒步・一冊・（太田正雄）木下杢太郎・東京岩波書店・昭和十一年

年　正の　道、所謂古體茶會詞・一冊・竹内柴亭・東京雄山閣・昭和六年

二〇五二ガシ　源氏物語と音樂・一冊・山田孝雄・東京寶文館・昭和九年

一九六六ガシ　現代挿花圖集第三輯・一冊・日本花道學院・昭和三年

一六六五ガシ　元始日本語・一冊・中村鳥堂・横濱市元始日本語刊行會・昭和三年

一九八三ガシ　言解大學、言解中庸、言解論語、言解孟子・七冊一帙・李範三・京城文言社・昭和七年

一九八三ガシ　現代日本語文法（文語口語對照）・一冊・松浦茂三・東京文象堂

ヒガシ　元泥の藏・東洋文庫叢書第十五・二冊一函・湖南・東京東洋文庫・昭和六年

二〇三七ガシ　現行法律語の史的考察・一冊・瀧川政次郎・東京萬里閣書房・昭和五年

一九六二ガシ　現代挿花圖集第二輯・一冊・西阪專之太郎・昭和十一年

ム四〇ガシ　元祿古畫集英第一輯・六十枚目錄八枚六十四頁・澁井清・東京古版畫研究學會・大塚巧藝社・大正十五年

元祿古畫集英第二輯・六十一枚目錄三枚二十四頁・澁井清・東京古版畫研究學會・昭和三年

以上二點紙箱

三〇九〇ガイ　鏤海珠塵土集・一冊・吳省蘭輯

三七ガダ　學庸新義・一册・張新吾・北平張新吾・民國二十五年

一八ゲツ　月江和尚錄、生々寶堂叢書・一册・德富豬一郎・東京民友社・大正三年

六〇ゲイ　藝文第十三年第三號・一册・京都文學會・大正十一年

一五五ゲン　言語の構造・一册・泉井久之助・東京弘文堂・昭和十四年

七五五ゲカ　外科正宗・四册・陳實功・萬曆丁巳

七六七ゲン　諺草・七册・貝原好古・阪府書舖老舖前川善兵衛・元祿十四年

一八四ゲイ　藝苑巵言（全）・四册一峡・吳郡王世貞元美著・錦山堂梓・延享丙寅

一五一ゲン　源氏物語研究書目要覽・一册・藤田徳太郎・東京六文館・昭和七年

一五〇ゲン　源氏物語書史・一册・武笠正雄・東京平原社・昭和九年

九六三ゲン　現代挿花圖集・一册・西阪清華・大阪第一藝文社・昭和十一年

一〇〇四ゲイ　藝芸書舍宋元本書目・一册一峡・蘇州文學山房發行

一〇七七ゲタ　解題叢書（全）・一册・國書刊行會・東京全會發行・大正五年

七八ゲタ　解題叢書・一册・廣谷雄太郎・東京廣谷國書刊行會・大正十四年

七七五ゲン　現氣先後說・一册・池上幸二郎撰・東京時心堂・昭和十三年

二〇六一ゲイ　藝者論・一册・矢野恒太・東京博文館・明治四十五年

二九一四ゲン　增補元三大師御鬮判斷鈔（全）・一册・京都書林丁子屋平兵衛

一四一八ゲン　現代支那語科學・デンツエルカー著・魚返善雄譯・東京文求堂・
昭和十四年

三〇七七ゲン　言語遊戯考・一册・綿谷雪・東京發據堂書院・昭和二年

一四七四ゲン　現代國語思潮・一册・日下部重太郎・東京中文館書店・昭和八年

一八四三ゲン　元朝驛傳雜考東洋文庫叢刊第一附篇・一册・羽田亨・東京東洋文庫・
昭和五年

101ハヂイ
藝文志・一冊・洪業等他編・北平燕京大學圖書館引得編纂所・民國廿二年

二一ゲン
增註源氏物語湖月抄上中下・三冊・有川武彦・東京弘文社・昭和四年

五九ハヂン
元秘史譯音用字攷・一冊一帙・陳垣撰・北平國立中央研究院歷史語言研究所・民國二十三年

四一ハキ三ゲン 言語誌叢刊・八冊・東京刀江書院・昭和五年乃至十一年

壹岐島方言集・山口麻太郎著
滋賀縣方言集・太田榮太郎編
莊內語及語釋・三矢重松著
南島方言資料・東條操編
仙台方言音韻考・小倉進平著
北飛驒の方言・荒垣秀雄著
蝸牛考・柳田國男
德川時代言語の研究・湯澤幸吉郎著

九二ダイ 叢[illegible]事・五十九冊五帙・圖書刊行會及國書刊行會發行

第一帙
本朝畫人傳補遺・一冊・西村兼文後素談叢・四冊・前田香雪
裝劍奇賞・三冊・稻葉新右衛門・天明元年
浮世繪年表・一冊・林繼之助編・大正九年
石亭畫談・一冊・竹本又次郎・大正七年

第二帙

浪花擷芳譜・二冊
高久靄厓四君畫冊・一冊
裕蒼堂畫帖・一帖
大雅堂畫譜・二冊
十二刀法詳説・一冊・篠山二郎公忠
芥子園翎毛花果譜・三冊
賛工廿八氣象・一冊・北尾紅翠齋畫

第三帙

江戸諸家人名錄・二冊・扇面亭編・圖書刊行會吉川弘文館
寫山樓描法・一冊・谷文晁筆
口嗜小史・一冊・西田春耕・明治二十年
浪華人物誌・四冊・岡本撫山
寒檠璅綴・三冊・淺野長

第四帙

良山堂茶話（全）・一冊・阿部良山・大正八年
松藤快談・一冊・長野豐山・大正八年
長崎古今學藝書畫博覽（全）・一冊・西琴石・大正八年
學叢（全）・一冊・大江資衡・大正八年
雲烟略傳（全）・一冊・清宮秀堅・大正八年
扶桑名公畫譜（全）・一冊・淺井不舊

第四帙

畫乘要略（全）・一冊・白井華陽
臨蒼清秘錄
胸中山・鵬齋先生畫譜・文化十三年
朝陽閣鑑賞錦繍帖・二冊

第五帙

賴山陽印譜等印譜・十五冊一峡

一五三七ギヨ　玉篇の研究・一冊・岡井慎吾・東京東洋文庫・昭和八年

二六一九ギヨ　漁撈論（全）・一冊・川合角也・東京水産社・大正九年

二四七五ギモン
疑問仮名遣・前後二冊・国語調査委員会（文部省内）・国定教科書共同販
売所・大正元年（前）大正四年（後編）

二一八九ギヨ　御定駢字類編・六十冊四帙・光緒丁亥夏上海同文書局石印

三一九八ギヨ　御製増訂清文鑑序・三十二冊[illegible]帙

三一四〇ギヨ　御製増訂清文鑑補編・四冊

一三五九ギヨ　御物[illegible]日記複製頒布趣旨書・一冊・貴重図書影本刊行会

七〇[illegible]　御製耕織図・二冊一帙

三一〇八ギヨ　御製[illegible]・四冊一帙

二〇〇一ギレイ　儀禮図・八冊一帙・官版寛政十一年

一六五四ギヨ　御物上代染織文・二冊一帙・帝室博物館・昭和四年

三一八八ギヨ　御製勧善要言・一冊一帙

二〇[illegible]　[illegible]叢書・一冊一帙・桑田立斎・[illegible]館蔵版

一八キグン
続々群書類従・十二冊・国書刊行会編・東京公会発行・明治三十九年
四十三年

三〇[illegible]　元西湖書院書目・一冊一帙

一一四二グン　群経概論（百科小叢書）・一冊・周予同・上海商務印書館

一一八八グン　続群書類従・七十二冊・東京続群書類従完成会・昭和六年―八年

一〇一二グン　群書索引・三冊・物集高見・東京廣文庫刊行会・昭和三年

一九七〇グン　専門勝録朝鮮史料叢刊第三●一冊一帙●朝鮮史編修會●昭和八年

四千十グン　新校群書類從●二十四冊●塙保己一編●東京内外書籍株式會社●昭和四年

三七二一グン　孝寿芳暦本草目録●一冊●梅屋鞠塢

一一二六グン　群書一覽●二冊●尾崎雅嘉其他●東京日用書房●大正十五、昭和六年

一七八五ゴ△　五音上下能樂資料第二編前編●一冊●能樂研究室●東京能樂資料領布會●昭和七年

七八八ゴセ　御成敗式目●一冊一帙●慶長十二年

七八九ゴセ　仝　仝　慶安三年

七九〇ゴセ　仝　仝　慶安四年

[redacted]　御成敗式目及解説（尊經閣叢刊辛未歳配本）●二冊一帙函入●東京育徳財團●昭和六年

[redacted]　御謚號年號譜例（完）●一冊一帙●松浦詮編輯●東京青山清吉●明治二十六年

[redacted]　五十音圖の歴史●一冊●山田孝雄●東京寶文館●昭和十三年

一〇五七ゴウ　佘州讀書後●四冊一帙●佘州先生●江源閣藏梓

十ゴ　五山文學小史●一冊●上村觀光●東京裳華房●明治三十九年

一七八六ゴ△　五音ぬき書上下能樂資料第二編後編●二冊一函●能樂研究室●東京能樂資料領布會●昭和七年

二七五三ゴ 後漢書・六十冊

一[illegible]〇ゴゲ 語源類解（全）・一冊・東京松村任三著及發行・大正五年

二八七〇ゴ 五車韻瑞 一一一六〇・四十九冊十峡
京都八尾勘兵衛・萬治二年

一[illegible]九ゴ 五山文學全集・五冊・上村觀光編・五山文學全集刊行會・昭和十一年

一三二ゴ 五山詩僧傳・一冊・上村觀光編・東京民友社・明治四十五年

五七八ゴジ 五十萬卷樓藏書目錄初編・二十二冊四峡・東莞莫伯驥天一撰・上海商務印書館・民國二十五年

一三三ゴ 五山の四大詩僧・一冊・今關天彭・昭和八年

[redacted] 吾園隨筆・三冊一峡・細川潤次郎・東京全人發行・明治十九年

一四九八ゴブ 語文論叢・一冊・京城帝國大學文學會編・東京岩波書店・昭和七

[illegible] 御膳本草・一冊一峡

[illegible]ジヨ 如亭山人詩本草（完）・一冊一峡・萬延元年

七一一ジヨ 清代圖書館發展史・譚卓垣・上海商務印書館・民國二十四年

五六八ジヤ 若樹文庫入札略目錄・一冊・昭和十三年

一九〇ジウ 十島問答・一冊・鹿児島市一誠社・昭和七年

[illegible]ジカ 重訂解體新書・十三冊二峡・杉田玄白先生新譯・東都千鐘房・文政九年

八一ジカ 儒學概論・一冊・北村澤吉・東京關書院・昭和十三年

七一〇ジウ 從吾所好・一冊一峡・林若吉編・東京全人發行・明治四十五年

一[redacted] 十六世紀世界地圖上の日本・一冊・岡本良知・東京弘文莊・昭和十三

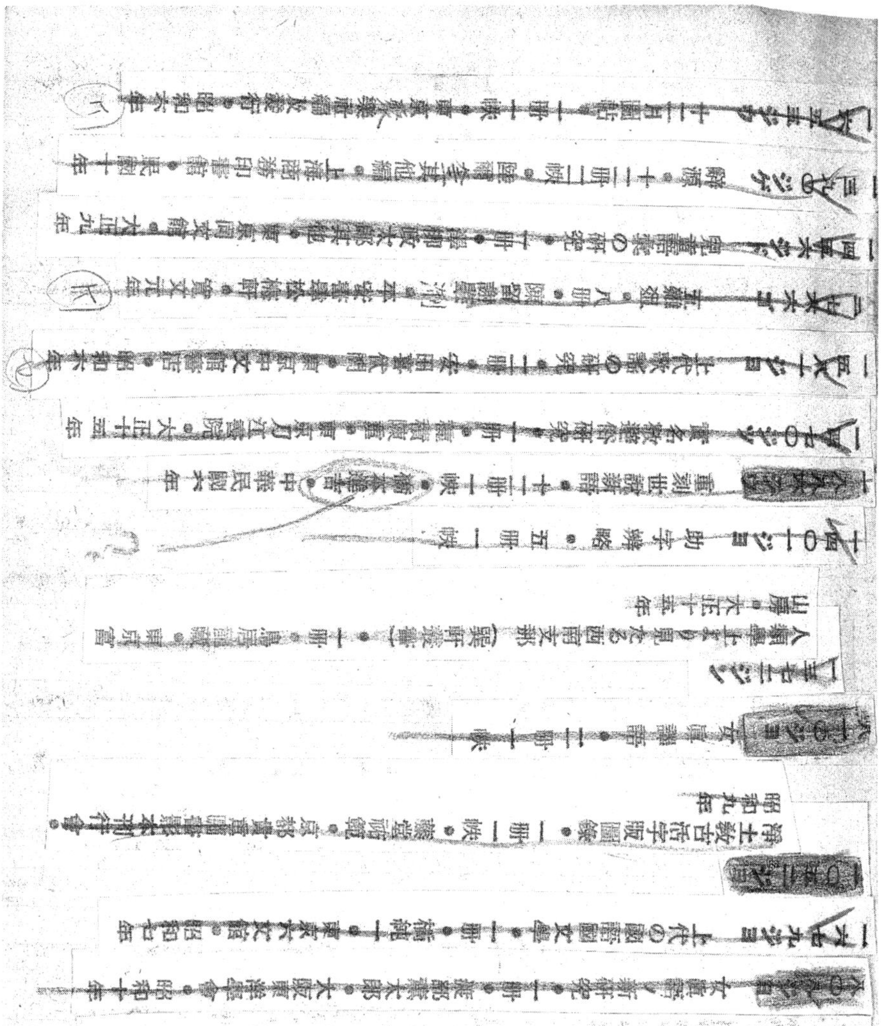
一[illegible]八十ジウ　十九世紀初頭の朝鮮及琉球の民情・一冊・皆川三郎・呉市中野商店出版部・昭和六年
五〇九ジウ　重要樹苗説明・一冊・大阪福井牂芳園・明治三十四年
一[illegible]　宇鏡及解説・三冊一帙・京都貴重圖書影本刊行會・昭和八年
[illegible]〇[illegible]ジヨ　女眞語ノ新研究・一冊・渡部薫太郎・大阪東洋學會・昭和十年
一[illegible]七九ジヨ　上代の國語國文學・一冊・橋純一・東京六文館・昭和七年
一〇[illegible]　浄土教古活字版圖錄・一冊一帙・藤堂祐範・京都貴重圖書影本刊行會・昭和九年
[illegible]〇ジヨ　女眞譯語・二冊一帙
一三七二ジン　人類學上より見たる西南支那（巽軒叢書）・一冊・鳥居龍藏・東京富山房・大正十五年
一四〇一ジヨ　助字辨略・五冊一帙
[illegible]　重刻世說新語・十二冊一帙・橋本進吉・中華民國六年
一四七〇ジツ　實名敬避俗研究・一冊・穂積陳重・東京刀江書院・大正十五年
一五八十ジヨ　上代歌謠の研究・二冊・安田喜代門・東京中文館書店・昭和六年
二[illegible]ゴ　五雜俎・八冊・[illegible]謝肇淛・平安書肆松栢軒・寛文元年
一四[illegible]ジド　兒童語彙の研究・一冊・[illegible]太郎其他・東京同文館・大正九年
一三九[illegible]ジゲ　辭源・十二冊二帙・陸爾奎其他編・上海商務印書館・民國十年
一[illegible]五ヨジウ　十二月圖帖・一冊一帙・東京[illegible]編及發行・昭和六年

二二三三ジツ(6) 實例令女習字帖・藤村耕一・寳文館・昭和三年

二〇一一ジョ 女子學習院五十年史・一冊・女子學習院・昭和十年

二二三六ジユ 樹種名方言集・農林省山林局編纂・大日本山林會（東京）・昭和七年

九キジキョ 字鏡集・十冊一帙・野口恒重・東京希覯典籍蒐集會・昭和七年

[illegible] 詩餘補書目・六冊一帙・豐潤丁氏輯

二一〇七ジョウ 常野採薬記外五種・四冊・小野蘭山

二〇五七ジョ 女孝經・一冊一帙

三〇八六ジョ 女子手ならひ用文・一冊・岡本竹二郎・東京松陽堂・明治三十二年

二〇二九ジョウ 上代支那法制の研究行政編・一冊・根本誠・東京有斐閣・昭和十年

(6)二〇八〇ジ 附註本草備要・六冊一帙・光緒辛卯・汪訒菴先生編

二一九三ジツ 實驗音聲學上より見たる**アクセント**の研究・千葉勉・東京富山房・昭和十年

二八〇五ジ 爾雅註疏・卷一―十一・五冊

二七八〇ジュン 順暉公年譜・伊地知季安・大臣記官

二一九一ジロク 字彙十冊一帙・野口恒重・東京希覯典籍蒐集會・昭和八年―九年

二一〇五ジ 辭通上下・二冊・朱起鳳・上海開明書店・民國二十三年

二九二四ジン　尋常小學讀本巻一・一册・文部省・日本書籍株式會社・大正七年

二九二三ジン　尋常小學國語讀本巻三―巻十二（重復ノモノアリ）・十二册・文部省・日本書籍株式會社・昭和三年―六年

[illegible]　神皇正統記・四册一帙・平泉澄・東京三秀舍・昭和八年

二二七五ジン　成吉思汗ハ源義經也・一册・小谷部全一郎・東京富山房・大正十三年

二〇八九ツイ　隋唐燕樂調研究・一册・林謙三・上海商務印書館・民國二十五年

[illegible]　經籍赤考證・四册一帙・會稽章宗源撰・北崇文書局開雕・光緒紀元

[illegible]ジユ　佛教要典・一册・服部宇之吉・東京博文館・昭和十二年

[illegible]　寺〃寶物展覽目錄・二册一帙

二七〇六ジウ　十藥神書・一册・古幽胡素翔家傳・養志堂・元祿己巳

三〇八一ジツ　實用文字のくづし方・一册・春花山人・大阪立川熊次郎・大正十三年

三〇八四ジヨン　女子手紙の文（完）・一册・小野〔以下判読不能〕堂・東京大倉書店・明治四十四年

三〇三八ジオ　字音假字用格・一册・本居宣長・京都錢屋利兵衛・安永五年

三〇八〇ジヨン　女子消息文のゆきゝ・一册・多田合子・大阪落合長吾・明治四十年

二六五三ジウ　獸經・一册一帙・黄省曾撰

三〇五〇ツシウ　豆州熱海誌・一册・大内青巒・熱海直誠社・明治十一年

二〇八四ジヨ
文子風俗化粧秘傳・三冊一帙・佐山半七丸・東京神田好古堂・文化十年

三二[illegible] 十二月和名考・一冊一帙・高内直足著・東京和泉屋庄次郎・天保六年

五七ワカン 増補和漢合類大節用集・十三冊・万延元年板・京摂書房合梓

二四一三ワカン
圖訓異義 和漢辭典・一冊・碧堂椰江與一・東京厚生閣・昭和十二年

三一〇九ゴサン 五山詩僧傳・一冊・上村觀光・東京民友社・明治四十五年

二七八三ゴ 五經・十一冊・後藤先生訓點・日黒氏藏版

三一八グン 言海・一冊・大槻文彦・東京六合館・昭和二年

一八三四ゴイン 五音抄・一冊一帙・世阿彌禪竹等撰・高治書文堂刊

二九五〇ギレ 儀顧堂題跋（巻一―巻十六）・四冊・歸安陸心源剛父

三八三ガク 合璧小學・六冊一帙

[redacted] 火浣布略說（全）・一冊一帙・鳩溪平賀國倫・松籟館藏板・明和二年

三〇八三カメ 龜の尾の記・一冊・石川縣圖書館協會・昭和七年

一六四三カン 寬政重修諸家譜・九冊・東京榮進舍出版部・大正六年—七年

二六五七カク 格致鏡原上下・十六冊二帙

[redacted] 加佐々伎考（全）・一冊一帙

一五四三カタ 片假名平假名讀ミ書キノ難易ニ關スル實驗報告・一冊・國語調査委員會編・東京日本書籍株式會社・明治三十七年

[redacted] 漢呉音圖・六冊一帙・濱野知三郎編・東京六合館・大正四年

四五九カテ かてもの・一冊・赤井運次郎編・米澤米澤市役所・昭和十五年

一五三四カナ 假名源流考及證本寫眞・一冊・國語調査委員會編・東京國定教科書共同販賣所・明治四十四年

一四七一カン 漢文の訓讀によりて傳へられたる語法・一冊・山田孝雄・東京寶文館・昭和十年

四四カク 蠖園文存・二冊・柴江朱氏・中國營造學社・民國二十五年

一八五七カン 觀世（第五巻一號—第九巻十二號）・六十冊・三木週編・東京觀世會・昭和九年—十三年

六五カン 官職要解・一冊・和田英松・東京明治書院・昭和六年

三一カノ 狩野派大觀・一冊一帙・齋藤謙及吉浦祐二編・東京狩野派大觀發行所・大正元年

三五六カイ 海錯百一錄・二冊一帙

二七カイ　芥子園山水畫譜・一冊・森田但山・東京漢畫研究會・大正七年

二九カイ　芥子園畫傳初集・五帙二十三冊

一五〇カン　漢字千字文・四冊一帙・芙蓉源先生稿本・函蕷居藏版

二一四一カイ　解剖學名彙・一冊・鈴木文太郎・東京丸善株式會社・昭和十一年

[redacted]　海南餘話・一冊・西田繳・東京叢書閣・明治二十年

六[illegible]　華山全集・一冊・鈴木清節編・豊橋市華山全集刊行會・昭和十三年

八[illegible]カ　改集越前產紙見本集・一冊・京都高木商店

五[illegible]カン　漢方醫學餘談・一冊・中山忠直・東京中山研究所出版部・昭和五年

一五九七カナ　假名の日本書紀・二冊・植松安・東京大同館書店・大正九年

一五九〇カン　漢學者傳記集成・一冊・竹林貫一編・東京關書院・昭和三年

キ三八カク　神樂研究・一冊・西角井正慶・東京壬生書院・昭和九年

一四二五カモ　賀茂眞淵全集・十二冊・賀茂百樹・東京吉川弘文館・昭和二年ー七年

一三九大カセ　嘉靖禦倭江浙主客軍考・黎光明著・北平哈佛燕京社（一九三三年）

丁二六カス　春日神社社日録・一冊・春日奈良吉編・奈良官幣大社春日神社・大正十四年

甲十カン　寛政版記録附信夫頌祠書蹟・一冊・江島伊兵衛・東京巳んや書店

一七九一カ　花傳書改訂版・一冊・世阿彌・野上豐一郎・東京岩波書店・昭和

キ三カデ　花傳書（全）・一冊（二部）一帙・江島伊兵衛・明治三十一年

一七八四カ　花傳第六花修能樂資料第一編附錄・一冊・能樂研究室・東京能樂資料頒布會・昭和六年

一七八三カ　花傳第六花修、能樂資料第一編・一册・能樂研究室・東京能樂資料頒布會・昭和六年

一四三三カイ　惺風藻註釋・一册・澤田總清・東京大岡山書店・昭和八年

一七八九カ　花傳書・一册一帙

[illegible]三三カオ

[illegible]名跡辭林・二册一帙・比田井元子編・東京書學院後援會・昭和六年

七[illegible]ケイ　經典釋名考・三册一帙・文政十一年

七[illegible]カン　漢書藝文志講疏・一册・顧實・上海商務印書館・民國二十四年

七[illegible]　救荒野譜釋義（完）・一册一帙・亡洋山本先生述

七[illegible]カツ　活版經籍考・一册一帙・日本書誌學會編・東京全會發行・昭和八年

七[illegible]ケン　蒹葭堂誌（全）・一册・鹿田靜七編・大阪鹿田松雲堂・明治三十四年

七九[illegible]カマ　鎌倉室町時代文學史・一册・藤岡作太郎・東京國本出版社・昭和十年

九八一カマ　鎌倉室町時代の儒教・一册・足利衍述・東京日本古典全集刊行會・昭和七年

七二六カン　廣東新語・八册二帙・番禺屈翁山先生撰・木天閣版

[illegible]カン　全　（故富岡鐵齋氏の藏書より）

九九二カン　漢魏叢書・四十册四帙・上海涵芬樓影印

九九九カナ　金澤遺文・三册一帙函入・大屋德城編・京都便利堂・昭和九年

七九六カク　隔[illegible]論（完）・十册一帙・江門釋含世弘著・快風堂梓・安政六年

六九六カナ　金澤文庫考・一册・中村直禪編・神奈川縣金澤文庫・明治四十四年

六七一カサ　華山印譜・一册一帙

二四一カン　漢文音韻論・一冊・岡田正三・京都政經書院・昭和七年

四八[illegible]ク　鶴[illegible]考（完）・一冊

二六カイ　芥子園人物畫譜・一冊・森田但山・東京漢畫研究會・大正六年

八八カン　新釋觀音經講話・一冊・吉原東洋・東京觀音布教會・昭和十年

一九七五カ　華語類抄・一冊一帙

二六五八カタ　格致鏡原・十六冊二帙

二一三四カネ　かねさは物語・一冊・關靖・横濱横濱土地新報社・昭和十三年

[illegible]一カイ　華夷草木考・十二冊二帙

六[illegible]カ　華山全集・二冊・鈴木清節編・愛知縣華山會・明治四十三年及大正四年

八十九カタ　愙齋集古錄・二十八冊二帙・吳清卿先生纂・上海商務印書館・民國十

二六六八カ　華夷譯語・一冊一帙

五八八カン　觀古雜帖・一帖一帙

六九三カイ　開有益齋讀書志・六冊一帙・上元朱緒曾述

一六三二カン　漢字三音考・一冊一帙・本居宣長撰・天明五年

一六一八カナ　かながきろんご・一冊一帙函入・東京安田文庫編及發行・昭和十年

二八六四カン　觀世（第一〜三巻ノ一部）・四十冊・三木通・東京觀世發行所・昭和五年－昭和八年

九六七カン　關八州印象記・一冊・神奈川縣郷土研究聯盟編・横濱全聯盟發行・昭和十六年

二八二四カナ　金澤文庫所藏淨土宗學上の未傳稀覯の鎌倉鈔本・塚本善隆

四[illegible]八[illegible]　かでもの・一冊一帙・米澤圖書館編・大正三年

一六〇一カモ　賀茂眞淵と本居宣長・一冊・佐々木信綱・東京湯川弘文社・昭和十年

二一八五カゴ　鹿兒島太平くど記・一冊・東京吉田小吉（編輯兼出版人）・明治十年

八六三カガ　化學工業全書（第十五冊）・一冊・高松豐吉編・京都丸善書店京都支店・大正五年

八[illegible]　紙の文獻目錄・一冊一帙・藤松堂書店古典部編・東京全書店發行・昭和十四年

九〇五[illegible]カン　檝齋雜攷・二冊一帙・木村正辭・東京全人發行・明治二十一年

一〇六カン　漢字ノ研究（完）・一冊・安達常正編・東京六合館・明治四十三年

一[illegible]七六カイ　海東諸國記・一冊一帙・朝鮮史編修會・朝鮮總督府發行・昭和八年

三二四〇カン　漢蒙字交り本・一冊一帙

四[illegible]カン　漢六朝の服飾・一冊・原田淑人・東京東洋文庫・昭和十二年

十[illegible]　海南小記・一冊・柳田國男・東京大岡山書店・大正十四年

[illegible]　金澤文庫本圖錄・二冊・關靖編・東京幽學社・昭和十年―十一年

三二四八カン　官衙名目・一冊

三二三五カンヨウ　漢洋病名對照錄・山口落合泰藏編及發行・明治十七年

六〇八カ[illegible]　崋山畫譜・二帖・吉川弘文堂編・東京全書堂發行・明治四十四年

一六〇〇カモ　賀茂眞淵傳・一冊・小山正・東京春秋社・昭和十三年

[illegible]　楓老・一冊一帙・寺町百花亭

六六一カサ 華山研究・一冊・土井讃・東京弘文書院其他・明治四十二年

[redacted] 関東現存宋元版書目・一冊・日本書誌学会・東京共立社印刷所・
昭和十三年

二八四七カシ [illegible]・第一二期第五輯（東京ノ分）・六十二冊・気賀林一・
東京日本東方学会・昭和九年—十四年

三〇六〇カナ かなづかひ教科書・一冊・物集高見・東京六合館書店・明治二十八年

[redacted] 鹿児島県大島々庁島治概要・一冊・鹿児島県大島々庁・明治四十五年

一〇[redacted] 金沢文庫古文書・一冊・関靖・東京幽学社・昭和十二年

[redacted]
紙の常識・一冊・王子製紙株式会社販売部編・東京公証発行・昭和十三年

一一〇[redacted] 春日版彫造攷・一冊一帙・大屋徳城・京都便利堂・昭和十五年

九三〇カゴ 鹿児島県史蹟名勝天然記念物調査報告書（史蹟）・一冊・鹿児島県・
昭和四年

[redacted] 官板書目・一冊

六四七カン 漢籍解題・一冊・桂湖村著・東京明治書院・明治三十九年

三[redacted] 加賀国物産書上帳（全）・一冊一帙・享保二十年

九[redacted] 紙源・一冊（二部）

[redacted]
[illegible]・四冊一帙・[illegible]編・青海省政府・
民国二十一年

二九三カゴ [illegible]・一冊・[illegible]・鹿児島県立第一鹿児島中学校・
明治四十四年

三一五七カナ　金澤文庫圖書目錄・一冊・關靖・東京巖松堂・昭和十四年

一〇[illegible]カナ　金澤文庫古書目錄・一冊・關靖・東京巖松堂書店・昭和十四年

四七カミ　か美の紐・一冊・三好富之助編・京都精版印刷社・昭和二年

四三[illegible]カラ　唐大和上東征傳一帖・一冊一峡・京都貴重圖書影本刊行會編及發行・昭和十一年

二六九三カ　花實・九冊・寶暦

二六九六カ　花菓・八冊・寶暦

二六九七カ　華實・八冊一峡・海南關鐸書・寶暦已卯

二一[illegible]六カン　閑板書國巡禮記・一冊・齋藤昌三・東京書物展望社・昭和八年

八[illegible]カン　關東往還記（增補）・一冊一峡・關靖編・京都便利堂・昭和九年

二六七三カイ　會話教本（卷一）・一冊・日語文化學校

七七七カン　管窺愚考（全）・一冊・伊地知氏家藏（天保癸巳脱稿）

一〇三六カン　甘露堂文庫稀覯本攷覽（全）・一冊・尾崎久彌・名古屋書史會・昭和八年

二[illegible]カン　漢書獨稽古・一峡二冊・便蒙堂

八[illegible]カガ　化學應用日本製紙新法・一冊・沼井利隆・東京畫報社・明治四十年

八三八カガ　化學工藝第九號・一冊一峡・東京化學工藝社・大正十四年

二九九七カイ　解剖摘要圖完・一冊・松村矩明譯述・明治九年

二三一[illegible]カナ　花洛~~書~~名酒舖・一冊一峡・明和七年

二一三三カン　韓語文典・一冊・高橋亨・東京博文館・明治四十二年

一八四六カト　カトリック大辭典I・一冊・上智大學・東京冨山房・昭和十五年

二三五九カナ　かなのしるべ上下・二峡・桑田明・東京一樂書學院・昭和六年

一八四三一カナ　歌舞名物問集(全)・一冊一峡・竹田権兵衛 奈賀貞編・京師書肆谷口七左衛門・正德五年

一四一九カン　漢文進階・卜郎特著・北平法文圖書館・總署發行・民國二十五年

二六〇三カナ　假名遣の歴史・一冊・山田孝雄・東京寶文館・昭和四年

二七七八カン　管窺備考隨錄(全)・潜蠶平季安

二六五五カン　漢字起原の研究・一冊・語言研究會・東京駿南社・昭和九年

二六五〇カナ　假字考・二冊一峡・康直潛

二六五六カク　格致鏡原・三十二冊四峡

二七八七カマ　新編鎌倉志一―八・十二冊・河井恒久友水父・洛陽書肆柳枝軒

[illegible]　花譜・五冊・貝原益軒・平安書肆瑞錦堂

二五四四カン　漢書評林(前漢書)・五十冊・王世貞撰・萬曆辛巳年

二九三八カネ　小言物・一冊・享和二年

[illegible]　各府縣輸出重要品調査報告・一冊・(沖繩縣)農商務省商工局・明治四十一年

一五二八カン　漢字詳解・三冊一峡・高田忠周・東京西本書房・大正十四年

一六七一カン　漢音呉音の研究・一冊・大島正健・東京第一書房・昭和六年

一七〇二カザ　かざし抄・一冊・富士谷成章・東京大岡山書店・昭和九年

一五〇〇カナ　假名書道の研究・一冊・勝見芝香・東京三省堂・昭和十年

一七四五カトン　頭註謡傳書謡曲叢書第一編・一冊・丸岡桂・東京觀世流改訂・明治四十四年

一三八六セイ　蜻蛉日記解釋・一册・坂徹著

一四五五カイ　國寶重要美術品、繪畫展覽會圖録全六册及總目録一册・合七册一帙・
帝室博物館編・大塚巧藝社（東京）・昭和九年

二二七〇カク　かくし言葉の字引・一册・宮本光玄・東京誠文堂・昭和四年

二一四四カマ　かまくら・一册・大森金五郎・東京吉川弘文館・明治四十四年

二二〇三カン　五段排列漢字典・オ・ロゼンベルグ・東京興文社・大正五年

二一四六カナ　金澤と六浦莊時代・一册・平田恒吾・神奈川熊野屋商店・大正三年

二二三八カイ　和英海語辭典・尾崎主税・東京水交社・昭和三年

二二一八カ　下學集上下・二册無帙・元和三年

二一七八カン　詞紀勝、續方言叉補・二册一帙

一六四八カナ　假名遣及假名字體沿革史料（全）・一册一帙・帝國學士院・東京國定教
科書共同販賣所・明治四十二年

一九三一カン　官制沿革略史總目録・一册・東京帝國大學・東京吉川半七・明治三十三年

一八四四カイ　海表叢書一―六・六册・新村出・京都更生閣書店・昭和二年―昭和三年

九〇〇カン　韓語研究法・一册・藥師寺知朧・一册・小笠原長重發行
・明治四十二年

一四五三カン　漢字和音（全）・一册・松村任三・東京青岡樹園・大正十三年

三一〇五

涵芬樓秘笈・八十冊十帙・孫毓修等輯・上海商務印書館排石印本・
民國六年—十五年

(1) 第一集
忠傳二卷
續墨客揮犀十卷
復齋日記二卷
識小錄四卷

(2) 第二集
蓬窗類紀五卷
山樵暇語十卷
家訓一卷
說略一卷
消夏閑記摘抄三卷

(3) 第三集
西湖老人繁勝錄一卷
孫氏書畫鈔二卷
松下雜抄二卷
彭氏舊聞錄一卷
太僕行略一卷
天文書四卷

(4) 第四集
尚書釋文殘一卷附校語二卷
華夷譯語不分卷
厓山集不分卷
趙氏家法筆記一卷
北湖集五卷
傍秋亭雜記二卷
敬業堂集補遺一卷

(5) 第五集
扶風縣石刻記二卷
海濱外史三卷
明朝紀事本末補編五卷
存復齋文集十卷
雪林外集七卷

(6) 第六集
脈望館書目不分卷
唐石經考異不分卷附補不分卷
冥報記三卷

(7) 第七集
西山日記二卷
續名賢小記一卷
土苴集二卷附錄一卷
道餘錄一卷
東洲九上語一卷枕上語一卷
存復齋續集一卷

(8) 第八集

山房集八巻後稿一巻

涇林續記不分巻

西漢叢語二巻

鼓枻稿一巻

(9) 第九集

書經五巻

雪庵字要一巻

鐙窗叢錄五巻補遺一巻

太和正音譜二巻

磯園稗史三巻

南翁夢錄不分巻

(10) 第十集

各省進呈書目不分巻

所安遺集一巻

漢泉漫藁五巻

肅雝集一巻

金囦集一巻

ヲ十四キヤウ

鄉土研究第一巻—第四巻・四冊・鄉土研究・岡村千秋・東京鄉土研究社・
大正三年—大正六年

土俗と傳説・牛島軍平・東京文武堂書店・大正七年

一八五三キヤウ 狂言評註・一冊・大和田建樹・東京博文館・明治三十六年

一八五六キリ 切支丹宗門の迫害と潜伏・一冊・姉崎正治・東京同文館・大正十五年

三一〇三キン 欽定續文獻通考・三十六冊

二一三一キン 近代文藝筆禍史・一冊・齋藤昌三・東京崇文堂・大正十三年

一八八四キシヨ 稀書解説第四編・一冊・山田清作・東京米山堂・大正十五年

[redacted] 近代能楽記・一冊・野々村戒三・東京大岡山書店・昭和八年

一六一七キン 襟帯集・二冊一帙・東京民友社・大正七年

一七八一キヨウ 狂言目録・一冊一帙

[redacted] 近世漢學者著述目録大成（全）・一冊・關儀一郎編・東京東洋圖書刊行會・昭和十六年

[redacted] 享祿本類聚三代格・五冊一帙・前田家藏版・明治廿八年

[redacted] 近畿善本圖錄・一冊一帙・大阪府立圖書館編・京都貴重圖書影本刊行會・昭和八年

二一〇八キヨク(1) 曲舞（古寫本）・一冊無帙

二一四三キヤウ 郷土教育資料鹿兒島地誌・一冊・鹿兒島市役所・昭和十年

一〇〇九キホ 稀本零葉・一冊一帙・訪書會刊

[redacted] 函書圖譜・六冊一帙

[redacted] 欽定秦文彙書・十七冊四帙

一〇三八キヨ　京都帝國大學國文學會記念論文集・一册・全學會編・京都星野書店・
昭和九年

二九四七キヨウ　狂言五十番・一册・芳賀矢一・東京富山房・大正十五年

[illegible]ン　金代女眞の研究・一册・三上次男・新京滿日文化協會・昭和十二年

三〇九七キン　欽定續通志・六〇册

[illegible]　救荒本草拔萃・一册

三〇〇二キン　近世名家華押譜・一册・文化紀元

[illegible]キヨウ　救荒本草・明王西樵・日本平安長松堂

一八五七キリ　切支丹宗教文學・一册・姉崎正治・東京同文館・昭和七年

一八五八キリ　切支丹大名記・一册・シュタイシエン・吉田小五郎譯・東京大岡山書店・
昭和五年

一九五四キヨウ　京城郷歌及吏讀の研究・小倉進平・京城京城帝國大學・昭和四年

二九七六キン　錦葉百人一首女寶大全・一册

三〇一九キウ　舊學書目・一册

八一キリ　麒麟・一册・東京松本新太郎著及發行・昭和七年

[illegible]　天保飢民救恤之圖・自天保七年至同九年・一卷一箱

[illegible]　鳩溪遺品會目錄（全）・一册

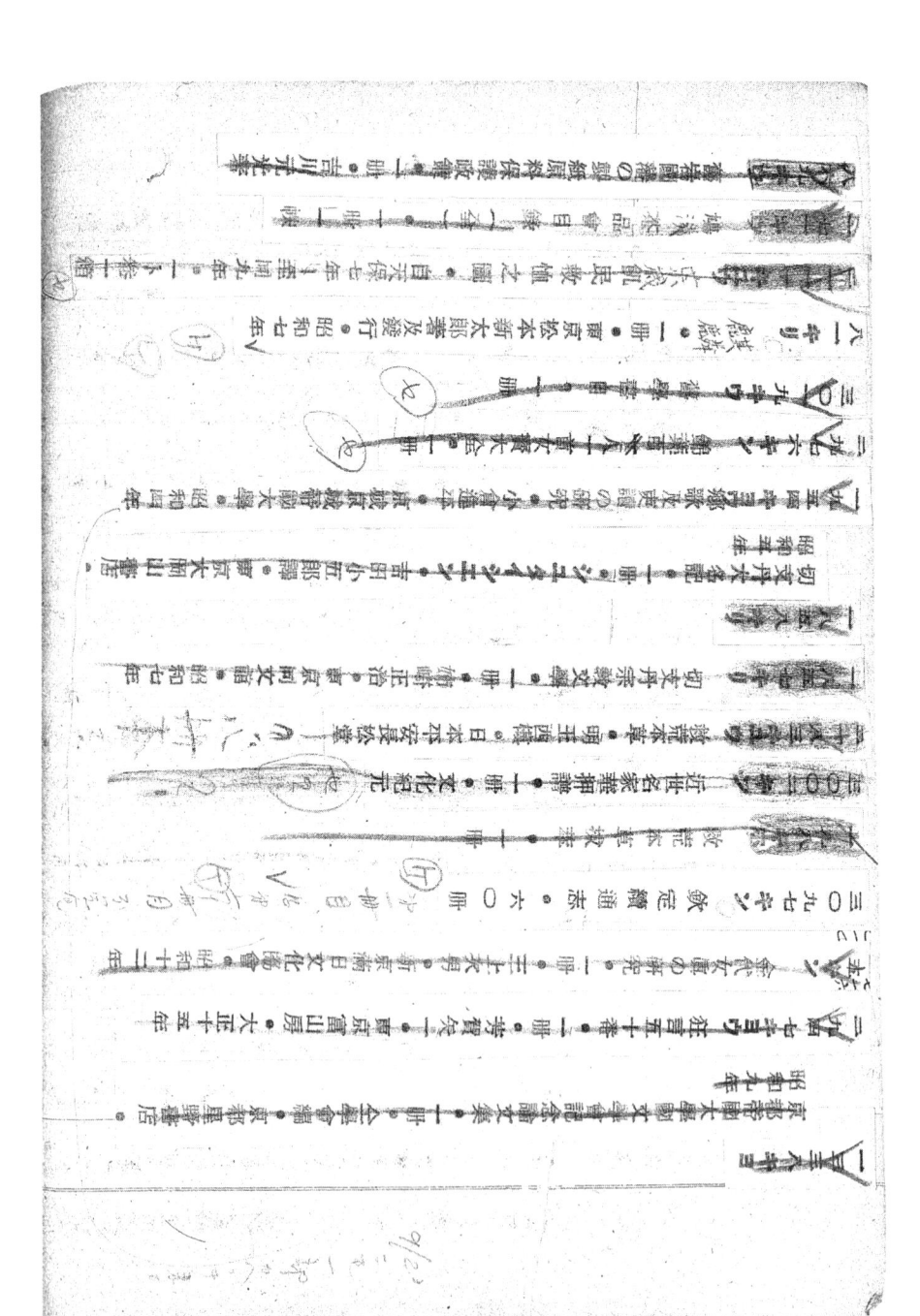

[illegible]　舊岩國藩の製紙原料保護政策・一册・吉川元光著

二六四六キヨク　極東民族・一冊・鳥居龍藏・東京文化生活研究會・大正十五年

三一七キヨウ　岐陽世家文物圖像册附考述一卷・中國營造學社・民國廿六年

[illegible]ホ　救荒本草會誌（全）・一冊一峡・小野蘭山

一九七[illegible]ホ　救荒諸説（全）・一冊・嘉永四年

一九六[illegible]ホ　救荒野譜紀聞・一冊・寛政元年

一九五[illegible]ホ　救荒本草（全）異本・一冊一峡・岩瀬元

二七六〇キユウ　救民天德地祠傳上・一冊・元祿十七年

二〇二[illegible]ホ　救荒本草記聞（全）・二冊一峡・山本亡羊口授

二五四九キ

○紀要別册、文獻覽載第十四―第十六・三册・明治聖德記念學會・昭和八年

一九九[illegible]ホ　救荒野譜記聞・一冊一峡・亡洋山本先生口授

二五八一キン　近世風俗志・喜田川守貞・京都更生閣書店・昭和九年

[illegible]ホ　救荒便覧（全）・一冊・遠藤通・東京有隣堂・明治十九年

[illegible]ホ　救荒志・一冊・[illegible]島縣編・明治三十六年

二三一七キユウ　改訂嬉遊笑覽上下・二冊・喜多村信節・東京六合館・昭和七年

三〇〇六キウ　増補救民妙藥妙術集完・一冊・藤本常丸・三河屋善兵衛・嘉永二年

二八〇九キヨウ　郷土趣味（第一號―第二十四號及第三、四、五卷（缺本アリ）・五十六冊
田中俊次・京都郷土趣味社・大正七年―十四年

[redacted] 享保以後大阪出版書籍目錄・一冊・大阪圖書出版業組合・全組合 昭和十一年

[redacted] 書刊影譜・十冊・日本書誌學會編・東京全學會刊・昭和七年

一〇五九キン 近世印刷文化史考・一冊・島屋政一・大阪出版社・昭和十三年

一八八キ 救荒本草及救荒野譜（全）・四冊一峡・王西樓輯・白松堂梓

一八九 救荒便覽（全）・四冊一峡・英大助・江戸和泉屋半兵衛其他

[redacted] 十品救荒本草鈔錄・一冊一峡・小野蘭山・天保十三年

二六〇九キ 貴重圖書影本刊行會目錄・一冊・貴重圖書影本刊行會・京都便利堂

[redacted]〇キツ 季滄葦藏書目・一冊一峡・士禮居藏版・嘉慶乙丑

一九二キホ 救荒活民補遺書・二冊一峡・天保七年

四五二キ目 杏雨書屋藏書假目錄（第二編）・一冊

[redacted] 近世日本食物史・一冊・笹川臨風著・東京雄山閣・昭和十年

[redacted] 菊水湯山手引・一冊一峡・醒泉堂發行・昭和八年

一六二九キチ 貴重圖書影本刊行會趣意書規定及第四回配本目錄・一冊

一二九キン 金生樹譜（全）・三冊（二郎）・長生舍主人・柳枝藏版

一七九八キョウ 狂言全集・三冊一峡・幸田成行・東京博文館・明治四十二年

二九四〇キン 近代西洋音樂研究への覺え書・一冊・岸邊成雄

五一〇キン 近世畸人傳中遺物會目錄・一冊

五四〇キリ　吉利支丹文學抄・一冊・村岡典嗣・東京改造社・大正十五年

二[illegible]　禁止本書目・一冊・赤間渡（亭）・京都赤間渡文堂・昭和二年

一[illegible]ウ　琉球外務道光記傳・一冊・島袋盛敏・東京半[illegible]社・昭和十一年

[illegible]　杏雨書屋圖書假目錄（全）・一冊・大阪杏雨書屋發行・昭和十一年

一[illegible]　第十宗[illegible]目錄・一冊・昭和四年

[illegible]　飢饉之備食料になる草木・一冊一帙・天保四年

[illegible]　紀伊士[illegible]目錄・一冊一帙・齋藤月岑編・東京青[illegible]文庫・明治四十一年

六[illegible]

六[illegible]　旭山先生文會錄（全）・一冊一帙・寶曆十年

五[illegible]　禁制關係書・十三點十四冊一帙・天保七年

一[illegible]之　金石名[illegible]譯・一冊・渡邊[illegible]太郎編・大阪東洋學會

三[illegible]ウ　欽定道民徧纂書上下・二冊

[illegible]　[illegible]谷中・二冊一帙・[illegible]川先生考[illegible]・京[illegible]書肆合梓・文化十年

三一〇〇キン　欽定續通典・十二冊

三[illegible]　凶荒圖錄（完）・一冊・小田切春江編・木村金秋堂・明治十八年

三〇九四キシ三　稀書複製會々報・二十三枚・第十期第一回—第廿回配（第十七回缺）・
昭和十一年十一月—十三年十月

一〇四一キウ 汲古閣所藏秘本書目・一册一帙・士禮居藏版・嘉慶庚申

二四二二キヨウ 京華春報、一號より五號迄・一册・東京京春社・明治二十二年十月及十一月

一三〇五キヨ 教育上より見たる明治の漢字（全）・一册・後藤朝太郎・東京寶文館・明治四十五年

二六六一キヤウ 京都圖書館和漢圖書分類目錄・六册・京都府立京都圖書館・大正十一年ー昭和七年

四四六キヨ 凶荒圖錄（完）・一册一帙・小田切春江編・木村金秋畫・名古屋小田切春江發行・明治十八年

二八二一キヨウ 鄕土志料分類目錄・一册・鹿児島縣立圖書館・昭和四年

二〇〇キホ 救荒野菜圖說（全）・一册・嘉永四年

二八二八キシヨ 氣象の研究と其の應用、理學博士藤原咲平講演・一册・笠森傳繁・東京啓明會・昭和十年

三一〇キン 近世名將傳（附錄來舶洋賓略傳）・三册一帙・松尾耕三著・大阪金人發行・明治十年

[redacted] 球陽・三册一帙・宜里榮校訂・沖繩縣親泊政博・昭和四年

四四二キリ 桐生織物史・一册・桐生織物史編集會編・群馬縣桐生市桐生織物同業組合・昭和十五年

四〇四キン 錦米貿會誌・二册一帙・田中芳男及共占畠編・東京兩人發行・明治二十四年

[illegible] 記事珠（全）●四冊一帙●平安亡羊山世綱編

[illegible] 杏林叢書●五冊●木村幸一其他編●東京吐鳳堂書店●大正十一年—十五年

[illegible] 菊花園譜（原色）●一冊●丹羽鼎三●東京三省堂●昭和七年

[illegible] 吉利支丹教義の研究、東洋文庫論叢第九●二冊一函●北洋印刷局刊●東京東洋文庫●昭和三年（一冊ハ英文）

[illegible] [illegible]●一冊一帙●伊藤修太郎編●東京仝人発行●明治十五年

[illegible] [illegible]●二冊一帙●田中芳男編●東京仝人発行●明治二十三年

[illegible] 切支丹史料集●一冊●永山時英●長崎市外史料叢書刊行会●昭和二年

三一七四[illegible]番 右と同じドソス版唐？一冊一帙

二二九[illegible]番 近代日本文学大系附式亭三馬集（全）●国民図書株式会社（東京）昭和二年

資料 06（貼付ノート・宗因）

# 資料07（貼付ノート・六部成語）

資料 07（貼付ノート・六部成語）

資料 07（貼付ノート・六部成語）

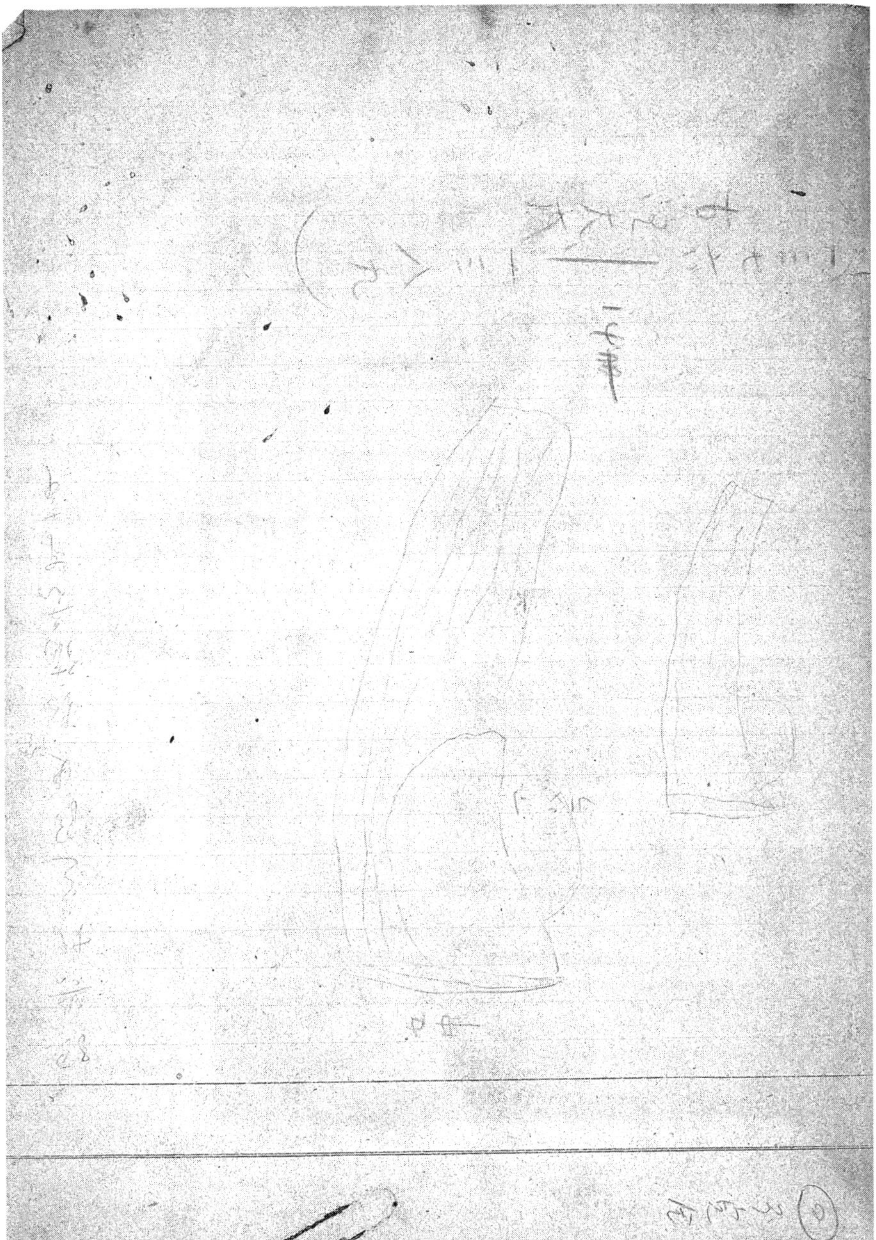

[redacted] 六部成語・六冊一帙

二九六二ロク 六書分類・一冊

[redacted] 六八本草・二冊一帙（寫本）

[redacted] 六八本草・十冊一帙

[redacted] 六書三閥薬名方書考（全）・一冊・（三河國岩瀬文庫本を以て之を寫す）

二七三一ロク 六書分類・十一冊二帙・汝南周天度 傳世垚（二冊缺）

三一二七ロク 六書通、上中下・三冊・秦駘自叙南・東京博文館・明治二十七年

[redacted] 六物新志・二冊一帙・仙台大槻先生著・天明六年

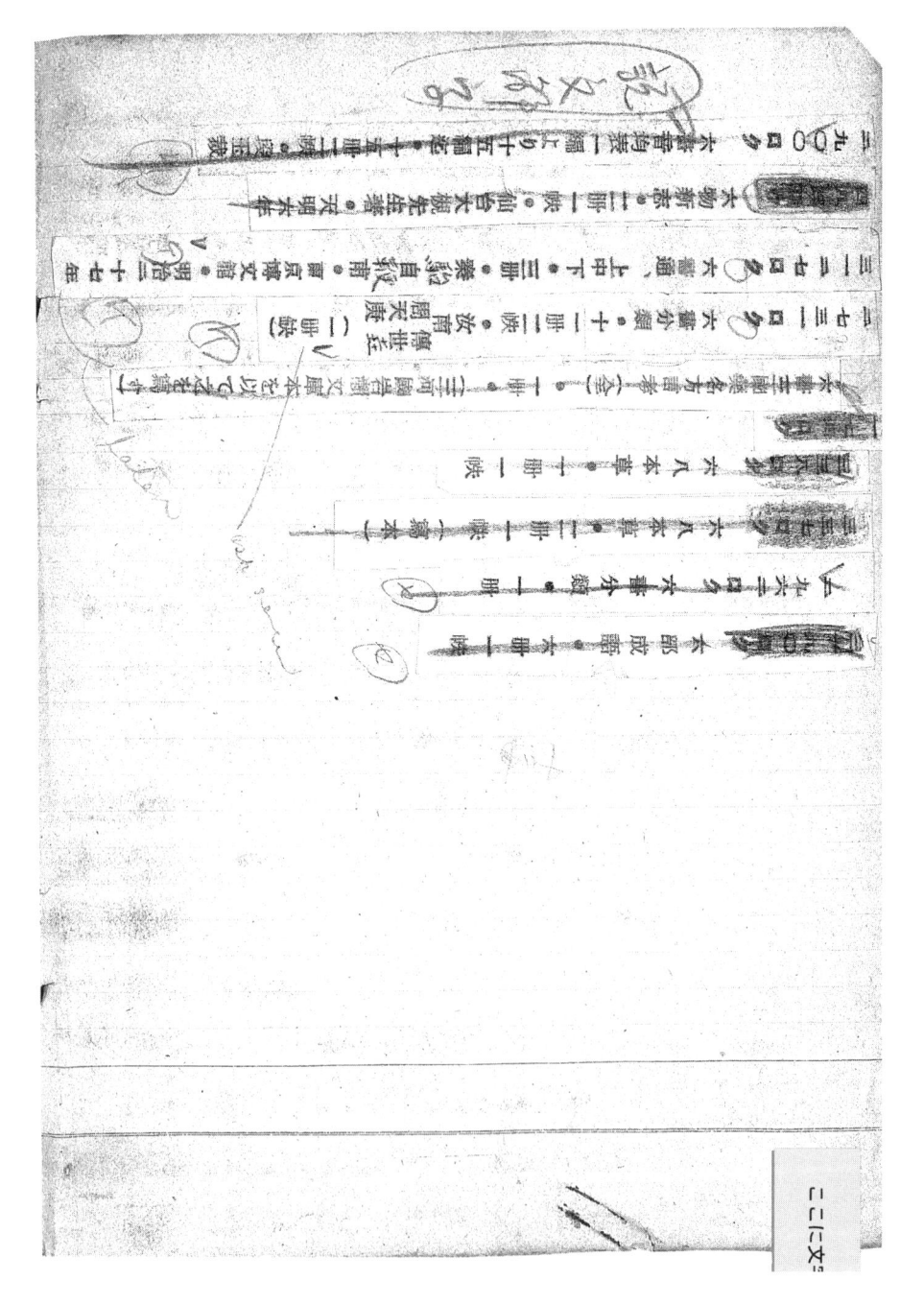

二九〇〇ロク 六書音均表一編より十五編迄・十五冊二帙・段玉裁

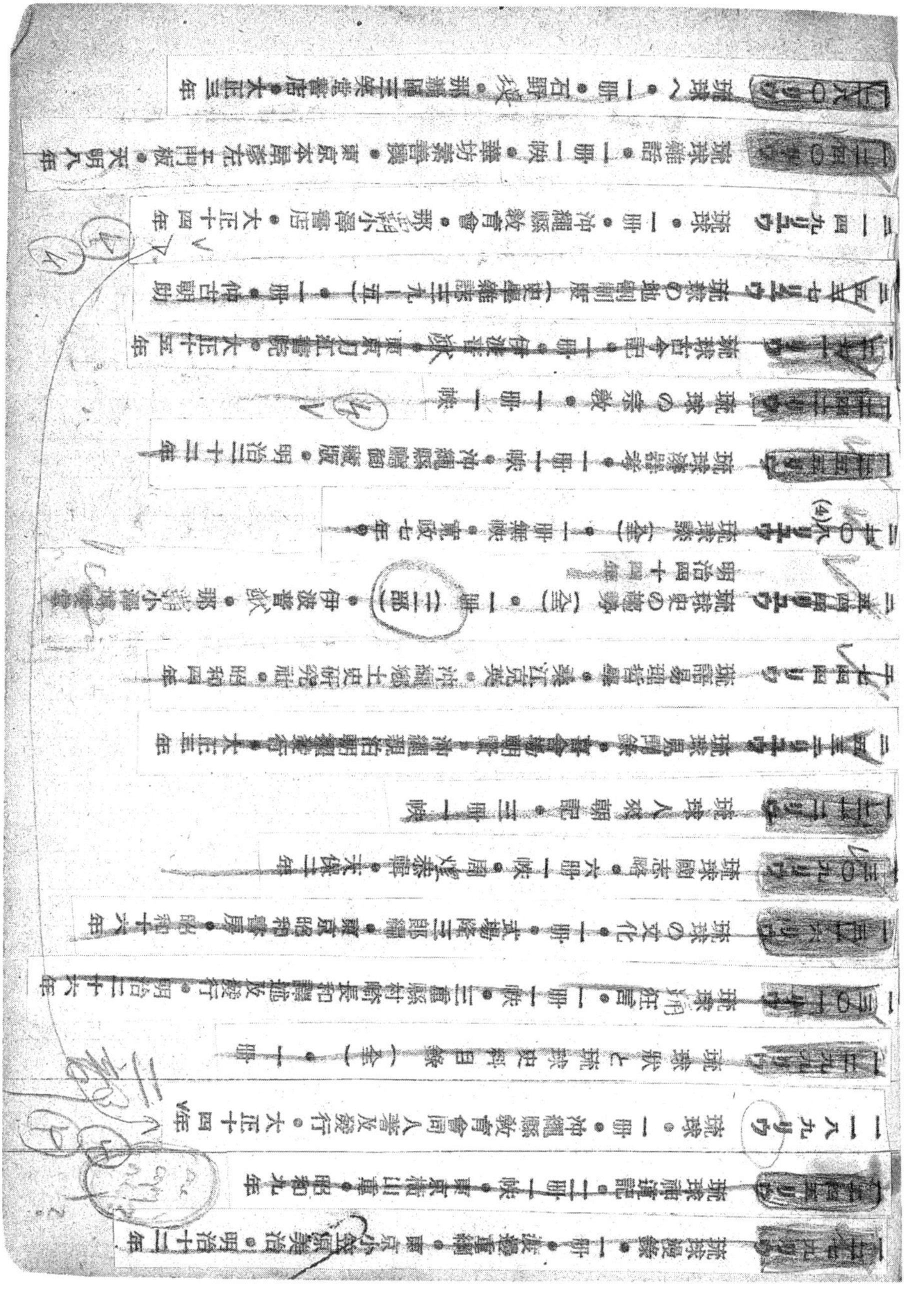

二一七九リウ 琉球漫録・一冊・渡邊重綱・東京小笠原美治・明治十二年
二一四五リウ 琉球神道記・二冊一帙・東京横山重・昭和九年
二一八九リウ 琉球・一冊・沖縄縣教育會同人著及發行・大正十四年
二一九〇リウ 琉球状と琉球史料目録（全）・一冊
二一〇一リウ 琉球踊狂言・一冊一帙・三重縣村崎長和謄写及發行・明治二十六年
二一六リウ 琉球の文化・一冊・式場隆三郎編・東京昭和書房・昭和十六年
二一〇九リウ 琉球國志略・六冊一帙・周煌恭輯・天保二年
二一二リウ 琉球人來朝記・三冊一帙
二四三二リユウ 琉球見聞録・喜舎場朝賢・沖縄親泊朝擢發行・大正三年
二七四四リウ 琉語易理哲學・桑江克英・沖縄郷土史研究社・昭和四年
二五四四リユウ 琉球史の趨勢（全）・一冊（二部）・伊波普猷・那覇小澤書店 明治四十四年
二一〇八リユウ (4) 琉球談（全）・一冊無帙・寛政七年
二一五五リウ 琉球漆器考・一冊一帙・沖縄縣廳御藏版・明治二十二年
二一四二リウ 琉球の宗教・一冊一帙
二一四一リウ 琉球古今記・一冊・伊波普猷・東京刀江書院・大正十五年
二五三七リユウ 琉球の地割制度（史學雜誌三九ー五）・一冊・仲吉朝助
二一四九リユウ 琉球・一冊・沖縄縣教育會・那覇小澤書店・大正十四年
二一四〇リウ 琉球雜話・一冊一帙・華坊素善撰・東京本屋彦左エ門板・天明八年
二一八〇リウ 琉球へ・一冊・石野瑛・那覇區三笑堂書店・大正三年

三一三 八リユウ　琉球王代文献集第二輯・一冊・岸良朝陳・那覇琉球王代文献頒布会
昭和十二年

一三三 四リウ　琉球處分・三冊

二七四 五リウ　琉球行列・京都書林丹波屋新右エ門・天保三年

二八二 五リユウ　琉球景況概略・一冊

一二〇 八リウ　琉球詩錄・一冊一峡

二一〇 (5)八リユウ　琉球年代記・一冊無峡・天保三年？

二一〇 (8)八リユウ　琉球談・一冊無峡・寛政二年

一八〇 八リウ　琉球の織物・一冊・柳宗悦・東京民藝協會・昭和十四年

一七三 八リウ　琉球戯曲集・一冊・伊波普猷・東京春陽堂・昭和四年

一二三 六リウ　琉球新誌・二冊原圖附一峡・大槻文彦・煙雨楼蔵版・明治六年

一二〇 八リウ　琉球と爲朝・一冊・菊地幽芳・東京文禄堂書店・明治四十一年

二四三 三リユウ　琉球の研究・一冊（啓明會第八回、第十五回講演集）・笠森傳繁
東京啓明會・大正十四年

二五〇 リユウ　琉球藩史一、二・一冊

一二〇 八リウ　琉球神道記・二冊一峡・慶安元

一三〇 七リウ　琉球攻國事談・一冊一峡

一三二 八リウ　琉球と鹿児島・一冊・鹿児島市藤田親義著兼發行・大正十三年

三〇四 七リユウ　琉球入貢紀略・一冊・山崎美成・嘉永庚戌（三年）

三一九 七リシ　吏治輯要・一冊一峡

三二四三リジ　吏治輯要・一册・道光二十四年

三[illegible]四リジ　吏治輯要・一册

三一三六リュウ　琉球新誌圖附・二册・大槻文彦・明治六年

[redacted]　琉球地理志・一册一帙・光緒九年

[redacted]　琉球人學見聞録・八册一帙・綫文書屋藏板・乾隆戊子年

[redacted]　琉球の研究・一册・加藤三吾・明治四十年

[redacted]　琉球國外交録・一册一帙・安政二年

[redacted]　琉球版圖数條・一册一帙・雍正十年

二〇八リュウ(2)　琉球談上下・二册無帙・寛政二年

[redacted]　琉球史料叢書・四册・伊波普猷其他編・東京名取書店・昭和十五年―十六年

[redacted]　琉球人參府記朱吹立御觸寫（寫本）・一册・天保三年

[redacted]　琉球の史的管見・一册・武藤長平

[redacted]　琉球展覽會目録・一册・東京三越

三七リュウ　琉球古來の數學・一册・沖繩矢袋喜一・大正四年

[redacted]　琉球音樂集・一册・喜納綠村・東京三元社・昭和八年

[redacted]・一册・田邊泰・長谷不二雄共著・東京座右寶刊行會・昭和十二年

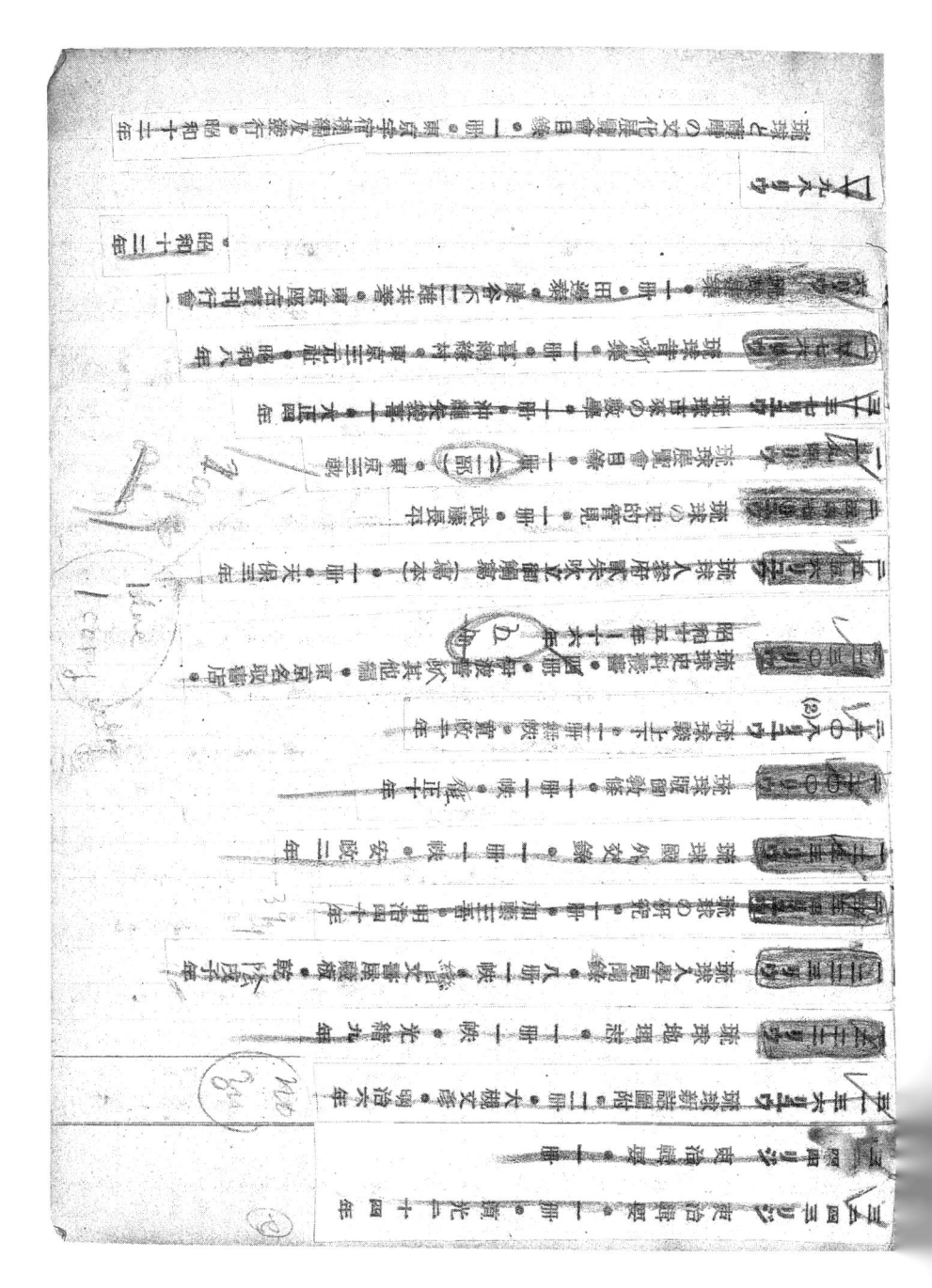

▽九八リウ　琉球と薩摩の文化展覽會目録・一册・東京宇宿捷編及發行・昭和十二年

二七二リウ　琉球大觀●一冊●石野瑛●那覇巴三集堂書店●大正四年

二一〇三リウ　琉球方言資料●一冊●大灣政和●沖縄縣師範學校郷土研究室●昭和十年

二五三九リユウ　琉球人名考●一冊（一部）●東恩納寛惇●東京郷土研究社●大正十

[illegible]リウ　琉球之五偉人●一冊●伊波普猷及眞境名安興共著●沖縄縣小澤書店　大正五年

二八八リウ　琉球入貢紀略（完）●一冊一帙●山崎美成編●東京山城屋佐兵衛　嘉永三年

二六七リウ　琉球語便覽●一冊●伊波普猷監修●東京糖業研究會出版部●大正五

[illegible]リユウ　琉球人の見た古事記と萬葉●一冊●奥里將建●沖縄青山書店●大正十五年

[illegible]リウ　琉歌解[illegible]●一冊●松山傳十郎●東京いろは家其他●明治三十二年

[illegible]リユウ　琉球人種論（全）●一冊●伊波普猷●那覇小澤博愛堂●明治四十四年

三〇四〇リツ　笠懸禮法●一冊●弘治二年

三〇六八リツ　笠懸日記●一冊●細川澄元●永正三年

[illegible]リツ　律令の研究●一冊●瀧川政次郎●東京刀江書院●昭和六年

一八〇三リン　隣忠秘抄外編能楽史料第五編●一冊●坂元雪鳥●東京わんや書店　昭和十四年

二六三三リゲン　増補俚言集覽（上中下）●三冊●井上頼圀●東京近藤[illegible]　明治三十二年

二四八五 和爾雅・九冊一帙・貝原好古・元祿戊辰久蔵

二一六五 リウ 龍龕要錄假名譜・四冊一帙

一六四七 リヨ 遼陵石刻集錄・二冊一帙・國立奉天圖書館編・奉天省公署印刷局・
昭和九年

二〇二〇 リ 李朝法典考・一冊・朝鮮總督府中樞院・昭和十三年

二〇一四 リウ 聊齋志異菁華・一冊・高瀨武次郎・京都平野書店・昭和八年

一〇八四 リユ 琉球[illegible]書律記・一冊一帙・中國書店

三一五九 リツトン リツトン報告書・一冊・牧野武夫・東京中央公論社・昭和七年

一六〇四 リヨ 兩周金文辭大系・二冊・郭沫若・東京文求堂書店・昭和七年

一二五三 リウ 流歌集・一冊一帙

[illegible] リ 陸前濱乃法印神樂・一冊・本田安次・東京伊藤書林・昭和九年

三六八 リ 流虬百花譜（完）・一冊一帙・滕成裕著

一四八五 リゲ 俚諺大辭典・一冊・坪內逍遙監修・東京東方書院・昭和八年

三六九 リ 李文忠公奏議・二十冊二帙・章洪鈞及吳汝綸

二〇十一 リ 龍飛御天歌上下・二冊・京城帝國大學法學部・昭和十二年

一八〇二 リン
隣忠秘抄能樂史料第四編・一冊・坂元雪鳥・東京わんや書店・昭和十二年

一九五七 リチヨウ 李朝實錄風俗關係資料撮要・一冊・朝鮮總督府中樞院・昭和十四年

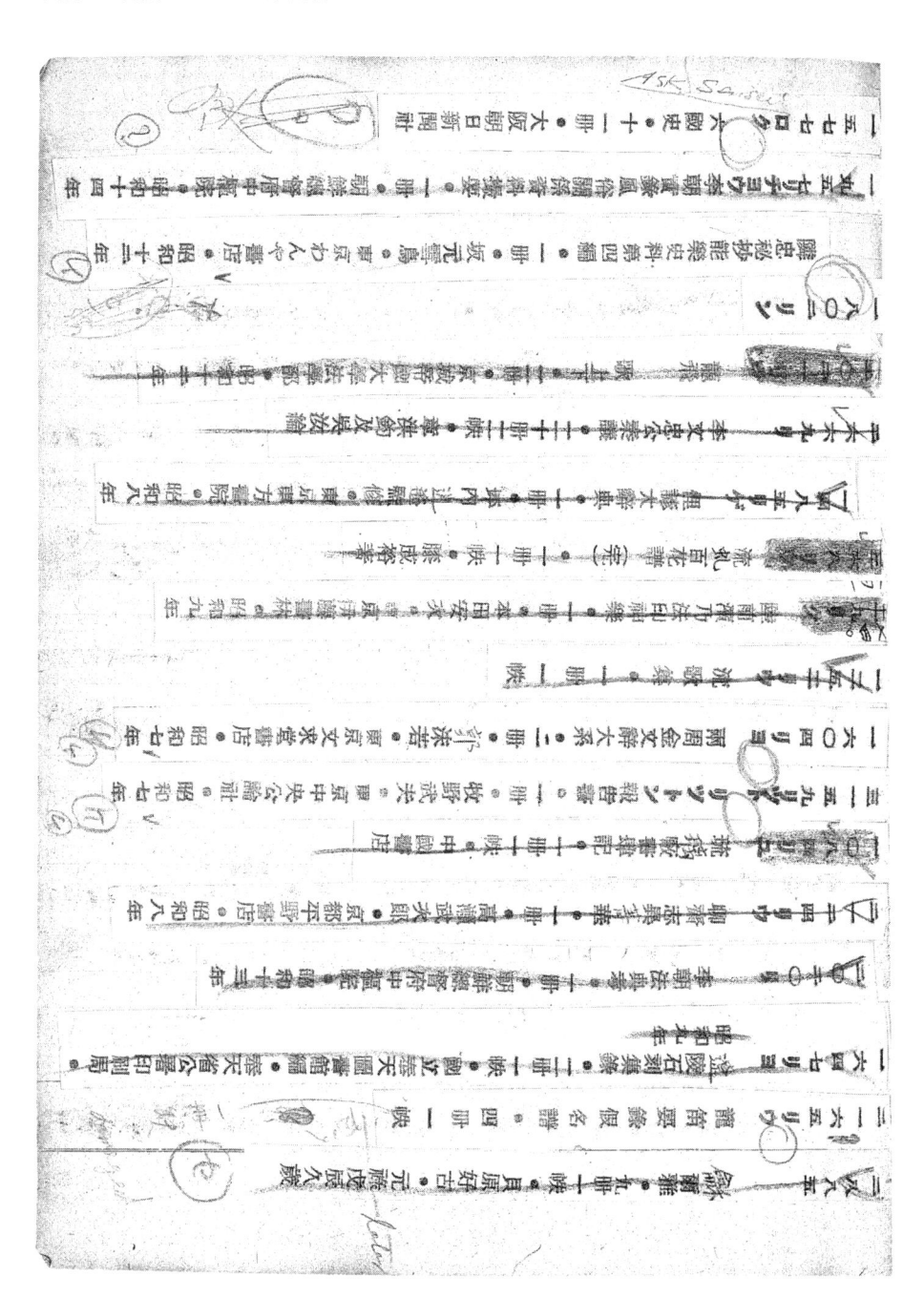

一五七七 ロク 六國史・十一冊・大阪朝日新聞社

一五七八ロク 六國史・十二冊・佐伯有義編・大阪朝日新聞社・昭和三年～十年

[illegible] 六國史神祇索引・一冊・神宮皇學館・皇學館館友會・昭和八年

二九七ヤリヨ 遼史源流考與遼史初校・馮家昇著・北平哈佛燕京社出版・民國廿二年

一八〇〇リン 隣忠見聞集能樂史料第二編・一冊・坂元雪鳥・東京わんや書店・昭和八年

[illegible] 類聚國史百七十五・一巻ボール箱入・昭和七年
類聚國史百七十一・一巻ボール箱入・昭和八年
類聚國史百七十七・〃・昭和九年三月
類聚國史百七十九・〃・昭和九年九月
右尊徳財團

[illegible] 麗言攷・東洋文庫論叢第三・二冊一帙・前間恭作・東京東洋文庫・大正十三年

一九〇二レイ 令義解・十二冊一帙・吉田四郎右衛門刻

一八九四レイ 令義解・十冊一帙・慶安三年刊

一四三〇レイ 令義解・三冊

一四六四レキ 「曆」及解題・二冊一帙・京都貴重圖書影本刊行會編及發行・昭和七年

六八レキ 歴代名銘錄書目・六冊一帙・福開森編・南京金陵大學中國文化研究所・民國二十三年

一六三四レン 連理秘抄・一冊一帙・東京古典保存會・昭和三年

一八七〇レツ 列聖珠藻、現傳餘光・二冊一帙函入・辻善之助・佐々木信綱・東京紀元二千六百年奉祝會・昭和十五年

二八八二レキ 歴朝印識・十二冊一帙・[illegible]

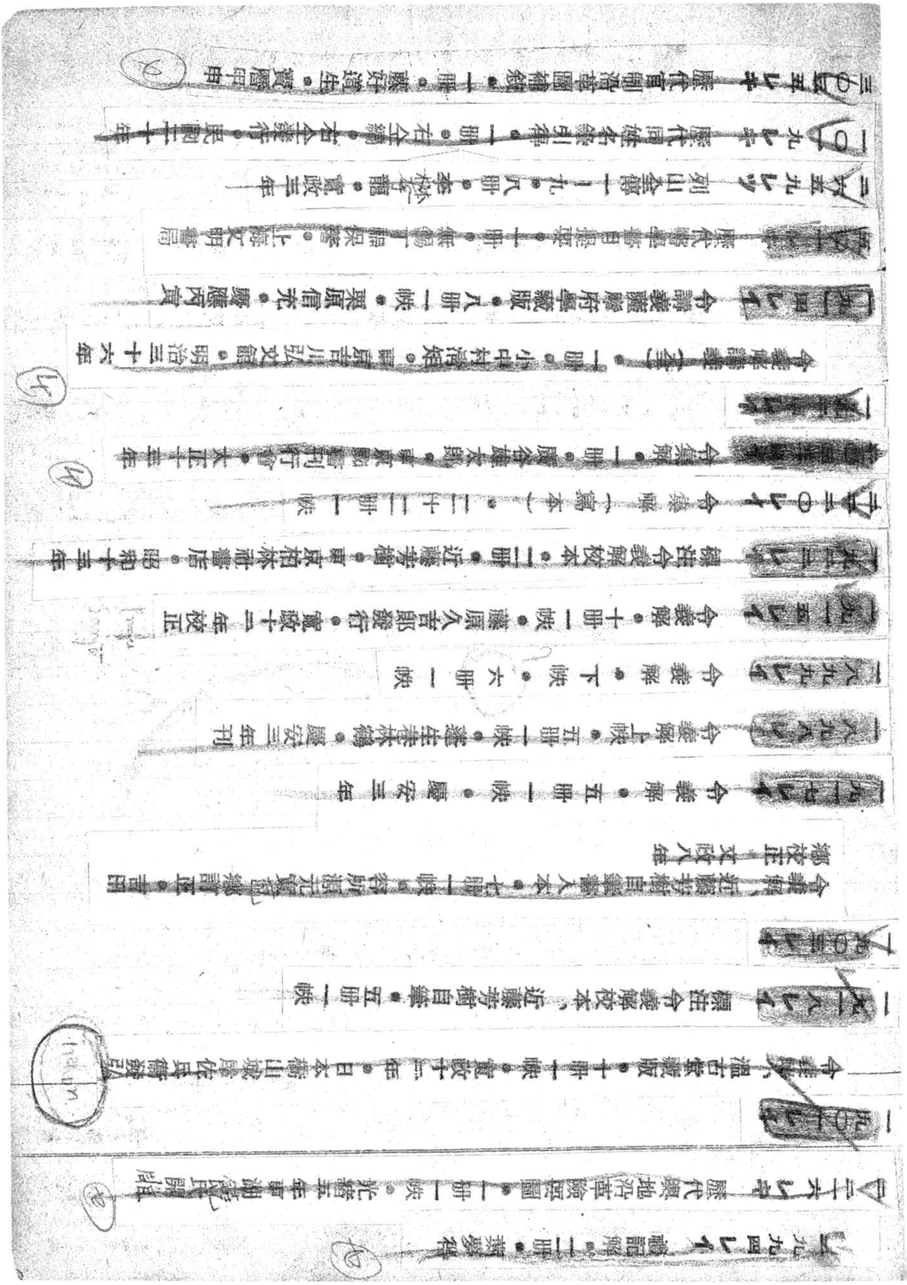
一九九四レイ　禮記解●二冊●葉夢得
▽二六レキ　歴代輿地沿革険要圖●一冊一帙●光緒五年東湖饒氏開雕
一九〇一レイ　令義解、温古堂藏版●十冊一帙●寛政十二年●日本橋山城屋佐兵衛發兌
一九〇三レイ
一九一八レイ　標注令義解校本、近藤芳樹自筆●五冊一帙
令義解、近藤芳樹自筆書入本●七冊一帙●容所源元寛[illegible]郷訂正●吉田
郷校正　文政八年
一九一七レイ　令義解●五冊一帙●慶安三年
一八九八レイ　令義解上帙●五冊一帙●蓬生巷林鶴●慶安三年刊
一八九九レイ　令義解●下帙●六冊一帙
一九一五レイ　令義解●十冊一帙●藤原久吉郎發行●寛政十二年校正
一九一二レイ　標注令義解校本●二冊●近藤芳樹●東京柏林社書店●昭和十三年
▽二一〇レイ　令集解（寫本）●二十二冊一帙
[illegible]　令集解●一冊●廣谷雄太郎●東京國書刊行會●大正十三年
一九一三レイ
令義解講義（全）●一冊●小中村清矩●東京吉川弘文館●明治三十六年
一九一四レイ　令講義薩摩府學藏版●八冊一帙●栗原信充●慶應丙寅
[illegible]　歴代帝王書目提要●一冊●無錫丁福保著●上海文明書局
二六五九レツ　列仙全傳一―九●八冊●李攀龍●寛政三年
一〇一九レキ　歴代同姓名錄引得●一冊●右全編●右全發行●民國二十年
三〇五五レキ　歴代官制沿革圖補錄●一冊●藤好道生●寶暦甲申

三六五レ 麗澤・四冊一帙・京都河南儀兵衛・安永七年

四〇七レ 康木闇草木記（完）・一冊

一六一九ロン 論語鈔・六冊一帙・東京民友社・大正六年

二二四六ロン 論語（東方古典叢刊第六巻）・一冊・五十澤二郎・竹村書房（東京）・
昭和八年

二二四七ロウ 老子（東方古典叢刊第十巻）・一冊・五十澤二郎・東京竹村書房・
昭和九年

八一三ロウ 老解老・一冊一帙・蔡廷幹編

二九八六ロウ 老子解・一冊・宣統元年

二二四八ロー ローマ字論語、學而篇及爲政篇・二冊・宮崎靜二・東京ローマ字同志社・
昭和八年、十年

一四五九ロー ローマ字の研究・一冊・田丸卓郎・東京日本のローマ字社・大正十一年

二一六六ロウ 琅玕記・一冊・新村出・東京改造社・昭和五年

二九一二ワン 艶食紋草（全）・一冊一帙

三〇九ワイ 類聚歌合・十卷一冊・附その解說並釋文・貴重圖書影本刊行會
昭和十五年

九五一 籀廎述林（述一－述十）・四冊・瑞安孫詒讓

資料 07（貼付ノート・六部成語）

三二一サン　三字經・三冊一帙

二二九一サイ　西郷隆盛、靑春と自覺篇・一冊・山中峯太郎・東京二見書房・昭和十六年

二二八七サイ　西郷隆盛傳・一冊・佐々弘雄・改造社（東京）・昭和十一年

二二九〇サイ　西郷隆盛・一冊・富田常雄・東京大日本雄辯會講談社・昭和十六年

二二八四サイ　西郷南洲先生傳・一冊・勝田孫彌・鹿兒島市役所内南洲神社五十年祭奉賛會・昭和二年

[illegible]サイ　成簣堂善本書目・一冊・蘇峰先生古稀祝賀記念刊行會・東京民友社・昭和七年

一五六六サイ　西鶴織留新註・一冊・松浦一六・東京春陽堂・昭和七年

[illegible]サイ　采芳隨筆・十六冊三帙・彬伯 輯

一五三〇サイ　採訪南島語彙稿第一篇・一冊・宮良當壯・東京郷土研究社・昭和二年

三一五一サイ　濟荒必備・一冊・光緒己卯

一八〇六サイ　濟急記聞・一冊（二部）・且暮庵野・天保丙申

[illegible]サイ　爾雅（全）（春山含秘笈）・四冊一帙・田安宗武公稿・大和本草正譌

一[illegible]九サイ　西域書承成十五輯六十枚・一函帙入・結城蓄明・東京[illegible]書院・昭和十五年七月―十六年十二月

一九九六サイ　細見・二冊一帙

[illegible]四七サイ　齊民要術・五冊一帙・後魏高陽太守賈思勰撰・延享元年

二四一〇サイ　西園寺公と湖南先生・一冊・安藤徳器・東京言海書房・昭和十一年

一四三〇サイ

成簣堂善本書影七拾種・一帙・蘇峰先生古稀祝賀記念刊行會・東京民友社・昭和七年

一〇[illegible]サイ

成簣堂古文書目録・一冊・蘇峰先生文章報國五十年祝賀會・東京仝會發行・昭和十一年

一〇[illegible]サイ　靜嘉堂秘籍志・二十五冊五帙

一[illegible]サイ

西文東方學報論文舉要・一冊・貝徳士・南京金陵大學中國文化研究所・民國三十三年

一〇〇六サガ　嵯峨本圖考・一冊・川瀬一馬・東京一誠堂書店・昭和七年

二一四八サガ　嵯峨誌・一冊・堀永休・嵯峨自治會・昭和七年

二四三サカ　榮え行く[illegible]・沖縄縣振興[illegible]・昭和十一年

一〇〇五四サガ　嵯峨本考・一冊圖入・和田維四郎・東京仝人發行・大正五年

二四六[illegible]サク

作文大躰（巻物）一巻及附録・一冊・京都便利堂貴重圖書影本刊行會・昭和[illegible]年

一二五サク　作詩法講話・森槐南（泰次郎）・東京文會堂・明治四十四年

三九[illegible]サク　櫻・一冊・三好學・東京富山房・昭和十三年

[illegible]サク　櫻に關する圖書解題略・一冊・三好學著・大正九年

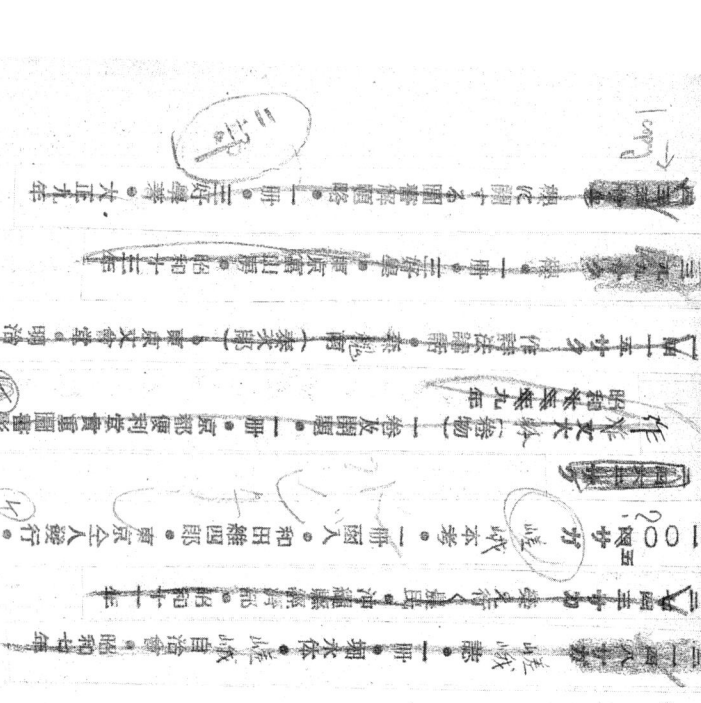

二九四三サケ　酒の文學・一册・武井水哉

二六三九ササ　笹野文庫駿河史料展覽書目・一册・笹野堅・大正十二年

二〇六〇サコ　[illegible]會展圖書目錄・一册（三部・洋本二部・和本一部）・早川香
東京全人發行・昭和二年

二六三八ササ　笹野文庫駿河史料目錄・一册・笹野堅・大正十三年

二一五五サヌ　讃岐國名勝圖會・五册一帙

一八三七サル　申樂談儀・一册・世阿彌・野上豐一郎校訂・東京岩波文庫・昭和十年

七八七サデ　左傳の思想的研究・一册・津田左右吉・東京東洋文庫・昭和十年

二一八サ[illegible]　鎖國論附尾・一册一帙

一〇九サツ　薩道先生景仰錄（吉利支丹研究史回顧）・一册・新村出・東京ぐろりあ、そさえて・昭和四年

二七〇八サン　山海名產圖會・五册・木村孔恭・寛政十一年

[illegible]サン　山海經箋疏　四册一帙・嘉慶十四年

一九七一サン　三國遺事・二册一帙・京城古典刊行會・昭和七年

一九六八サン　三國史記・九册一帙・京城古典刊行會發行・昭和六年

[illegible]サン　山水入門・一册一帙・滄縣胡鍋銘・上海商務印書館・民國十九年

[illegible]　山海經・七册一帙・晉郭璞撰・大阪前川文榮堂

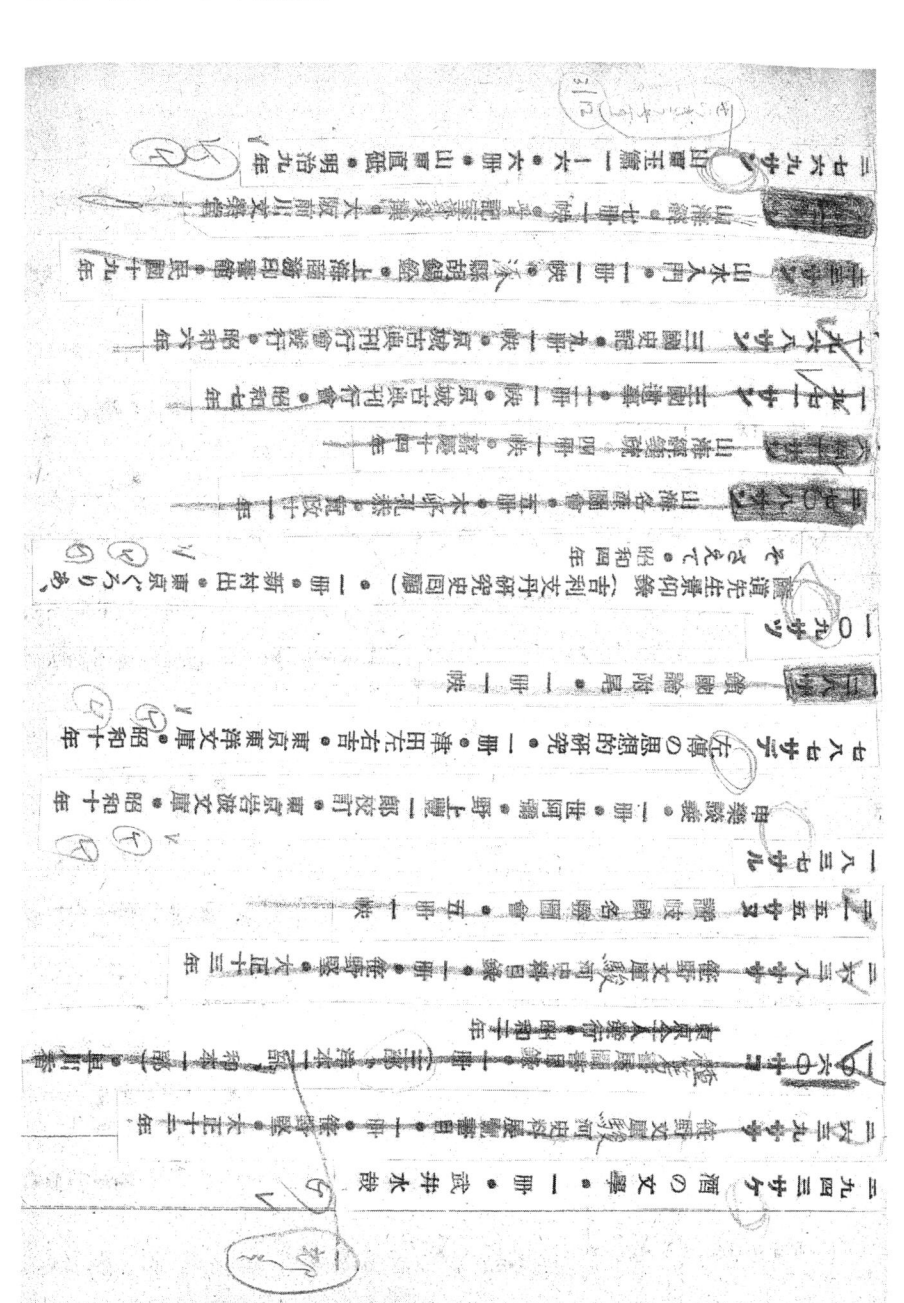

二七六九サン　山東玉篇一―六・六册・山東直砥・明治九年

二七五三サン　山海名産圖會・五冊一帙・法橋關月畫・寛政十一年刊

二一三三サン　山陽眞蹟詩歌帖・二冊一帙・熊谷直文・東都鳩居堂・明治三十九年

二六〇八サン　山陽頼先生百年祭記念號・一冊・佐久節・東京斯文會・昭和六年

二六八八サン　山蠶養法（全）・一冊・佐伯義門・小田縣筆劃集緑場・
紀元二千五百三十三年

二六八七サン　蠶務問答巻一・二・三・三冊・佐々木長淳・明治十十年

二〇五一サン　三貨圖彙・一冊・草間直方・東京白東社・昭和七年

二七〇サン　山東書房圖書目錄・一冊

二三三一サン　算用抜・一冊・東京古典數學書院編及發行・昭和十一年

一四七六サン　三蕉記・十冊一帙・陶朱公先生著・桂林堂

[redacted]　三法方典・四冊一帙・橋本鄭宗吉著・絲漢堂藏版

二四二四サン　傘業随筆大觀・一冊・小林久良治編・日本傘業新聞社發行・奥附なし
（異本）

二四二サン　山水並野形圖
古傳園方書
尺素往來抜抄
前栽秘抄（一名作庭記）
一冊・東京山本浩然館・昭和三年

[redacted]　薩琉軍記・三冊一帙

二七七二サツ　薩藩經緯記（全）・一冊・融齋佐藤信淵

[redacted]　薩摩と琉球・一冊・横山健堂・東京中央書院・大正三年

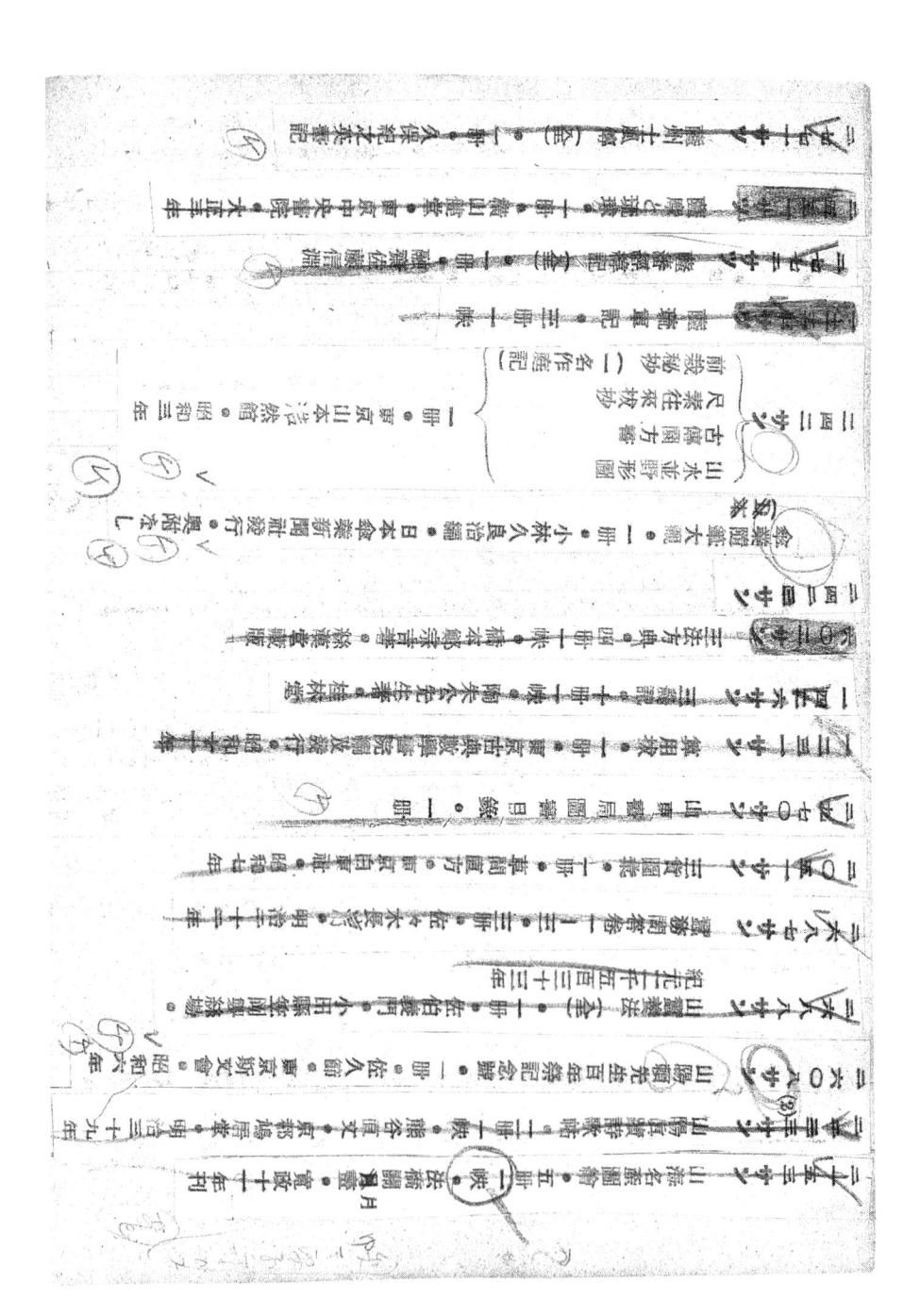

二七七一サツ　薩州土風傳（全）・一冊・久保紀之英書記

二五四〇サツ　薩南十島審見、十島叢書第一篇・一冊・谷本龜次郎・昭和十三年

二一四二サツ　薩隅日地理纂考・一冊・鹿兒島縣教育會・昭和四年

一九四五サトウ
佐藤一齋と其門人・一冊・高瀬代次郎・東京南陽堂本店・大正十一年

一三八〇サゴ　狹衣物語市註大成・十冊

三七五シ　四書　表紙ドンス、帙ドンス・六冊一帙

[redacted]

シーボルト關係書翰集・一冊・日獨文化協會及日本學會編・東京郁文堂書店・昭和十六年

二三三シー
シーボルトの最終日本紀行・一冊・小澤敏夫譯・東京駿南社・昭和六年

二四九二シー　シーボルト資料展覽會出品目錄・一冊・主催、日獨文化協會其他

一五六シー　シーボルト研究・一冊・日獨文化協會編・東京岩波書店・昭和十三年

二四九三シー
シーボルト先生渡來百年記念展覽會出品目錄▲一冊・シーボルト先生渡來百年記念會編・大正十三年

一一七二シ
シーボルト先生其生涯及功業（增補第二版）・一冊・吳秀三・東京吐鳳堂書店・大正十五年

一〇二シ
シーボルト原稿及解說・二冊・日本學會及日獨文化協會編・東京郁文堂書店・昭和十二年

六三九ジ子　紙梳仕之方記錄・一冊一帙

六四三ジ[illegible]　紙譜・一冊一帙・安永六年

六〇四シフ　紙譜めきのき・一冊一帙・昭和十六年寫

八三〇ジ平

紙業提要・一冊・王子製紙株式會社販賣部・東京成田潔英發行・昭和十三年

九三一シギ　紙業雜誌・第二十七卷第二號・昭和七年發行

一〇三三シギ　紙魚の昔がたり・二冊一帙・訪書會編・東京全會發行・昭和九年

四[illegible]　詩本草・一冊一帙

二七三チシ　詩經草木彙解（天）・一冊

二三六五シ　史學年報・五冊・第二卷第一期－第四期及第十周年記念特刊・燕京大學歷史學會・民國二十三年－二十七年

一三九二シ　詩の國夢の國琉球小話・一冊・稻垣國三郎・大阪盛運堂・昭和九年

四六七シシ　絲繡筆記・一冊一帙・紫江朱啓　桂辛輯

一五一四シホ

陽虎（陽筆珍本）・二冊・宗松岩雄編・東京國學院大學出版部・明治四十一年及四十三年

二七七〇シヤ　島津世家・郡山遜志

一[illegible]　諸國方言物類稱呼・五冊一帙

六三[illegible]　植物學語鈔・一冊・松村任三・東京丸善商社・明治十九年

二七三〇シ　詩本草序志堂草稿・一冊

二〇九一シャク　尺八史考・一冊・栗原廣太・東京竹友社・大正七年

九一二シュ　聚玉紙集・一冊・中村直次郎・東京聚玉文庫・昭和八年

二九六一ショ　書物同好會會報・一冊・櫻井義之・京城書物同好會・昭和十三年

五〇二シレ　士禮居藏書題跋記目・四冊一帙・呉縣黄丕烈

九七[illegible]　[illegible]字記・一冊一帙・倉聖明智大學校刊

四九八ショ　植物自然分科一覧表・一冊

四六八ショ　植物學大辭典・一冊・孔慶萊其他・各埠商務書館・民國二十七年

三五二ショ　植物名實圖攷長編・十二冊・呉其濬著・海上商務院書館・民國二十二年

二七一五ショク　植學啓原・三冊・宇田川榕菴・風雲堂・天保四年

二〇[illegible]シ　植物學雜誌・十冊・日本植物學會編・東京荒井書店・昭和十一年及十二年

二五八五ショク　改訂植物名彙・二冊・前編漢名之部、後編和名之部・松村任三編・東京丸善・大正四年－五年

二一一ショク　植物名實圖考・四十八冊六帙・小野職愨重修・東京奎文堂・明治二十二年

三[illegible]シ　草木の秘事・一冊一帙・春水五年

一〇九七ショ　書誌學論考・一冊・長澤規矩也・東京松雲堂・昭和十二年

二四五ショ　書物趣味（雜誌）一巻一號－二巻四號迄・八冊・ブックドム社・昭和七年九月－八年十月

二八〇〇ゲウ　昭和七年業務報告・岐阜縣製紙工業試驗場

三〇五四シヨ　書譜上中下・三冊・吉岡貞雄・東京赤城出版社・昭和十二年

二八一シヨ　書物趣識一－七・七冊・京都杉田大學堂・大正十四年

二八二五シツ　出身者著書目錄・一冊・國學院大學・昭和五年

三四二シヨ　食物和歌本草・三冊一帙・元文二年

[illegible]シヨ　食物歌本草大成（全）・一冊一帙・享保八年

二九一シヨ　食物能毒編（全）・一冊一帙・弘化五年

三四三シヨ　食物和歌本草（増補）・七冊一帙・寛文七年

三〇一六シブ　四部叢刊續編・一冊（二部）

三〇一八シコ　四庫全書珍本初集樣本・一冊

三〇一セシブ　第三次改定本四部叢刊目錄・一冊

一九二九シホウ　司法事務、支那歷代刑事法制の思想上下（雜誌）第百六十七－百七十八・二十冊・司法省調査課・昭和七年

二六三四シホウ　司法研究第十四輯・一冊（二部）・報告書集三・司法省調査課・昭和六年

三五一シキ　四季酒の肴・一冊・魚谷常吉・東京斗南書院・昭和十年

二九一シキ　酒器を語る（支那陶磁）・一冊・宋形金風・京都郊外社・昭和五年

二七一セシヘイ　酒餅論生祭叢書・一冊・德富猪一郎・東京民友社・大正三年

[illegible]シ[illegible]　酒古名考・十冊一帙・荒木田久守

[illegible]シ[illegible]　文干考・一冊一帙・鍋磯齋藤敬夫・寛政五年

七六シャ　社倉私議（全）●一冊一帙●寛政甲寅

[illegible]　質問本草●五冊一帙●中山吳子善著●江戸須原屋茂兵衞其他●天保八年

二八一三シン　新集古書販賣目錄●一冊●大阪荒木伊兵衞書店●昭和三年

一〇四七ショ　昌平學寮學規譚●一冊一帙

三四九シン　新修本草●十冊一帙●弘化丙年

[illegible]シン　集成生藥圖譜●一冊●伊吹高峻●東京甲鳥社●昭和九年

[illegible]シヒ　指徵韻鏡私抄（全）及解說●二冊一帙●京都貴重圖書影本刊行會編及發行●昭和十一年

[illegible]シン　神農本經解故●三冊一帙●鈴木素行著

三〇六九シャ　射御持長記●一冊●文明十年

二八四一シャ　寫經より見たる奈良朝佛教の研究（論叢第十一）●一冊●石田茂作
東京東洋文庫●昭和五年

九二一五ショウ　小學國語讀本、尋常科用卷三、五、六、七（三部）●五冊●文部省
東京書籍株式會社●昭和九年－十一年

二七一二シキ　袖珍藥說（上中下）●三冊●柳河春蔭●東京山城屋佐兵衞●明治三年

二一七シキ　新語學獨案内●一冊●エフ、ブリンクリー●東京三省堂●明治四十二年

三[illegible]ウ　傷寒論集成●十冊一帙●山田正珍宗俊父

二八一五シツ　静岡縣郷土研究　第十二輯・一册・柘植清・静岡、静岡縣郷土研究協會・昭和十四年

九〇六シス　守須屋う兌め（全）・一册桐箱・江戸金花堂須原屋發行

二八五一シヤ　社會史研究（民族と歴史改題）第九及第十卷（缺本アリ）・九册・古泰田書坊・東京日本學術普及會・大正十[illegible]年

三〇八七シウ　習字楷梯上・一册・山本竟山・京都井上清月堂・大正六年

一四八七シツ　室名索引・一册一帙

二七九〇シキ　史記評林・十一（標目錄附）・二十五册

二四[illegible]　諸系志・十册一帙・東京民友社・大正三年

二九三二シナ　信濃、郷土研究（第一ヨリ第七卷缺本アリ）・七册・町田修三
長野信濃郷土研究會・昭和七年—十三年

[illegible]シナ　品川遊廓史考・一册・品川三業組合發行・昭和四年

ヲ一六三シヨ　書物展望、第二卷上細目次・一册・自昭和七年一月—昭和七年六月・
岩本和三郎・東京書物展望社・昭和七年

一四二一九シヨ　書道碑本碑法帖解義・一册・藤野立然・京都司文館・昭和十一年

二七一六シヨ　書物展望第一卷・一册・岩本和三郎外・東京書物展望社・昭和六年

二六七八シウ　袖珍鑑本草綱目・一册（二部）・（穂花園）

二六七九シウ　袖珍鑑本草綱目・二册

二六七七シウ　袖珍鑑・一册・柳川光發行・昭和八年

二一七九ショウ　職原抄　上下・二冊一帙・正保二年刊

二五六三シウ　集刊第一本ー第七本・七冊・廣州國立中央研究院・歴史語言研究所　中華民國十七年ー二十七年

二六六四シチ　七福神物語・尾原静乗・京都興教書院・大正六年

二一九五ショウ　小爾雅・一冊一帙・南宮彌六郎重訂・寶暦庚辰年刊

二一九六ショウ　小爾雅疏・二冊一帙・上虞王煦汾原撰・光緒乙酉四月・武徐氏刊

×　缺番

二五五七シマ　シマの話八重山島民謠誌・一冊・喜舎場永珣・東京郷土研究社　大正十三年

二一五八ショク　食品本草・一冊

二一二〇ショク　食道楽第一巻ー第五巻・五冊・村井寛・東京玉井清文堂・昭和三年

二六一一シホ　鹽原の奥・一冊一帙・新田可彦・京都新田書房

二二五八ショウ　習字兼用商業書翰文　二十五版・一冊・森富治郎・東京松邑三松堂・昭和七年・

二一一七ショウ　捷引十四篇目録・一冊

二六六六シ　詩經大表・二冊一帙

二一六四シュン　春鶯曲其他無題・三冊

二七七九ショウ　紹興編年・十二冊・[illegible]・大正八年

二九一六シナ

支那香艶叢書、第一冊—第六冊・六冊・池田信雄・上海支那香艶叢書刊行會・大正十一年

二二五二シナ

支那社會の科學的研究・一冊・ウイットフオーゲル著平野義太郎譯・東京岩波書店・昭和十四年

二一四三シナ

支那歴代地名要覧・一冊・青山定雄・東京東方文化學院・昭和十四年

二一一九シナ

支那文學大觀第一卷—第十二卷・九冊・佐々木久・東京支那文學大觀刊行會・大正十五年

一八二シナ 支那歴史地理研究・一冊・小川琢治・東京弘文堂書房・昭和十年

二一三シナ 支那長生秘術・一冊・後藤朝太郎・東京富士書房・昭和四年

二〇一シナ

支那歴代年表續編・一冊・山根倬三・東京[illegible]刊行會・昭和五年

[illegible]シナ

支那中世醫學史・一冊・廖温仁・京都カニヤ書店・昭和七年

一九二五シナ 支那法制史研究(全)・東川德治・東京有斐閣・大正十三年

[illegible]シナ

支那及日本本草學の沿革及本草學者の傳記・一冊・白井光太郎・岩波書店・昭和五年

一九二八シナ 支那法制史・一冊・淺井虎夫・東京博文館・明治三十七年

二〇一シナ

支那數學史略・二冊一帙・[illegible]・東京吉川半七・明治三十四年

一四〇六シナ　支那の諺言・中野江漢（吉三郎）・北京支那風物研究會・大正十四年　V

一四〇七シナ　支那小說史・魯迅著・増田渉譯・東京天正堂・昭和十三年　V

四〇一シナ　支那學術文藝史・長澤規矩也・東京三省堂・昭和十三年

四〇九シナ　支那學入門書略解（再訂）・一冊・長澤規矩也編・東京文求堂書店・昭和九年

[redacted]

自顧愷之至荊浩支那山水畫及附圖・二冊一帙・伊勢專一郎・京都東方文化學院・昭和九年

一〇一五シナ　支那古代家族制度研究・一冊・加藤常賢・東京岩波書店・昭和十五年

一四一一シナ

支那文學概論講話・鹽谷温・東京大日本雄辯會・大正十五年十版（大正八年初版）　V

二〇三四シナ　支那法制史論叢・一冊・桑原隲藏・東京弘文堂・昭和十二年　V

一四〇八シナ　支那詩論史・鈴木虎雄・東京弘文堂・昭和十年四版（昭和二年初版）　V

九七二シナ　支那文學史綱要・一冊・内田泉之助其他・東京文求堂書店・昭和八年

二四〇〇シナ　支那の孝道・一冊・桑原隲藏・發行人三島海雲（東京）　V　・昭和十年

二〇〇〇シナ

支那歷代年表・一冊・中村久四郎、山根倬三共著・東京亞細亞研究資料刊行會・昭和四年

二〇二シナ　最新支那語大辭典・石山福治・東京第一書房・昭和十三年

二二九七シナ　支那の歴史と文化・一冊・矢野仁一・東京目黑書店・昭和十六年

二八七七シナ　支那文典 ● 二冊一帙 ● 大槻文彥 ● 小林新兵衛 ● 明治十年

三八シナ　支那絨毯考 ● 一冊 ● 高木英彥 ● 東京泰山房 ● 昭和十一年

支那書學書解題 ● 一冊 ● 原田謹次郎 ● 東京大塚巧藝社 ● 昭和十三年

二二七七シナ　支那思想と日本 ● 津田左右吉 ● 東京岩波書店 ● 昭和十四年

九二七シナ　支那壁紙業 ● 一冊 ● 關彬編 ● 東京誠心堂 ● 昭和九年

四八シナ　支那書畫人名辭書 ● 四冊一帙 ● 大西林五郎 ● 東京松山堂書店 ● 大正八年

六一シナ　支那書畫名家評傳 ● 十三冊三帙 ● 近藤元粹編 ● 大阪青木嵩山堂 ● 明治四十二年

二九三四シナ　支那語研究第一號 ● 一冊 ● 平岩房次郎 ● 奈良崑崙會 ● 昭和十三年

二〇三二シナ　支那法制史研究 ● 一冊 ● 瀧川政次郎 ● 東京有斐閣 ● 昭和十五年

一四〇五シナ　支那の馬 ● 中野江漢（吉三郎） ● 北京支那風物研究會 ● 大正十三年

一四〇九シナ　支那文學概說 ● 靑木正兒 ● 東京弘文堂 ● 昭和十三年四版（昭和十年初版）

三一三九シナ　支那に於ける法典編纂の沿革 ● 一冊 ● 淺井虎夫 ● 京都帝國大學京都法學會 ● 明治四十四年

一四一〇シナ　支那小說戲曲史概說 ● 宮原民平 ● 東京共立社 ● 大正十四年

三六シナ　支那繪畫史 ● 一冊 ● 內藤湖南 ● 東京弘文堂 ● 昭和十三年

支那學藝大辭彙 ● 一冊 ● 近藤杢 ● 東京立命館出版部 ● 昭和十二年（再版）

六四八シナ

一三一三シナ　支那風俗 ● 三冊 ● 井上紅梅 ● 上海日本堂書店 ● 大正九年－十年

一八五シナ　支那民俗誌・二册・永尾龍造・外務省文化事業部内支那民俗誌刊行會
昭和十五年及十六年

五七三シコ
四庫全書総目及未收書目引得・二册一帙・洪業外四名編・北京燕京大學圖
書館・西暦一九三二年

知つておかねばならぬ印刷と紙の話・一册・瀬良俊喜太・東京崇文堂出版
部・昭和十一年

二五八四ショク　植物名彙・一册・志田義秀、田中徹翁共編・東京北隆館・昭和四年

二二八六シマ　嶋の南洲先生・一册・安藤佳翠・昭和十一年
鹿児島市安藤佳翠

六二六ショ
植物採集便覧・一册・松村任三・東京大日本圖書株式會社・明治三十三年

二五八三ショク　植物和漢異名辭林・一册・杉本唯三・大阪立川書店・昭和四年

四三六ショ

書誌學・三册・木村一郎編・東京書誌學社（日本書誌學會）・昭和八年乃至
九年

四二二シャ
紹穎餘錄（全）・一册一帙・豐田養慶編・寶暦十一年

一四九九シカ　四角號碼檢字法・一册・王雲五・上海商務印書館・西暦一九二八年

書物語辭典・一册・古典社編輯部編・沼津市古典社・昭和十一年

六八五ショ　諸大名の學術と文藝の研究・一册・福井久藏・東京厚生閣・
昭和十二年

一〇三一シセ　師石山房叢書・一册・姚振宗・上海開明書店・民國二十五年

7
支那に於ける佛教と儒教道教・一册・常盤大定・東京東洋文庫・昭和五年

五〇九シト　紫藤園攷證 ● 十二册 ● 弘化二年（昭和九年京都小山源治氏藏書ヲ寫ス）

二五七ジヨウ　習字參用南峯書翰文初歩（全） ● 一册 ● 柴富次郎 ● 東京松邑三光堂 ● 明治四十年八月

一三六三シジ　詩衣故 ● 七册一帙 ● 京城矢野義男 ● 昭和九年

[illegible]　施福多先生文獻聚影 ● 十一點桐及紙箱入

二四十シヨク　職人繪畫 ● 一册一帙 ● 久保田米齋 ● 東京美術刊行會 ● 大正七年

二五七〇シヤン　上海自然科學研究所彙報（自第一至第七卷） ● 七册 ● 自一九二九年至一九三七年

[illegible]　鹿笙鹿考 ● 二册一帙 ● 安政六年

四三七シヨ　傷寒論觀書目 ● 大阪杏雨書屋發行 ● 昭和十六年

四〇一シケ　詩經名物辨解 ● 四册一帙 ● 江村如圭集述 ● 享保十六年

二四〇六シヤン　上海掃葉山房 ● 民國十年

二二九八シヤク　釋尊御遺形傳來史 ● 一册 ● 小室重弘 ● 發行者名古屋岡部豐吉 ● 明治三十六年

一八四八シガ　志賀 ● 一册 ● 觀世左近 ● 元和六年

九六六シガ　史學雜誌 ● 第三十五編第二號 ● 一册 ● 坂本嘉次馬編 ● 東京史學會 ● 大正十三年

三二シヨ　小山林堂書畫文房圖錄 ● 一帙十册

二七六八ゾク　續日本紀 ● 二十册 ● 菅野朝臣眞道等奉 ● 二十册 ● 江戸須原屋茂兵衛 ● 天保十四年

一一二八シガク　史學雜誌總索引・十冊・坂本守正編・東京富山房・昭和十五年

二四二四ショシ　書誌學、四巻一號－十四巻・一冊・木村一郎

一五二ショ　初期日獨交通小史・一冊・丸山國雄・東京日獨文化協會・昭和六年

二八七五ショ　書苑、創刊號－十二號、第二巻第六號・三冊・藤原喜一・東京三省堂・
昭和十二年－十三年

九九[illegible]ショ　新撰洋學年表・一冊一帙・大槻如電・東京大槻茂雄・昭和二年

七九七セン　觀志緒言・十一冊一帙・齋谷岩陰著・白石清泉山房梓

五八〇シャ　シャボテンと多肉植物の栽培智識・一冊・龍膽寺雄・東京成美堂書店・
昭和十年

九三〇シギ　紙業新聞第十二巻第十一號・一冊・大阪紙業新聞社・昭和七年

七五七シャ　舍密開宗・二十一冊二帙・宇田川榕菴譯

七三一ショ　少室山房筆叢・十六冊二帙・明東越胡應麟撰

八二一[illegible]　執筆十二圖・一冊一帙・文化六年

七一[illegible]　松廼舍文庫藏書目錄・一冊一帙・東京西東書房・大正三年

[illegible]　詩山書院志・五冊一帙

[illegible]ショ　手板發蒙（增補）・一冊一帙・四郎兵衛造・文政六年

一四四ショ　四庫未收書目提要（國學基本叢書）・一冊・[illegible]元・上海商務印書館・
民國二十四年

一[illegible]九六シュン　春[illegible]本日本書紀稀見聞解説・一冊一帙

一九八六シュン　春香傳・一冊・張赫宙・東京新潮社・昭和十三年

[illegible]シ　紙業界五十年・一冊（二部）・東京博進社・昭和十二年

二七九五シ　紙業新報、第五巻第六巻（缺本アリ）・三十二冊・市川矢三治・名古屋
紙業新報社・昭和十三年―十四年

二七九八シ　紙業新聞、第一巻ヨリ第二十三巻（昭和二年―十三年）及大正十二及
十三年分・二十六冊・西嶋東洲・大阪紙業新聞社

[illegible]シ　紙業經歴苦辛談・一冊一帙・中内丈太郎著

二七九四シ　紙業雜誌、第五巻（明治四十三年）ヨリ第三十六巻（昭和十年）
（缺本アリ）・二百二十一冊・闕彪・東京日本製紙聯合會

[illegible]シ　紙魚文學・一冊・山口剛・大阪三省堂大阪支店・昭和七年

[illegible]シ　紙魚供養・一冊・齋藤昌三・東京書物展望社・昭和十一年

九三五ショ　昭和十年、十二年業務報告・二冊・岐阜縣製紙工業試驗場・昭和十一年及
十三年

[illegible]ショ　書誌學・一冊・小見山壽海・東京藝革會・昭和六年

[illegible]ショ　書林清話・五冊一帙・掃葉山房刊

一七〇六ショ　書翰文講話及文範・一冊・芳賀矢一其他・東京富山房・昭和九年

二八〇一ショ　書物往來・一―三（創刊號―第三年五號）・十九冊・神代種亮
東京從吾所好社・大正十三年―十五年

二八七三ショ　書道講座・二十六冊七帙・雄山閣・昭和四年―六年

二六八九ヨウ　新撰養蠶書（全）・一冊・八田達也・明治二十八年

一三六四ニホ　續日本紀・二十冊桐本箱入・明暦丁酉

三一二〇ショ　初學必讀・六冊一帙

一一九ショ　書窓雜記・一冊・德富猪一郎・東京民友社・昭和五年

一〇〇[illegible]ショ　書目答問補正・一冊

二八七四ショ　書道（雜誌）第二卷第二號―第三號・二冊・横山房雄・東京雄山閣・昭和八年

一一三八ショ　書物の趣味・七冊・書物の趣味社・東京全社發行・昭和二年―七年

七九二ショ　書物展望・百十一冊・齋藤昌三・東京書物展望社・第一卷第一號―第十一卷第二號

一〇八八ショ　書物之見・一冊・井上和雄・東京書物展望社・昭和十四年

二一六六シャ　寫本（早稲田大學圖書館出本）・二冊

三一六七　（極大厚本）一冊

三一六八　（九冊無帙本）（利元、貞、享、太、平、天、下無）

一一六二シ[illegible]

書窓叢本之輯（全）・一冊・恩地孝四郎・東京アオイ書房・昭和十六年

一〇八〇ショ　書目集覽・二冊・禿氏祐祥・京都東林書房・昭和三年―六年

二〇七シ　四体合璧文鑑・十一冊二帙

二一九二シマ　嶋・二冊・東京一誠社・昭和八年―九年

九八二シャ　社會教育・一冊・東京社會教育會・昭和十四年

七五九ショ　傷寒藥品体用・二冊一帙・川越正淑大亮著・京都斯文堂

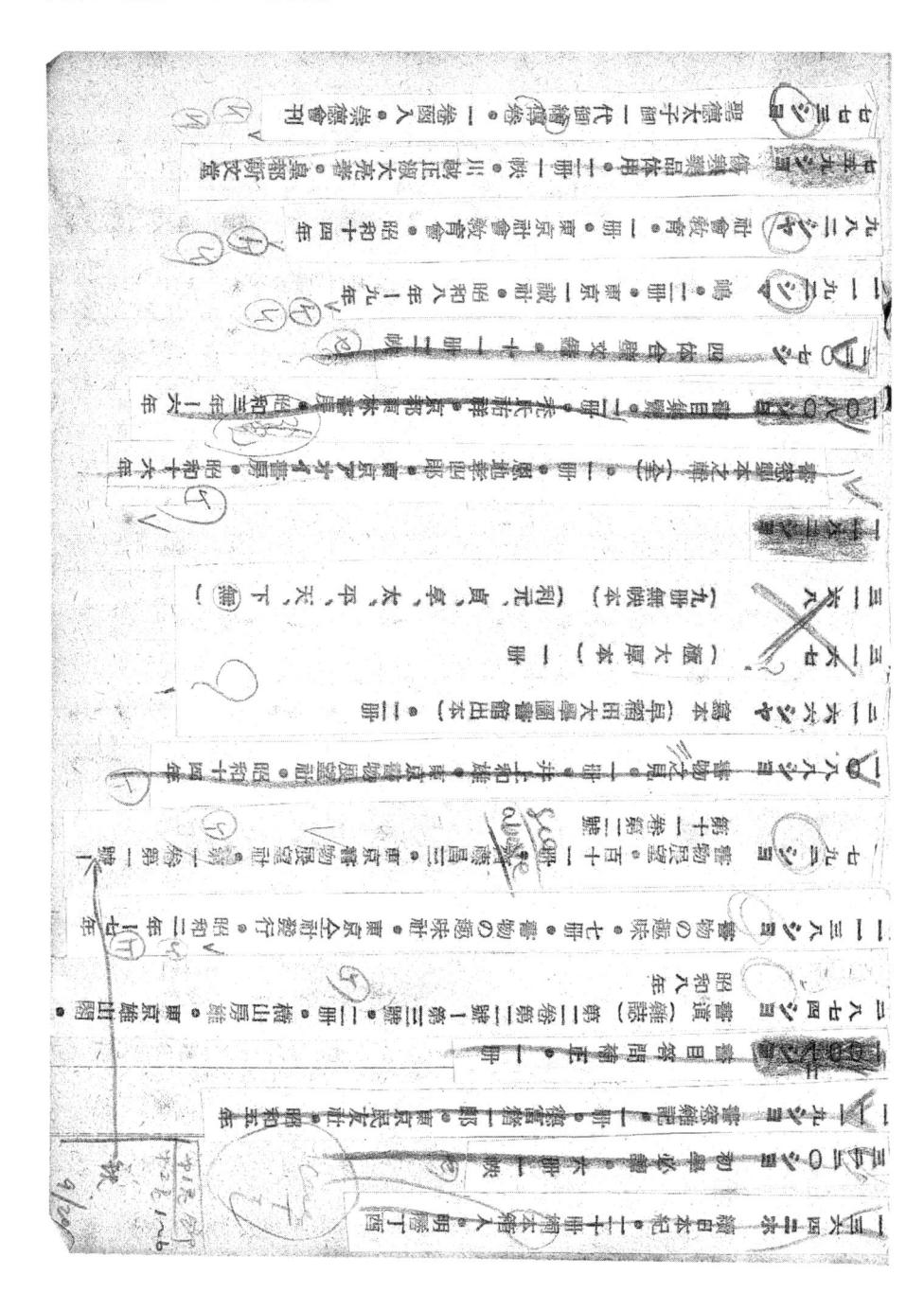

七七三ショ　聖德太子御一代御繪傳卷・一卷函入・崇德會刊

[illegible] □修堂藏書目錄・十冊・一帙

二九二八シセキ

二九二九シセキ

史蹟名勝天然紀念物調査報告書（植物）・一冊・鹿兒島縣・昭和四年

史蹟名勝天然紀念物調査報告・一冊・鹿兒島縣・昭和十三年

二八五四シブン 斯文、第一號ヨリ第二十編迄（缺本及重複ナリ）・百八十九冊
佐久節・東京斯文會・大正八年―昭和十二年

[illegible]七シン 眞軒先生藏書目錄・一冊・上野賢知・東京無窮會・昭和八年

一三四〇シカ 史學地理學論叢（小川博士還暦記念）・一冊・石橋五郎編・京都弘文堂書房・昭和五年

八六四シツ 靜岡市史編纂資料（第六卷）・一冊・靜岡縣靜岡市役所編・全市役所發行・昭和四年

二八四九シウ 周秦漢三代の古経研究報告第拾冊上下・二冊・高畑彦次郎・京都東方文化學院京都研究所

一六四〇シン 眞福寺本古事記・三冊一帙・東京古典保存會・大正十三年及十四年

[illegible] 新編武藏風土記稿・八十冊八帙・內務省地理局・明治十七年

二一三八シン 眞宗聖典・一冊・指々祠・東京無我山房・大正五年

一五二〇ブン 新文典・一冊・橋本進吉・東京富山房・昭和十三年

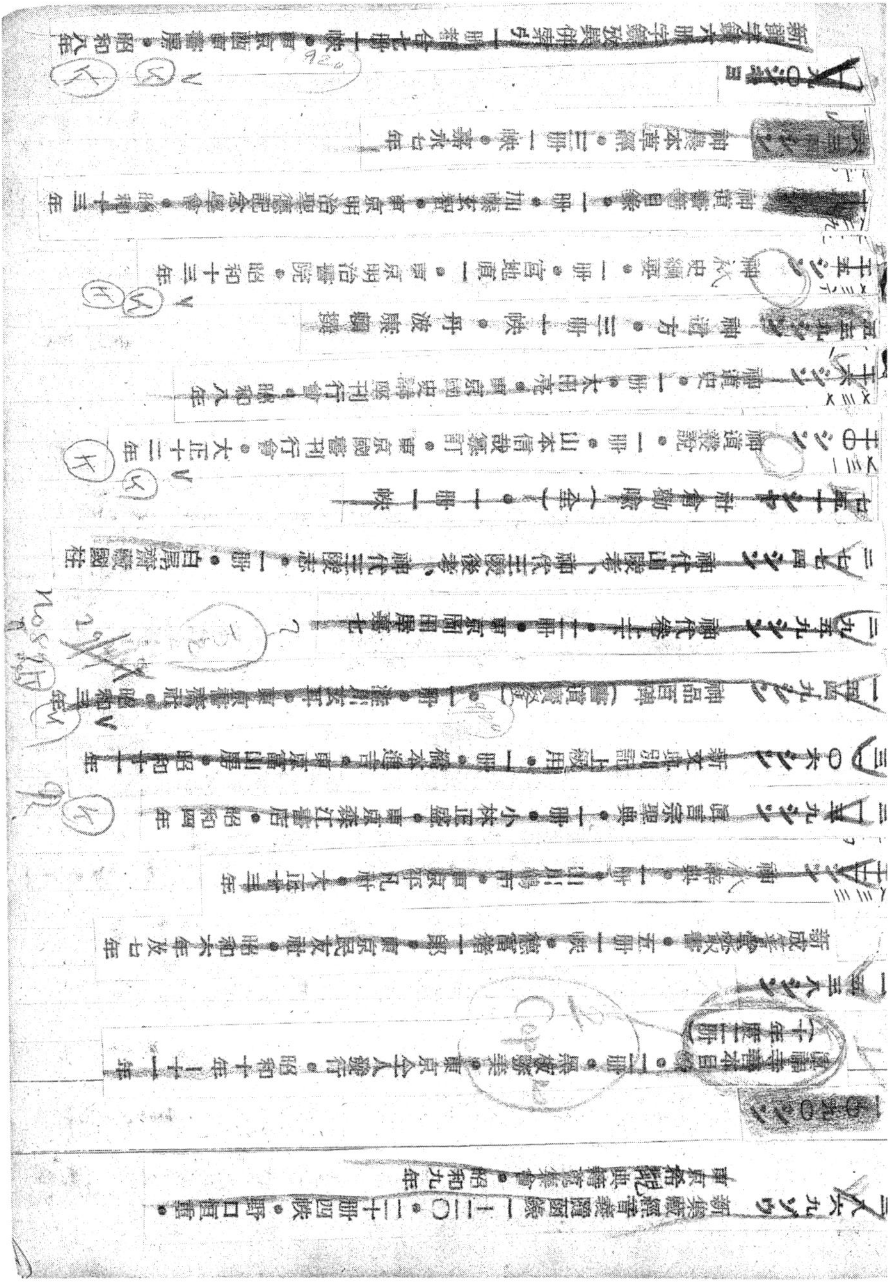
二八六九ゾウ 新集藏經音義隨函錄 一二〇・二十册四帙・野口恒重・東京希觀典籍蒐集會・昭和九年
一五九〇シン 眞福寺善本目錄・二册・黑板勝美・東京全人發行・昭和十年－十一年（十年度二册）
一五三八シン 新成字彙叙書・五册一帙・德富猪一郎・東京民友社・昭和六年及七年
二一五シン 神代辭典・一册・山川鵜市・東京平凡社・大正十三年
二〇三九シン 眞言宗聖典・一册・小林正盛・東京森江書店・昭和四年
三〇六シン 新文典別記上級用・一册・橋本進吉・東京富山房・昭和十一年
一四四九シン 神品百譚（書道資叢）・一册・澁川玄耳・東京書齋社・昭和三年
二九五九シン 神代卷上下・二册・東京岡田摩奈七
二七七四シン 神代山陵考、神代三陵後考、神代三陵志・一册・白尾齋藏國柱
七五一シャ 社會勸喩（全）・十册一帙
三〇一シン 神道發說・一册・山本信哉纂訂・東京國書刊行會・大正十二年
三一六シン 神道史・一册・太田亮・東京國史講座刊行會・昭和八年
五三九シン 神道方・三册一帙・丹波康賴撰
三一五シン 神祇史綱要・一册・宮地直一・東京明治書院・昭和十三年
神道書籍目錄・一册・加藤玄智・東京明治聖德記念學會・昭和十三年
六三四シン 神農本草經・三册一帙・嘉永七年
八〇シャ 新撰字鏡六冊字鏡攷異佛字引・十册者合七册一帙・東京西東書房・昭和八年

一九〇七イ　新撰姓氏録考證、上下・二冊・栗田寛・東京吉川半七發行・明治三十三年

二九五八セイ　新撰姓氏録・三冊

[redacted]　神慶名露・一冊一帙・寛保三年

六三シン　神祇寶鑑・二冊・半井眞澄編・京都半井眞澄・明治三十二年

メニハ
十七シン　神札考・一冊・矢部善三・東京素人社書屋・昭和九年

二四〇四シン　神靈と靈火・一冊・大矢眞穂・長崎縣七釜村宗極寮・昭和七年

三九五シン　重刻清文虚字指南編・二冊一帙

三九四シン　重刻清文虚字指南編・四冊二帙

三五六シン　清文滿蒙聚古指南・四冊一帙

三七九シン　清文補彙・八冊一帙

三五〇シン　清文虚字・一冊

三三シン　清文接字・一冊一帙

三〇一シン　清文補彙・八冊二帙

三三八シン　清字小學・五冊一帙

三七六シン　清語摘鈔四種・二冊一帙

三五九シン　清語摘鈔・四冊一帙

三一三シン　清漢文海・二十冊二帙

一五九一シン　清代學者生卒及著述表・一冊・蕭一山・民國二十年

一〇〇〇シン

清代文集篇目分類索引・一冊・國立北平圖書館索引組編・國立北平圖書館・民國二十四年

資料 07（貼付ノート・六部成語）

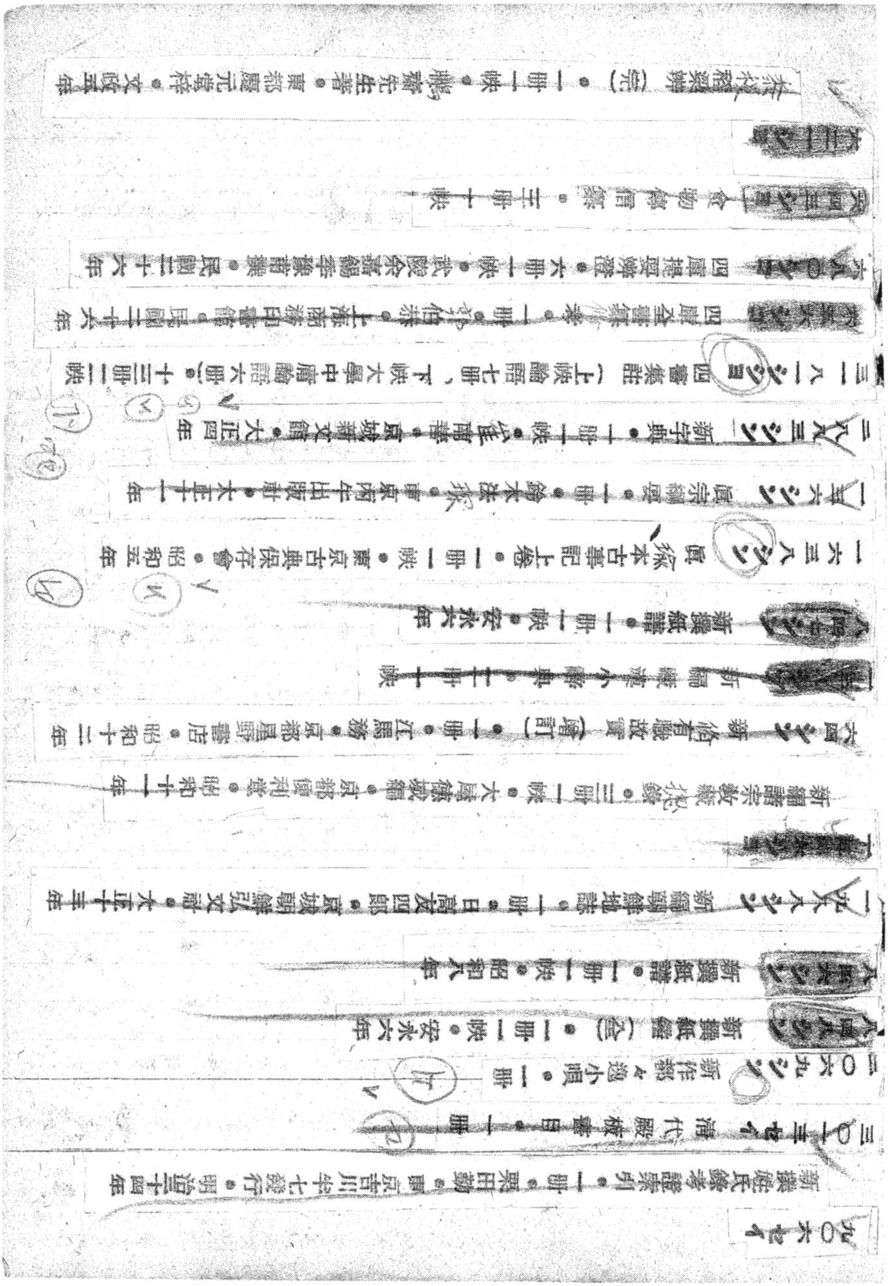
九〇六セイ 新撰姓氏録考證索引・一冊・栗田勤・東京吉川半七發行・明治二十四年
三〇一三セイ 清代殿板書目・一冊
二〇六九シン 新作都々逸小唄・一冊
[illegible]シン 新撰紙鑑（全）・一冊一帙・安永六年
[illegible]シン 新撰紙譜・一冊一帙・昭和八年
一九八八シン 新編朝鮮地誌・一冊・日高友四郎・京城朝鮮弘文社・大正十三年
[illegible]
新編諸宗教藏総録・三冊一帙・大屋徳城編・京都便利堂・昭和十一年
六四シン 新修有職故實（増訂）・一冊・江馬務・京都星野書店・昭和十二年
[illegible] 新編藏漢小辭典・二冊一帙
八四七シン 新撰紙譜・一冊一帙・安永六年
一六三八シン 眞福寺本古事記上巻・一冊一帙・東京古典保存會・昭和五年
一三六シン 眞宗綱要・一冊・鈴木法琛・東京丙午出版社・大正十一年
二八八三シン 新字典・一冊一帙・崔南善・京城新文館・大正四年
三一八一シショ 四書集註（上帙論語七冊、下帙大學中庸論語六冊）・十三冊二帙
[illegible]シ 四庫全書纂修考・一冊・郭伯恭・上海商務印書館・民國二十六年
六八〇シ 四庫提要辨證・六冊一帙・武陵余嘉錫季豫甫撰・民國二十六年
六四三シ 食物倫信纂・三冊一帙
六一一シ [illegible]稻梁辨（完）・一冊一帙・鵬齋先生著・東都慶元堂梓・文政五年

二九〇三セイ　靑谿紀聞・六冊一帙・〔寫〕館・寛政十一年

三七〇一セイ　淸文典要・四冊一帙

七〇〇〇ショ　書目擧要・一冊一帙・滇陽周貞亮・南城李之鼎同編・南城宜秋館刊

七[illegible]ショ　正倉院志（全じもの二册）・大村西崖・東京審美書院・大正十四年

七三〇〇ショ　正倉院考古記・一冊・傅芸子・東京文求堂・昭和十六年

二六二三スカ　スカーレット、レター・一冊・ナサニエル、ホーソン・神芳郎譯・東京精華堂・大正十三年

[illegible]六三五スイ　水言鈔・一冊一帙・東京古典保存會・大正十五年

一六四六スイ　水鏡及解說・四冊一帙・京都貴重圖書影本刊行會・昭和十三年

一二九スイ　推闡・四冊・安田文庫・東京全文庫發行・昭和十二年―十三年

一[illegible]スミ　住吉大社御文庫貴重圖書目錄・一冊・大阪書林御文庫・全文庫發行・昭和八年

五〇三スイ　醉夢第二卷・一冊・島添遅夫及中阪福太郎編・京都文一甲一・昭和十年

七[illegible]　水平運動・一冊・高橋貞樹・東京偉友社・大正十二年

[illegible]五二シウ　萩花輯說・一冊一帙・伊藤順子編・名古屋市全人發行・明治二十五年

[illegible]二八[illegible]　水産俗字集・一冊一帙・農商務省農務局編・東京大日本水産會・明治二十年

二〇九八セツ　節用集・一冊一縮・附古鈔本節用集解說・一冊・育德財團・昭和十二年

一五三[illegible]セツ　節用集・二冊一帙

八九六セイ 清開國史料考・二冊一帙・謝國楨・國立北平圖書館・民國二十年

二六七一セツ 說文解字詁林・六十六冊 八

補遺三帙 十六冊 82冊

八一八セツ 說郛・四十冊四帙・南村陶宗儀集・上海商務印書館・民國十九年

三〇三四セツ 說文解字注上下・一冊

二八八一セツ 說文匡鄦他・三冊一帙・石一參・上海商務印書館・民國二十年

一〇三一セツ 說文引得・一冊・全 全 西暦一九三一年

九七三セツ 說文解字・四冊一帙・許愼・上海商務印書館・民國二十四年

二九八八セキ 石林詩話・一冊・光緒戊申

二九九〇セキ 石林遺事上中下・二冊・宣統辛亥

二九九一セキ 石林燕語・三冊

二九六七セン 蟫隱廬舊本書目十四期・一冊・上海蟫隱廬書莊

十九六八セン 蟫隱廬書目四期・一冊（二部）

[redacted] 石雅（地質專報乙種第二號）・一冊・章鴻釗・中央地質調査所・民國十六年

[redacted] 成形圖說・四冊・曾槃島善撰校・東京金文堂・昭和七年乃至九年

[redacted] 成形圖說・三十冊四帙・薩摩府學藏版

[redacted] 成形圖說・十五冊三帙・薩摩府學藏版

二〇六八セイ 生殖崇拝論・一冊・久保盛丸・伊藤久保盛丸神道場・大正十年

二〇六七セイ 生殖器崇拝語彙集成・一冊・久保盛丸・大同館・大正十一年

[redacted] 校正改刻世說新語補上帙・五冊一帙・宋劉義慶撰

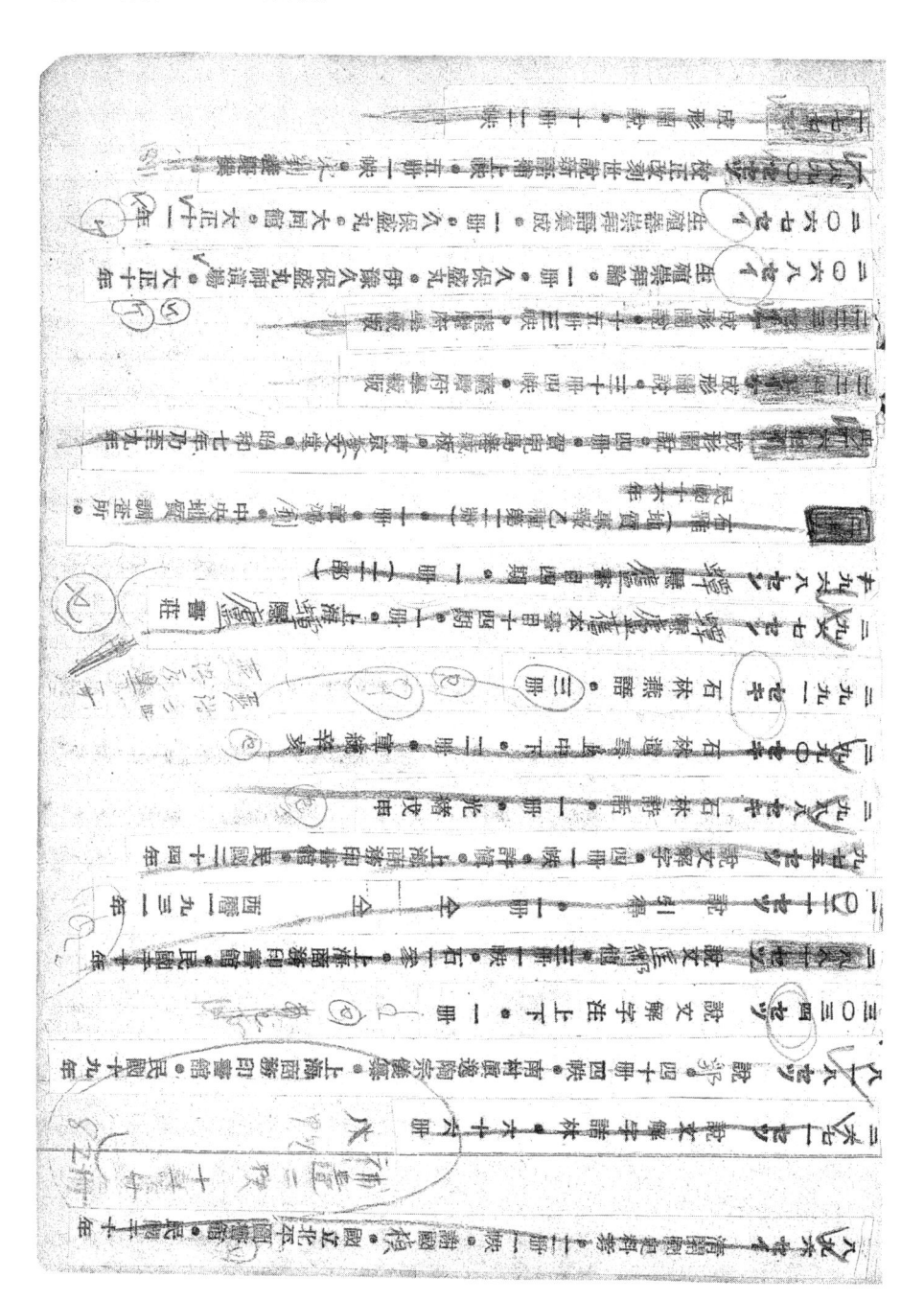

[redacted] 成形圖說・十冊一帙

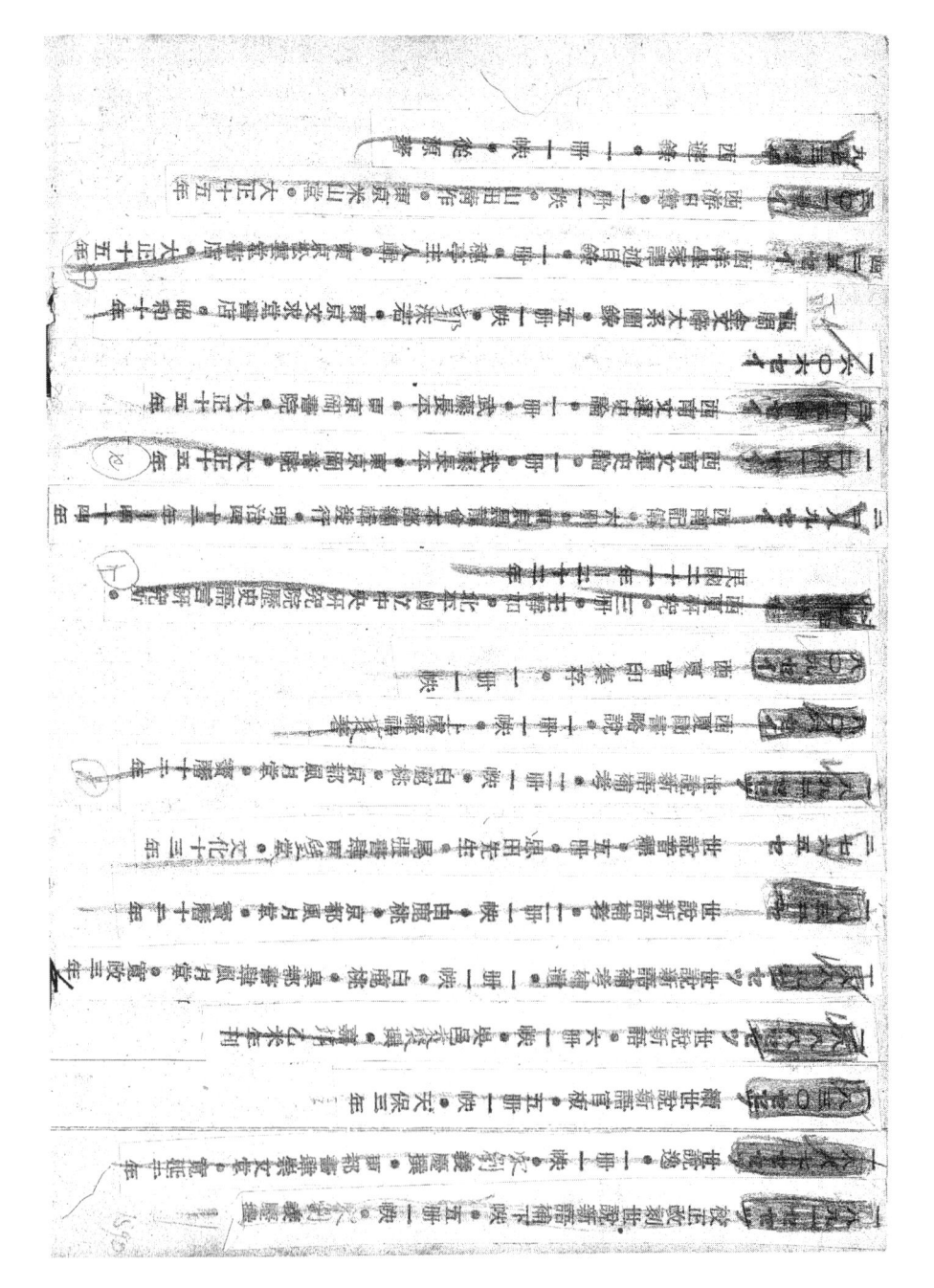

[illegible]セツ 校正改刻世說新語補下帙・五冊一帙・宋劉義慶

[illegible]セツ 世說逸・一冊一帙・宋劉義慶撰・東都書肆崇文堂・寬延二年

一八三〇[illegible] 續世說新語官板・五冊一帙・天保三年

[illegible]セツ 世說新語・六冊一帙・吳邑袁褧撰・嘉靖乙未年刊

[illegible]セツ 世說新語補考補遺・一冊一帙・白鹿桃・皇都書肆風月堂・寬政三年

[illegible] 世說新語補考・二冊一帙・白鹿桃・京都風月堂・寶曆十二年

二七六五セ 世說音釋・五冊・恩田先生・尾張書肆東壁堂・文化十三年

[illegible] 世說新語補考・二冊一帙・白鹿桃・京都風月堂・寶曆十二年

[illegible]セイ 西夏國書略說・一冊一帙・上虞羅福萇著

一八〇九セイ 西夏官印集存・一冊一帙

[illegible] 西夏研究・三冊・王靜如・北平國立中央研究院歷史語言研究所・民國二十一年―二十二年

二[illegible]八九セイ 西南記傳・六冊・黑龍會本部編纂發行・明治四十二年―四十四年

[illegible]セイ 西南文運史論・一冊・武藤長平・東京岡書院・大正十五年

[illegible]セイ 西南文運史論・一冊・武藤長平・東京岡書院・大正十五年

一六〇六セイ 西周金文辭大系圖錄・五冊一帙・郭沫若・東京文求堂書店・昭和十年

[illegible]セイ 西洋學家譯述目錄・一冊・穗亭主人輯・東京松雲堂書店・大正十五年

[illegible]イ 西游日簿・一冊一帙・山田清作・東京米山堂・大正十五年

九[illegible] 西遊錄・一冊一帙・從源著

[illegible] 漢紙の[illegible] ● 一冊 ● 今関[illegible] ● 東京富山房 ● 大正六年

[illegible] [illegible] ● 一冊

[illegible] [illegible]（全）● 一冊一帙 ● 大[illegible] ● 京都文正堂 ● 文政[illegible]年

[illegible] [illegible] ● 一帙 ● [illegible] ● 京都田中治兵衛 ● 明治二十四年

一一〇三セン 千頃堂書目 ● 十六冊 二帙

三六五セン 千字文及傑人遺墨集 ● 一冊 ● 大日本傑人遺墨集会 ● 東京 一號社 ● 昭和六年

二七〇セイ [illegible] ● 十一冊 ● [illegible] ● 一冊 一帙

[illegible]三セイ [illegible]の生物學的研究 ● 一冊 ● 日野[illegible] ● 東京新光社 ● 昭和六年

[illegible] [illegible] ● 一冊一帙 ● [illegible] ● 明治四年

[illegible] [illegible] ● 一冊一帙 ● [illegible] ● 明治二十四年

[illegible] [illegible]（完）● 一冊 ●（少年工藝文庫第十編）

[illegible] [illegible] ● 一冊一帙

[illegible]五四セイ [illegible]（全）● 一冊 ● [illegible] ● 東京[illegible]書店 ● 大正七年

[illegible] [illegible] ● 一冊一帙 ● [illegible] ● 寛保元年

[illegible]〇七六セイ [illegible] ● 三冊一帙 ● [illegible] ● [illegible] ● 文政六年

二九一[illegible]セイ 西[illegible]、全他 ● 五冊一帙 ● [illegible] ● 大正八年

二三[illegible]四セイ 西域に於ける日本文[illegible] ● 一冊 ● [illegible] ● 東京[illegible] ● 昭和十二年

[illegible] 西仙[illegible] ● 一冊 ● 天保十四年

[illegible]七セイ [illegible] ● 一冊一帙 ● [illegible]

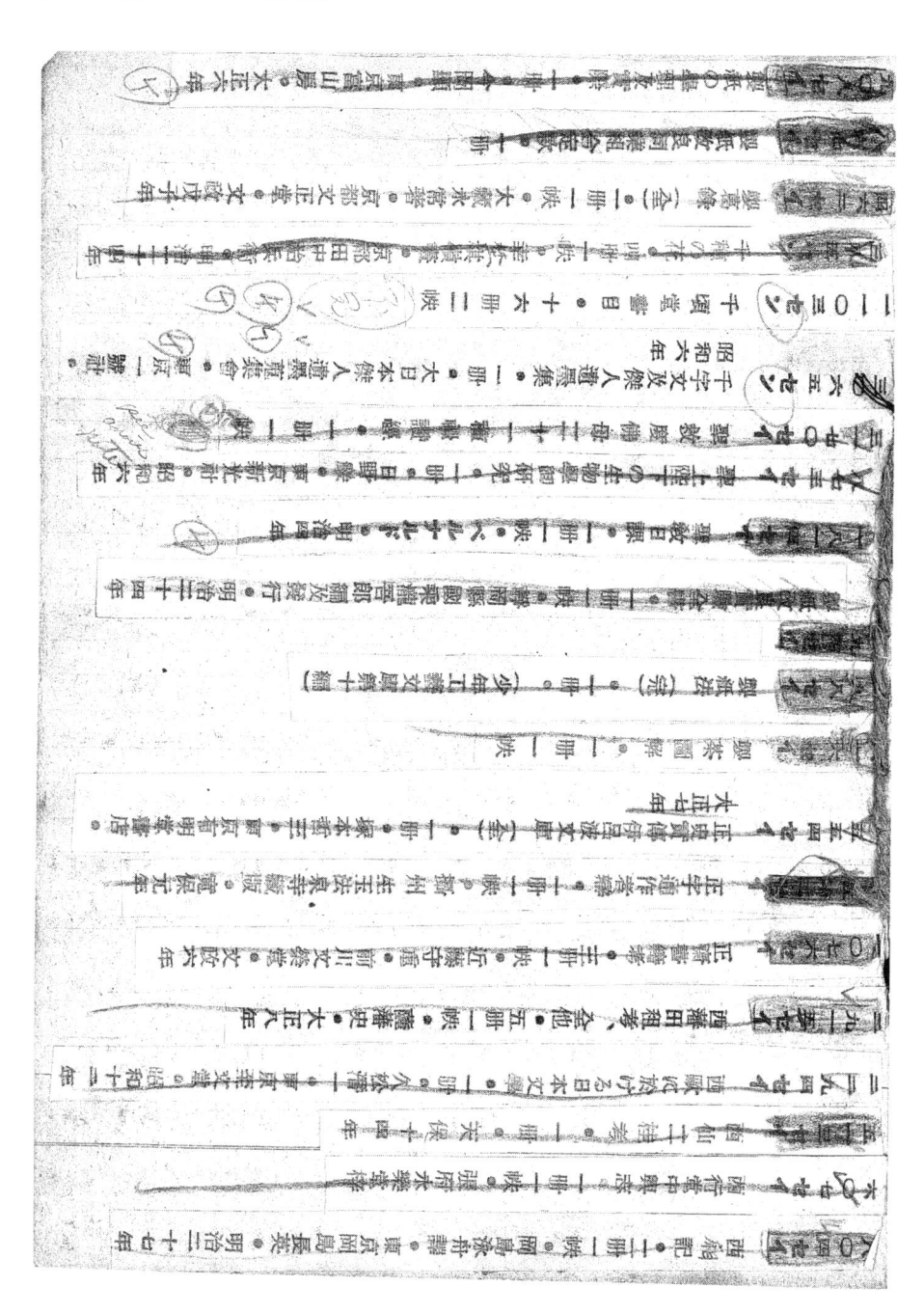

八〇[illegible]セイ 西遊記 ● 二冊一帙 ● 岡島[illegible] ● 東京岡島長英 ● 明治二十七年

三七二セイ 臺灣須知・一冊・台灣總督府事務局發行・明治三十八年

一三五セン 剪燈新話・一冊・剪燈餘話・二冊一帙

一[illegible]三セン 剪燈新話・一冊・瞿山處士評釋・東京嵩山堂・明治三十三年

一[illegible]セン 剪燈新話・二冊一帙・慶安元年

一[illegible]一セン 剪燈餘話・三冊一帙・季昌祺編・元祿五年

一四八八セン 箋注倭名類聚抄・二冊・狩野棭齋・東京曙社出版部・昭和三年及六年

一四八九セン 箋注倭名類聚抄・十冊二帙・狩野棭齋・印刷局藏版・明治十六年

二四八三セイ 青洲文庫古板書目・一冊・渡邊信（青洲文庫主人）・市川青洲文庫・明治三十八年

一九九六セイ 青邱說叢第一ー三卷・一冊・田川孝三・京城今西龍發行・昭和七年

二六三〇セイ 靜嘉堂文庫國書分類目錄・一冊・靜嘉堂文庫・昭和四年

二[illegible]セイ 成唯識論卷第十・一卜卷一冊・護法等菩薩造三藏法師玄奘奉詔譯

[illegible]三三セツ 浙江之紙業・一冊 浙江省政府設計會發行・民國十九年

二〇一六セン 宣和奉使高麗圖經・一冊・今西龍・京城近澤書店・昭和七年

[illegible]セン 宣禁本草集要歌・一冊一帙

一〇[illegible]セン 洗雲亭藏書目・一冊一帙

一四一七セン 先秦時代文法研究・新樂金橘・東京府長崎町伊川堂・昭和七年

V 補筆法傳名記　[illegible]　一冊

二四一セミ　蝉の研究・一冊・加藤正世・東京三省堂・昭和十一年

一九五八セン　鮮漢文貫珠聯綴全書・一冊・京城大英聖書公會・昭和十三年

一〇八七セウ　昌平學所藏宋元板書目（完）・一冊・居水書屋

四三四セウ　小學考目錄（羅藤錄）・一冊一帙・大通墨緣堂刊・民國二十四年

四六九セン　染色文様史の研究・一冊・明石染人・東京萬里閣書房・昭和六年

一一二セン
選擇古書解題・一冊・水谷不倒・東京奥川書房鉤之研究社・昭和十二年

一六八七セン　戰爭と二人の婦人・一冊・山本有三・東京岩波書店・昭和十三年

[redacted]　世界印刷文化史年表・一冊・庄司淺水・東京ブックドム社・昭和十一年

一九七セキ　石經考官板・一冊一帙・高斯同季埜・享和二年

一三七九セイ　清少納言枕草紙抄・一冊・加藤盤齋著

一〇四九セイ　成簣堂古文書影百種・一函・蘇峰先生文章報國五十年祝賀會編・東京
全會發行・昭和十一年

五十九　小品考・一冊一帙・西村廣休述・京、北村庄太郎其他・安政六年

一〇一キ　征使水路記（小笠原島に於ける對話書）・五冊一帙

二〇七九セン　川柳語彙・一冊・宮武外骨・東京成光館・昭和四年

一三四七キ　碩風漫筆（黒水遺稿）・一冊・黒川眞道編・東京吉川弘文館・
明治三十八年

三二四五セイ　聖諭廣訓・一冊

七二一セン　洗硯錄・一冊一帙・井上清一・大阪寧樂堂・昭和十一年

一〇[illegible]セキ　石山寫經選・一冊一帙・大屋德城・京都便利堂・大正十三年

七三〇サク　索引式的禁書總錄・二冊一帙・海寧陳乃乾輯

七七五サイ　蔡先生古稀記念論纂（完）・二冊一帙・古稀記念刊行會編・東京公會發行・昭和四年

六八[illegible]セカ　世界印刷通史・二冊・中山久四郎・東京三秀舍・昭和五年

一九八〇セイ　制勝方略・一冊一帙・朝鮮史編修會・朝鮮總督府發行・昭和十一年

七三四サン　纂世屋叢書・七冊一帙・餘杭龍興寺沙門光遠刊行・大唐天祐二年

六九六セン　錢琴銅劍樓書目・十冊一帙・常熟瞿鏞子[illegible]室校刊・光緒丁酉年

七七六セン　洗硯・七冊（第一期、全十輯之內）・楠川毅一郎編・東京洗硯社・昭和十四年—十五年

三〇一六ソウ　創建豫南書院存略・一冊

一五八七ソ[illegible]　[illegible]志・三冊一帙

一五二九ソウ　草字彙・一冊・物集高量編・東京帝國圖書普及會・大正五年

一〇[illegible]ソウ（1）　裝釘の常識・草人堂研究部・草人堂（東京）・昭和六年

[illegible]　叢書書目彙編・四冊一帙・武進沈乾一輯元編・上海醫學書局・民國十八年

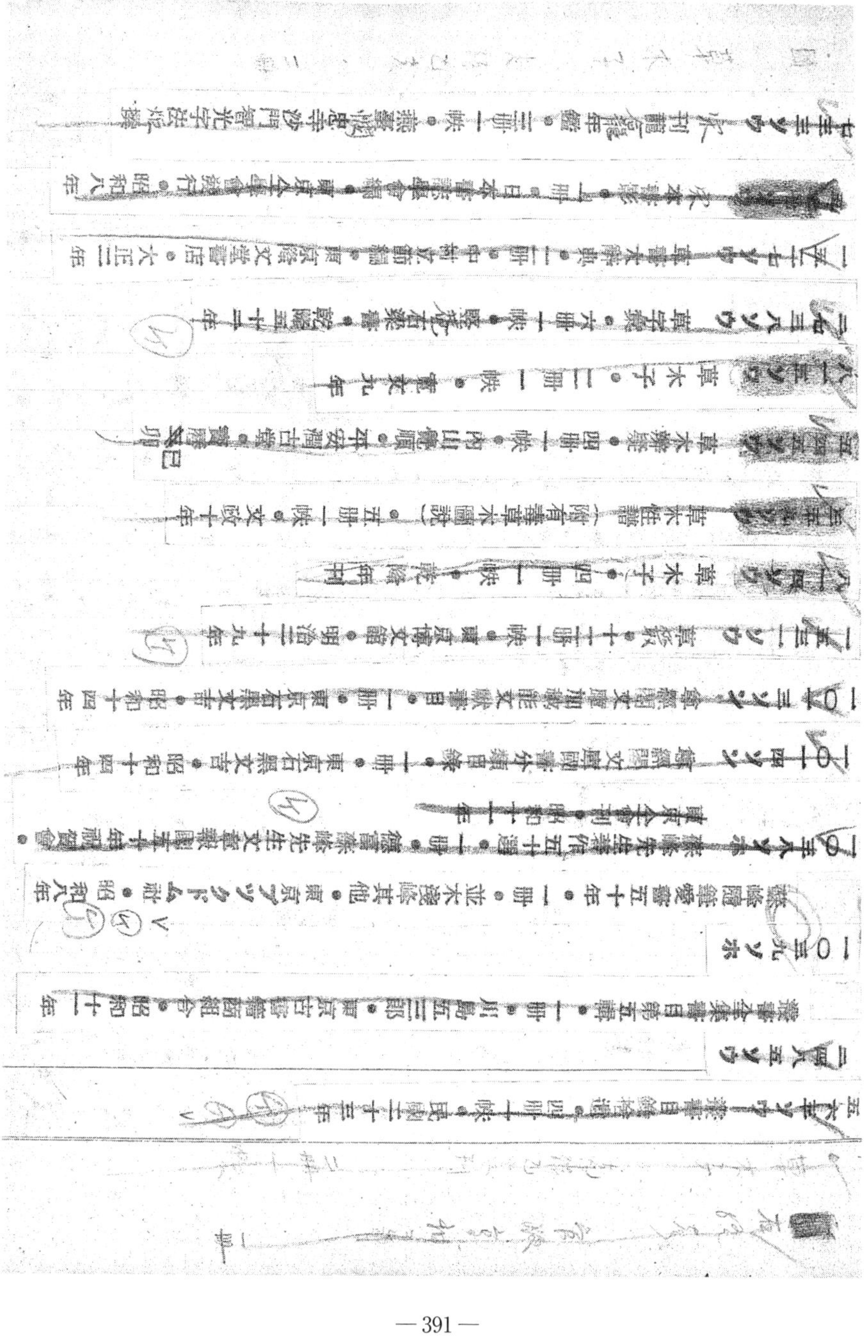

五六三ソウ　叢書目錄拾遺・四冊一帙・民國二十三年

二四八五ソウ　叢書全集書目第五輯・一冊・川島五三郎・東京古書籍商組合・昭和十一年

一〇三九ソホ　蘇峰隨筆愛書五十年・一冊・並木淺峰其他・東京ブツクドム社・昭和八年

一〇三八ソホ　蘇峰先生著作五十選・一冊・德富蘇峰先生文章報國五十年祝賀會・東京全會刊・昭和十一年

一〇一四ソン　尊經閣文庫國書分類目錄・一冊・東京石黒文吉・昭和十四年

一〇一三ソン　尊經閣文庫加越能文獻書目・一冊・東京石黒文吉・昭和十四年

一五三一ソウ　草彙・十二冊一帙・東京博文館・明治二十九年

八一四ソウ　草木子・四冊一帙・乾隆年刊

三五九ソウ　草木性譜（附有毒草木圖說）・五冊一帙・文政十年

五四五ソウ　草木辨疑・四冊一帙・内山覺順・平安潤古堂・寶曆己卯

八一三ソウ　草木子・二冊一帙・寛文九年

二七三八ソウ　草字彙・六冊一帙・暨石梁書・乾隆五十二年

一五二七ソウ　草書大辭典・二冊・中村立節編・東京隆文堂書店・大正二年

　　ソウ　宋本書影・一冊・日本書誌學會編・東京全學會發行・昭和八年

七三三ソウ　宋刊龍龕手鑑・三冊一帙・燕京哈佛寺沙門智光字法炬撰

一一一ソウ 宋合國史論文要目・一册・大塚史學會高師部會・東京刀江書院・
昭和十四年

一五一六ソウ

宋元以來俗字譜・一册・劉復編・北平國立中央研究院歷史言語研究所・
民國十九年

九八四ソウ 宋刊本十三經注疏附校勘記・八十册八峡・上海錦章圖書局・民國念一年

八三ソウ 宋史新編・六十五册八峡・柯維騏編・江戶須原屋其他・天保六年

[redacted] 雙梅景闇叢書・五册一峡

四五七ソウ 會稽堂叢面類稿・四册一峡・會稽叢書

三一一ソン 存誠樂室本邦醫書目（全）・一册一峡

一四ソウ 増訂叢書子目索引・一册・金步瀛・上海開明書店・民國二十四年

二二四四ソン 孫子の新研究・一册・阿多俊介・東京六合館・昭和五年

二四三四ソウ 宗達畫集・一册・日本美術協會編・東京審美書院・昭和五年

一四三四セイ 漱石全集（第十四卷）・一册・東京漱石全集刊行會編及發行・

三二〇チソン 孫子・四册一峡

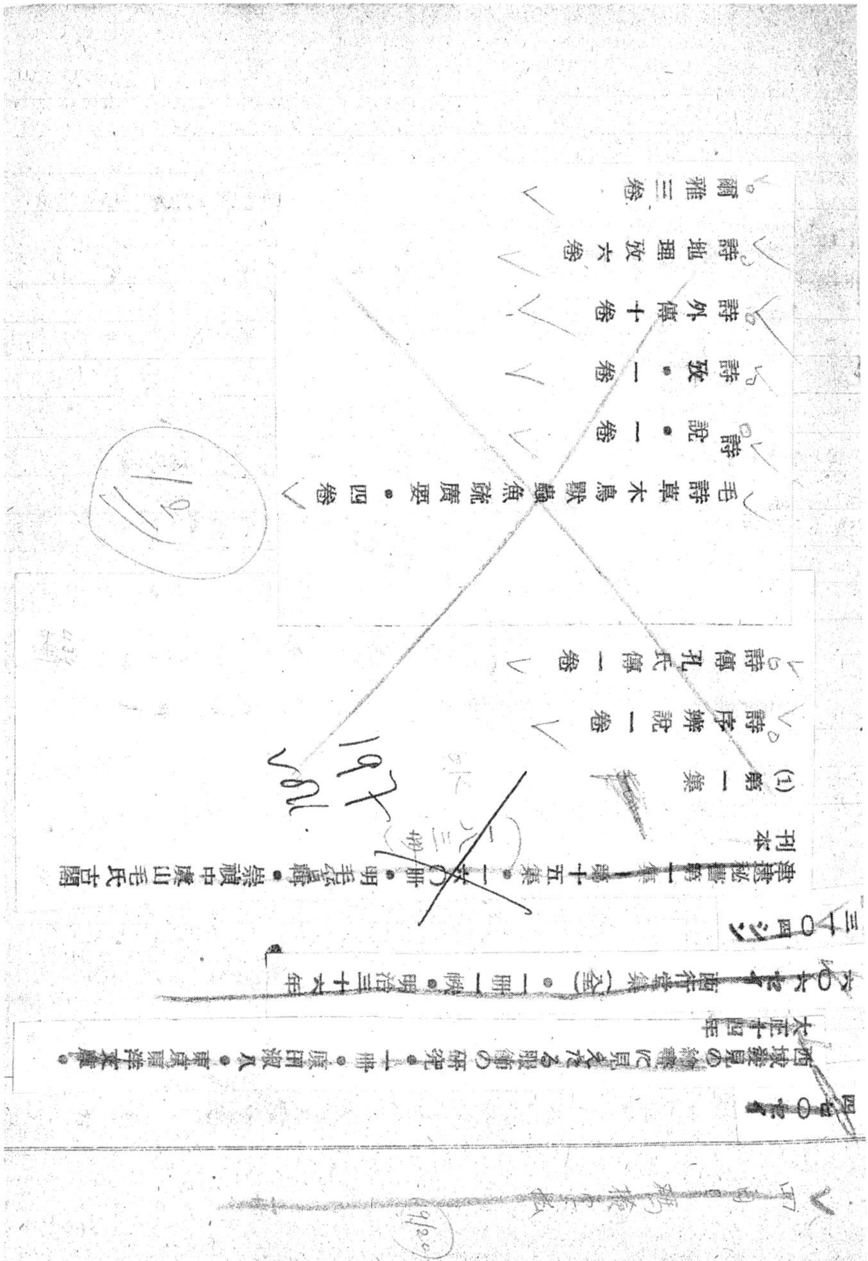

四七〇セイ

西域發見の繪畫に見えたる服飾の研究・一冊・原田淑人・東京東洋文庫・

大正十四年

六〇六セイ 西行常集（全）・一冊一帙・明治三十六年

三十〇四シン

津逮秘書第一集―第十五集・一六〇冊・明毛晉輯・崇禎中虞山毛氏古閣

刊本

(1) 第一集

詩序辨説一巻

詩傳孔氏傳一巻

毛詩草木鳥獸蟲魚疏廣要・四巻

詩説・一巻

詩攷・一巻

詩外傳十巻

詩地理攷六巻

爾雅三巻

(2) 第二集

京氏易傳三卷

蘇氏易傳又九卷

周易集解十七卷

易釋文一卷

元包經傳五卷附元包數總義二卷

麻衣道者正易心法一卷

關氏易傳一卷

焦氏易林四卷

周易集解略例一卷

周易舉正三卷

(3) 第三集

通鑑地理通釋十四卷

齊民要術十卷

通鑑問疑一卷

急就篇四卷

小學紺珠十卷

漢制攷四卷

(4) 第四集

佛說四十二章經一卷

胎息經一卷

丸經二卷
道德指歸論六卷
風后握奇經一卷附握寄經續圖一卷八陣總述一卷
通占大象曆星經一卷
古本葬經內篇一卷附葬經翼一卷難解二十四篇一卷圖一卷
耒耜經一卷
忠經一卷
周髀算經二卷附音義一卷
數術記遺一卷
五木經一卷
黃帝宅經二卷
古文參同契集解卷上三卷箋註集解卷下三卷三相類集解卷末二卷
女孝經一卷
墨經一卷
黃帝授三子玄女經一卷

(5) 第五集

全唐詩話六卷
紫薇詩話一卷
六一詩話一卷
石林詩話一卷
滄浪詩話一卷
中山詩話一卷
後山詩話一卷
竹坡詩話一卷
彥周詩話一卷
二老堂詩話一卷
續詩話一卷

(6) 第六集

法書要錄十卷

宣和書譜二十卷

東觀餘論二卷附錄一卷

廣川書跋十卷

(7) 第七集

圖畫見聞誌六卷

歷代名畫記十卷

古畫品錄一卷

續畫品錄一卷

宣和畫譜二十卷

圖繪寶鑑六卷附補遺一卷

後畫錄一卷

續畫品一卷

畫繼十卷

畫史一卷

(8) 第八集

詩品三卷

益部方物略記一卷

詩品一卷

捫蝨新話十五卷

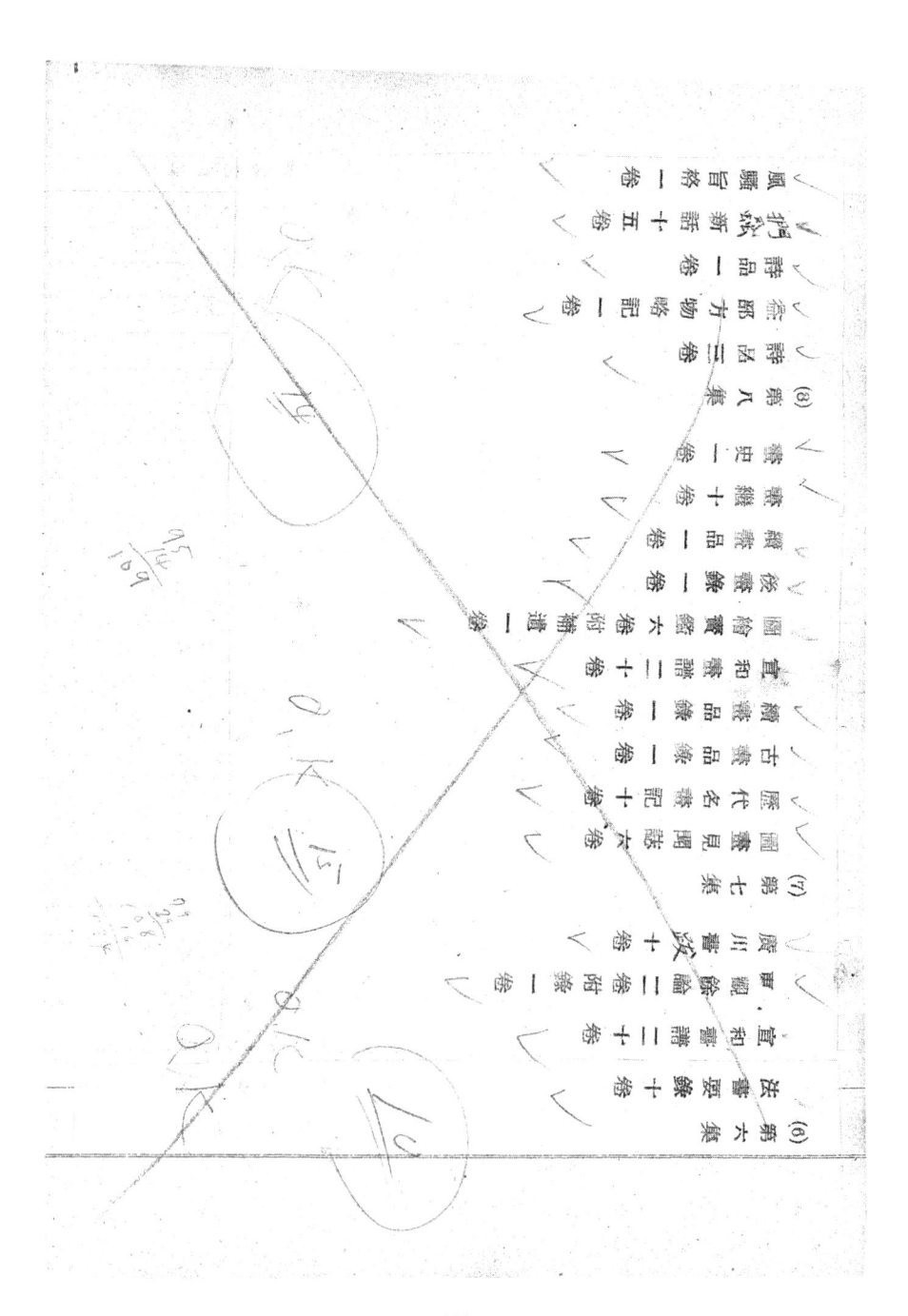

風騷旨格一卷

歲華紀麗四卷
芥隱筆記一卷
~~玉蘂辨證一卷~~
玉蘂辨證一卷
冷齋夜話十卷
桯史十五卷附錄一卷
西溪叢語二卷
泉志十五卷

(9) 第九集
酉陽雜俎二十卷續集十卷
誠齋雜記二卷
甘澤謠一卷附錄一卷
本事詩一卷
五色線二卷
却掃編三卷
劇談錄二卷
瑯嬛記三卷
輟耕錄三十卷

(10) 第十集
洛陽伽藍記五卷
洛陽名園記一卷
靈寶眞靈位業圖一卷
東京夢華錄十卷
西京雜記六卷

O.K

16

109
16
125

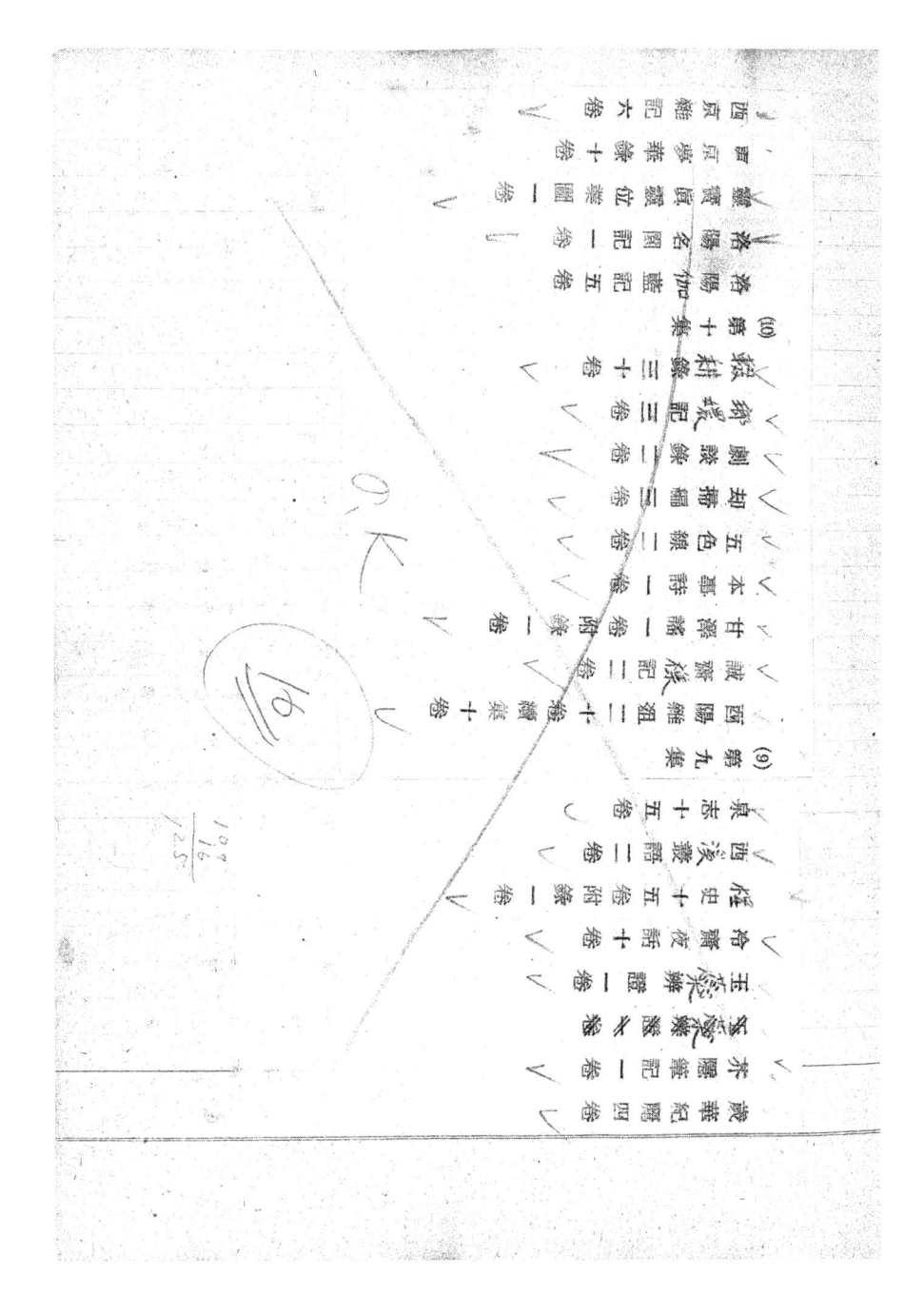

佛國記一卷
大唐創業起居注三卷
老學庵筆記十卷
漢雜事秘辛一卷
玉堂雜記三卷
焚椒錄一卷
唐國史補三卷

(11) 第十一集

搜神記二十卷
搜神後記十卷
錄異記八卷
稽神錄六卷拾遺一卷
周氏冥通記四卷
異苑十卷

(12) 第十二集

東坡題跋六卷
山谷題跋九卷
无咎題跋一卷
宛丘題跋一卷
淮海題跋一卷
鶴山題跋七卷
放翁題跋六卷
姑溪題跋二卷
石門題跋二卷

(13) 第十三集

六一題跋十一卷
元豐題跋一卷
水心題跋一卷
益公題跋四卷
止齋題跋二卷
魏公題跋一卷
晦菴題跋三卷
容齋題跋二卷
海岳題跋一卷

(14) 第十四集

樂府古題要解二卷・癸辛雜識前集一卷後集一卷續集二卷別集二卷
紹興內府古器評二卷
揮麈前錄四卷後錄十一卷三錄三卷餘話二卷

(15) 第十五集

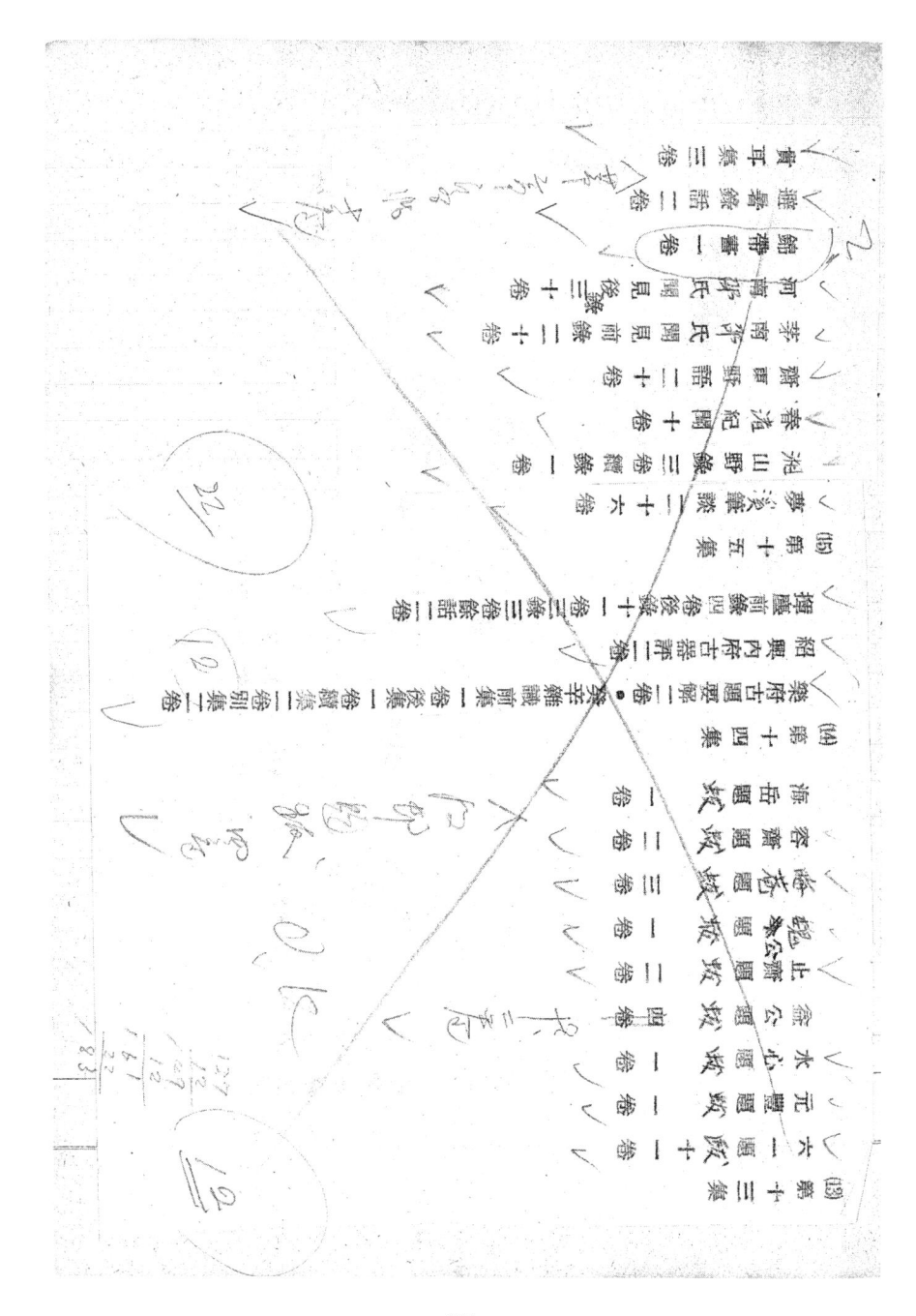

夢溪筆談二十六卷
湘山野錄三卷續錄一卷
春渚紀聞十卷
齊東野語二十卷
河南邵氏聞見前錄二十卷
河南邵氏聞見後錄三十卷
錦帶書一卷
避暑錄話二卷
貴耳集三卷

八〇〇タイ　多羅葉略記・一冊一帙・行智纂・昭和十六年寫

六九タイ　端溪硯抗考・一冊一帙

七十タイ　端溪硯史・四冊一帙

六七タイ　大觀證類本草・二十五冊五帙・仲理先生校刻・崇文書院・安永四年

二一四タイ　太平御覽目錄・四冊一帙・上海商務印書館・民國二十四年

二一五タイ　太平御覽・一三二冊十一帙・上海商務印書館・民國二十四年

一〇一七タイ　太平御覽引得・一冊・洪業其他編・仝發行所・民國二十四年

一四二〇タイ　太平廣記（五百卷、六十冊六帙）・北京文友堂

二四〇二タイ　太平記物語・一冊・鷲尾雨工・大日本雄辯會講談社・昭和十六年

二五七八タイ　大唐西域記に記せる東南印度諸國の研究・一冊・高桑駒吉・東京森江書店・大正十五年・（附、附錄地圖）

二七七六タイ　大寛實錄一名島津世祿記（上中下）・三冊・薩藩史談編者・大正八年

二七三五タイ　大梅夜話解說、成簣堂叢書・一冊・鹿山宗海・大正丙辰

二七一九タイ　大梅夜話、成簣堂叢書・一冊・德富猪一郎・東京民友社・大正三年

一九一七タイ　大寶令新解・一冊・瀧美昌保・東京南陽堂・大正十三年

[illegible]タイ　大化改新の研究・一冊・坂本太郎・東京至文堂・昭和十三年

二〇四二タイ　大典續錄・一冊・朝鮮總督府中樞院・昭和十三年

三二三一タイ　大綿元帙入本・十八冊四帙

三二三〇タイ　大綿元帙入本・十三冊五帙

七八〇タイ　太平寰宇記・三十六冊六帙・金陵書局刊・光緒八年

一四三二タケ　竹取物語文法稿・一冊一帙

一四五〇タケ　竹とり物語・二冊一帙・京都文求堂田中治兵衛

一三八九タケ　竹取物語解及竹取物語考・一冊・田中大秀及加納諸平著

一四四七タケ　竹取物語講義（全）・一冊・井上頼文講述・東京小川尚栄堂・明治四十年

一四三五タケ　竹取翁物語解・竹取物語考・一冊・田中大秀及加納諸平著・東京國文名著刊行會・昭和九年

一四四八タケ　竹取翁物語解・六冊一帙・文政十三年

一四四二タケ　竹取物語俚言解・二冊一帙・佐々木弘綱・洲書屋上梓・明治十七年

一四四〇タケ　竹取物語抄・二冊一帙・天明四年

一四四四タケ　竹取物語新釈（全）・一冊・島居・東京須原屋書店・明治二十五年

一四四六タケ　竹取物語・一冊・久松一譯・東京至文堂・昭和十三年

一三六九タケ　竹取物語考・一冊・室谷鐵腸編・大阪播仁文庫・大正十五年

一四四五タケ　竹取物語・一冊・島津久基校訂・東京岩波文庫・昭和十五年

二五九一タケ　竹取物語俚言解（上下全）・一冊・佐々木弘綱・洲書屋・明治十七年

一四四三タケ　竹取物語考・一冊一帙・室谷鐵腸・大阪播仁文庫・大正十五年

[illegible] 竹取物語新釋・一冊・訓永弘志・東京大同館・昭和四年

[illegible] 竹取物語俚言解・一冊一帙・佐々木弘綱・安政四年

一五五二タン 丹鶴圖譜・一帖一帙・東京國書刊行會編及發行・大正三年

一五五一タン
丹鶴叢書・八冊・東京國書刊行會編及發行・明治四十五年乃至大正三年

一八〇タカ 高橋鶴見・切支丹文書・一冊一帙・國人

[illegible]
高橋鶴見・切支丹文書・一冊・桃井宗二解説・東京聚芳堂書店・昭和八年

一三四八タテ
楯守部全集・十三冊・楯純一編・東京國書刊行會・大正九年乃至十一年

一一〇六タテ 楯守部大人自筆遺稿展觀入札目錄・一冊・昭和十四年

一一〇七タテ 楯守部傳記資料・一冊・楯守部・東京楯純一・昭和四年

一五〇四タン 篆刻字林・一冊・服部畊石編・東京賣文堂・昭和六年

一五〇三タン 篆刻新解・一冊・楢瀬日仙・東京壽陽堂・昭和七年

[illegible]
高野長英全集・四冊・岩手縣高野長英全集刊行會編及發行・昭和五年及六年

三七四タカ 増訂高野長英傳（全）・一冊・高野長運・岩手縣高野長英全集刊行會・昭和十四年

九九七タイ　大報父母恩重經・二冊一帙

四六五タン　丹波布・一册・上村六郎著・日本民藝美術館編・東京工政會出版部・昭和六年

一七八七タカ　高砂・光悅本寫・一册

[redacted]　起于沖繩男子・一册・東京高橋琢也著兼發行・大正四年

二六六三タイ　台灣府誌・十二册一帙

一〇七三タカ　高野板之研究・一册・水原堯榮・全人發行・昭和七年

一〇七三タカ　高野山見存藏經目錄・一册・水原堯榮・全人發行・昭和六年

二八三〇タイ　理學博士桑木彧雄講演、泰西科學の攝取と其の展開・笠森傳繁・東京啓明會・昭和十五年

一〇八タタ　濯足庵藏書六十一種・一册・金澤庄三郎・東京國學院大學金澤博士還曆祝賀會・昭和八年

二四〇五タン　篆字彙・五册一帙

四〇七タナ　田中芳男君七六展覽會記念誌・一册・大日本山林會編・東京大日本山林會・大正二年

二八二二タカ　高木利太遺書古活字版展觀目錄・[illegible]川瀨一馬・高木義一・昭和八年

三二六タイ　對音韓譯・二册一帙

二四八六タク　拓務省圖書館目錄（和漢書ノ部）・一册・拓務大臣官房文書課・昭和十三年

高木文庫古活字版目錄・一册・川瀨一馬編・兵庫縣高木義一・昭和八年

[illegible] 高階氏藥品會目錄・内藤氏藥品會目錄（全）・一冊・稿室山本錫夫記・寶永六年

二〇七二タイ 退讀齋履歴・一冊・柳田國男・書物展望社（東京）・昭和八年

三〇三五タク 擇[illegible]聊齋志異・二十四冊六帙

八五三[illegible] 臺灣[illegible]・一冊・臺灣總督府民政部殖産局・明治四十年

三七ゲンイ 田能邨竹田（全）・一帙七冊

二八九三タン 淡水廳誌・八冊一帙・陳培桂・同治十年

六九〇ナ 田中宣三書管・一通・桐箱第七三號

二四七二チョウ 朝鮮支那文化の研究・一冊・京城帝國大學法文學會・東京刀江書院・昭和四年

一九九〇チョウ 朝鮮法制史稿・一冊・淺見倫太郎・東京巖松堂・大正十一年

一九八九チョウ 朝鮮年表・一冊・具[illegible]書・京城大東斯文會・昭和三年

二〇一三チョウ 朝鮮解語花史・一冊一帙・李能和・京城東洋書院・昭和二年

一九七三チョウ 朝鮮賦・一冊一帙・明董公撰・浪華書坊・星文堂藏

一九九七チョウ 朝鮮語學史・一冊・小倉進平・京城大阪屋號書店・大正九年

二〇一九チョウ 朝鮮社會法制史研究・一冊・京城帝國大學法學會・東京岩波書店・昭和十二年

一九九三チョウ 朝鮮書籍考・一冊・桑田亮・東京岩波書店・昭和十五年

二〇一七チョウ 朝鮮圖書解題・一冊・朝鮮總督府・京城朝鮮通信社・昭和七年

二〇五一チョウ 朝鮮祭祀相續法論序說・一冊・朝鮮總督府中樞院・昭和十四年

八三七チヨ　朝鮮總督府中央試驗所報告・一册・朝鮮總督府中央試驗所・昭和三年

一四八一チヨウ　朝鮮滿洲支那本土紙況調査書・一册・河東田經清・明治四十四年十二月十日稿

一九七九チヨウ　朝鮮語に於ける謙譲法、尊敬法の助動詞・小倉進平・東京東洋文庫・昭和十三年

一九七三チヨウ　朝鮮の姓・一册・朝鮮總督府・昭和九年

一九八三チヨウ　朝鮮人名辭典索引・一册・朝鮮總督府中樞院・京城朝鮮印刷株式會社・昭和十四年

二〇〇六チヨウ　朝鮮寺刹史料上下・二册・朝鮮總督府內務部地方局纂輯・明治四十四年

二六二一チヨウ　朝鮮風俗集・今村鞆・京城斯道館・大正三年

一九八一チヨウ　朝鮮人名辭典・一册・朝鮮總督府中樞院・京城朝鮮印刷株式會社・昭和十二年

一九八七チヨウ　朝鮮文化史論・一册・細井肇・京城朝鮮研究會・明治四十四年

一九七四チヨウ　朝鮮美術史・一册・關野貞・京城朝鮮史學會・昭和十五年

二〇一八チヨウ　朝鮮語學史・一册・小倉進平・東京刀江書院・昭和十五年

一九九二チヨウ　朝鮮神歌遺篇・一册・孫晋泰・東京郷土研究社・昭和五年

二四〇八チヨウ　朝鮮地誌資料・一册・朝鮮總督府・大正七年

二三九九チヨウ　朝鮮の習俗・一册・朝鮮總督府・昭和九年十版

三四四〇チウ　中國醫學書目・一册・黒田源次・奉天満洲醫科大學中國醫學研究室・
昭和六年

千〇〇四チヨウ　朝鮮語と日本語・一册・小倉進平・東京明治書院・昭和九年

四千〇チヨウ　朝鮮の俚諺集附物語・一册・高橋亨・京城日韓書房・大正三年

一九八六チヨウ　朝鮮佛教「あやめ叢書第一巻」・一册・九十九豐勝・奈良東洋民俗博物館・
昭和六年

一九五三チヨウ　朝鮮語辭典・一册・朝鮮總督府・大正九年

一三九九チウ　中國哲學史・馮友蘭・上海商務印書館・民國二十四年

二九六六チウ　中國書店書目・一册・上海中國書店

一〇三二チウ

中國歷代藝文志・一册・大光書局編譯所編・上海大光書局總發行所・
民國二十五年

一五八五チウ　中國文學大辭典曲・一册・譚正璧編・上海光明書局・民國二十三年

一四〇チウ　中國語典中國文（百科小叢書）・一册・高本漢・上海商務印書館・
民國二十二年

三九七チウ

中國藥學大辭典・二册・中國藥學研究社編・上海世界書局・民國二十六年

四四八チウ　中國醫學大辭典・二册・謝觀編・上海商務印書館・民國二十二年

一〇二五ゆウ

中國參考書目解題・一册・鄧嗣禹其他・北平燕京大學哈佛燕京學社・
西暦一九三六年

一九五チウ　中國明器・鄭德坤・沈維鈞合著・北平哈佛燕京社（一九三三年）

二九六五チウ　中國書店書目・一册・上海中國書店・民國十四年

一四五チウ　中國雕板源流考（國學小叢書）●一冊●孫毓修●上海商務印書館●
民國二十三年

三五〇チウ　中世丁帝傳播考（「史學」第十六卷一號所載）●一冊●岡本良知●
昭和十二年

[illegible]チウ　中將棊及解說●閑窗人●一冊●[illegible]●昭和十四年

一三九一チウ

中西回史日曆二十卷●五冊一帙●陳垣撰●國立北京大學研究所國學門
排印書（一九二六年）

一五四八チウ　中華大字典●四冊●上海中華書局●民國二十四年

二四〇三チウ　中部カロリン島語案内●一冊●田中鐵彥●東京寶文館●大正十年

一七一チウ　中文參考書指南●一冊●何多源●廣州嶺南大學圖書館●民國二十五年

北チウ　中央大學國學圖書館●十冊●中央大學國學圖書館編●南京龍蟠里本館●
民國十七年－二十六年

二五六六チウ　中西交通史料彙篇第一冊－第六冊●六冊●張星烺

二五五七チウ　中山世譜●一冊●天保三年

[illegible]チウ　千草の根ざし（全）●一冊一帙●文政十三年

九八三チウ　中世に於ける精神生活●一冊●平泉澄●東京至文堂●大正十五年

九三三チウ　中小工業製品[illegible]報告書●一冊●[illegible]●昭和十二年

三三タケ　竹田齋尺牘●補輯入卷物

三四タケ　竹田齋尺牘●一冊一帙

二四四六タケ　竹田名畫大圖譜決定版●上・下[illegible]二冊●[illegible]●京都便利堂●
昭和十年

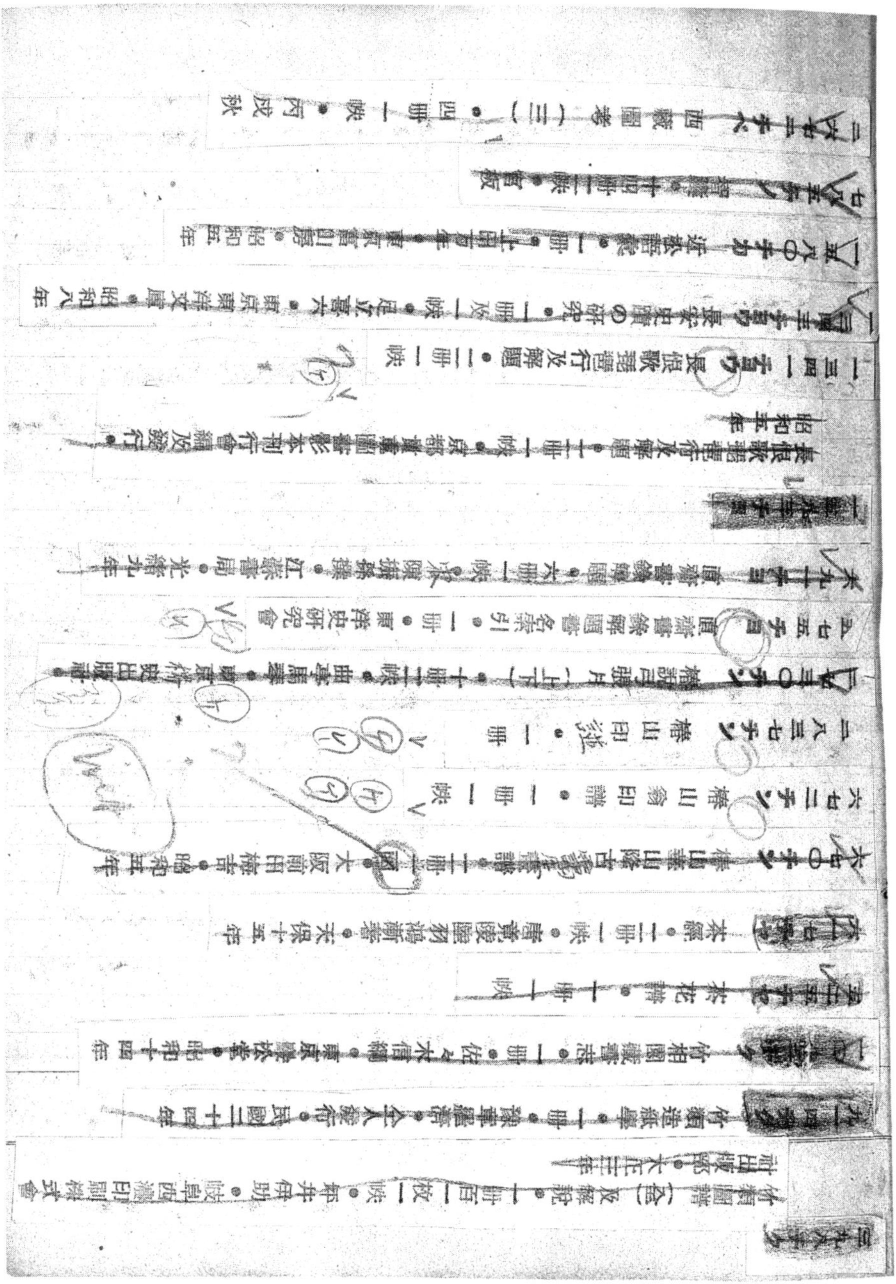

三九八チク　竹類圖譜（全）及解說・一冊百一枚一帙・平井伊助・岐阜西濃印刷株式會社出版部・大正三年
九一四チク　竹類造紙學・一冊・孫章鑑著・全人發行・民國二十四年
一〇一〇チク　竹柏園藏書志・一冊・佐々木信綱・東京巖松堂・昭和十四年
五二五チャ　茶花譜・一冊一帙
六〇一七チャ　茶經・二冊一帙・唐竟陵陸羽鴻漸著・天保十五年
六七〇チン　椿山華山隆古畫譜・二冊一函・大阪前田梅吉・昭和五年
六七二チン　椿山翁印譜・一冊一帙
二八三七チン　椿山印譜・一冊
七三〇チン　椿說弓張月（上下）・十冊二帙・曲亭馬琴・東京稀覯出版社
五七五チヨ　直齋書錄解題書名索引・一冊・東洋史研究會
六九一チヨ　直齋書錄解題・六冊一帙・宋陳振孫撰・江蘇書局・光緒九年
[illegible]チャ
長恨歌琵琶行及解題・一冊一帙・京都東亞圖書影本刊行會編及發行・昭和五年
一三四一チヨウ　長恨歌琵琶行及解題・二冊一帙
一四三三チヨウ　長安史蹟の研究・一冊及一帙・足立喜六・東京東洋文庫・昭和八年
一五八〇チカ　近松語彙・一冊・上田万年・東京富山房・昭和五年
七八五チノ　智囊・十四冊二帙・官板
二六七二チベ　西藏圖考（三）・四冊一帙・丙戌秋

[redacted] 西藏品圖錄・一冊・東京美術學校校友會・東京畫報社・明治三十七年

一三五チブン 西藏語文典綱要・一冊・京都明石惠達著及發行・昭和十二年

一三四チブ 西藏傳印度佛敎歷史（一名釋迦牟尼佛敎之傳）・一冊・河口慧海
貝葉書院・大正十一年

二一五一チヤウ 張州府志上下帙・七冊二帙・花見朔巳・大正二年―大正五年

一〇四四チユ 知友新稿・一冊・蘇峰先生古稀祝學記念刊行會・東京民友社・昭和六年

[redacted] 蟲鑑（全）・一冊一帙・水玉堂梓・文化己巳

一三一九チヨウ 張菊生先生七十生日紀念論文集・一冊・胡適其他編・上海商務印書館
民國二十六年

[redacted] 椛祖神社之記（全）・二冊二帙

[redacted] 椛伴三保變紙漉方之記・一冊一帙・昭和十六年寫

八四二チヨ 諸紙名印集・一冊

[redacted] 南嶺集影・一冊一帙・鈴鹿三七編・京都小林寫眞製版所出版部・昭和五年

八六八チヨ 千代田製紙株式會社定款・一冊

一〇七九チヨ 著書及藏書・二冊一帙・東京著書及藏書社

一五五四チヨ 千代田城大奥（朝野叢書）・二冊・永島今四郎編・東京朝野新聞社
明治二十五年

二八一八チン 珍籍展覽會目錄附錄・一冊・東京丸善株式會社・昭和七年

二八三九チョウ 潮音、第八卷第一號—第十二號・十二冊・太田貞一編輯・東京潮音社・大正十一年

一三一一〇チヨ

潮汐二字考・一冊一帙・綏和逸士・北本高愿德華文藏書庫・西暦一九三一年

[illegible]十六チリ 地理及戸口・高入纂・大正十七年

[illegible]チン 珍藏書目・二冊一帙

[illegible] 珍書同好會本・四〇冊四帙

一八五[illegible]チン

珍書大觀金平本全集・三十一冊・枚紙一枚桐箱入・大阪毎日新聞社・大正十五年

二九八一ツイ 追遠會誌・一冊・大槻修二・明治十年

一五三七ツウ 通雅・八冊二帙・方密之先生手輯・立教館校鐫・文化二年

九一三ツウ 通俗紙業發達史・一冊・西嶋東洲・大阪紙業新聞社・大正十五年

八五五ツシ 豆州熱海改正全圖・一枚・東京長谷川久美之助・明治二十七年

[illegible]三ツレ つゞれの錦・一冊一帙・東京金港堂書籍株式會社・明治三十七年

一六〇三ツレ

一五六八トゼ つれづれ草壽命院抄・十二冊一帙・川瀬一馬・東京松雲堂書店・昭和六年
徒然草解釋（全）・一冊・塚本哲三・東京有朋堂書店・大正十四年

一五六七トゼ　徒然草解釋（全）・一冊・塚本哲三・東京有朋堂書店・昭和五年

二九三一ツノ　都濃郡自治史要・一冊・山口縣都濃郡役所・大正十三年

二一八一テイ　丁丑亂概・二冊一帙・鹿児島縣編輯并發行・明治十一年

二九〇五テイ　庭訓往來大成・一冊一帙・永井如瓶子・藥久堂

一八七九テイ　帝室制度史・四冊・帝國學士院・昭和十二年

十五テイ　貞丈雜記貞第四帙・八冊一帙・伊勢平藏貞丈・文溪堂

十三テイ　貞丈雜記元第一帙・八冊一帙・伊勢平藏貞丈・文溪堂

十二テイ　貞丈雜記亨第二帙・八冊一帙・伊勢平藏貞丈・文溪堂

十四テイ　貞丈雜記利第三帙・八冊一帙・伊勢平藏貞丈・文溪堂

三〇九五テイ　鄭氏通志一－六〇・六〇冊・宋右迪功郎鄭樵漁仲撰

一八八テキ　適園叢書　第一集－第十二集・一九二冊二十四帙

[redacted]　泥蘭度草木略・一冊一帙

[redacted]　手漉製紙ニ關スル調査・一冊一帙・農林省農務局

[redacted]　手漉和紙・一冊一帙・大雨虎俊編・栃木縣栃木安城製紙改良同業組合・昭和十一年

[redacted]　柿葉考・二冊・田中敬・東京[illegible]堂・昭和七年

二六九三テツ　輟耕錄一－九・十冊

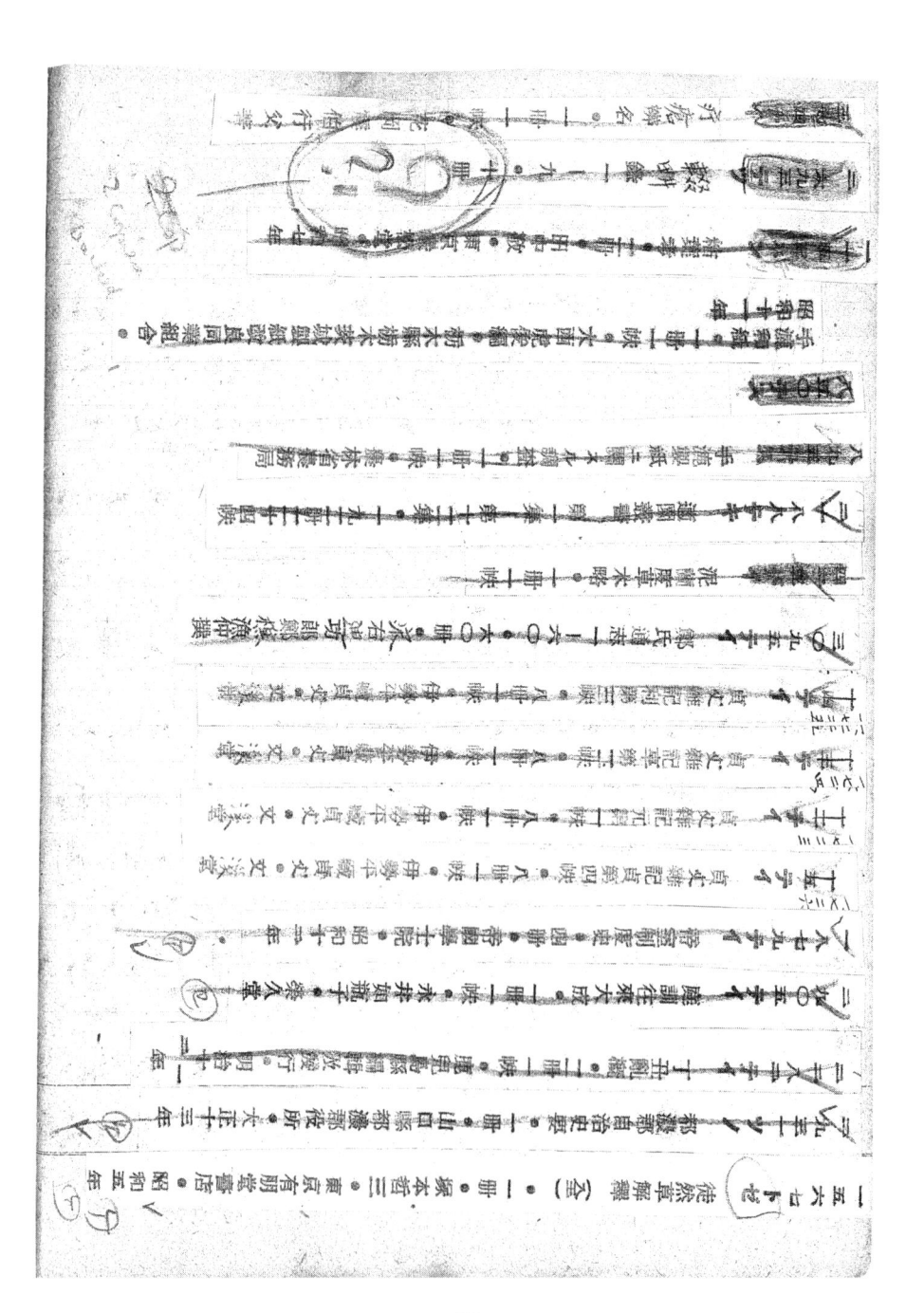

[redacted]　疔瘡辨名・一冊一帙・花岡[illegible]伯行父等

[illegible] 老学庵小牘・一冊一帙・紫芳軒小野先生蔵梓・文化五年

一〇三六〇テ 鐵琴銅劍樓藏書目録・十冊一帙・瞿子雍光緒二十四年

二九八三テ二ヲ てにをはしづのをだまき・一冊

一四五四テ二 天爾乎波の原理的研究・一冊・新井無二郎・東京中文館・昭和九年

一四九七テ三 天爾波（全）・一冊一帙

一[illegible]テ二 手爾葉大概抄傳來・一冊一帙・安永丁酉年寫

二九六三テ二ヲ てにをは係辨・一冊・萩原廣道・大阪秋田屋太右衛門

一〇四三テン 天一閣藏書考・一冊一帙・陳登原・南京金陵大學中國文化研究所・民國二十一年

一〇テウ 天狗草紙・一巻一帖・貴重図刊・詞書の解説・昭和八年

二九二四テン 天明名家歌序・一冊・奥州人奥山北莊編・京、菱村市郎右衛門・寛政四年

二〇五六テシ

天王寺[illegible]・一冊・新村出、[illegible]研究會（京都帝國大學文學部）・昭和四年

一〇二八テン 天心全集・二冊・日本美術院編纂發行・大正十一年

一七七三テン 典籍之研究・一冊一帙・[illegible]・大阪典籍之研究社・大正十四年—昭和二年

一八二三テン 典籍散語・一冊・新村出・東京書物展望社・昭和九年

二六六七テン 典籍叢談・一冊・新村出・東京岡書院・大正十四年

[illegible] 天工開物・三帙十二冊・山崎金兵衛・大阪柏原屋佐兵衛・昭和八年

[illegible] 典籍説稿・一冊・山田孝雄・東京西東書房・昭和九年

九一七テン 天明墨談・五冊一帙・五十嵐篤好・京都青藜閣梓・安政六年

三〇七二テン 天徳地禪傳

一三三六テン 天平文化史論・一冊四人・栗原武平編・奈良市寧楽發行所・昭和三年

三六三九テン 天理圖書館圖書分類目錄（自第一編至第三編）・奈良天理圖書館・昭和九年

二四八八テン 天理教書目錄・一冊・天理圖書館・奈良縣天理教道友社・昭和五年

三〇五六テン 天覽圖書目錄・一冊・静岡縣立葵文庫・昭和五年

一九六九テン [illegible] 上中下三冊

九三七テイ 定家及諸規程・一冊・日本紙製品原料工業組合

[illegible]

帝國國產和紙標本・一冊一帙・（高知市）土佐紙業新聞社發行・昭和二年

二四九七トウ

塔影第十七卷第一號應挙山特輯
塔影第十七卷第二號正倉院御物特輯・二冊・齋田元次郎・東京塔影社・昭和十六年一月二日

二四五三トウ 唐[illegible]・六冊大帙・宮内省藏版

[illegible]

[illegible]高僧遺芳（全）及解説・二冊一帙・京都貴重圖書影本刊行會編及發行・昭和十一年

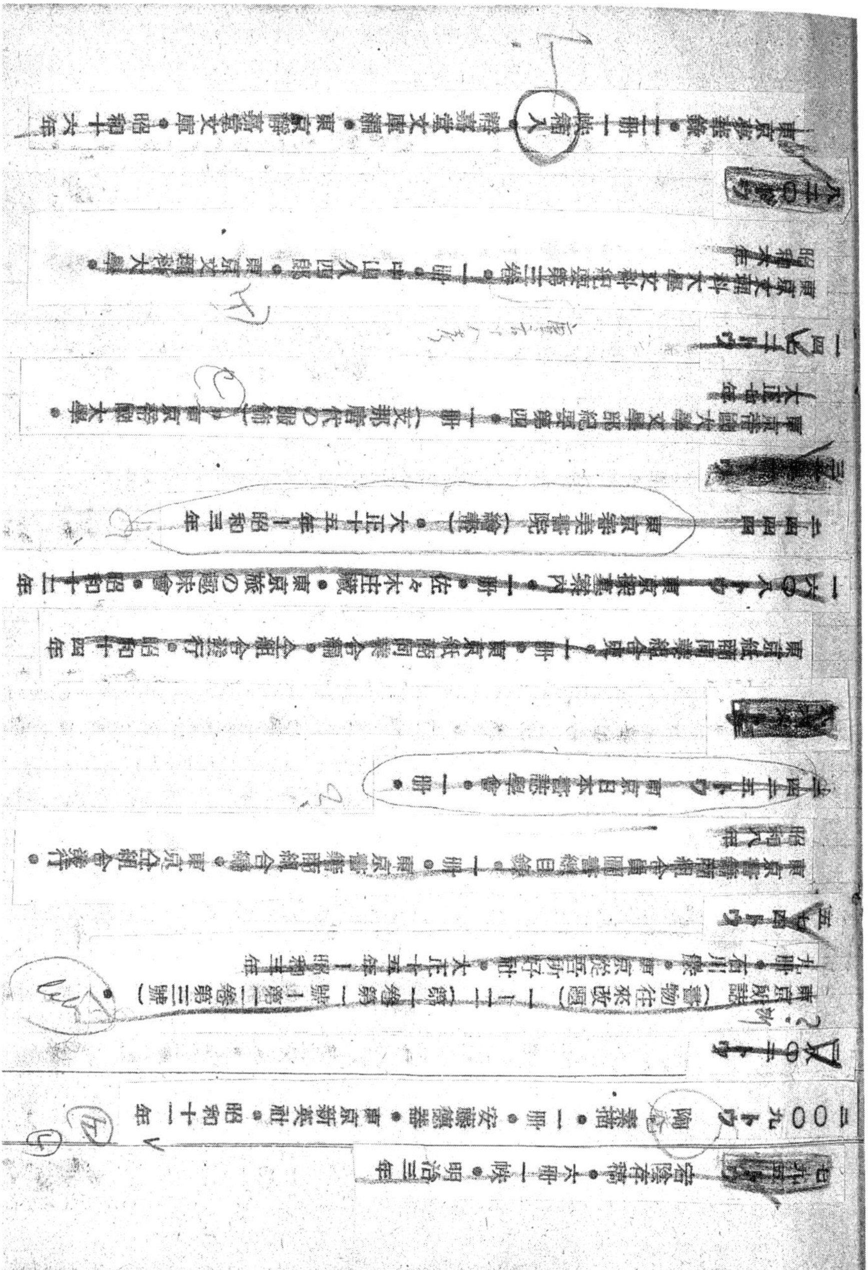
[redacted] 宕陰存稿・六冊一帙・明治三年
二〇〇九トウ 陶瓷素描・一冊・安藤德器・東京新英社・昭和十一年
[illegible]〇三トウ 東京所誌（書物往來改題）一ー二（第一卷第一號ー第二卷第三號）九冊・有川榮・東京從吾所好社・大正十五年ー昭和三年
五七四トウ 東京書籍商組合員圖書總目錄・一冊・東京書籍商組合編・東京仝組合發行・昭和八年
二四三二トウ 東京日本書誌學會・一冊
[redacted] 東京紙商同業組合史・一冊・東京紙商同業組合編・仝組合發行・昭和十四年
一六〇八トウ 東京探墓案内・一冊・佐々木庄藏・東京旅の趣味會・昭和十二年
二四四四 東京審美書院（繪畫）・大正十五年ー昭和三年
[redacted] 東京帝國大學文學部紀要第四・一冊（支那唐代の服飾）・東京帝國大學・大正十四年
一四七二トウ 東京文理科大學文科紀要第三卷・一冊・中山久四郎・東京文理科大學・昭和六年
八二〇トウ 東京夢華錄・二冊一帙・箱入・靜嘉堂文庫編・東京靜嘉堂文庫・昭和十六年

[redacted] 東汀隨筆・一冊・喜舍場朝賢・東京球陽堂出版部・昭和二年

一四三一トウ 東醫寶鑑・二十五冊桐本箱入・享保九年

[redacted] 東大寺獻物帳・一冊・東京帝室博物館・大正十五年

[redacted] 仝 大正十年

二四三七トウ

東山水墨畫集・一帙七十九枚解說七輯・秋葉啓・東京[illegible]社・昭和十五年

[redacted] 糖業より觀たる沖繩・一冊・明武士猪子雄・大阪內外糖業調査會・大正五年

一七九七トウ 當流間仕舞付・五冊一帙

二二七四トウ 當世書生氣質・一冊・坪內逍遙・東京堂・大正十五年

[redacted] 桃洞遺筆・六冊一帙・小原桃洞先生遺稿・青黎堂・天保四年

[redacted] 東韃紀行・一冊桐箱入・大連南滿洲鐵道株式會社大連圖書館・昭和十三年

一〇三六トウ 東方文化學院東京研究所漢籍目錄・一冊・京都東方文化學院京都研究所・昭和十三年

二六四四トウ 東方學法京都第一―九・十冊・京都東方文化學院京都研究所・昭和六年―十三年

二六四五トウ 東方學報東京第一―第八・十冊・東京東方文化學院東京研究所・昭和六年―十三年

二六六二トウ
東洋學報（第ニヨ ヨ六十ヨ 十七ニ十一分冊共）自明治四十五年至昭和八年
九冊・東洋協會

二七九七トウ
東洋學報（第三巻其他）・三冊・東洋協會調査部・大正三年

二四九四トウ
東洋音樂研究（第一巻第一號—第三號）・一冊・東洋音樂學會（東京）
昭和十二年

二八五二トウ
東洋學藝雜誌、第四十三ヨリ第四十六巻・四十四冊・犬伏誠一・
東京興學會出版部・昭和元年—四年

[redacted]
東洋文庫地方志目錄・一冊・東京東洋文庫・昭和十年

[redacted]
東洋文庫十五年史・一冊・岩井大慧・東京東洋文庫・昭和十四年

[redacted]
東洋文庫朝鮮本分類目錄附安南本目錄・一冊・東洋文庫・東京東洋文庫・
昭和十四年

[redacted]
定家本土佐日記及解説・桐箱入・尊經閣叢刊 東京前田侯爵・昭和三年

[redacted]
土左日記考證・二冊一帙・岸本由豆流・東京千鐘房其他

一三七六トサ
土佐日記古註大成・一冊・東京國文名著刊行會・昭和九年（以下一一三
八九迄仝ジ）

八二一トサ　土佐紙株式會社沿革大要・一冊（二部）・大正十一年

九四〇トサ　土佐製紙工業組合定款・一冊

九三三トサ　土佐紙見本帖・一冊一帙・土佐紙業組合・昭和十一年

九〇九トサ　土佐紙業組合規約・一冊一帙

九四八トサ　土佐紙業組合規約・一冊一帙

九四四トサ　土佐紙業組合見本帖・一冊一帙

九四二トサ　土佐紙株式會社沿革・一冊一帙・土佐紙株式會社編・高知縣全社發行
大正三年

八四三トサ　土佐紙業一瞥・一冊一帙・西内三郎編・高知市土佐紙業組合・昭和六年

九四一トサ　土佐紙業一班・一冊一帙・高知縣土佐紙業組合・大正八年

八六五トシ　土州商會大意并約件・一冊一帙

九四六トサ　土佐紙業組合試驗標本・一冊一帙・土佐紙業組合製紙試驗場・大正三年

三［illegible］トシ　土州潮江志産物篇・一冊

一〇七〇トシ　圖書季刊・三冊・國立北平圖書館・上海世界文化合作中國協會
民國二十三年―二十五年

二五七一トシ　圖書館學季刊・一卷第一期―第四期・四冊・中華圖書館協會
南京、南京書店・民國十五年

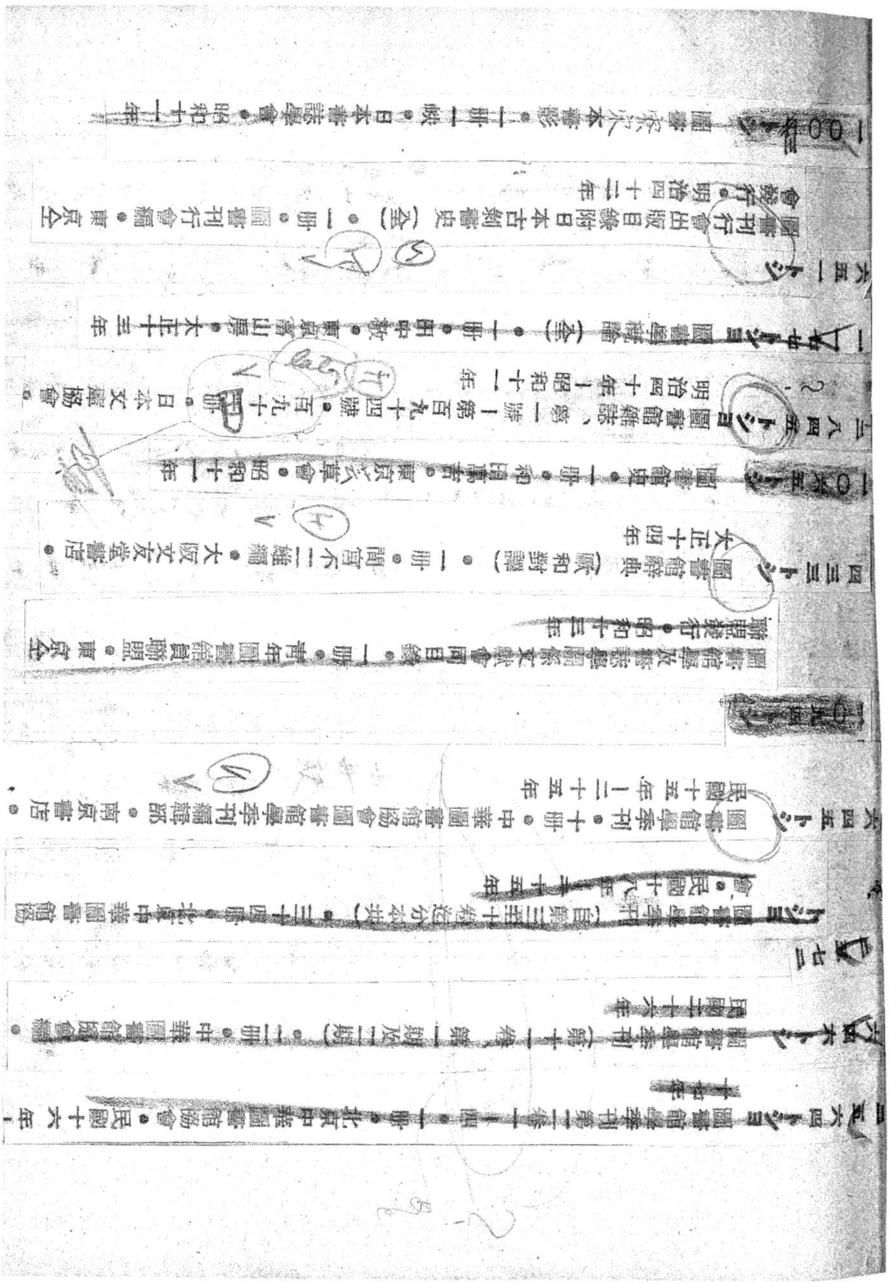
二五六四トショ 圖書館學季刊第二卷十一四・一册・北京中華圖書館協會・民國十六年-十七年
六四六トシ 圖書館學季刊（第十一卷、第一期及二期）・二册・中華圖書館協會編・民國二十六年
七二トショ 圖書館學季刊（自第三至十卷迄分本共）・三十四册・北京中華圖書館協會・民國十八年-二十五年
六四五トシ 圖書館學季刊・十册・中華圖書館協會圖書館學季刊編輯部・南京書店・民國十五年-二十五年
〇九四トシ 圖書館學及書誌學關係文獻會目錄・一册・青年圖書館員聯盟・東京仝聯盟發行・昭和十三年
四三三トシ 圖書館辭典（歐和對譯）・一册・間宮不二雄編・大阪文友堂書店・大正十四年
一〇六五トシ 圖書館史・一册・和田萬吉・東京芸草會・昭和十一年
二八四五トショ 圖書館雜誌、第一號-第百九十四號・百九十四册・日本文庫協會・明治四十年-昭和十一年
一〇七七トショ 圖書學概論（全）・一册・田中敬・東京富山房・大正十三年
六五一トシ 圖書刊行會出版目錄附日本古刻書史（全）・一册・圖書刊行會編・東京仝會發行・明治四十二年
一〇〇三トシ 圖書寮宋本書影・一册一帙・日本書誌學會・昭和十一年

六〇ト 圖書寮漢籍善本書目・四冊一帙・東京宮内省圖書寮・昭和五年

五六五トシ 圖書寮漢籍善本書目・一冊・東京文求堂書店・昭和六年

四三七トシ 唐藩考並附錄・一冊一帙・桂山多紀先生・京都勝村治右衛門其他・天明八年

三八トシ 唐藩考・一冊一帙・小川□述・文政八年

二五四六トウ 唐鑑事略、琉球事略・一冊・桂山義樹

二一八トタ

德富蘇峰成簣堂閲記・一冊・蘇峰會三浦[illegible]他・東京書物展望社・昭和八年

二七三三トタ 戸田花門舊藏書、成簣堂舊藏書・德富猪一郎・東京民友社・大正三年

二一三三ト(9) 杜甫索引・飯田忠夫・東京松雲堂・昭和十年

二四一トク 讀史年表附引得・引得編纂處・北京燕京大學圖書館・一九三一年

三〇八トク 讀史論略・二冊一帙

一〇八トク

德川幕府時代書籍考・一冊一帙・牧野善兵衛編・東京書籍商組合事務所・大正元年

六〇トク 讀書室物産會目錄・一冊一帙・文政年代

四四四トク

讀書放浪（齋藤昌三隨筆）・一冊・齋藤昌三及柳田泉編・東京書物展望社・昭和七年

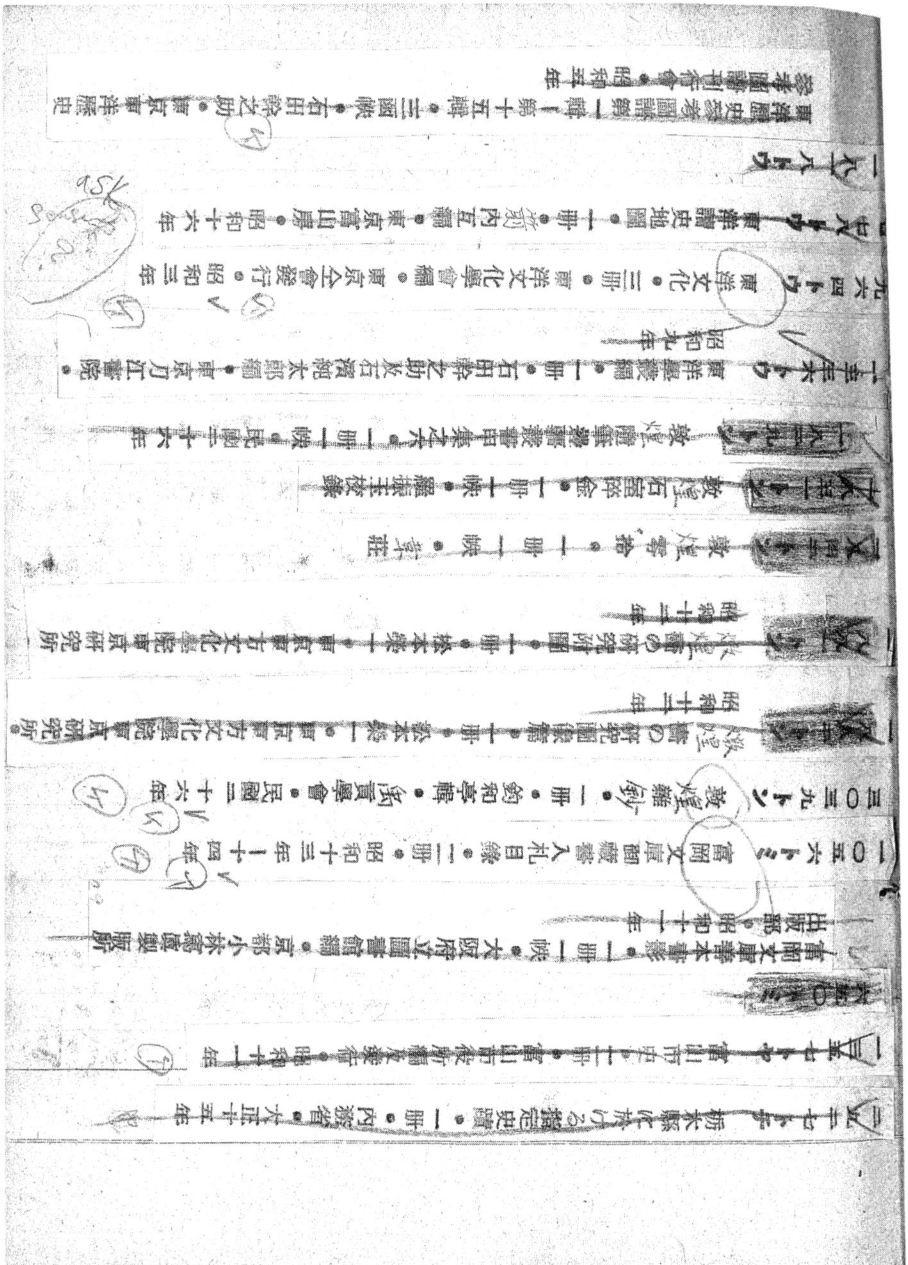

二五二七トチ　栃木縣に於ける指定史蹟・一册・内務省・大正十五年

一三五七トヤ　富山市史・二册・富山市役所編及發行・昭和十一年

六五〇トミ　富岡文庫善本書影・一册一帙・大阪府立圖書館編・京都小林寫眞製版所出版部・昭和十一年

一〇五六トミ　富岡文庫御藏書入札目錄・二册・昭和十三年—十四年

三〇三九トン　敦煌雜鈔・一册・鈎和亭輯・禹貢學會・民國二十六年

[illegible]トン　燉煌畫の研究圖像篇・一册・松本榮一・東京東方文化學院東京研究所・昭和十二年

[illegible]トン　燉煌畫の研究附圖・一册・松本榮一・東京東方文化學院東京研究所・昭和十二年

[illegible]トン　敦煌零拾・一册一帙・葦莊

[illegible]トン　敦煌石室碎金・一册一帙・羅振玉校錄

一八二九トン　敦煌隨筆叢書甲集之六・一册一帙・民國二十六年

[illegible]トウ　東洋學叢編・一册・石田幹之助及石濱純太郎編・東京刀江書院・昭和九年

九六四トウ　東洋文化・三册・東洋文化學會編・東京仝會發行・昭和三年

[illegible]七八トウ　東洋讀史地圖・一册・箭内亙編・東京富山房・昭和十六年

一八一八トウ　東洋歷史參考圖譜第一輯—第十五輯・三函帙・石田幹之助・東京東洋歷史參考圖譜刊行會・昭和五年

一八一九トウ　東洋歴史參考圖譜解説第一輯―第十二輯・十二册・石田幹之助・東京東洋歴史參考圖譜刊行會・大正十四年―昭和六年

一三三四トウ　東洋史論叢・一册・池内博士還暦記念・東洋史論叢刊行會・東京座右寶刊行會・昭和十五年

一三三三トウ　東洋史論文集（山下先生還暦記念）・一册・會著・東京六盟館・昭和十三年

[illegible]トウ　東洋法制史本論・一册・廣池千九郎・東京早稲田大學出版部・大正四年

[illegible]トウ　東洋法制史序論・一册・廣池千九郎・東京早稲田大學出版部・明治三十八年

一三三二トウ　東洋思想の研究・二册・小柳司氣太・東京關書院・昭和十三年

[illegible]ガ　東洋畫論集成・二册・石倉千次編・東京讀畫書院・大正七年

▽五トビ　東洋美術史の研究・一册・澤村專太郎・京都星野書店・昭和七年

一四三トコ　東西交渉史論・二册・史學會編・東京冨山房・昭和十四年

四七三トウ　東方緑色文化の研究・一册一帙・上村六郎・東京第一書房・昭和八年

一四一トコ　東西交渉史の研究・二册・藤田豐八・東京岡書院・昭和七年及八年

九二〇トウ　東洋文明史論叢・一册・桑原隲藏・東京弘文堂・昭和十一年

九二一トウ　東洋文化史研究・一册・内藤虎次郎・東京弘文堂・昭和十三年

一二五トヤ　東洋弓道基鑒・一册一帙・那須容和・阿伽惟事・京都梓[illegible]會・昭和十二年

一六八九トウ　東方言語史叢考・一册・新村出・東京岩波書店・昭和二年

一六八八トウ　東亞語源志・一册・新村出・東京岡書院・昭和五年

一〇五〇トウ　東亞錢志上下・十八册二帙・奥平昌洪・東京岩波書店・昭和十三年

一[illegible]トウ　唐鑑・五册一帙・官版嘉永[illegible]年

三〇九八トシ　杜氏通典・十六册・唐京兆杜佑君卿纂

一九九一トウ　唐律疏議上帙・七册一帙・官板文化三年刊

トウ　唐律疏議下帙・八册一帙・官板文化三年刊

一八九六トウ　唐宋法律文書の研究・一册・仁井田陞・東京東方文化學院東京研究所・昭和十二年

八九[illegible]トウ

唐令拾遺・一册・仁井田陞・東京東方文化學院東京研究所・昭和八年

一五六二トウ　唐代長安與西域文明・一册・向達・哈佛燕京社・民國二十二年

一八[illegible]トウ　唐世説新語官板・三册一帙・天保三年刊

三[illegible]　唐新修本草・七册二帙・大阪本草圖書刊行會・昭和十二年

二七〇七トウ　桐城呉氏評完唐詩鼓吹・二册一帙・南宮邢氏刊行・乙丑五月

七六三トウ　唐土名勝圖會・六册・岡田尚友・享和四年

一五一〇 ツ 堤中納言物語・一冊・藤村作其他譯・東京至文堂・昭和十年

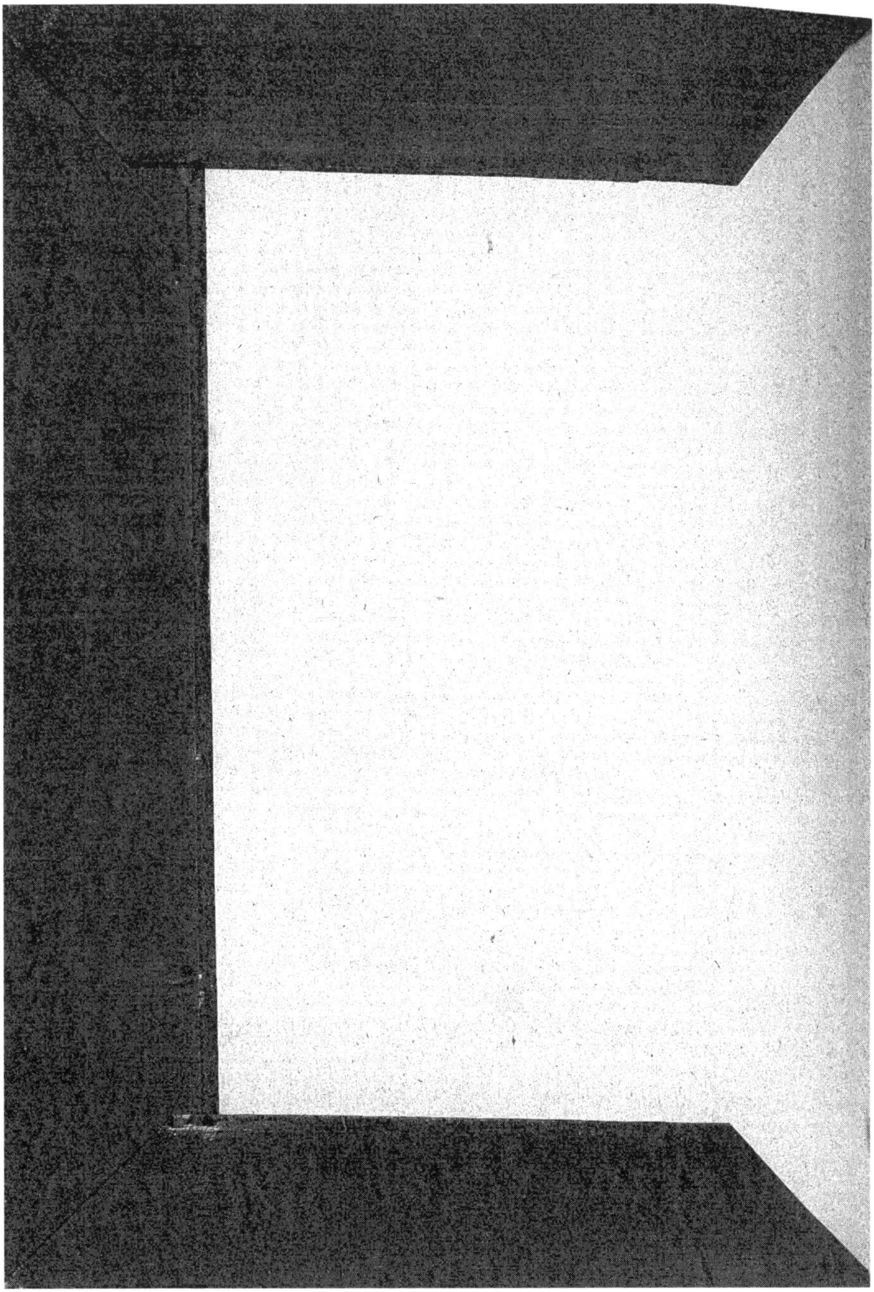

# 資料08（貼付ノート・雲遊帖）

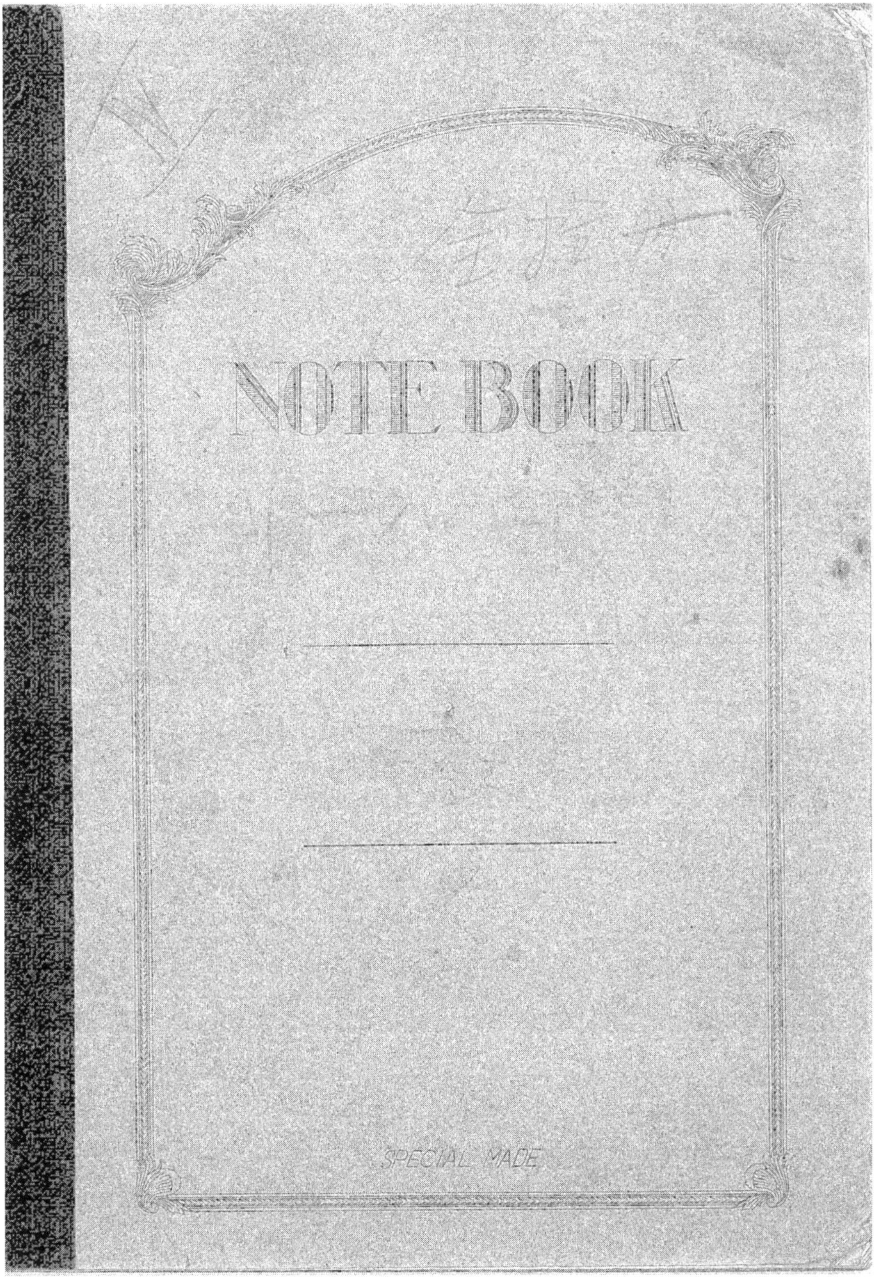
NOTE BOOK
SPECIAL MADE

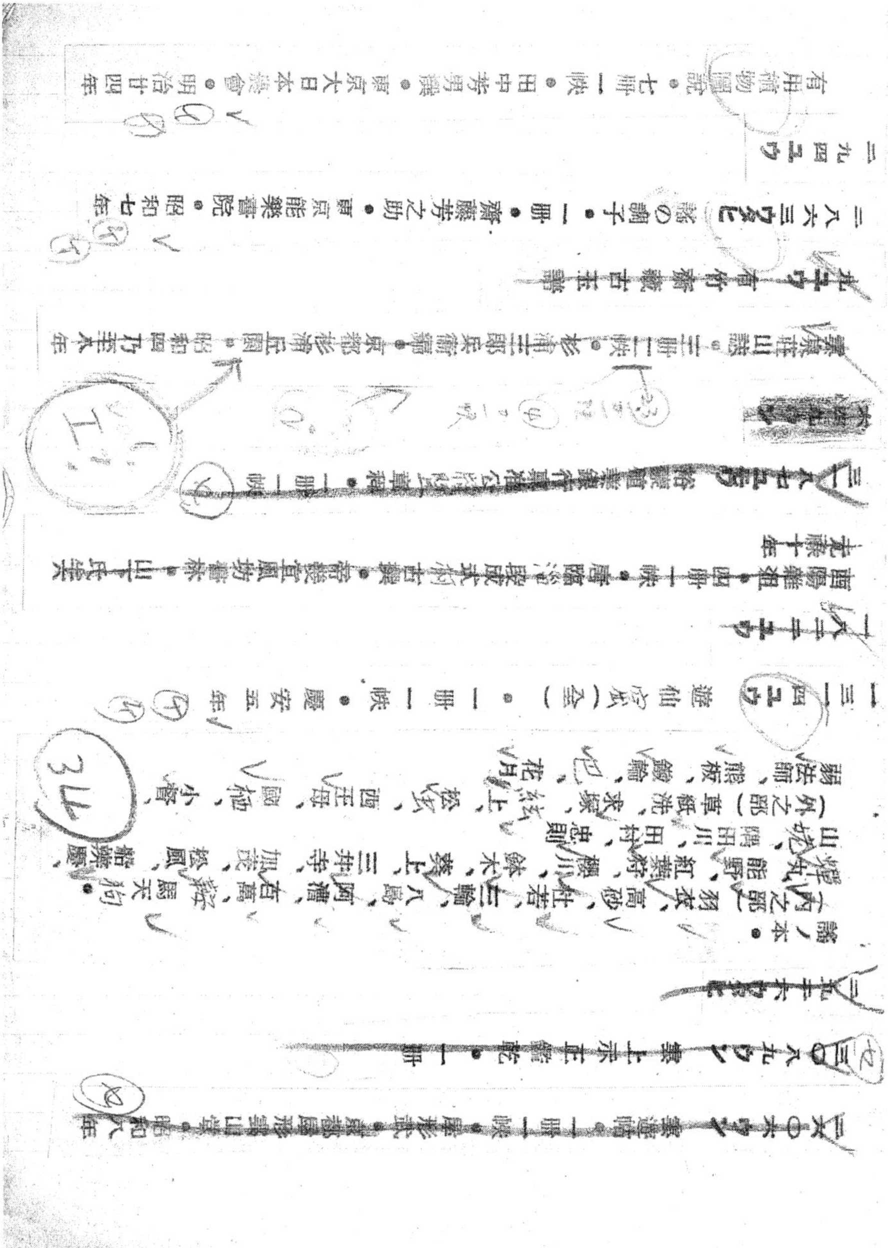

二六〇ホウン　雲遊帖・一冊一帙・摩形武・京都風形雲山堂・昭和八年

三〇八九ウン　雲上示正鑑乾・一冊

二九十六ウタヒ

謡ノ本・
（内之部）羽衣、高砂、杜若、三輪、八島、阿漕、百萬、鞍馬天狗・
蟬丸、能野、紅葉狩、櫻川、鉢木、葵上、三井寺、加茂、松風、船辨慶、
山姥、隅田川、田村、忠則
（外之部）草紙洗、求塚、絃上、松虫、西王母、國栖、小督、
弱法師、熊板、鐵輪、巴、花月

一三一四ユウ　遊仙窟（全）・一冊一帙・慶安五年

一八二二ユウ

西陽雑俎・四冊一帙・唐臨淄段成式柯古撰・帝畿宜風坊書林・山下氏朱六
元祿十年

三一八七ユウ　裕蔵植業銀行東海公徳堂章程・一冊一帙

[illegible]

雲泉荘山誌・三冊二帙・杉浦三郎兵衛編・京都杉浦丘園・昭和四乃至六年

九ユウ　有竹斎藏古玉譜

二八六三ウタヒ　謡の調子・一冊・齋藤芳之助・東京能楽書院・昭和七年

二九四ユウ　有用植物圖說・七冊一帙・田中芳男撰・東京大日本農會・明治廿四年

七五五 四四 ウキ　浮世繪師略傳・一冊一帙・河南謙一・東京吉澤商店・大正八年

[redacted]　有利簡易家庭副業和洋紙加工製作法・一冊・佐瀬文藏・東京廣文堂書店・
大正九年

[redacted]　雲箋小譜・一冊一帙・昭和十六年寫

一〇五五ウフ　有不爲齋文庫善本入札目錄・一冊・昭和十四年

[redacted]　挹古帖（全）・一冊一帙・國書刊行會編・東京全會發行・明治四十四年

九九四 九九五 ユウ　袖海樓雜箸・二冊一帙・燕京大學圖書館藏版・民國二十年

一一〇二ウリ　羽陵餘蟫・一冊・田中慶太郎・東京文求堂・昭和十二年

一二〇九ウソフ　鶉衣・四冊（和本）無帙・半掃庵也有翁・浪華書林・柳谷忠兵衛・
天保十二年

一三一九ウジ　宇治大納言源隆國卿撰今昔物語・三冊・東京辻本九兵衛・明治二十九年

七六〇 四九 ウキ　浮世繪師傳（全）・一冊一帙・井上和雄編輯・東京渡邊版畫店・昭和六年

七五四 四三 ウキ　浮世繪史・二冊一帙・一色忠雄編輯・東京歌美書院・昭和十五年

一四四九ウゲ　雨月物語評解・一册・坪内孝・東京共同出版社・大正十三年

一四五二ウゲ　雨月物語・三册一帙・上田秋成編・浪花文榮堂藏版

二一ウエ　上田秋成全集・一册・早川純三郎編・東京國書刊行會・大正十三年

一六八〇ウシ　牛込藝術讀本・一册・壽田耕・東京牛込三葉會・昭和十二年

〇ユウ　有職故實辭典（改版）・一册・關根正直、加藤貞次郎・東京林平書店・昭和十五年

一四八一ウヲ　雨月物語・春雨物語（現代語譯）・漆山又四郎・東京非凡閣・昭和十一年

三一三一ウタヒ　謡と能、日用百科全書第四十五編・一册・大和田建樹・東京博文館・明治三十五年

二五九八ウマ　馬・一册・明三會編發行・昭和五年

一八三六ウン　雲箋印範・八册一帙・本仲鐵研・明治三十五年

三四〇カホ　歌本草（伊呂波分）・一册一帙・寛文十一年

一六八ワカ　和漢醫籍小觀・一冊・佐藤恒二編・東京醫海時報社・大正二年

二一三十ワカ　和歌山縣方言（郷土研究第十輯）・吉川壽雄・和歌山縣女子師範學校・昭和八年

一九一八ワカン　倭漢三才圖會・一冊・法橋寺島良安・東京吉川弘文館・明治三十九年

八ロセワシ　和紙、洋紙、パルプニ關スル調査・一冊・鐵道省運輸局・大正十五年

一[illegible]　耶蘇會士日本通信上卷・一冊・村上直次郎譯・東京聚芳閣・昭和二年

一四五五ヤマ　大和物語及解說・柳箱人・高徳財團・昭和十一年

一八[illegible]六トン　耶蘇會士日本通信下卷・一冊・村上直次郎譯・東京駿南社・昭和三年

九二ワシ　和紙談叢・一冊一峡・奥本正人編・京都澄心堂・昭和十二年

六〇九ワタ　渡邊華山と冷泉爲恭・一冊・藤森成吉・東京高見澤木版社・昭和十四年

二一一ニワタ　渡邊華山畫・群馬縣増田嘿蕫

六〇ワタ　渡邊華山・一冊・太田太郎・豊橋市華山叢書出版會・昭和十五年

六六九ワタ　渡邊崋山・一冊・森銑三・東京創元社・昭和十六年

六五ワタ　渡邊華山・一冊・笹川臨風・東京高陽書院・昭和十五年

六七[redacted]ワタ　渡邊華山（全）●一册●碧瑠璃園●東京弘文書院其他●明治四

四ワタ　渡邊華山遺墨帖●一册一帙●荒川初太郎編●名古屋濃田圖案研究所●明治四十三年

[redacted]　渡邊華山忠孝血涙譚（全）●一册一帙●渡邊知三郎●東京東陽堂●明治二十五年

[redacted]　渡邊華山先生百年記念展覧會出陳目錄●一册一帙●東京美術青年會編●東京全會發行●昭和十五年

六六三ワタ　渡邊華山言行錄●一册●堀江秀雄●東京[illegible]●大正[illegible]年

六六八ワタ　渡邊華山（小說）●一册●藤森成吉●東京改造社●昭和十一年

六六〇ワタ　渡邊華山（少年讀本第二十二編）●一册●渡邊霞亭著●筒井年峯畫●東京博文館●明治三十三年

[redacted]　渡邊華山言行錄●一册●渡邊　二郎●東京內外出版協會●明治四十一年

二〇四六ワカン 和漢醫學分類、第一號－第三十八號（第二號缺）・三十七冊・湯目書莊刊・東京發行所・大正七年－大正十年

二七〇四ワカン 和漢藥考（全）・一冊・小泉榮次郎・東京朝香屋書店・明治二十六年

六三〇ワカ 和漢本草圖書展覽會目錄・一冊・大阪府立圖書館・昭和三年

[illegible] 和漢酒文獻類聚・一冊・石橋四郎編・東京西文社・昭和十一年

二七五一ワカン 倭漢三才圖會・八十一冊十峡・藤原信篤・正德三年

[illegible]

和漢本草圖書展覽會目錄・一冊・大阪府立圖書館編・東京荒井書店・昭和三年

[illegible] 倭玉篇・三冊一峡・慶長癸丑板

一九三ワメ 倭名抄箋・一冊一峡・享和紀元

一四九〇ワイ 倭名類聚抄・一冊・東京古典保存會編及發行・大正十五年

一四九三ワメ 倭名類聚抄・一冊一峡・東京古典保存會編及發行・大正十五年

二〇六ワメイ 倭名類聚抄・三冊一峡・稱德堂・寛文十一年

一三三八ワクン 倭訓栞・三冊・井上賴圀其他増補・東京皇典講究所印刷部・明治卅一年

一〇六八ワリツ 和律・三冊一峡・寶暦五年

[illegible] 和[illegible]大[illegible]・一冊一峡・岐阜縣[illegible]西武教育會發行・大正二年

九三四ワシ　和紙及紙糸のしるべ●一冊●津山製紙株式會社發行

三五八 [illegible]　和語本草綱目●二十冊四帙●岡本爲竹一抱子撰●元祿十一年

二七六四ワゴ　和語本草綱目●二十冊●法橋岡本爲竹一抱子撰●元祿十一年

二八〇八　和爾雅第一—巻八●九冊●貝原好古●上島瀬平●元祿甲戌

一九四ワメ　和名類聚抄●五冊一帙

二一八二ワメイ　和名類聚鈔（完）●一冊●稲葉通邦●京都錢屋惣四郎●寛政十三年

[illegible]ワ　和歌食物本草●一冊一帙●寛永七年

二七五六ワロン　和論語●十冊●京都書肆松会堂●寛文九年

八六〇ワシ　和紙研究（第一、二號）●二冊一帙●和紙研究會編●京都全會發行●昭和十四年

八六一ワシ　仝　（第三—十號）●八冊　仝

二一二三ワ　和譯聊齋志異●一冊●柴田天馬●東京玄文社●大正八年

[illegible]

頭紙製法新書（全）●一冊一帙●安藤才次郎●東京同生堂●明治十九年

二七八六ワメイ　和名類聚鈔●十冊

資料 08（貼付ノート・雲遊帖）

九〇オ　大和上代寺院志・一冊・保井芳太郎・奈良大和史學會・昭和七年

一三八七ヤマト　大和物語古註大成・一冊

[illegible]ヤマ　大和本草・五冊一帙・蘭山校正・寛政壬子年鐫

ニ七五ニヤマト　大和本草・十冊・貝原益軒・平安伏陽軒・寶永戊子

ニ八三ニヤマ　大和志、創刊號｜第五巻第十二號・五十一冊・島本一・奈良大和國史會・
昭和九年｜十三年

[illegible]　大和本草・二冊・中井光太郎其他・東京春陽堂・昭和七年乃至十一年

[illegible]　大和物語上下・二冊桐箱入・古文學秘籍複製會（東京）・昭和八年

一三〇二[illegible]　八重山島農業論・一冊一帙・仲吉朝助・東京大日本農會・明治廿八年

ニ五八八ヤエ　八重山古謡第一輯・宮良當壯・東京郷土研究社・昭和三年

[illegible]ヤエ　八重山古謡・一冊・宮良當壯・東京郷土研究社・昭和五年

ニ六六三ヤク　藥方全書・一冊

[illegible]　藥品名彙・一冊・伊藤謙撰・明治七年

四〇〇ヤク　藥籠本草・六冊一帙・牛山香月先生著・享保十九年

[illegible]ヤク　藥徴・六冊一帙・東洞吉益先生著・平安斯文堂・寛政十年

三[illegible]〇ヤク　藥雅（完）●一冊一帙●丹波元胤紹翁著●嘉永六年寫

三七六ヤク　藥物學（全）●一冊●石原弘編●東京博文館●明治四十年

[illegible]ヤク　藥選、上編・續編●四冊●香川修德太沖父

[illegible]　藥草略解●二冊一帙●寛政五年

[illegible]ヤク　藥名●一冊（西藏、蒙古、支那語）

四[illegible]ヤク

藥用植物和漢名對照便覽（全）●一冊●帝國女子醫學藥學專門學校藥學科編●東京春陽堂●昭和八年

[illegible]　香字抄[illegible]九輯●一卜卷一箱●附香字抄解說●貴重圖書影本刊行會

二四九〇ヤマ　山本博士還曆祝賀記念論文集●一冊●加賀美謹一郎●京都帝國大學經濟學會●昭和九年

四九二ヤマ

山口縣厚狹郡植物俗名目錄●一冊●永富三治著●山口市防長史談會（縣立山口圖書館鄉土史研究室）●昭和九年

三〇八ヤナギ　柳多留●十八編

一[illegible]ヤナ　柳田國男先生著作目錄●一冊一帙●木本直利●大阪民俗談話會　昭和十三年

一五八四ヤマ　山家心中集及解題●二冊一帙●京都貴重圖書影本刊行會編及發行

[illegible]　野菜博錄●三冊一帙●鮑山●民國二十四年

二〇[illegible]　躋壽館藥品會目錄●一冊一帙●西湖先生鑒訂●天明元年

資料08（貼付ノート・雲遊帖）

三〇三二サイ　西国立志編・二冊・佐藤富三郎・明治五年

二四〇〇サイ　西術記・十六巻一箱・古土佐堂・蜂須賀家發行・昭和九年

二九六〇サイ　西京雑記・二冊・丹陽葛洪集・日本橋須原屋市兵衛・元禄三年

三〇一一サン　三合語録・四冊一帙

二九九八サン　三玉集・一冊一帙

二九八〇サン　三國通覧略説・一冊・林子平圖説・天明五年

三一九九サン　三合東覧・十三冊四帙

三一一〇サン　三合聖諭廣訓・四冊一帙

三二〇九サン　三合名賢集・一冊一帙

三二〇五サン　三合便覧・十二冊二帙

三〇七九サン　三体千字文・一冊・明治二十六年

三〇七五サン　三十六歌選・一冊・比田井元子・東京書学院後援會・昭和六年

三〇〇四セイ　正倉院御物棚別目録・一冊・帝室博物館・大正十四年

二九〇一セイ　正字通・四十冊四帙

三〇五三シン　清文補彙・八冊一帙

三一一三シン　清文鑑書・八冊二帙

三一一四シン　清文鑑書・十二冊一帙（二部）

三二一六シン　清漢六部成語・五冊一帙

三一八三シン　清漢對音十二字頭
滿漢合璧八旗敘
二冊一帙

三一八〇シン　清文鑑補編・大九冊

二九九二セキ　石林家訓・一冊・宣統三年

二九八九セキ　石林詞・一冊・宣統辛亥

二四〇ゼ　石綿論（全）・一冊一峡・黒田玄鶴・痩松園蔵版

三一六九シン　心經・一冊一峡

二九一一シン　心經・一冊一峡

三〇四シウ　周易・四冊一峡

一〇八六ソウ　直齋貫珠・二十三冊桐本箱入・松雲齋柳枝華藏版

三〇七四シウ　秋風集・一冊・尾崎宍夫・大阪野呂瀬久造・明治三十七年

二九〇六ソウ　滄海叢書第三輯・四冊一峡・東莞張伯楨・北平滄海叢書社
民國二十三年

二九八四セン　千字文綱目・平安書林大王寺屋市郎兵衛・寶暦六年

三〇九二シュウ　巻子本古謠集・一卷一箱・及その解説・一冊・貴重圖書影本刊行會

三〇四三シ　紫陽書院・一冊

二八九二シン　瀋陽縣志・六冊一峡・貴筠・民國六年

三〇六二シキ　色音論、諸國盆踊唱歌・一冊・明治十六年

三〇五七シン　心經・一冊・尾上八郎・東京泰東書道院出版部・昭和十三年

二九一二セイ　聖救度佛母二十一種禮讚經・一冊一帙

[illegible]　成語對待・四冊一帙

三〇一四スウ　崇正書院志全冊・一冊・光緒四年

八

三一五八セン 全國學會協會要覧・日本學術振興會・昭和十二年

[illegible]セア 世阿彌十六部集・一冊・野々村戒三・東京春陽堂・大正十五年

[illegible] 謠曲集・一冊・池内信嘉・東京能樂會・大正四年

七九三セア 世阿彌十六部集・一冊・池内信嘉・東京磯部甲陽堂・大正七年

三〇四ゾク 俗謡叢書・全[illegible]・東京[illegible]文館・明治四十一年再版

九四セア 世阿彌十六部集・一冊・池内信嘉・東京磯部甲陽堂・大正十二年

一七九二セア 世阿彌十六部集・一冊・池内信嘉・東京能樂會・明治四十二年

三十七セア 世阿彌十六部集評釋上・一冊・能勢朝次・東京岩波書店・昭和十五年

二九九ゼン 禪宗檀信徒日課經

九三九ゼン 全國和紙業組合聯合會創立總會議録・一冊

三〇五三ソウ 叢書記要・一冊

[illegible]ソ 全文補抄・八冊一帙・元祿十二年

三三[illegible] 増廣太平和劑局方・十二冊一帙・寛政己酉版

三三[illegible] 全・十二冊一帙・享保十七年版

一〇一ソ[illegible] 叢書目譜・十二冊・三村清三郎・東京集古會・大正七年—十一年

一〇二八ザツ

雜誌索引・四冊・下戶甫繁公編・東京雜誌索引發行所・昭和六年—十三年

二〇五セツ [illegible]・四冊一帙・[illegible]・明治十八年

[illegible]ゾウ　藏書記事詩・六冊一帙・蘇州文學山房發行

一八二ゾウ　會[illegible]本草綱目・二十四冊四帙

一〇七〇ゾウ　藏書記事詩引得・一冊　仝　仝　民國二十六年

二一六七ゾク　俗曲大全(完)・一冊・長井金升(惣太郎)・東京博文館・明治四十一年

[illegible]ゾウ　藏書票の話・一冊・齋藤昌三・東京展望社・昭和五年

九二六ゾク　造紙記・二冊一帙・昭和十六年帝國圖書館藏本覆寫

二九〇七ゾク　藏書十約・十二冊一帙・觀古堂

二五七九ゾク　續歷代風俗寫眞大觀・一冊・江馬務・東京新光社・昭和七年

[illegible]　藏書紀要(附文求堂唐本書目)・一冊一帙・田中慶太郎編・東京全人發行

一〇二四ゾウ　藏書百詠・一冊一帙・[illegible]文齋書店・民國二十七年

二七三ゾウ　象志・一冊・梅英軒壽梓・享保十四年

一五〇二〇ゾク　續日本後紀纂詁・十冊二帙・鄭閣[illegible]・東京近藤出版部・明治四十五年

二一四〇チョク　續直行草大字典・一冊・前田圓・東京共益商社書店・明治三十四年

二〇三ダイ　續大典・一册・朝鮮總督府中樞院・昭和十三年

二五六一ゼン　善本影譜甲戌第一輯—第十輯・十册・日本書誌學會・昭和十年

五六キゼン　善本影譜癸酉・十册・第一輯—第十輯・日本書誌學會・昭和九年

二五六〇ゼン　善本影譜・十册・第一輯—第十輯・日本書誌學會・昭和七年

二二七一ゾク　語源解說俗語と隱語・一册・渡部善彥・東京桑文社・昭和十三年

二二六八ゾク　俗曲全集（日本音曲全集）・一册・中内蝶二・日本音曲全集刊行會（東京）・昭和三年

[redacted]　增補擇園王㤔我路錄（全）・一册・瀧三古考・静岡縣山内恒六・明治廿二年

二五八〇ゾク　續歷代風俗寫眞大觀・一册・風俗研究社・東京新光社・昭和六年

[redacted]　十六世紀日歐交通史の研究・一册・岡本良知・東京弘文莊・昭和十一年

二九一〇ココン　增訂古今秘苑・四册一峡

二九四九ジヨ　助字詳解・三册・皆川愿伯恭・皇都書林孝扉孫兵衞・弘化三年

二九七三ジヨ　女華蒙求彙一—四・四册

二六四八　廣行草大字典・一册・前田圓・東京井洛商社・明治三十四年

[redacted]二七オン　御成敗式目目錄・一册・諸律書庫所藏

三〇セージ　爾雅・一册・浪河館光彰栞・寛政六年

資料08（貼付ノート・雲遊帖）

一八九五カイ　海防輯要秘録・五冊一帙

三〇三六ガイ　陔餘叢考・一冊・陽湖趙翼耘菘・乾隆庚戌

三一一四カケ
懐徳堂考・一冊・西村時彦・大阪財團法人懐徳堂記念會・大正十四年

[illegible]カシ　[illegible]・一冊・新村出・大阪[illegible]文堂・昭和十六年

三六一カシハ　[illegible]・新村出・一冊・大坂（東京）靖文社・昭和十五年

一一九三ガシ　我觀南國・一冊・山本實彦・東京平田貫一郎・大正五年

三一一一ガカン　我觀南國・山本實彦・平田貫一郎發行・大正五年

三〇三一カハ　河干問答録[illegible]集本・一冊・法定齋

[illegible]
嵩山日[illegible]譜圖・十卷一箱・村山句吾發行・東京[illegible]譜社・大正三年

一七八八カ[illegible]　花傳書室町古寫本・一冊一帙

一七九〇カ[illegible]　花傳書四冊本・四冊一帙

六八四カミ　紙漉重寳記・一冊一帙・江都須原屋・文政七年

六八五カミ
紙漉重寳記・一冊一帙（二部）・[illegible]翻刻・大阪製紙印刷研究會・大正十四年

[illegible]ヨシ　古文書類及解説・[illegible]・一冊一帙・[illegible]圖・昭和十年

三千六百[illegible]
故實叢書輿車圖考・十冊・今泉定介・東京吉川半七・明治三十三年

三〇三カナ　假名文字遣附定家假名遣合冊・一冊・元禄十一年

三〇二〇キヨ

甲骨文字編・一冊・陳夕康・上海中華書局・民國二十三年

三〇四九キリ

きりしたん能教の日本・一冊・池ヶ谷羅篇・静岡淺香竹山房・
昭和三年

二四八九キリ　耕荒詩（全）・一冊・臨川閣・明治三十六年

五三七キク　菊池寛原・一冊・田中梅菴・東京書物展望社・昭和八年

文字

狂言集成・一冊・野々村戒三安藤常次郎共編・東京春陽堂・昭和六年

三一〇七キヨウ

京都帝國大學文科大學考古學研究報告（文學部）大正九年より改る・
第一冊－第十五冊（四、五、七、十、十一、十二、十三、十四は二部）
二十三冊・京都帝國大學發行（一一九）・大正六年－十三年

濱田耕作編輯（十一－十五）・東京刀江書院・昭和二年－昭和十四年

二九五五キリョ　紀行旅遊錄、上中下・三冊・曲亭馬琴・東三堂

[redacted]

古事記、上中下三冊及解說・一帙・澁谷松之助・青燈社圖・昭和十三年

二一五ケン　軍令四十則・一冊

二九三ガン　諺下狂言・一冊・石桃翁

二一一五コウ
口語法（全）・一冊・文部省・東京國定教科書共同販賣所・大正五年

三一一四コウ
口語法別記（全）・一冊（上下）・文部省・東京國定教科書共同販賣所・
大正六年

三〇六三コウ　江氏自詩綵・一冊

三二〇六コウ　繪入好色一代女・六冊・和本無峡

[illegible]コウ　香字抄・一・上峡・附その解説一冊

一一八四コウ
好色一代男（全）・八冊一峡・東京愛鶴書院・大正十五年
好色一代女（全）・六冊一峡・右仝　昭和二年
好色五人女（全）・五冊一峡・仝　昭和四年
西鶴記念展覧會目録・一冊・昭和六年
桐箱入

三一〇八コウ
江談抄・一冊・上巻一箱・附その解説・侯爵前田家育徳財團・昭和十三年

二八八四ココン　古今注・一冊一峡・注・豹・平安書林山田三郎兵衛・寛延二年

二九〇九コク　國學叢編・六冊一峡・北平中國大學・民國二十年

三〇九一コク　國學叢編第二期第一冊第二冊・二冊

三〇二八ココ　古今偽書考・二冊

三〇〇セココン　古今方彙・一冊・甲賀通元・文化五年

三〇二七ココ　古今圖書集成樣本・一冊・中華書局・民國二十三年

二一〇十ココン　古文孝經・一卜等一箱・附仁治本古文孝經解說・貴重圖書影本刊行會・昭和十四年

一一七四コン　古今圖書集成分類目錄・一冊・文部省・明治四十五年

二八八七キン　欽定天祿琳琅書目・十冊二帙

三一六四キン　欽定遼史語解・十冊

三一四一キン　欽定金史語解・二冊

三一〇三キン　欽定万全玉匣記・二冊一帙

三一六三キン　欽定元史語解・四冊

三二〇六キン　欽定清漢對音字式・一冊一帙

三二五一キン　欽定清漢對音字式・一冊

三二三七キン　欽定清漢對音字式・一冊一帙・附敬避字樣・光緒十六年

三二三八キン　欽定清漢對音字式・一冊一帙

資料 08（貼付ノート・雲遊帖）

三五九ヨウ　養鸞家傳集（全）●一册一帙●文政十一年

九一二ヨウ　吉井源太翁記念碑建立趣意書●一册一帙●伊野町青年團●昭和十二年

二七五八ヤマト　大和本草自三至七●五册（完全）

二六六五ヨウ　用捨箱●三册一帙●柳亭種彦●東京松雲堂

一[illegible]ヨウ　謡曲文庫別巻第一光悦謡本（上）●齋藤香之助●東京謡曲文庫刊行會●
昭和三年

[illegible]ヨウ　謡曲評釋第一輯—第九輯●三册●大和田建樹●東京博文館●明治四十一年—
四十三年

[illegible]ヨウ　謡曲玉淵集●一册一帙●大和田建樹●東京江島伊兵衛發行●明治三十二年

[illegible]ヨウ　謡曲文解前篇●一册●勝野齋一郎編纂●東京江島伊兵衛●明治三十九年

[illegible]ヨウ　謡曲文解後篇●一册●勝野齋一郎編纂●東京江島伊兵衛●明治四十年

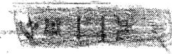

一八三六ヨウ　謡曲通解第一巻—第八巻●八册二帙●大和田建樹●東京博文館●
明治二十五年

一二八ヨウ　謡曲地拍子研究之栞（完）●一冊一帙●中島賢三●東京江島伊兵衛●大正十年

[redacted]　謡本於裳住介●二十冊一帙●三十七連●東京寒美書院●昭和八年

二二一五ヨウ　謡曲大講座●四冊

一八五〇ヨウ　謡考秘集（全）●一冊一帙●竹屋町通東洞院●林喜兵衛●元禄元年

二八六一ヨウ　謡曲界　一號―四八〇號（欠本アリ）●二百七十一冊●龍津道一
東京謡曲界發行所●大正四年―昭和九年

一八六五ヨウ　謡曲講座（第一期及第二期）（大正十五年―昭和三年）●二十七冊●
齋藤芳之助●東京謡曲講習會

一二七ヨウ　謡曲百番●二十冊四帙●寛永六年

二六五一ヨウ　謡作替文句●二冊一帙●淺野彌助●明治三十五年

一七ヨウ　謡曲界第一號―第六號（贈誌）●十冊●東京觀世流改訂本刊行會●大正三年

一八三五ヨウ　謡曲手引集●一冊●中澤銈丸●東京わんや江島伊兵衛●大正四年

一七七七ヨウ　謡曲拾葉抄（上下）謡曲叢書第三編・二冊・丸岡桂・東京観世流改訂本刊行會・明治四十五年

五七ヨウ　謡曲大観、首巻、一巻―第五巻、別巻・七冊・佐成謙太郎・東京明治書院・昭和六年

一四二二ヨウ　養育院六十年史・東京市養育院・昭和八年

三一〇ホヨウ　庸書知首・二十冊一帙

[illegible]ヨウ　用薬須知・十冊一帙・恕菴松岡先生著・橘枝堂・寳暦九年

二六八六ヨウ　養蠶新説（全）・一冊・佐藤源之助・明治二十一年

三二ヨウ　陽春廬雑考・一冊・小中村清矩・東京吉川半七・明治二十年

一七六ヨシ　吉原風俗資料・一冊・蘇武緑郎・東京太洋社書店・昭和五年

[illegible]五〇ヨシ　吉田兼好筆自撰家集一及解説・桐箱入・昭和五年

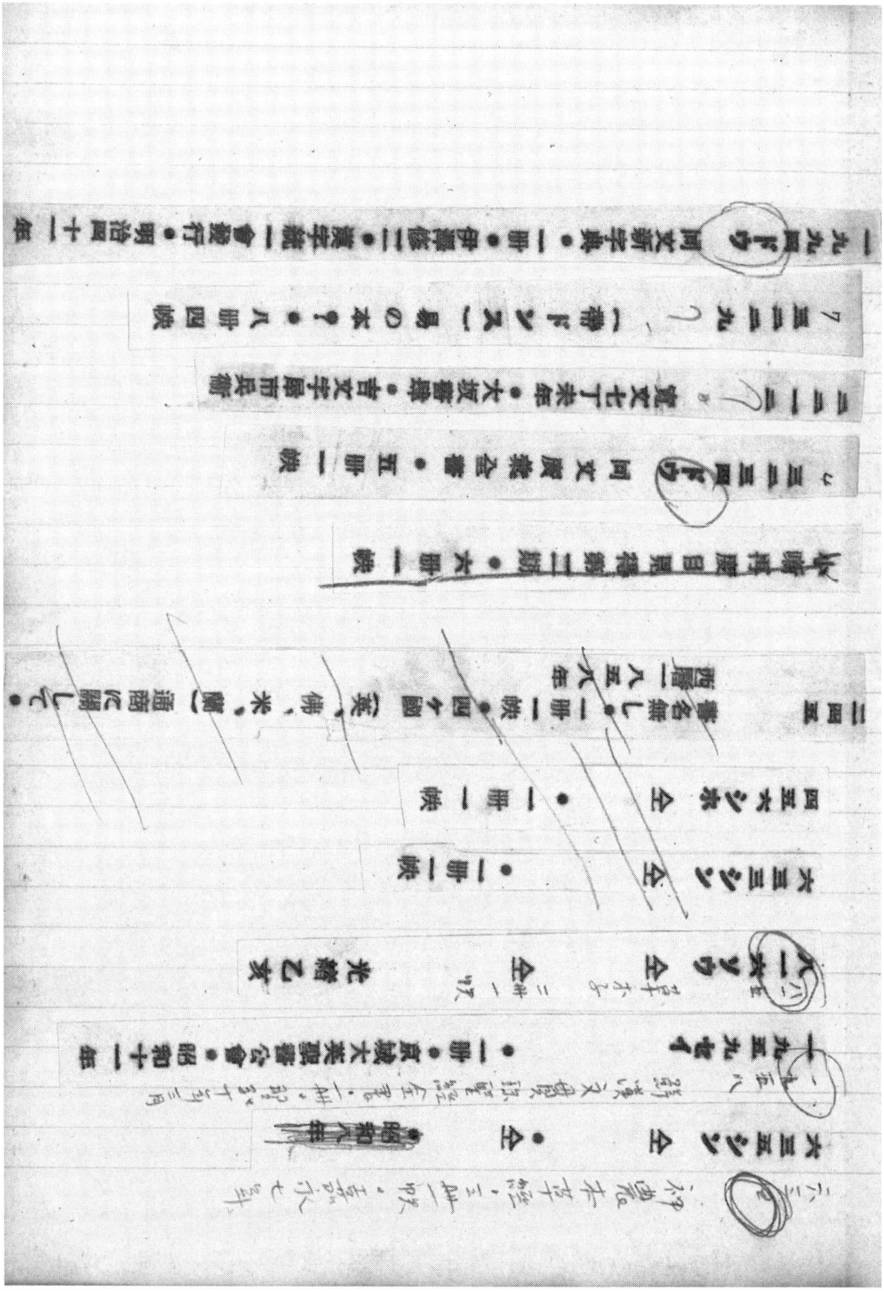
一九九四ドウ　同文新字典・一冊・伊藤爲三・漢字統一會發行・明治四十一年
７三二九　（帶ドンス）易の本？・八冊四帙
三二一三　寛文七丁未年・大坂書肆・吉文字屋市兵衛
６三二三四ドウ　同文廣彙全書・五冊一帙
少齋先生日用雜字三編・六冊一帙
三四五　書名無し・一冊一帙・四ケ國（英、佛、米、獨）通商に關して・西暦一八五八年
四五キンホ　全　・一冊一帙
六三三シン　全　・一冊一帙
八一カツウ　全　全　光緒乙亥
一九五九セイ　・一冊・京城大東書院發行・昭和十一年
六三五シン　全　・全

【著者紹介】

横山　學（よこやま・まなぶ）
1948年、岡山市生まれ。1983年、筑波大学大学院歴史・人類学研究科史学日本史専攻博士課程修了。現在、ノートルダム清心女子大学名誉教授、早稲田大学招聘研究員。文学博士。
（主要著書）
『琉球国使節渡来の研究』（吉川弘文館、1987年）『書物に魅せられた英国人　フランク・ホーレーと日本文化』（吉川弘文館、2003年）『江戸期琉球物資料集覧』（本邦書籍、1981年）『琉球所属問題関係資料』〈編著〉（本邦書籍、1980年）『神戸貿易新聞』〈編著〉（本邦書籍、1980年）『文化のダイナミズム』〈共著〉「フランク・ホーレー探検　人物研究の面白さ」（大学教育出版、1999年）『描かれた行列―武士・異国・祭礼』〈共著〉「琉球国使節登城行列絵巻を読む」（東京大学出版会、2015年）『生活文化研究所年報』〈編著〉（ノートルダム清心女子大学生活文化研究所、１輯1987年～30輯2016年）“Journalist and Scholar Frank Hawley”, British & Japan Vol.5, Edited by Hugh Cortazzi, 2004. ”Frank Hawley and his Ryukyuan Studies”, British Library Occasional Papers 11, Japan Studies, 1990.

書誌書目シリーズ⑩
フランク・ホーレー旧蔵「宝玲文庫」資料集成
第1巻

二〇一七年三月十日　印刷
二〇一七年三月二十四日　発行

編著　横山　學（よこやま　まなぶ）
解題　横山　學
発行者　荒井秀夫
発行所　株式会社ゆまに書房
〒一〇一―〇〇四七
東京都千代田区内神田二―七―六
電話〇三（五二九六）〇四九一（代表）
印刷　株式会社平河工業社
製本　東和製本株式会社
組版　有限会社ぷりんてぃあ第二

◆落丁・乱丁本はお取替致します。

定価：本体21,000円＋税

ISBN 978-4-8433-5131-4 C3300